JN148381

近世の伊勢神宮と地域社会　目次

第三部　宇治・山田の御師と地域住民

刊行にあたって

上野　秀治

本書編集の動機

近年の大学改革の流れのなかで、皇學館大学でも大きな改革がなされてきた。そもそも大学改革が必要とされた原因の一つは、十八歳年齢の大学進学率が以前と比較して二倍程に上昇し、大学生の質の低下に伴う対策を求められたことにあったものと思われる。大学の大衆化の結果、大学卒業生の質（学士力）を保証するための手厚い教育が大学に求められるようになり、そのため教員の教育力も問われることともなり、また成績評価に関しても説明責任が生じてきた。このような状況下で教員の仕事量も自然と増加することとなり、昭和末年頃と比較して教員の教育にかける時間が大幅に多くなっているように感じる。

一方このことは、教員の研究にかける時間が削られるという事態になるとともに、また学生側もある程度の専門的知識が身について卒業し就職できればよい、という傾向が強くなったように思われる。このような中で、高度な専門教育が行えるのは、受験生が向かい易い大都市の大学に集中していくように思われてならない。また文部科学省もすべての大学に高い専門的教育を求めながらも、研究者を育てることのできる専門性の高い大学、教養人を育てる大学の二つに分けるような考え方をしているものとみられる。そうすると、三重県の南部に位置する地方都市である伊勢市所在の皇學館大学（学生数三千人規模）は、私立の地方大学という位置づけになりかねず、研究重視の高度な専門的教育より、むしろ就職に有利な実学的教育が重視され、かつ世間一般からもそれを求められているように思われる。

ところで皇學館大学は、昭和三十七年に私立大学として再出発しているものの、その前身は明治十五年に創設された神宮皇學館（内務省所管の官立専門学校）にあり、多くの神職や教育者、研究者を輩出し、昭和十五年には国立の神宮皇學館大学となった歴史を持つ。昭和二十一年神道指令に基づいて一日廃学となったが、その後私立大学として再興された。その際は文学部に国文学科と国史学科を置く単科大学で、完成年度に達すると大学院文学研究科修士課程の設置が認められ、昭和四十八年からは大学院に博士課程も開設され、研究者の養成に力を入れていくことになる。国史学専攻では史料に基づき、厳密な考証を積み重ねていく実証的かつ堅実な学風が確立されていたが、皇學館大学以外の大学教員の職に就くことのできた修了生はごくわずかな状況であった。私が皇學館大学文学部講師として着任した昭和五十四年当時、大学院生も少なからずおり、進学希望者もそれなりの人数があったように思うが、何といっても業績数（執筆論文数）が他大学院生と比較して少ないように感じた。以来大学院生には論文執筆を勧めてきたが、私が大学院担当教員になっても、必ずしも改善されなかったように思われる。近年この問題は、大学院生の努力もあって解消されつつあり、課程博士も送り出せるようになってきたのは喜ばしいことと思っているが、大学院進学希望者数が伸び悩んでいる点、気がかりである。

前述のごとく、近年の皇學館大学は一地方大学の教養的・実学的な教育が重視される大学になりつつある中、「『伊勢志摩定住自立圏共生学』教育プログラムによる地域人材育成」事業が、平成二十六年度文部科学省「地（知）の拠点整備事業」（大学ＣＯＣ事業）に採択されるなど、地域に根ざした特色ある大学として、全国に発信しようと鋭意努力しているところである。私も以前から大学院博士後期課程を持ち、伊勢神宮鎮座の地伊勢で、神宮皇學館以来、日本の歴史や文化を神道の精神に基づきながら実証的に研究を深めた多くの研究者を出してきた大学であるから、この伝統を継承、さらに発展させていきたいとの念を深く持つようになった。そこで、国史学科および国史学専攻で毎年作成する事業計画の中に、ここ数年、「教員と大学院生との共同研究」という項目を立て、その実施に向けて考えるところがあった。しかし具体化しないまま、私の定年退職の時期(平成二十七年三月末)が近づくなか、大学院生から記念に論文集を出せないか、との話が持ち出されてきた。そこで種々検討したうえで、私が退職するまでに「教員と大学院生との共同研究」として本を出してみようとの結論に達したのである。

研究会の発足

さて、一冊の論集を出すために現役の大学院生だけでは、時代も研究テーマもそれぞれ相違すること、出版するのであるなら、統一テーマを設け、それに沿った論文を集めるのが出版社側の希望であろうことから、統一テーマを設定して原稿を集める方針にした。私が今まで大学院で指導した学生のうち、伊勢神宮に関して修士論文をまとめた人が比較的多く、現役大学院生でも二人が神宮関係を研究テーマにしているところから、近世の伊勢神宮や神宮領、伊勢御師などを専門分野とした現役大学院生を始め、修了生や卒業生にも声をかけ、「近世神宮地域史研究会」を立ち上げ、「近世伊勢神宮地域社会の研究」を統一テーマに掲げたのは、平成二十五年春のことであった。爾来研究会を毎月開催、遠方からこの研究会のために駆けつけてくれた修了生や卒業生もあり、少数ながらも充実した討論を積み重ねることができた。この研究会を通してそれぞれが自分のテーマの問題点を認識し、同年十二月十四日には、皇學館大学において公開で研究集会「近世伊勢神宮地域社会の特質」を開催することができ、私も含め七名が報告をした。その後も研究会を継続し、研究会参加者に原稿執筆を依頼した。執筆を依頼した人全員が論文を書き上げたわけではないが、ここに十二本の論文が集まったことは予想外のことで、内容的にも力の入ったものとなり、喜ばしいことであった。

なお、近世神宮地域史研究会の「近世伊勢神宮地域社会の研究」をテーマとした研究活動に対し、神社本庁より平成二十六年度学芸奨励金を交付された。ここに厚く御礼申し上げる次第である。

伊勢神宮地域とその特質

伊勢神宮地域とはどの範囲をさすのか、そしてその特質とはどのようなものであったかについて、簡単に触れておきたい。まず近世の伊勢神宮地域とは、以下のように考えている。神宮地域の中核は、現在の伊勢神宮境内（境内といっても後背地の神宮林も含み、さらに別宮・末社・所管社まで入れると広大な面積になる）を始め、内宮の鳥居前町の宇治、外宮の鳥居前町の山田という自治都市をあわせた所である。それに自治都市宇治・山田の支配を受ける農村部を加えた地域が宮川より内と表現され、統一政権の検地を受けなかった。この未検地の地域と、その周辺に散在する伊勢神宮直轄領（検地は実施されている）を含めたものが、近世の伊勢神宮領（神領）である。さらに伊勢御師に将軍から知行を宛行われた者もいるが、この知行地も神宮領という場合もある。これらを全て含め、なおその周辺部で神宮や神宮領との関係が深い地域も併せ、伊勢神宮地域と捉えている。

なお神宮直轄領とは、現在多気郡明和町に所在する斎宮村始め五か村、および度会郡玉城町所在の田宮寺村等二か村、同郡大紀町所在の野後村のことをいう。もともと神宮領であったため、統一政権から寄進された村々であるが、検地を受け、村高がついている。この直轄領は、神宮の代官によって支配され、年貢は神宮祭祀の費用や神主らに配分された。

さて宮川より内の地は統一政権の検地を受けなかったと前述したが、宇治・山田やその周辺の農村部、および神宮境内地は、豊臣政権による土地制度改革である太閤検地の実施に際し、特別措置を受けた地域である。それは、文禄三年(一五九四)の伊勢国一国検地が実施されているさなか、神宮側の働きかけにより、宮川より内は神宮の境内地として検地を免除すると豊臣秀吉の指示が出されたためである。さらに徳川家康も検地免除を認めたため、宮川より内の地は神宮の境内地と位置づけられ、近世を通じて統一政権の検地を受けなかった地域となる。蝦夷地と対馬も検地が実施されていないが、本州において検地を免除されたのは、宮川より内のこの地のみである。したがってこの地域は石高がつけられず、宇治・山田の自治組織も温存され、周辺部農村も中世的な村落の名残りが見られ、近世化が若干遅れる点、非常に特異な地域といってよいであろう。

宇治・山田は、中世から町場化し、宇治会合年寄衆や山田三方年寄衆による自治が行われ、それぞれ周辺の農村も支配した。この自治を担ったのは年寄衆であるが、彼らは神宮の神職の地位を持つ者もおり、また御師でもあり、商売を営む者もあった。近世において彼らの自治権は、貫(つなぎ)と呼ばれる年貢の徴収権、軽罪に属する事案の裁判権などを有し、幕府設置の山田奉行の監督を受けつつも、神宮神域内を除く宮川より内の地に及んだ。また山田の住民の中には山田羽書(はがき)といわれる小額紙幣を発行する者もあり、この地域の経済や流通に役立っていた。寛政期に山田奉行の統制が強化され、羽書発行に制限が加えられるとともに、自治権も弱められたものの、近世を通じて自治権は認められていたことも大きな特色といえる。

宇治・山田の町には御師と呼ばれる人々が多く住んでいた。彼らには内宮御師と外宮御師の別があり、特定の地域に旦那を持つ御師もいる。旦那を持つ御師は、毎年旦那に神宮の御祓(御札)を配り、伊勢の土産も持参して人々に伊勢信仰を広め、人々から初穂料の奉納を受けた。また伊勢参宮を勧め、旦那たちが参宮に来るとその道案内をし、自分の屋敷に宿泊させた。規模の大きい御師邸には神殿が設けられ、そこで神楽の奏上もできた。近世社会は戦乱の時代とは違い、平和な時代であって、庶民の生活も安定して旅に出ることも可能になってくる。そこで御師たちの活動にも影響され、庶民は伊勢参宮を一生に一度はしてみようとの思いが強くなったとみられる。村方でも伊勢講が設けられ、毎年少しずつ金を積み立てて、順番に伊勢参宮を実現させていくような方法がとられた。当時としては多くの参宮客が神宮を目指して来たのである。時には御蔭参りと呼ばれる、短期間に数十万人、数百万人もの人々が伊勢参宮に出るという現象をもたらしている。この現象はおよそ六十年に一度のサイクルで起こっている。多くの参宮客を迎える宇治・山田の町は、彼らをもてなすための食料等を確保しておく必要があるので、周辺地域と商品流通を通して深く結びついている。このように宇治・山田の住民である御師の活動により、多くの参宮客を受け入れることができる宗教都市であり、大消費都市でもあったという特色を持つ。

最後になったが、宇治・山田の住民たちには、伊勢神宮の神職や御師も多く、伊勢信仰の普及に力をいれたことから、神道や漢学、国学等の学問研究に熱心であったことも強調しておきたい。そのため文化水準の高い地域であったといえる。全国各地から多くの文人が伊勢参宮をするとともに、宇治・山田の住民と文化的交流を深めた例も多くある。また内宮には林崎文庫、山田にはその住民が主体となって設立した豊宮崎文庫があって、ともに神職たちが主に利用した図書館・学問所であるが、各地から来訪する文人が講義を行ったこともあった。さらに、庶民の参宮も多いことから、芝居などの芸能も発展した。外宮と内宮の中間に位置する古市に遊郭が開設されると、大いに繁盛し、この古市に芝居小屋が建てられた。芝居役者にとっては、古市で好成績をあげれば三都でも認められるというほどの影響があるといわれた。このようなことから、宇治・山田は文化発信の一大拠点であって、注目すべき文化都市であったと考えてよいであろう。

以上、神宮地域の特質について述べたが、この特質は近世史を考える上で、単に一地域の地方史の枠には収まらず、宗教史を始め、中・近世移行期の諸問題、町や村の自治からみる共同体、幕府の遠国奉行の在り方、陸上・水上交通や商品流通、文化交流などの問題を提供しているのである。それぞれについて、他地域の実例とも比較検討していけば、近世国家の在り方を問い直すことにもなろう。しかし、神宮地域の近世史は、まだ十分に解明されていないのが現状である。本書所収の論考が、その一部でも埋めることになれば幸いである。

本書の構成・内容と執筆者紹介

近世神宮地域史研究会の成果として十二本の論考を一書にまとめるにつき、書名を『近世の伊勢神宮と地域社会』とし、内容から三部に分けた。第一部は「神宮と信仰の諸相」と題し、中世から近世初期の伊勢信仰の問題を追究した。第二部は「国家権力と神宮」と題し、神宮にかかわった朝廷・幕藩権力側からの論及である。第三部は「宇治・山田の御師と地域住民」と題し、宇治・山田の住民である御師の神宮地域での活動の実態、また宇治に属する農村部松下村の氏神の遷宮のことなど、文人の文化的交流も含めて幅広く論じた。以下それぞれの論文の簡単な内容と、執筆者の紹介をしておく。

久田松和則　参宮をめぐる伊勢御師と美作・備前の道者達　—大永五年『御道者日記』に見える初穂の納付形態—

本論文は、天理図書館所蔵の外宮御師橋村家文書のうち、大永五年（一五二五）の「御道者日記」を分析したものである。この日記は、主に美作・備前両国からの参宮者に関して記録されており、十六世紀前期の伊勢参宮の実態がわかる。分析の結果、両国からの参宮者の初穂納付は伊勢ではなく、国元で決済されたという特徴をもつことが明らかとなった。

久田松和則氏は、皇學館大学文学部国史学科を昭和四十七年に卒業、長崎県立大崎高等学校教諭を三年勤め、五十年四月から大村市所在の富松神社禰宜となり、平成三年十一月から同神社宮司となった。その間、大村市立史料館専門員を五年勤めたほか、伊勢御師と旦那との関係を、主に肥前国をフィールドに研究を深化、さらに長崎県地域史の発展にも貢献している。平成十九年三月には、著書『伊勢御師と旦那』（弘文堂）を骨格とした「西北九州における伊勢信仰の研究」によって、皇學館大学より博士（文学）の学位を授与された。この博士請求論文の審査に上野は副査（主査は上横手雅敬特任教授）であった。

細谷公大　中世後期から近世初期における神宮建築工匠の精神的支柱　—「神役」「神慮之御事」としての大工職—

本論文は、神宮工を任命する神宮と、神宮工との精神的関連性を制度面から追究、両者間の紐帯が神宮に対する信仰を軸として存在したことを解明した。その際「神役」「神慮之御事」という語に注目して述べるとともに、神宮工の物権化の問題にも論及する。

細谷公大氏は、平成十四年皇學館大学文学部国史学科を卒業、同大学院文学研究科博士前期課程国史学専攻に進学、十六年修了後皇學館大学神道学専攻科へ入り、十七年修了、同年神社本庁に録事として採用され、二十六年四月熱田神宮へ転出、宮掌として勤務している。学部・大学院では中世史を専攻、上野の講義を受講した。

千枝大志　中世末・近世初期の伊勢御師に関する一考察　—外宮御師宮後三頭大夫の越前国における活動を中心に—

本論文は、宮後三頭大夫という御祓銘を持つ藤井家の、中世から近世初期における旦那所有や配札活動について、研究の少ない越前国に焦点をあてて論じたものである。

千枝大志氏は、皇學館大学文学部国史学科を平成十一年に卒業、同大学院に進学、文学研究科博士後期課程国史学専攻を十七年に単位取得満期退学した。この間、後期課程を上野が指導することになった。精力的に神宮地域の経済構造の解明につとめ、二十一年三月に「中近世移行期伊勢神宮周辺地域の経済構造—特に貨幣と商業組織の分析を中心に—」によって皇學館大学より博士（文学）の学位を授与された（主査が上野）。この学位請求論文をもとに、『中近世伊勢神宮地域の貨幣と商業組織』（岩田書院）を出版した。平成十七年から財団法人鈴屋遺蹟保存会　本居宣長記念館研究員に採用され、二十三年からは皇學館大学研究開発推進センター助教として勤務している。

第二部　国家権力と神宮

伊藤信吉　戦国期における吉田家と神宮

本論文は、吉田兼倶の延徳密奏事件後、神宮祠官と吉田卜部家との関係悪化により、神宮奉幣使に卜部氏が除外されたといわれていたが、吉田家の一族が参加していたことを「兼右卿記」によって詳細に明らかにした。

伊藤信吉氏は、平成十四年皇學館大学文学部国史学科卒業後、同大学神道学専攻科に進み、翌年から熱田神宮に勤務、十八年から二十年まで神宮司庁に出向、現在は熱田神宮宮掌、文化部文化課に勤務している。上野が多度町史編纂にかかわっていた際、同町在住の伊藤氏に史料調査で種々協力してもらったことがある。

三井孝司　伊勢神宮と織豊政権　―式年遷宮造替費用をめぐる動きから―

本論文は、従来政権がどのように神宮を取り込んできたか、という問題関心から論じられてきたのに対し、神宮にとって織豊政権はどのような存在であったのか、という問題に取り組んだ。この問題を、式年遷宮の費用の面からみたものである。

三井孝司氏は、平成十一年皇學館大学文学部国史学科を卒業、大学院に進み、織豊政権と神宮に関する研究を続けた上野のゼミ生である。十三年修了後、三重県多気郡勢和村の職員に採用され、後合併により多気町職員となった。さらに教員採用試験に合格、現在は公立中学校教諭として教壇に立っている。

上野秀治　江戸時代初期山田奉行設置の意義

本論文は、慶長八年（一六〇三）山田奉行に就任したといわれる長野内蔵允友長から、元和期までの奉行就任者に関する文書をもとに、国奉行との関連から奉行設置の意義を見直したものであるが、表面的なことを指摘した程度で掘り下げが不十分であったと反省している。

松尾晋一　日本の開国と伊勢湾の海防強化

本論文は、寛政期以降主に幕末文久期までを対象に、伊勢湾の海防問題について幕藩領主の対応を論じ、幕末期は神宮の存在によって、他地域とは違った海防体制が構築された特徴を持つことを明らかにした。

松尾晋一氏は、平成八年皇學館大学国史学科を卒業、上野のゼミ生であったが、卒論審査時は、上野が内地留学中だったため、審査に関与しなかった学生の一人であった。その後、東洋大学大学院文学研究科日本史学専攻に進み、十一年九州大学大学院比較社会文化研究科日本社会文化専攻博士課程に入り、十六年単位取得満期退学、翌年学位請求論文「鎖国制下幕藩制国家の沿岸警備体制」により、九州大学から博士(比較社会文化学)を授与された。ついで長崎歴史文化博物館研究員となり、十九年県立長崎シーボルト大学国際情報学部講師に採用され、二十年大学の統合によって長崎県立大学国際情報学部になり、二十二年から准教授である。

第三部　宇治・山田の御師と地域住民

谷戸佑紀　近世前期における伊勢神宮外宮宮域支配と山田三方 ―「宮中之定」をめぐって―

本論文は、外宮宮域内での参宮者保護を目的に、寛永十八年(一六四一)に制定された「宮中之定」をめぐって、制定の過程で外宮禰宜の一部と山田三方とが、宮域の支配をめぐって対立したことなどを明らかにした。

谷戸佑紀氏は、平成二十一年皇學館大学文学部国史学科を卒業、大学院文学研究科国史学専攻の前期、後期課程へと進み、博士論文を提出して二十七年修了した上野のゼミ生である。博士請求論文「近世前期における神宮御師集団の基礎的研究」により、皇學館大学より博士(文学)を授与された(主査は上野)。二十七年度から皇學館大学非常勤講師を勤める予定である。

山田恭大　神宮御師の祠官的側面　―丸岡宗大夫家を事例に―

本論文は、外宮別宮高宮(多賀宮)御塩焼物忌職に延宝七年(一六七九)任じられてより以来、この職に就くことになった外宮御師丸岡宗大夫家が、神宮神職としていかに勤仕したのか、その実態を明らかにした。

山田恭大氏は、平成二十四年皇學館大学文学部国史学科を卒業、大学院に進学、現在文学研究科博士後期課程国史学専攻在籍の上野ゼミ生である。今まで丸岡宗大夫家文書を対象に研究を進めてきている。

日比敏明　近世伊勢神宮領氏神社の遷宮と村内組織　―松下村加木牛頭天王宮を事例として―

本論文は、内宮領で宇治会合支配下の松下村に鎮座する氏神社加木牛頭天王宮が、江戸時代二十年ごとに社殿を造り替える式年遷宮を実施してきたことについて取り上げた。村民の奉仕によってなされてきた氏神社の式年遷宮の実態を明らかにし、周辺地域との関係にも触れ、さらに神宮領としての特色を持つ松下村の構造にも関説する。

日比敏明氏は、平成三年皇學館大学文学部国史学科を卒業(上野ゼミ生)、すぐに神宮に奉職し今に至っている。現在神宮権禰宜として神宮司庁で執務している。

なお本論文は、平成二年度国史学科の卒業論文であるが、卒論執筆時は松下区から三重県史編さん室が区有文書を借り出し、上野が預かって皇學館大学にて整理をしていた時期にあたり、その文書を利用したものである。松下区有文書は今まで研究に利用されていないので、本論集に加えようと日比氏に了解を取り、上野が修正して改題したものである。その際引用史料中、三重県史編さん室で写真撮影をした文書については上野が校合している。本論集掲載については松下区の許可をいただいたので、ここに松下区のご高配に感謝申し上げるとともに、三重県史編さんグループにも謝意を表したい。

太田未帆　近世宇治・山田の住民組織と「自治」―宮川渡船の運営を通して―

本論文は、延宝四年(一六七六)以降無賃となった宮川渡船の運営方法について論じたもので、渡船の費用は宇治・山田の住民の出金、船の運航は入札による請負であった。寛政期の幕府による自治権の制限により、宇治会合・山田三方による渡船の運営は形式的になったことから、近世を通じて宇治・山田が自治都市であったという従来からの認識に一石を投じている。

太田未帆氏(旧姓中橋)は、平成十九年皇學館大学文学部国史学科を卒業、大学院文学研究科博士前期課程国史学専攻に進み、二十一年修了した上野ゼミ生である。修了後伊勢市総務課市史編さん係嘱託職員として二年間近世編などの編纂にあたり、二十三年から一年間は、皇學館大学史料編纂所研究嘱託であった。

浅川充弘　橘守部と伊勢―荒木田久守との関係を中心に―

本論文は、伊勢国朝明郡小向村出身の国学者、橘守部(一七八一～一八四九)を取り上げたもので、本書の中では唯一文化史的な論考である。守部は本居宣長の学説を批判し、独自の論を展開した人物であるが、神宮地域の人々との関係を追究した研究がなかった。そこで本論考では、守部と同時代の国学者荒木田(宇治)久守との交流を、多くの史料によって明らかにした。

浅川充弘氏は、平成五年皇學館大学文学部国史学科を卒業した上野ゼミ生である。卒業後四日市の海星高校の非常勤講師を務め、七年朝日町役場に入り、教育委員会に配属、博物館建設準備等に当たり、九年より朝日町歴史博物館学芸員となり、現在は同館の次長である。この間名古屋市立大学大学院人間文化研究科博士課程を修了、二十六年三月に学位請求論文「地域文化の諸相―萬古焼を中心に―」によって、名古屋市立大学より博士（人間文化）を授与された。

以上、執筆者の紹介と論文の内容に触れたが、上野以外みな皇學館大学国史学科の卒業生である。寄稿に謝意を捧げたい。

伊勢神宮や特色ある神宮地域に関連した主に近世の論考を掲載出来たことは、伊勢から神宮地域の歴史・文化を全国に発信することになる。伊勢の地にある大学でこそ出来ることであるし、またそれが使命でもあると考えているので、今後もこのような企画が継続されることを望んでいる。

最後に、収録論文では神宮文庫の史料が多く利用されているが、神宮文庫を始め関係史料の所蔵者や機関、調査に協力いただいた方がた、学芸奨励金を交付された神社本庁、皇學館大学に御礼申し上げる。また岩田書院の岩田博氏には、本書刊行の企画から種々御世話になり、厚く感謝申し上げるとともに、上野の遅筆から刊行が遅延し、御迷惑おかけしたことをお詫びする次第である。

なお、本書の編集作業は最初 千枝大志氏が、その後は谷戸佑紀氏が担当してくれたことを記し、ここに謝意を表するものである。

平成二十七年三月十四日

第一部　神宮と信仰の諸相

参宮をめぐる伊勢御師と美作・備前の道者達
――大永五年『御道者日記』に見える初穂の納付形態――

久田松　和則

はじめに

外宮の御師橋村家は、御師文書が散逸する中にあって参宮人帳（道者日記）や道者売券などの関係史料が比較的多く現存する家系である。殊に多数の道者売によって、同家が開拓した中世期での旦那地域の復元もかなり可能であり、その作業は西山克氏・小西瑞恵氏・吉田吉里氏などによって行われてきた[1]。

本論ではその史料のなかでも大永五年（一五二五）『御道者日記』[2]に注目する。

この『御道者日記』は一部に記録の欠落が見られるものの、十六世紀初頭の伊勢参宮の実態を記す史料として、時期的にも早く史料的価値が高い。本論ではこの記録を通じて見えてくる主に美作・備前両国からの伊勢参宮の実態を明らかにしたい。殊に参宮者が御師に納める初穂銭の納付形態に特徴が見られ、この点も視野に入れる。

同様に天理図書館に収蔵される永正期の橋村文書『えちごの国ノ日記』は、前掲の『御道者日記』と時代的には八年～十年の隔たりがあるが、記述形態が類似し、橋村家が一定の記述様式を以て書き留めた様子が窺える。

この両記録の時代を中心に橋村家の家系を示すと、系図1の通りである（『考訂　度會系圖』四門橋村氏）。

系図・橋村主膳家系（抄）

①國正　元徳二年正月十五日卒

②清行

③正吉　文明四年十二月四日卒

④正世　文明十年十一月四日卒

⑤正家　永正十七年四月十五日卒

⑥正高　享禄四年五月十一日卒

正頼　橋村帯刀祖

⑦正治　天文十七年五月十六日卒

正方　橋村織部祖

定廣　橋村内蔵祖

⑧正康　慶長九年正月朔日卒　七十三歳
元居宅上中之郷表
此代移于今之地

⑨正房　慶長九年正月朔日卒　七十三歳

正兼　橋村右近祖

正滋　橋村宰記祖
慶長十二年七月廿四日卒

正充　天正十六年五月十四日死す八歳

正慶　橋村弾正家祖

正良　橋村吉大夫家祖

この道者日記が記されたのは、橋村家系図では⑥正高の時代に当たる。ただ正高は大永五年より六年後の享禄四年（一五三一）には没しているので、実際は次の⑦正治に代わっていたことも考えられる。橋村氏はこの前後から帯刀・織部・内蔵・右近・宰記・弾正・吉大夫の各家に分家していくが、この正高・正治の家系は主膳家として橋村本家筋に当たる。

天正期に入ると、分家の橋村宰記（肥前大夫）家が西北九州の筑後国・肥前国に進出し、活発な伊勢大麻配札や伊勢参宮者の受け入れを行っていく。その際の記録が『御参宮人帳』『御祓賦帳』として現存するが、[3] そういった記録と比較することにより、大永五年『御道者日記』に記される美作・備前衆の伊勢参宮の特徴が見えてくるように思われる。

伊勢に赴いた者を『御道者日記』に記されるように道者、また旦那、一般的な呼称として参宮者などと表現されるが、本論では日記の呼称のままに道者という用語で統一する。

一　『御道者日記』の記述内容

大永五年（一五二五）『御道者日記』の記録体裁の一部を記すと、次の通りである。

〔史料1〕

三人　太和国山口御坊布施　五百文　卯月四日

山口こまくほ　はやたうより十七八町あり

弥七殿　同しそく　藤□殿

〔史料2〕

是代ハ院庄おいとき太郎三郎殿へおわたしあり候
二百二十文　いんの庄せいけん寺之内式部殿御かり也
一人　みまさか國院庄御坊布施　七月廿九日
　院庄せいけん寺の内　廿文
式部卿

〔史料3〕

六百六十文　うし窓執行坊のかハし
三人　びぜん國牛窓御坊布施　六百文　七月十九日
　六十文
　とまり　うき兵衛殿むすめ　同源二郎内方　同又四郎殿□□（内方）

記録の体裁は、居村毎の参宮者人数・居村名・坊布施銭額・参宮日付が中心に表記され、左の行に道者名、そして右の行には坊布施（初穂）の納付の形態が記述されている。

まず史料2では、美作国院庄せいけん寺内の式部卿が伊勢参宮を行い、記録右脇二行目に「二百二十文（中略）式部殿御かり也」と記され、伊勢で納めるべき初穂を借りて帰っている。この「借り」という行為は伊勢では納めず国元に帰ってから納めるというものであった。その借り分は、一行目に「是代ハ院庄おいとき太郎三郎殿へおわたしあり候」とあり、参宮者の式部と同じ村に住む「院庄のおいとき太郎三郎」に納めている。

史料3は、備前国牛窓の泊に住む「うき兵衛」の娘・源二郎妻・又四郎妻の三人が伊勢へ赴いた。その初穂六〇〇文は一行目に記されるように、同所の執行坊扱いの「かハし」、即ち為替で納めたことを伝えている。

史料1は、大和国山口からの弥七・同子息・藤□の三人は、「かり」「為替」の書込みが見られないから、初穂銭五〇〇文を参宮時に伊勢の御師の元で納めたと解釈される。

史料2・3には参宮月日の左脇に、「廿文」「六十文」の銭額が記される。同様の記述は前掲の永正期の『えちごの国ノ日記』にも、日付横に同様の銭額が記され、そこには「役せん」とある。即ち役銭であり、為替取り扱いの役料が付加されていた。大永五年日記に見えるこの数値もおそらくこの役銭と思われる。

事実、史料2では、初穂額二〇〇文に役銭二〇文が加わった二二〇文が、支払い額として二行目に記される。史料3でも六〇〇文に六〇文を加えた六六〇文が、為替額として記録される。このように初穂を国元に借りて帰った場合、あるいは為替で納める場合は、役銭が付加された。そういった視点でみると、史料①は役銭また納付先の記述がないことからも、前述のように伊勢の御師屋敷に投宿の際に、直接に初穂を納めた事に間違いない。

大永五年日記はこのような内容も以て、三月十三日から八月二十四日まで記録されている。その日毎別の記録を、道者居村・道者人数、その内訳を有姓者・無姓者・女・僧侶・法号に分類し、更に初穂額、役銭額、納付額（初穂額に役銭を加えた額）、役銭率、借・為替の別等を一覧化すると表1の通りである。

表１　大永５年『御道者日記』記録一覧（銭単位・文）

	月	日	参宮者居村	人数	有姓	無姓	女	僧	法号	初穂銭	役銭	納額	役銭率（割.分.厘）	借	為替
1	3	13	美作国上わけ	6						1,200	124	1,424	1.0.3	○	
2	3	14	備前国かたの	2		1	1			400	40	440	1.0.0	○	
3	3	14	美作国上わけ	8		6	2			1,800	164	2,064	0.9.1		○
4	3	14	美作国とさか	3		1				300		300		○	
5	3	15	美作国なか岡	2		1	1			200		200		○	
6	3	15	美作国えびの川さき	14						2,200	★ 164	2,364	0.7.4	○	
7	3	15	美作国上わけ	1		1				200		200	無	○	
8	3	16	美作国わけ	2		1	1			637	60	700	0.9.4	○	
9	3	18	摂津国野瀬	14		10	1			1,300					○
10	3	20	備前国牛窓	4	1		2		1	800	80	880	1.0.0	○	
11	3	20	美作国いんの庄	2			2			400	40	440	1.0.0	○	
12	3	23	美作国わけ	7	2	2		2	1	1,050	60	1,260	0.5.7	○	
13	3	24	美作国まかへ	2		1	1			400	50	500	1.2.5		○
14	3	26	備前国ふち野	1					1	250	★ 50	300	2.0.0		○
15	3	28	美作国院庄	13	5	8				3,200		2,100		○	
16	4	3	越前国一乗	1	1					100	20	120	2.0.0		○
17	4	4	大和国山口	3		2				500					
18	4	4	伊賀国玉瀧東泉寺	17	13		4	2		6,300	4,360	10,660	6.9.2	○	
19	4	4	伊賀国玉瀧同御つれ	23						3,960					
20	4	4	伊賀国玉瀧同御つれ	18	1	2						1,920		○	
21	4	5	美作国院庄	11		5		2	2	1,900					
22	4	5	美作国院庄	7	3	2			2	1,425	★ 249	1,674	1.7.4	○	
23	4	6	伊賀国玉瀧	2	1			1		1,000					
24	4	7	美作国打穴	5	2	3				1,050	50	1,100	0.4.7		○
25	4	7	大和国はやたう	5		4				1,400		200		○	
26	4	7	大和国はやたう	3		3				300					
27	4	7	美作国しとり	8	1	1	2			1,600	★ 164	1,764	1.0.3	○	
28	4	8	榊原（伊勢国）	4		4				300					
29	4	10	備前国藤野	1		1				100	20	120	2.0.0	○	

30	4	10	美作国とよ国	4	1		2		1	800	109	934	1. 3. 6		○
31	4	16	越前国豊原	2				2		300					
32	4	16	越前国豊原善香坊	11	1	5		6		3, 100					
33	4	16	越前国豊国仙勝坊	6				6		300					
34	4	16	越前国豊国実乗坊	11		2		7		2, 650					
35	4	16	越前国□庄	2		1		1		300					
36	4	16	美作国上わけ松尾	4	1	2	1			1, 200		6, 800		○	
37	4	19	備前国□□□□	2	2					600	70	670	1. 1. 7		○
38	4	19	備前国うし窓	7	1	2	2	2		1, 100	218	1, 318	1. 9. 8		○
39	4	22	大和国今市	10								1, 200		○	
40	7	15	大和きり山みね寺	2		1				200				○	
41	7	15	美作国豊国かみあい	28						5, 700	624	6, 024	1. 0. 9		○
42	7	15	備前国藤野	5						1, 000	140	1, 140	1. 4. 0		○
43	7	15	美作国とさか	8						1, 400	160	1, 560	1. 1. 4		○
44	7	15	美作国とさか	1						200	20	820	1. 0. 0		○
45	7	15	備前国みつ石	4		4				800	★　80	880	1. 0. 0	○	
46	7	18	美作国院庄	10		2	6			1, 900	184	2, 084	0. 9. 7		○
47	7	19	備前国牛窓	3			3			600	60	660	1. 0. 0		○
48	7	19	備前国うし窓	5		5				1, 000	464	1, 464	4. 6. 4		○
49	7	19	美作国しとり	3		1	2			400	20	500	0. 5. 7		○
50	7	19	美作国わた	2		1	1			200		200		○	
51	7	20	備前国うし窓	8		4						1, 864			○
52	7	21	備前国うし窓	2		2				400	160	560	4. 0. 0		○
53	7	22	美作国上わけ	1			1			100		100	無	○	
54	7	25	備前国かたの	3		3				700	70	770	1. 0. 0		○
55	7	25	美作国しとり	7		7				1, 350	144	2, 200	1. 0. 7		○
56	7	25	美作国院庄	2		2				400	40	440	1. 0. 0		○
57	7	25	美作国院庄	5		4		2		1, 100	179	1, 300	1. 6. 3		○
58	7	26	美作国院庄	16		6	8			3, 400	736	4, 136	2. 1. 6		○
59	7	26	美作国院庄	2	2					400	60	460	1. 5. 0		○
60	7	26	美作国院庄	2					2	400	70	500	1. 7. 5		○

61	7	26	美作国しとり	2				1		400	40	440	1.0.0		○
62	7	26	美作国院庄	4			4			800	124	924	1.5.5		○
63	7	26	美作国院庄	7		2				1,400	253	1,653	1.8.0		○
64	7	27	美作国うえ月	14		5	7			2,800	510	3,310	1.8.2		○
65	7	28	美作国こよしのあを木	5		5				1,500	279	1,800	1.8.6		○
66	7	28	越前国一乗	1	1					200	20	220	1.0.0	○	
67	7	29	美作国院庄	1	1					200	20	220	1.0.0	○	
68	7	30	美作国しとり	1		1				100		100	無	○	
69	8	1	美作国二宮くろつち	1		1				100		100	無	○	
70	8	1	美作国しとり	3						300					
71	8	1	美作国川井	5		3		2		1,000	179	1,179	1.7.9		○
72	8	1	美作国やまと原	7		7				1,700	253	1,953	1.4.9	○	
73	8	2	美作国田の村	6	1	2	2	1		1,300	184	1,484	1.4.1		○
74	8	2	美作国しとり	7	3	3				2,100	★1,000	3,100	4.7.6	○	
75	8	2	美作国しとり	9	7	2				1,800	250	2,050	1.3.9	○	
76	8	2	美作国しとり	1		1				100				○	
77	8	2	備前国うしまと	16		13	1	1		3,200	★ 527	3,727	1.6.4	○	
78	8	3	播磨国あり松	1				1		100					
79	8	7	美作国二宮くろつち	1			1			200	20	220	1.0.0		○
80	8	13	美作国たのむら	4		2		1		800	124	924	1.5.5		○
81	8	13	美作国こよし野	1		1				200	20	220	1.0.0	○	
82	8	15	美作国院庄	5				2	1	1,000	164	1,200	1.6.4		○
83	8	16	美作国そうしゃ	4		4				800	124	924	1.5.5		○
84	8	17	美作国こよし野	3		2				600	80	680	1.3.3		○
85	8	17	美作国たとの庄ひろ山	1				1		200	150	350	7.5.0	○	
86	8	24	備前国山田庄	2		1		1		400	80	530	2.0.0		○
			合　計	479	51	168	58	44	11	89,572					

註⑴印役銭額は本来、記録されていないが、初穂額と納額の差額を役銭額として算定し追記した。

⑵本来ならば初穂銭十役銭が納額になる筈であるが、必ずしもそうではなく、少し上乗せした例もある。その場合は御師の取り分と思われる。

二　参宮の諸相

表1に示したように、四月二十二日から七月十五日に記録が大きく飛んでいる。原典史料を確認しても四月二十二日の記録後に破損が見られ、これ以降、七月十五日前までの記録が紛失しているのは明らかである。本来は日付が連続して存在したことは間違いない。

まずこのような記録の欠落があることを前提に論を進めていく。

表1で算定したようにこの間の総道者は四七九人である。その人数を国別に集計し、更に初穂の納付形態を直納・借り・為替に分類し一覧化すると表2の通りである。

表2で分かるように最多の美作国を初め、備前・伊賀・越前・大和・摂津・伊勢・播磨の順で道者を数え、八カ国に及んでいる。

橋村家は大永五年（一五二五）の時点ではこの地域に道者を開拓していたことになる。同家が道者開拓の際に残した道者売券は天理図書館に橋村文書として残る(4)。長禄四年（一四六〇）から文亀三年（一五〇三）までの二〇枚の道者売券によって、この間には但馬・周防・越前・三河・遠江・駿河・伊豆・甲斐・相模の九カ国に道者を保有

表2　国別伊勢参宮者人数と初穂の納付形態

国名	人数	直納（人）	件数	借り（人）	件数	為替（人）	件数
美作国	278	14	2	101	23	163	27
備前国	65			27	5	38	10
伊賀国	60	25	2	35	2		
越前国	34	32	5	1	1	1	1
大和国	23	6	2	17	3		
摂津国	14					14	1
伊勢国	4	4	1				
播磨国	1	1	1				
合計	479	82	13	181	34	216	39
		直納率　17.1％		借り・為替率　82.9％			

していた。前掲の橋村家系図では、③正吉・④正世・⑤正家の時代に当たる。

この時期に開拓された地域と、大永五年日記によって知られる道者地域とを照合すると、重なるのは僅かに越前国のみである。そうなると大永五年に伊勢参宮を行った地域は、いつの頃から橋村家の道者となったのか。小西瑞恵氏は伊勢国と比較的近い地域であるため、橋村家が最も早く開拓した道者地域の可能性を示唆する。(5)

ただ先の但馬国以下九カ国の道者地域は、天理図書館に現存する道者売券から知り得たのであり、これ以外に多くの道者売券が存在しながら紛失した可能性も考えられよう。とすれば小西氏の指摘も念頭に置きながらも、大永五年日記に登場する八カ国が橋村家の道者となった時期は、今のところ手掛かりがない。しかしいずれにしても、大永五年の時代では、道者売券によって知られる九カ国と大永五年日記での八カ国とを、橋村家は道者地域として抱えていた。

さて四七九人の道者の内訳を見ると、有姓者五一人、無姓者一六八人、女性五八人、僧侶四四人、法号保有者一一人、不明一四七人、である。兵農分離が行われていないこの時代にあって、有姓者はその地域を代表する武士層であったと考えられるが、無姓者は実にその三倍に及び、その対比によって当時の有姓者・無姓者の社会構造が窺えよう　女性の参宮が有姓者を上回っていることも注目される。女性にとって伊勢詣では閉ざされた旅ではなかった。殊に七月二十二日と八月七日は女性一人での参宮であった。美作国上わけの「ありほりの姫」、同国二宮の「くろつちの姫」と記される。両姫の居所について、「ありほり」は冒頭の三月十三日に「ありほり次郎衛門」、八月一日に「くろつちの二郎衛門」と、後述する初穂銭納付の仲介者が見えている。両名称とも地名と思われ、美作の「ありほり」「くろつち」の地域を代表する家の姫であったと思われる。

道者総数に対する女性参宮者の比率は約一二％である。同じ橋村家が残した天正年間から元和期に至る九州地方の参宮人帳では、七八八九人に対して女性の参宮者は六三人、約〇・八％に過ぎない(6)。大永期が時代的に早いものの、女性の参宮率が格段に高いのは、大永期の道者地域が伊勢と近かったためと思われる。九州より格段に近い地域からの参宮であったために、数多くの女性の参宮、なかには女一人での伊勢詣でを可能にしたのであろう。

僧侶の参宮は四四人、約九・二％である、同様に九州の例では四五一人(7)で約五・七％であり、女性程の地域的な開きは見られない。

参宮者総数四七九人の内、表1№20の伊賀国玉瀧東泉寺おつれ一八人、№39大和今市一〇人、№51の備前国牛窓八人、この三件の初穂銭は役銭が加わった額は分かるが、本来の初穂額は記録がない。その三六人を差し引いた四四三人が納めた初穂総額は八九貫五七二文である。一人当たりの初穂銭平均額は約二〇〇文である。勿論、初穂額は任意であり定まっていなかった。表1を改めて確認すると、一人当たり一〇〇文という例も七例あるが、先の平均値の通り一人宛二〇〇文という初穂が数多く見られる。

道者を多く出した村に注目すると、美作国院庄八七人、同国しとり(倭文)四一人、同国とさか一二人、備前国牛窓四五人と、この四地域で全体の約三九％を占めている。

三　初穂の納付形態

道者の初穂の納付形態に注目すると、表2に示したように四七九人の内、伊勢で橋村家に投宿の際に直接に納めた者が一三件八二人、伊勢で納めず国元に帰ってから納める、いわゆる初穂の借りが三四件一八一人、為替での納付が三九件二一六人という内訳である。伊勢で御師に直に納付する者は全体の約一七％に過ぎず、残りの約八三％の者達

表3　天正・慶長期の初穂の納付（単位・人）

年号	参宮人数	借り	為替	借り・為替率
天正12年	452	67		14.8%
天正16年	614	46		7.5%
慶長２年	562	8	1	1.6%
慶長12年	947		11	1.2%
慶長13年	933		10	1.1%
慶長15年	508		16	3.1%

橋村宰記（肥前大夫）家文書『御参宮人帳』より作表。

は伊勢での現金の扱いはなく、国元で納付している。
橋村氏の分家に当たる橋村宰記（肥前大夫）家も、天正・慶長期の『御参宮人帳』（道者日記）を多く残し、確かにその中に初穂の借り・為替払いの例を見ることができる。表3にその実態を示した。(8)

大永五年と表3に示した天正・慶長期とは、六〇年から八五年程の時代の開きがある。貨幣流通のなかで銭の借用・為替払いのシステムは、信用が伴うことから社会の成熟度に伴ってその頻度が多くなっていく。ところが天正・慶長期という将に近世を目前とした時代の借り・為替率は、高くても天正十二年の一四・八％、同十六年の七・五％、慶長期に入ると僅かに一％から三％に留まり、ごく一部の参宮者が用いるに過ぎなかった。

ところがそれより半世紀以上も遡る大永年間には、前述のように八割方が伊勢現地での納付をせず、借り・為替の方法を取るという以外な結果が浮かび上がってきた。

特にこの借り・為替が集中する美作国、備前国について、そのシステムについて検討してみたい。

第一節に掲げた史料2・3でも触れたように、「借り」の場合はその返済先が、為替の場合には取扱者がそれぞれに記されていた。道者と仲介者、即ち返済先・為替取扱者とがどういった関係にあったのか、道者の居所と仲介者の在所とを交えて、地域別に整理すると表4の通りである。

備前国で院庄が八七人と最も多くの道者を数えた。「借り」が二三人、為替払い五三人、残りの一一人が伊勢での直納であった。借り・為替を取り次いだ仲介者は、表4に示したように「院庄おいとき太郎三郎」「院庄あし田与一

表４　地域別借り・為替の仲介者一覧

No.	村名	人数	借り	為替	仲介者
美作国					
11	院庄	2	○		おいとき太郎三郎
15	院庄	13	○		いんの庄与一左衛門
22	院庄	7	○		（記録無）
46	院庄	10		○	院庄おいとき太郎三郎
56	院庄	2		○	院庄あし田与一左衛門
57	院庄	5		○	岩井宗兵衛
58	院庄	16		○	院庄おいとき太郎三郎
59	院庄	2		○	おいとき太郎三郎
60	院庄	2		○	院庄与一左衛門
62	院庄	4		○	与一左衛門
63	院庄	7		○	院庄与一左衛門
67	院庄	1	○		院庄おいとき太郎三郎
82	院庄	5		○	院庄与一左衛門
64	うえ月	14		○	うえ月宗兵衛
24	打穴	5		○	殿内岩井宗衛門
6	えびの川さき	14	○		川さき助左衛門
71	川井	5		○	まき山岡坊
1	上わけ	6	○		ありほり次郎衛門
3	上わけ	8		○	上わけかきそへ助四郎
7	上わけ	1	○		こみかとの孫衛門
36	上わけ松尾	4	○		（記録無）
53	上わけ	1	○		上わけありほりの五郎右衛門
65	こよしのあお木	5		○	こよしのあおき刑部
81	こよしの野	1	○		こよし野六郎兵衛
84	こよし野	3		○	こよし野とよくに清右衛門
27	しとり	8	○		院庄あし田与一左衛門
49	しとり	3		○	竹の内松岡藤兵衛
55	しとり	7		○	しとり小山水戸五郎左衛門
61	しとり	2		○	しとり小山水戸五郎左衛門
68	しとり	1	○		しとり小山水戸五郎左衛門
74	しとり	7	○		中村四郎兵衛
75	しとり	9	○		しとり小山水戸五郎左衛門
76	しとり	1	○		おいとき太郎三郎
83	そうしゃ	4		○	そうしゃ小出左京亮
73	田の村	6		○	たのむらかり屋新左衛門
80	たのむら	4		○	たのむらかり屋新左衛門
85	たとの庄ひろ山	1	○		（記録無）
5	とさか	3	○		□□□□
43	とさか	8		○	とさか松本坊
44	とさか	1		○	とさか西坊
30	とよ国	4		○	わたの大夫
41	豊国かみあい	28		○	おいに中村殿
4	なか岡	2	○		なか岡五郎六郎
69	二宮くろつち	1	○		くろつちの二郎衛門
79	二宮くろつち	1		○	二宮くろつち三石兵衛助
13	まかへ	2		○	院庄水戸五郎左衛門
8	わけ	2	○		（記録無）
12	わけ	7	○		（記録無）
50	わた	2	○		わたひろ山衛門四郎
72	やまと原	7	○		（判読不明）
備前国					
10	牛窓	4	○		（記録無）
38	牛窓	7		○	うし窓藤右衛門
47	牛窓	3		○	うし窓執行坊
48	うし窓	5		○	さかいいセ屋彦左衛門
51	うし窓	8		○	執行坊
52	うし窓	2		○	執行坊・さかいいセ屋彦左衛門
77	うしまど	16	○		せきのうら太郎九郎
2	かたの	2	○		下市六郎五郎
54	かたの	3		○	かたの下市六郎五郎
14	ふち野	1		○	ふちの新三郎
29	藤野	1	○		（記録無）
42	藤野	5		○	藤野新三郎
45	みつ石	4	○		みつ石せき川の六郎兵衛
86	山田庄	2		○	耕雲

左衛門」「岩井宗兵衛」の三人が登場する。太郎三郎と与一左衛門は、道者が借りた初穂の受け入れを行うと同時に、為替の業務も務めている。岩井宗兵衛は五人の為替を一度扱っている。この岩井宗兵衛の在所がよく分からないが、№24の美作国内穴打で為替を扱った者に「院庄あり殿内岩井宗衛門」という人物がいる。両者は同姓でよく似た名前であり、同族の者とも思われる。とすれば岩井宗衛門同様に宗兵衛も院庄内の住人であった可能性が高い。

与一左衛門と太郎三郎は院庄内にとどまらず、同国の倭文(しとり)地域の参宮者が借りた初穂の受け入れも行い、幅広く借り初穂の収納や為替業務を担当していた。

この両人のように地域を越えて伊勢初穂の収納に関わる者もいたが、道者の村内には基本的には、借り初穂・為替初穂を徴収する人物がいたようである。例えば「えびの川さき」には「川さき助左衛門」、「上わけ」には「ありほり二郎衛門」「かきそへ助四郎」「ありほりの五郎右衛門」という具合である。

更には倭文では小山の水戸五郎左衛門が頻繁にその業務を行い、田の村では「かり屋新左衛門」がいた。詳細は表4に示している。

備前国においても同様であり、牛窓には執行坊・関の浦の太郎九郎、「かたの」には下市の六郎五郎、藤野には新三郎、「みつ石」の六郎兵衛等の仲介者が確認出来る。

この者達が行った借り初穂や為替は、実際にどのように回収・運用されたのであろうか。まず借り初穂から見ていこう。

1　初穂の「借り」

道者の初穂の借りの例は、史料2で美作国院庄の場合を挙げたが、他国の例として表1№2の備前国の場合は次のように記される。

此代下市六郎五郎殿へ御わたしあり候
四百四十文　下市彦衛門殿御かり也
　二人　びぜん国かたの　御坊布施　四百文　　三月十三日
　　下市彦衛門殿　　同内方　　　四十文

備前国の「かたの」に住んだ彦衛門とその内方（妻）の両人が三月十三日に伊勢参宮し、初穂の銭四〇〇文に役銭四〇文が付加された四四〇文を借りて帰っている。その代は、一行目に下市の六郎五郎へ「御わたしあり候」とある。これはどういう意味であろうか。

表4に示したように美作と備前の両国で、初穂を借りた例は二八件である。その内に前掲の記録のように、返済先を示し「御わたしあり候」との書込があるのが一七件を数える。それ以外の一件には次のようにある（表1№81）。

此代ハこよし野六郎兵衛殿へわたし可申候
二百廿文こよし野さ衛門二郎殿内方かり也
　一人みまさか国こよし野御坊布施二百文　　八月十三日
　　さへもん二郎殿内方　　　　　　　　　廿文

ここには借りた初穂を「わたし可申候」とあって、前掲史料の「わたしあり候」とは異なる記述が見られる。「わたし申すべく候」と返済を義務付けたのは、この初穂が未だ返済されていないためである。この記述の対比からすれば、「わたしあり候」とあるのは国元に戻ってから返済が済んだと解釈される。

そうすればこの一行目の返済有無の記述は、各道者の参宮日に書かれるものではなく、返済を確認した後日の追記ということになるだろう。原文書を確認すると、一行目の書込みと参宮当日に記された二行目・三四行目とを比較すると、墨書の濃淡が微妙に異なり一行目がやや薄く、同時に書かれたとは思われない。

一行目の記述が返済確認後の追記とした推測を補うのは、左記の№74の史料である。

此代中村四郎兵衛殿御とりたて候て御渡あり候　かり状あり

三貫百文しとり江原殿上様御かり也

しとり（倭文）の江原殿妻が借りて帰った初穂三貫一〇〇文は、直ぐに返済されなかったのであろう、中村四郎兵衛が取り立てて収納に至ったことを記す。初穂を借りて帰った道者の国元での対応振りを含んで記録されていることから、後日の追記として間違いない。加えて初穂の取り立てが法外でなかったことを示すように「かり状あり」と、初穂借用書の存在をも記している。

この借り状は、№85の美作「たとの庄ひろ山の別当坊」の場合も見えており、初穂を借りた全ての者がこの一札「借り状」を入れたのか不明ながら、初穂借用書の存在も窺える。

初穂を借りた二八件中残り一〇件は、返済に関わる記述はない。この者達は未だ返済されていないのであろう。

初穂を貸すシステムは、橋村主膳家では他国の道者にも提供していた。同家の記録である享禄五年（一五三二）の『中国九州御祓賦帳』(9)には、豊後国宇佐、及び筑前国吉木での例を次のように記している。

合六十六たん代百五十文当年五月廿六日御参候時かり

うさ秋吉大蔵殿

合一貫二百文当年　三月三日の参宮の時かり

よし木六郎二郎殿

秋吉大蔵と吉木六郎二郎は参宮時に伊勢で一五〇文、一貫二〇〇文を借りている。

同じく橋村主膳家の分家である橋村宰記でも初穂を貸していた。表3に示したように、肥前・筑後からの参宮者に対して天正十二年（一五八四）に六七件、天正十六年には四六件を数える。

このように橋村本家と分家において大永・享禄期、天正期に参宮者に「初穂を貸す」という便宜をはかっていた。その収納方法については別稿で述べたが、(10)享禄期の橋村宰記家の場合は、豊前・筑前国の御祓賦帳に「貸し初穂」が散見されることから、その伊勢大麻を配る際に回収したものと思われる。天正期の肥前・筑後では、現地に設けていた伊勢屋が回収業務を行うことが多く、その外に他の参宮者に言付けたり、また借りた本人が次回の参宮時に伊勢で直接に返済する場合なども確認された。

こういった享禄・天正期の例と比較すると、大永の道者日記の場合は初穂の貸し件数三四件の内、二九件までが収納先が明示されている。このことは基本的には参宮者の居村に初穂収納役を配置し、回収方法を画一制度化していたことが窺える。村毎に初穂回収役を配置することによって、御師の立場からは初穂を「貸す」、道者の側からは初穂を「借りる」というシステムが機能的に運用されていた。美作国・備前国でそのような運用がなされたことは、伊勢参宮史上での地域的特徴であったといえよう。

2　為替の初穂

為替の使用は史料3として備前国牛窓の例を挙げたが、美作国でも頻繁に使われた。その一例を左記に挙げよう（表1№61）。

四百四十文しとり小山水戸五郎左衛門殿御かハし

二人みまさか國しとり小山　御坊布施　四百文　　七月廿六日
小山　　　　　　　　　　　　　四十文
新光寺

美作の倭文小山の新光寺僧等が、七月二十六日に参宮した折に、初穂銭四〇〇文と役銭四〇文の合計四四〇文を、同所に住む水戸五郎左衛門扱いの為替で納めたことを伝える。この水戸五郎左衛門は、表4№55によると七月二十五日の倭文衆七人の為替も取り扱っている。加えて表1№68(七月三十日)と、同№75(八月二日)の倭文衆一〇人が借りた初穂の収納役も務めている。

御師による為替使用の例は、前掲の「初穂の借り」同様に橋村主膳家の分家・橋村宰記でも使っていた。表3に示したように慶長二年(一五九七)には僅か一件であるが、同十二・十三・十五年と合計三七件の為替の使用例がある。それは宰記家文書の『御参宮人帳』によって知られるが、参宮者の初穂額の脇に「国かわし」と記されるだけであり、そのシステムは不明である。[11]

この慶長期の記述と比較すると、前掲の美作国倭文衆の記録でも分かるように為替取扱者が明記され、為替運用が具体的に記されている。

御師の立場で同様に参宮者に為替の便を提供したのは宮後三頭大夫であった。この宮後家為替文書は、『肥前国藤津郡彼杵郡高来郡旦那證文』(『旦那證文』と略記)として神宮文庫に現存し、[12]多数の為替切手・請書が確認される。先の美作国倭文衆の為替には、取扱者として水戸五郎左衛門という人物が登場していた。同様の立場の者を宮後家文書のなかに次のように見ることができる。

〔史料4〕

肥前之国大村之里宝生寺替本
元亀三年申壬正月吉日　代官十兵衛正治（花押）（黒印）
伊勢山田　宮後三頭大夫と御尋可有候
（異筆）「於国本銀三文目渡可申候也　深秀坊（花押）」
（付箋）「国本　代官十兵衛書越候切手也
大村之宝生寺替本也　参帳ニ有」

〔史料5〕

肥前国いさはや上町　忠兵衛替本
元亀三年申二月吉日　代官十兵衛正治（花押）（黒印）
伊勢山田宮後三頭大夫と御尋可有候

〔史料6〕

彼順礼一人罷上候　一宿之儀奉頼候　於国本ニ三文目請取申候
伊勢宮後三頭大夫使長全（花押）（黒印）
三頭大夫殿参
如意坊

史料4・5は、宮後三頭大夫の代官・十兵衛正治が発行した為替切手であるが、その取扱者が「替本」と記され、史料4では大村の宝生寺、史料5では「いさはや」（諫早）上町の忠兵衛が務めている。

史料6は、宮後家代官の長全が発行した為替切手であり、伊勢での一宿の初穂銀三匁は国元において請け取ったとある。この切手に見える如意坊は、為替額の銀三匁を伊勢で換金した際の請書付箋に「如意坊替本也」と記される。

従って如意坊も為替の取扱者であった。

このように見ていくと、宮後三頭大夫は肥前国に代官を派遣し、その監督下に各地に替為取扱を行う替本を配置し、旅費用を為替で伊勢に送金するという便宜を提供していた。

この『旦那證文』には参宮者が国元から持参した切手と、伊勢での現金請書が貼り込まれているので、参宮者達は伊勢到着後に切手と交換に現金を受け取ったことが分かる。換金した銀・銭は御師への初穂やその他の旅費用に当てたのであろう。この宮後家の為替は、時代的には永禄四年(一五六一)から天正七年(一五七九)までの使用が確認できる(13)。

さて前掲の美作国倭文衆の初穂について、その取扱は「水戸五郎左衛門殿御かハし」とあることから、この水戸五郎左衛門は宮後家の為替切手に登場した宝生寺や諫早上町の忠兵衛に匹敵する現地での取扱者、すなわち替本に当たるものと思われる。

宮後家の為替システムから先の美作衆の為替使用を推測すると、倭文小山の新光寺の二人は初穂銭四〇〇文に役銭を加えた四四〇文を、同所小山の水戸五郎左衛門扱いの為替で納めた。その後の手続きは、宮後家の為替ではその額は伊勢で換金化されていた。しかし大永の道者日記では、為替額四四〇文のうち四〇〇文は、「御坊布施四百文」としてそのまま橋村御師のもとに収納され、四〇文は水戸五郎左衛門の役料となったものと思われる。初穂を納める手段として為替が用いられているのである。

宮後家と橋村家との為替を比較すると、前者は為替額が伊勢で一度換金されて使用された、後者は初穂納付を目的にして為替が使われたから、初穂額はそのまま御師のもとへ納まった、こういった相違が見られる。

3　仲介者・替本の機能と役銭

宮後三頭大夫の為替文書では為替取扱者を替本と称していた。大永の道者日記でも同様の立場の者を替本と呼ぶことができよう。表4によればその替本達は例えば美作院庄の場合、おいとき太郎三郎は為替の替本も務めながら、「借り初穂」の収納も行っていた。院庄の与一左衛門、倭文の水戸五郎左衛門、「かたの」の六郎五郎等も、初穂の借り・為替の両方に関わっている。同一の仲介者が「借り初穂」の収納も行い、また初穂を為替で納める業務をも行うこともあったのである。

ところで初穂を借りる・為替で納めるという両手段は、具体的にどのように使い分けられたのであろうか。初穂を借りる場合は、本来は伊勢で納めるべきところを、なぜ納めなかったのかという問題が残る。旅費用が底をついて払えなかったのか、あるいは国元に戻ってから払う方が、初穂銭を持参する手間も要らず、紛失・盗難の心配が解消されるなどの事が考えられる。

この「借り」と明確に分けて記される為替は、宮後三頭大夫の為替でもそうであったように、基本的には参宮に立つ前に替本で初穂を為替に組んだと思われる。そして伊勢では御師がその替本の名前を聞き取り、先に示したように「しとり小山水戸五郎左衛門殿御かハし」という具合に、『御道者日記』に替本名を記したのである。

従って「借り」と為替は、初穂を納める時期が参宮後なのか、参宮前なのか、この違いであった思われる。国元を立つ前に為替に組めなかった者は、伊勢で初穂を借りる方法を取ったのではないか。そうすれば、「借りる」行為は路銀が底をついたためではなく、初穂銭の携帯に伴う手間や紛失の心配から、伊勢での現金扱いを避けたのであろう。

井原今朝夫氏は大徳寺文書中に「かわし給り候」がそのまま「かり給り候」と書き換えられている点をもって、中世の為替は借用証文・債務証書から発展してきたとする(14)。

大永期に美作・備前衆が用いた初穂の借り・為替納めも、初穂の納付が参宮の前・後の違いによってとられた方法であった。どちらの方法が優先して発生したかは不明だが、同じ替本の許で「借り」と為替が同一のレベルで運用されていることは、先の井原氏の指摘にも通じるものと思われる。

美作・備前からの道者三四三人のうちに三二九人までが、初穂の借り(一二八人)と為替納め(二〇一人)の方法を取っていることは、この両国では伊勢初穂は国元で納めるものとの概念が定着し、またそのシステムが整っていたといえよう。

表4によると為替を扱った替本の中に、堺の業者と思われる名前が二件登場するのは気に掛かる(№48・52)。

まず№48は次のように記される。

合一貫四百六十四文さかいいセ屋彦左衛門かハし候
五人びせん國うし窓御房布施一貫文　七月十九日
四百六十四文

牛窓衆五人の初穂一貫文は、堺の伊勢屋彦左衛門の為替扱いで納められた。その役銭として四六四文が付加されているが、この分は堺の伊勢屋の取り分であった。

また№52は次のようである。

此外百廿文さかいいセ屋の彦左衛門かたへ御わたしあり候
四百四十文執行坊へわたし可申候
二人びせん國うし窓御房布施四百文　七月廿一日

四十文

牛窓の二人は初穂額四〇〇文に役銭四〇文を加えて執行坊へ渡し、更に一二〇文の役銭を堺の伊勢屋彦左衛門に納めている。この経緯からすると、初穂額四〇〇文は牛窓の地元の執行坊から堺の伊勢屋彦左衛門を経由して、橋村御師の許へ納まったのであろう。

この堺の伊勢屋扱いの二件の為替では、初穂額に対する役銭の比率が№48場合は四割六分四厘、№52では三割と、表1に記した地元の替本扱いの役銭率と比較するとかなり高額である。

橋村主膳家の享禄五年『中国九州御祓賦帳』の周防国の「大村中　宮地与三左衛門」への伊勢大麻配札の項にも、次のような堺の為替業者が登場する。

四貫文□□□□さかい助六方へかわし申候ハ、流不申候

虫食いのために四文字程が判読不明であるが、銭四貫文を堺の助六扱いの為替で組むと「流れ申さず候」と、いわゆる違い割符の危険がなく、間違いなく為替での送金ができると言っている。それは堺の助六が為替の取扱者として信用がおけたからであろう。

先の牛窓衆二件の為替を扱った堺の伊勢屋彦左衛門も、同様に為替の専門業者であったと思われ、為替取扱の間違いがない代わりに、地元替本の三〜四倍の役銭が付加されたのであろう。

橋村主膳の同様の記録である享禄・永禄・元亀期の『御祓賦帳』にも、堺の為替業者の名前が左記のように断片的に登場する。

五十文さかいこときやえうけとり候也（享禄五年賦帳）

さかいにて　石川宗恵（永禄七年賦帳）

合七百文　さかいひのえや三郎五郎殿　御かハし（元亀元年賦帳）

合七百六十四文　さかいゑひすの町大かたや宗寄御かハし（元亀元年賦帳）

四人の堺の為替業者と思われる人物が判明する。いずれも各年賦帳の冒頭に記され、当該年の堺の業者扱いの為替額を書き込んだ忘備記録のようにも見うけられる。記録が断片的で詳細は不明であるが、堺の為替業者が御師の為替に関わっていた形跡が窺われる。

堺の為替業者に納める役銭が高額であったことは前述したが、表1に役銭率欄を設けて、初穂の「借り」と為替扱いの場合、初穂額に対する役銭額の比率を明示した。

たとえば№1では初穂額一貫二〇〇文に一二四文の役銭が付加されているから、その役銭率は一割三厘となる。六一例の役銭率を見る限り、初穂額の一割が一三例を数える。この率を中心に七分から一割四分の率が全体の半分に当たる三〇件である。

全件の役銭率を概観する限り、一定の率が定まっていたとは考えられないが、大まかに初穂額の一割前後を役銭として徴収したことは窺えよう。初穂額が一貫文を超えた場合はそれに比例して役銭率も高まる傾向にはある。しかし№12・24・46の場合は一貫文を超えてはいるが、役銭率は五分前後から一割未満で収まっている。こういった事例から推測すると、初穂額の一割を基準にしながらもその都度毎に勘案されて役銭が付加されたものと思われる。

個々の例を若干見ると、№15は初穂額三貫二〇〇文であるが、伊勢での借り額は二貫一〇〇文であり初穂額を下回っている。おそらくその差額の一貫一〇〇文は伊勢で直接に納め、残金を借り額として国元で払ったものと思われる。№74と№85は役銭が異常に高く約四割七分と七割五分にも及んでいる。№74は初穂の「借り」で触れた様に、道者江原殿室は参宮より帰国後に「とりたて候て御渡あり」とあり、とり立ててやっと収納に至ったという経緯が記されていた。滞納に伴なって役銭が高率となったものと思われる。いずれも「かり状あり」との書込みがある。初穂額に対して役銭が高額であったため、返済時に問題が生じないように道者より「借状」をとったものと思われる。

この役銭はその呼称からも、借り初穂や為替の初穂を仲介した替本へ役目料として入ったものと思われる。それを一般にいう利息と考えてよいのか。中世の借銭の利息ついては井原今朝夫氏の詳細な研究がある[15]。鎌倉期・文明期の具体的な利子率を挙げ、その率は二文子から一〇文子に及び一定の基準はなく、多様な貸付取引慣行が存在したとする。

井原氏が提示した時代とはやや時代が下るが、本論での役銭率は、借銭の利息率と比較するとやや高率であり、初穂銭回収の代償費という性格からそうなったのであろう。この点からしても、利息というより記録のままに「役銭」とするべきであろう。

おわりに

大永五年（一五二五）の道者日記を通じて、美作・備前衆の伊勢参宮の実態をみてきた。殊に初穂の納付形態に特徴が見られた。その多くは伊勢での現金扱いを行わず、国元での納付決済であった。両国の各地にはそれが可能な機能が整っていた。

両国の中でも美作国では院庄や倭文、備前国では牛窓、この三カ所からの参宮が特出し、初穂の「借り」や為替の決済を行う替本も頻繁に機能していた。

美作国院庄は鎌倉時代に国毎に設置された守護所跡と伝えられ、発掘調査によっても大規模な建物遺構や井戸跡が出土し、ほぼ守護職屋敷のあった場所に間違いない。また倭文は平安末期から倭文庄という荘園が存在した地でもあった。[16]

備前国牛窓は瀬戸内水運の要所であり、文安二年（一四四五）の『兵庫北関入船納帳』には一九〇三艘の兵庫北関（現・神戸港）への入港を記録するが、地元兵庫の地下船を除けば牛窓の船が一三三艘と最も多くを数える。牛窓船の積み荷には小麦・イカ・塩鯛・海老・豆・苧・材木と様々な品が記され、活発な物流が行われていた。[17] この牛窓からは近世期には活発な伊勢参宮が行われていた報告がある。[18]

このように伊勢参宮が頻繁に行われ、その初穂徴収機能が整った前記の三カ所は歴史的に見ても先進性が確認できるところである。加えて伊勢参宮の視点からも更に歴史的先進性が加わってきたといえよう。美作・備前両国に登場する道者居村のほとんどについては、在地史料との照合によって村の詳細を明らかにすることができなかった、今後の課題としたい。

註

（1）西山克『道者と地下人―中世末期の伊勢―』（吉川弘文館、昭和六十二年）。
小西瑞恵『中世都市共同体の研究』（思文閣出版、平成十二年）。

吉田吉里「外宮御師橋村一族について―中世末期北部九州に於ける勢力拡大を中心として―」（『神道史研究』第四五巻第四号、平成九年）。

（2）天理図書館所蔵　橋村家文書　架蔵番号二一〇〇八―一一一―二一。

（3）天理図書館所蔵　橋村家文書　『御参宮人帳』二五冊、『御祓賦帳』五冊。

（4）『天理図書館善本叢書和書之部　六十八巻　古文書集』所収（八木書店、昭和六十一年）。
（5）小西　前掲註（1）一九八頁。
（6）久田松和則『伊勢御師と旦那』（弘文堂、平成十六年）所収、表7「伊勢参宮者社会層分析一覧」。
（7）同右。
（8）久田松和則「『御参宮人帳』に見る伊勢御師の経済」（『神道史研究』第六一巻第二号、平成二十五年）。
（9）神宮文庫所蔵　架蔵番号　第一門三五一五号。
（10）久田松　前掲註（8）に同じ。
（11）同右。
（12）神宮文庫所蔵　架蔵番号　第一門一三九〇三号。
『三重県史』資料編中世1（下）所収（三重県、平成十一年）。
（13）久田松　前掲註（8）第二章「中世末期御師の為替と流通」。
（14）井原今朝夫『日本中世債務史の研究』（東京大学出版会、平成二十三年）第五章「中世の為替と借用証文」。
（15）井原　前掲註（14）第七章「中世の利息制限法と借書の時効法」。
（16）『津山市史』第二巻中世（津山市役所、昭和五十二年）。
（17）『牛窓町史』資料編2（牛窓町、平成九年）。
（18）次田圭介「岡山の伊勢信仰」（『悠久』第五三号、平成五年）。

中世後期から近世初期における神宮建築工匠の精神的支柱
――「神役」「神慮之御事」としての大工職――

細谷　公大

はじめに

中世後期から近世初期にかけての社寺建築工匠の実態については、特に建築史の分野から研究が進められており、これまでに東大寺・興福寺・賀茂御祖神社・石清水八幡宮・醍醐寺・北野社などの造営組織の実態が明らかにされている。本稿で検討する伊勢の神宮についても、近年においては、大河文躬氏などの研究を踏まえつつ浜島一成氏が神宮建築工匠に関する論考を精力的に発表されており、所謂「大工職」としての神宮建築工匠の技術・職の継承実態を論じるなど、造営組織の状況が解明されつつある。(1)

しかしながら、いずれの論考においても、社寺の造営・修理事業を差配する組織と、特定社寺の大工職を保持して実際の作事に当たる建築工匠組織の実態解明、更には、大工職自体の成立と「物権化」の展開に主眼が置かれており、それぞれの社寺が持つ宗教的機能、特に信仰面が工匠自身にどのような精神的影響を与えていたかについての考察は殆ど無いように思われる。大河文躬氏は、中世建築工匠に関する基礎的研究として位置づけられる著書『ものと人間の文化史5　番匠』の中で、その人間像を「一方の端には神仏に対する篤い信仰心があり、もう一方には職場の確保のために激しく他人と争ったり、あるいは徒党を組んで住民との喧嘩に走るような、かなり荒っぽい姿がある。(中略)かれらの多くが父祖から受け継いできた自己の家業についての自覚と誇りをもっていたことは確かである」と説明し、当時の人間として素朴に抱く神仏への信仰心と父祖伝来の家業としての職場の確保に対する執念とを見出している。(2)史料を通覧した上での氏によるこの見解からは、建築工匠が物権として自らの職場を捉え、その確保に躍起になる意識を垣間見るには多くの材料があるものの、その執着の原因と「自らが大工職を保持する特定社寺に対する信仰」とを結びつけることに史料的制約が生じていることを改めて窺えるであろう。

本稿では、数多く伝世された伊勢の神宮における建築工匠(以下、伊勢の神宮を「神宮」、皇大神宮・豊受大神宮をそれぞれ「内宮」「外宮」、神宮大工職を保持する建築工匠を史料に基づき「神宮工」「内宮工」「外宮工」と適宜表記する)関係史料を通じて、主に大工職の成立と展開が検討される影で注意を払われなかった神宮大工職を任命する神宮と神宮工との精神的関連性を特に制度面から検討し、両者間の紐帯が神宮に対する信仰を軸として存在したことを確認することを目的とする。

そのために、まず第一節では神宮における大工職の展開を「神役」或いは「神慮之御事」という語に注目しつつ、補任状等の検討を通じ神宮工自身が自らの職にどのような精神的価値を見出していたものか確認する。その上で第二節では、物権化した神宮工がどのような階層を中心に展開したかを検討し、続く第三節において畿内を中心に検討が進んだ中世後期から近世初期における大工職物権化の過程と神宮工のそれとを対比し、神宮工における地域的特性を照射する。以上の論述を踏まえ、「おわりに」において神宮工がどのような精神的支柱に基づきその職を希望していたものかを明らかにしたい。(3)

一　神宮職掌体系末端に位置する神宮工―この工の儀は神慮の御事に候―

大工職はその特徴としては確かに所謂「職人」ではない者であっても保持できる権利としても物権的な側面を有しているが、一般的に社会・経済的にも周辺地域に比べ相対的な優位性を持つと理解される畿内周辺の事例が主に検討されてきた等の事情もあり、「はじめに」で述べたように、信仰対象であるはずの社寺の維持に参加する建築工匠であっても、信仰面あるいは精神面よりもその物権的側面に研究が特化している傾向は否めない。翻って神宮についての研究は、宗教面・信仰面での蓄積がある一方、社会経済史的研究は今後更なる進展が待たれる分野であり、畿内周辺での概要を確認することは、神宮工の実態とその特色を明確化する一助となるであろう。(4) 以下概要を確認しておく。

大工職とは、端的に言えば、職人が職業を維持していくために職場の占有が権利化したものを表す語であるとの理解の下、(5) その発生契機については様々な議論がなされてきたが、その先駆とも言える研究としては脇田晴子氏の論が挙げられよう。(6) 氏は、工人座における社寺からの「給田」を媒介とする支配従属関係が建築工匠存立の基本形態と位置づけた上で、後に給田の有名無実化が生じたことにより、社寺との関係に支配隷属関係から雇用関係へと変容したことが、建築工匠が持つ権利としての物権化した「大工職」発生を促し、売買の対象として把握されたと論じた。この脇田氏の説に対し、桜井英治氏は「給恩＝作事の手間料」である事実を確認、以って「給田に支配従属関係の指標を求めることは事実上不可能」として再検討を行った。氏はその上で、修理職工といういわば「公」の建築工匠が東寺修理工として「出職」を行い、それにより東寺大工職を巡って相論が生じた事例に注目、大工職を成立せしめた真のベクトルは「寺院とは本来関係をもたなかった職人が寺社との関係を確立、強化せんとする要求」にあるとした。(7)

王朝的造営制度の衰退と権門体制の進展の中で大工職が成立・展開した事実とを勘案し、首肯されるべきであろう。

更に続けて氏は、大工職発生に伴い、使用者側の意識として職に対する進止権は使用者が留保すべきであるという論理【領主的側面】や、使用者が職を役職と規定することによって乱立を抑止した論理【役職的側面】を当然ながら保持したものの、対する職人側も、職はその保持者が自らの権利として相伝することが可能という論理【物権的側面】が歴然と存在し、この両者の鬩ぎ合いは職人側に優勢な形で推移したことを指摘している。このことは大工職の相伝・売買行為に一定の正当性を与え、使用者が職人を支配することがままならないという異常な状況を招来することとなり、結果として大工職相論の頻発等により社寺造営の停滞を招くこととなる。この事態の解消は、室町政権・豊臣政権での「大工職破棄」により使用者である社寺をして「雇主として安堵」されるまで待たねばならず、以後建築工匠は、横田冬彦氏の見解を借りれば、徳川政権下で大工頭である中井氏の統括による所謂「公儀の御大工」あるいは「仲間」として再編成され近代を迎えることとなる。(8)

以上が先行研究が導き出した大工職の成立と展開に係る概要である。

神宮については十二世紀後半には在地居住者により組織化された神宮工が確認されるが、(9)発生段階では荒木田・度会・磯部姓の氏人による寡占状態であり、「権宮掌」などの神官が神宮工を兼帯したことが指摘されている。(10)この特に神官としての立場が先行するという興味深い指摘は、初期段階の補任状にも「任先例可勤仕神役」とあることから、(11)神宮工にとり多分に神宮造営に係る作事自体が、作事に係る何らかの得分を得る権利という一面より、寧ろ「神役」に奉仕するという意識がより強くあったことを窺わせるものである。このことは次の史料からも補強することができよう。


（袖判カ）

□木田弘茂所被補于当方少工也、云神事、云営作、任先例可令致其沙汰者、依三位長官仰状如件

応永廿五年九月廿七日

権禰宜兼時　奉

二頭工所[12]

この史料は、応永二十五年（一四一八）に三位長官（内宮一禰宜）[13]から推挙を受けたと想定される（荒）木田弘茂が内宮二頭方の小工に補任されたことを示すものであるが、ここには「神事」と「営作」が並列して記載されている。神宮工が大工職化した時期は十四世紀前半とされており、[14]その約一世紀後の神宮工が物権として次第に成熟した時期に発給された文書であることにここでは注目したい。この荒木田弘茂は先述の指摘にあるような神官であるか否かは不明であるが、神宮工が大工職として物権化し、神官以外の者が神宮工として確認される時期においてもなお、作事に従事すること以外に、「神役」として神宮職掌体系の末端に組み込まれることが前提として存在したことが窺われる。この点については、慶長十五年（一六一〇）から慶安五年（一六五二）までの外宮工補任関係文書を纏めた「頭工補任記」においても、[15]一貫して補任状に「任先例可勤仕神役」と記載されることから見て、この意識が近世に至るまで包含され続けたことが理解できる。

では、十四世紀前半以降において物権化したとされる神宮工職の権利を売買によって手に入れた者は、職に対しどのような意識を抱いていたのであろうか。これについても天正十二年（一五八四）の史料が存在する。

永代売渡申外宮一頭方小工之事

右小工者、依有急用、金子四両ニ売渡申事実正明白也、天下大法之徳政行候共、此工之儀者、神慮之御事候間、徳政に行間敷者也、仍而為後日売券状如件

天正拾二年甲申五月八日　　　　　　熊鶴弥三郎定時（花押）
　　　　　　　　　　　　　　　　　　　　使小八

下馬所
　大工伊賀守殿　まいる(16)

この史料においては、外宮一頭方小工職を売却した熊鶴定時も買い受けた下馬所大工伊賀守（伊賀盛久）も、共に外宮一頭方小工職を「神慮之御事」と共通の認識を持っていたからこそ、徳政担保文言の補強として「此工之儀者、神慮之御事候」と売券に記載をしたと推測される。このような神宮工としての職分を「神慮」と表現する史料は、他に管見に及んだ限りで次の寛文七年（一六六七）のものがある。

　内宮二頭々代職役に付、家に申伝へ証文之事

万治二年内宮臨時御遷宮御伐木御庭作り疎略に仕り候故、今度式年御遷宮御奉行　桑山丹後守様重々被為入御念候に付、少も麁惣之義茂仕候はゝ、永々職分可召上候旨　手形指上候、誠以此度之御吟味、至末代神慮之御為を被思召候義、偏御侘宣と奉存候へは、為其役人者難在義たるへく候、然上は当分御遷宮之義不及申、子々孫々に至迄御遷宮之義に付、少も私共之所存於在之者、忽象両太神宮御誅永其家可令滅亡、以後嗣之輩謹て可態々此旨相伝子孫、永代不可令遺失候、自然他家へ譲状申事在之候共、右之通を申伝於違背罷例相続者也、御譲状如件

　寛文七年丁未十二月十九日　　　浦田織部　印(17)

この史料は当時、内宮二頭代を務めていた浦田織部が、万治二年（一六五九）の内宮臨時遷宮段階で先代の浦田家綱を始めとした神宮工の「御伐木御庭作り疎略に仕」るという失態についての戒めを後代まで相伝する為に作成された

証文であり、注記と思われる記述として「頭々代小工中致連判作所へ指上候得共、猶譲状如此相認令相伝家候、然共若紛失可在之候と存知、一通宛相認作所指上置候、後代相違之義出来候へば、急度御改被成可被下候」と続くことから、他の神宮工との連署で作成され、更にその写は内宮正遷宮に係る事務組織である内宮作所へ提出されたものであることが判る。記載内容に注目すると「至末代神慮之御為を被思召候義、偏御侘宣と奉存候へは、為其役人者難在義たるへく候」とあるように、神役として職に従事することを「神慮之御為」と表し、それに不誠実な対応をした場合は「忽象両太神宮御誅永其家可令滅亡」と表現するなど、神宮工としての職に対する誇りや神宮に対する畏怖の念が沸々と伝わり興味深い(18)。

以上のように、大工職としての神宮工はその発生段階から近世に至るまで神宮職掌体系に包含されることを前提とした、「神役」や「神慮之御事」という意識に基づく、言わば「神聖な職」として認識されていたと見て相違ないであろう。

次に、神宮工の補任権者である造宮使の神宮工補任に対する意識を示す史料を挙げる。

判祭主殿

造外宮一頭頭代職之事

藤原敏国譲職、被補任藤原知国所也、任先例、可勤仕神役由、可令下知給之旨、造宮所被仰所候也、恐々謹言

慶長拾四年正月廿日　　権禰宜氏吉　判

謹上　外作所殿　　谷左馬

尚〻補任無頂戴候ハヽ、神役人成間敷候□　(19)

この史料は慶長十四年（一六〇九）に外宮一頭代を藤原敏国（谷敏国）からその子息知国に替職した旨を記した神宮祭主による補任状であり、[20]この猶々書には祭主（すなわち造営使）によって補任されない人物は神役人ではないと述べている。神役人とは地下人とも称され、荒木田・度会姓を持たない異姓の職掌人を一般的に指すが、ここで見られる谷氏らは新興都市門閥層を主体とした神宮御師でもあった。彼等は神宮職掌体系と無縁では無く、特に権禰宜職は地下人層にとって「垂涎の的」であったという西山克氏の指摘も勘案すれば、[21]補任権者側も、神宮工の補任を行うことは神宮職掌体系の中に彼等を神役人として組み込むことと同義であると理解していたものと思われる。

このような認識の類例に、例えば前記史料を約一世紀半遡る康正元年（一四五五）に外宮にて行われた作事に関し、神宮工を統括する頭工が記録した史料の中に「三十三人の工と又工てなきはんしやうもおなしことくなすなり、これはむくわんのはんしやうをも三十三人のたくミふちしてさいけへ口入す」[22]とあることが注目される。「三十三人の工」は外宮工の定員と同数であることから、補任を受けた神宮工と推測される。また「工てなきはんしやう」は補任されていない番匠と考えられ、それぞれ厳密に区分され記載されている。続く「むくわんのはんしやう」は「工てなきはんしやう」を受けた記載と捉えられる。この「むくわん」とは具体的にどのようなことを示すものか不明瞭ではあるが、神宮工補任に際して作成される交名には、式年遷宮時に権禰宜を遷座奉仕に対応させる為に主官の「労」を受けて六位から五位に昇進（加冠）させる「神宮惣位階制度」と同様に、神宮禰宜等の推挙を得て補任されることを示す「禰宜労」の記載が参見されることを勘案すると、祭祀の末端に位置させるため神宮禰宜等からの「加冠」を受けていない（無冠）ことを示している可能性もあり、この点からも神宮職掌体系に包括された神宮工としての意識が、補任権者と神宮工の双方に窺えよう。[23]

以上、畿内を中心とした社会経済史の観点からの社寺大工職の研究を踏まえつつ、大工職としての神宮工を特に

「神役」あるいは「神慮之御事」という語からその精神的側面について検討を行ったが、本節で明らかにした通り、神宮工とは、その発生段階から近世に至るまで、神宮の神慮を戴く「神聖な職」という理解が為されていた。このことは「大工職＝職場を占有する権利・得分に特化していたもの」というこれまでの社会経済史的解釈のみでは語れないことは既に論を俟たず、このような「神聖な職」という観念が大工職としての神宮工を巡る展開に重大な影響を常に及ぼしたことは想像に難くない。

このような視点からも畿内周辺地域は勿論のこと、これまでの神宮工に関する研究での画一的な理解を再検討することが待たれるところである。

二　多様な神宮工の出現―神宮工を競望する人々―

ところで、中世後期から末期にかけての他地域の大工職継承を巡る状況は、物権化の進展により職の父子継承・一族継承から職の売買へ、また更に進んで「大工で無い者が質者として大工職を入手するといった事態も生じ」[24]るに至り、社寺と職人の関係も、両者の相克と公権力の介入を挟んで「召し使う」から「雇う」へ、物権としての「職」から施主による自由雇用の「縁」へと変化したと論じられている。[25]神宮工については、十四世紀代から物権化の進展に伴って荒木田・度会・磯部姓以外の新規工匠参入も始まり、十五世紀代には工匠家系の固定化がなされるといった大まかな把握はなされているものの、その職継承の変化に関する具体的検証には至っていない。[26]

この点については次節にて確認を行うが、それに先立ち、実際の神宮工継承事例を確認した上で、先行研究の指摘にある新規階層の参入状況を把握し、そこにどのような理由があったのかを想定してみたい。

神宮工職の移動確認事例一覧

号番	年代	西暦	所属	工職	前任者	変更理由	後任者	前任者との関係	推挙者・備考	出典
1	文安2	一四四五	内宮	二頭小工	中臣弘清	闕替	中臣弘重	親子		「造内」50・51
2	文安4	一四四七	内宮	四頭小工	中臣兼弘	闕替	中臣兼友	親子		「造内」17
3	寛正3	一四六二	内宮	二頭小工	度会秋継	闕替	度会秋正	親子		「造内」2・3
4	寛正3	一四六二	内宮	一頭工	中臣兼弘	闕替	中臣兼栄	親子	他頭工・一類	「造内」4・5・6
5	文正1	一四六六	内宮	四頭小工	櫟木七郎	買得	荒木田末弘	買得		「造内」9・10・11
6	応仁1	一四六七	内宮	二頭小工	櫟木左衛門太郎	闕替	藤井近延			「造内」12・13・14
7	応仁1	一四六七	内宮	四頭代	中臣兼次	闕替	中臣兼国		吹上七郎兵衛 未補任か	「造内」15
8	文明2	一四七〇	内宮	四頭小工	大中臣兼友	闕替	大中臣弘元		外宮一頭大夫	「造内」16・18
9	文明3	一四七一	内宮	一頭工	大中臣兼栄	闕替	大中臣兼次		外宮二頭大夫弘正 未補任	「造内」21・22
10	文明3	一四七一	内宮	一頭小工	石松大夫某	闕替	平助正		大工大夫二郎	「造内」8・20・32
11	文明4	一四七二	内宮	二頭工	荒木田末春	闕替	荒木田末久	猶子		「造内」23・24・25・26
12	文明4	一四七二	内宮	四頭工	中臣弘次	闕替	中臣弘正			「造内」27・28・29
13	文明6	一四七四	内宮	一頭工	大中臣兼久	買得	中瀬古三郎兵衛大中臣弘元	買得	吹上次郎兵衛	「造内」30・31

14	文明9	一四七七	内宮	三頭小工	磯部助国（鶴兵衛）	闕替	荒木田久吉		三殿	「造内」32
15	文明9	一四七七	内宮	一頭小工	新屋大工大夫二郎荒木田末永	闕替	新兵衛カ子兵衛太郎荒木田助久			「造内」36
16	文明11	一四七九	内宮	三頭工	荒木田弘次	闕替	荒木田鶴若丸弘久	親子		「造内」37・38
17	文明11	一四七九	内宮	一頭小工	饗土大夫	闕替	中臣弘光		横世古殿・□内殿　未補任	「造内」40
18	文明11	一四七九	内宮	一頭小工	山田八日市庭兵衛五郎中臣弘国	闕替	兵衛三郎中臣正元	娘婿	二禰宜荒木田経興	「造内」41
19	文明11	一四七九	内宮	一頭小工	鶴兵衛太郎荒木田助久	闕替	饗土菊大夫荒木田長俊			「造内」42
20	文明12	一四八〇	内宮	一頭小工	饗土兵衛二郎某	闕替	荒木田弘久		推挙文明9年	「造内」33・34・35
21	文明14	一四八二	内宮	四頭工	大中臣弘正	闕替	大中臣弘家			「造内」43・44・45
22	文明14	一四八二	内宮	一頭小工	藤原国重	闕替	藤原貞光	親子		「造内」46
23	文明14	一四八二	内宮	一頭小工	大中臣弘興	闕替	大中臣弘近			「造内」49
24	文明16	一四八四	内宮	一頭小工	大中臣弘重	闕替	櫟木弾正衛門大中臣弘次			「造内」52・53
25	文明19	一四八七	内宮	三頭小工	窪蔵六郎兵衛	闕替	度会永安		宇治烏帽子屋	「造内」55
26	文明19	一四八七	内宮	三頭小工	窪七郎五郎	闕替	荒木田弘安			「造内」56
27	文明19	一四八七	内宮	二頭小工	宮後藤四郎	闕替	中臣次長		外宮法楽舎	「造内」57
28	文明19	一四八七	内宮	二頭小工	中野六郎兵衛	闕替	西河原大夫三郎中臣長弘		横世古方	「造内」58

29	文明19	一四八七	内宮	一頭小工	櫟木孫四郎	闕替	野依屋大夫三郎度会定光		秀旭	「造内」59
30	文明19	一四八七	内宮	三頭小工	野依屋三郎次郎	闕替	度会国光		坂中務・桧垣音松大夫	「造内」60
31	文明19	一四八七	内宮	一頭小工	藤原末勝	闕替	藤原久勝	祖父・孫	外宮法楽舎坊主	「造内」61
32	長享2	一四八八	内宮	二頭小工	八日市庭鮨屋	闕替	荒木田末朝			「従文明十九年」
33	長享2	一四八八	内宮	四頭小工	的庭屋四郎兵衛	闕替	弟子某	師弟		「従文明十九年」
34	延徳2	一四九〇	内宮	二頭小工	櫟木弾正衛門	闕替	大中臣家次			「従文明十九年」
35	延徳2	一四九〇	内宮	一頭小工	饗土菊太郎	闕替	筒屋兵衛大夫磯部久定			「従文明十九年」
36	文亀1	一五〇一	内宮	三頭小工	大中臣国次	闕替	藤原家次		外宮六禰宜朝保	「従文明十九年」
37	文亀2	一五〇二	内宮	一頭工	大中臣弘元	闕替	大中臣弘久		十文字館・山田御炊大夫	「従文明十九年」
38	永正1	一五〇四	内宮	三頭小工	藤原兼吉	闕替	中臣国兼		山田四禰宜朝保	「従文明十九年」
39	永正3	一五〇六	内宮	三頭小工	窪蔵四郎兵衛	闕替	藤原弘次			「従文明十九年」
40	永正3	一五〇六	内宮	四頭小工	大郎左衛門	闕替	岩井田経光			「従文明十九年」
41	永正5	一五〇八	内宮	四頭小工	新屋藤衛門	闕替	正敦			「従文明十九年」
42	永正5	一五〇八	内宮	一頭小工	野入屋	闕替	ゑホしや大夫二郎岩井田末吉			「従文明十九年」
43	永正5	一五〇八	内宮	四頭小工	西世古松大夫	闕替	大中臣弘泉			「従文明十九年」

44	永正5	一五〇八	内宮	一頭小工	八日市庭徳三郎	闕替	度会元吉			「従文明十九年」
45	永正9	一五一二	内宮	二頭小工	ミツ兵衛一ノキ七郎二郎	闕替	宗恩寺之大工宮後ひこ五郎宗光			「従文明十九年」
46	永正9	一五一二	内宮	四頭工	大中臣弘家	闕替	大中臣弘里		家司殿	「従文明十九年」
47	永正10	一五一三	内宮	一頭小工	荒木田末長	闕替	平宗次		山田黒瀬	「従文明十九年」
48	永正10	一五一三	内宮	三頭小工	野入屋四市兵衛	闕替	正次	親子	田中新三郎	「従文明十九年」
49	永正15	一五一八	内宮	二頭小工	窪二郎兵衛宗次	闕替	下窪彦太郎正成	親子		「従文明十九年」
50	享禄1	一五二八	内宮	三頭工	友泉	闕替	弘久			「従文明十九年」
51	享禄2	一五二九	内宮	三頭代	弘正	闕替	弘久		梅屋夕ち・孫福夕ち	「従文明十九年」
52	享禄2	一五二九	内宮	三頭小工	宗定	闕替	宗久			「従文明十九年」
53	天文7	一五三八	内宮	三頭工	岩井田友泉	闕替	岩井田田丸	親子		「従文明十九年」
54	天文13	一五四四	外宮	一頭小工	南倉（足代）藤次弘幸	買得	宮後番匠孫三郎	買得		「南倉弘幸小工職売券」
55	弘治2	一五五六	外宮	一頭小工	藤原昌定	買得	藤原昌真	買得		「松木文書」
56	永禄3	一五六〇	外宮	三頭代	北忠親	闕替	北安親	祖父孫		「来田文書」
57	永禄4	一五六一	外宮	一頭工	久保一頭大夫（福田）興広	買得	北弥七郎（意親）	買得		「来田文書」
58	永禄9	一五六六	内宮	一頭小工	外宮二頭大夫弘重	闕替	大世古孫三郎国次			「従文明十九年」
59	永禄9	一五六六	内宮	一頭小工	外宮福田一頭大夫国光	闕替	藤原興盛			「従文明十九年」

60	永禄9	一五六六	内宮	二頭小工	善三郎	闕替	くホ度会甚四郎久国			「従文明十九年」
61	永禄9	一五六六	内宮	三頭小工	宗吉	闕替	宗安			「従文明十九年」
62	永禄9	一五六六	内宮	三頭小工	久家	闕替	久国			「従文明十九年」
63	永禄9	一五六六	内宮	四頭小工	宮後七郎左衛門	闕替	荒木田弥八郎家次			「従文明十九年」
64	天正2	一五七四	内宮	一頭小工	宗定	闕替	吹上清さへもん二郎	親子		「従文明十九年」
65	天正2	一五七四	内宮	一頭小工	親某	闕替	吹上清二郎藤原宗正	親子		「従文明十九年」
66	天正2	一五七四	内宮	一頭小工	外宮二頭岩淵久保倉弘実	闕替	長子（久保倉弘行）	親子		「従文明十九年」
67	天正2	一五七四	内宮	二頭代	親某	闕替	中世古熊鶴七郎ゑもん次徳	親子		「従文明十九年」
68	天正2	一五七四	内宮	二頭小工	宮後孫三郎藤原家次	闕替	宮後孫三郎家久	親子		「従文明十九年」
69	天正2	一五七四	内宮	二頭小工	吹上八郎太郎	闕替	久保福田与八郎興国			「従文明十九年」
70	天正2	一五七四	内宮	二頭小工	西川原孫九郎	闕替	下前野宗ゑもん吉次			「従文明十九年」
71	天正2	一五七四	内宮	三頭小工	宮後弥八郎	買得	いちし新三郎宗次	買得		「従文明十九年」
72	天正2	一五七四	内宮	三頭小工	下久保五郎さへもん	買得	上中郷九郎さへもん重次	買得		「従文明十九年」

73	天正2	一五七四	内宮	三頭小工	いちし満五郎家吉	買得	一の木彦八郎	買得		「従文明十九年」
74	天正2	一五七四	内宮	三頭小工	中郷六郎二郎	買得	西川原与兵衛正真	買得		「従文明十九年」
75	天正2	一五七四	内宮	三頭小工	吹上四郎大夫	買得	下中郷佐二郎家次	買得		「従文明十九年」
76	天正2	一五七四	内宮	四頭小工	マとハや	買得	一の木又二郎伊久	買得		「従文明十九年」
77	天正2	一五七四	内宮	四頭小工	一ノ木与九郎伊定	闕替	そ袮	親子		「従文明十九年」
78	天正2	一五七四	内宮	四頭小工	次秀	闕替	中世古源ゑもん弘貞	親子		「従文明十九年」
79	天正2	一五七四	内宮	四頭小工	親某	闕替	上中郷与二郎家意	親子		「従文明十九年」
80	天正2	一五七四	内宮	四頭小工	伊光	闕替	櫟道妙与九郎伊定			「自天正以下補任系図」
81	天正2	一五七四	外宮	四頭小工	八日市場弥兵衛国正	買得	傳三郎家□	買得		「仮殿遷宮供奉次第写」
82	天正2-3	一五七四-五	内宮	一頭工	藤原弘盛	闕替	中川竹徳丸藤原弘安	祖父孫		「従文明十九年」
83	天正2-3	一五七四-五	内宮	一頭代	久保倉弘敦	闕替	久保倉宮正丸弘佐			「従文明十九年」
84	天正2-3	一五七四-五	内宮	一頭小工	重隆	闕替	川崎宗七郎重綱			「従文明十九年」
85	天正2-3	一五七四-五	内宮	一頭小工	家通	闕替	一志善七郎家次			「従文明十九年」
86	天正2-3	一五七四-五	内宮	一頭小工	宗久	闕替	岡本宗徳定久			「従文明十九年」
87	天正2-3	一五七四-五	内宮	一頭小工	国安	闕替	岩淵鶴大夫藤九郎国定	祖父孫		「従文明十九年」
88	天正2-3	一五七四-五	内宮	二頭工	度会光盛	闕替	高向主殿助度会光香		度会光盛は二頭小工職も保持	「従文明十九年」

89	天正2-3	一五七四-五	内宮	二頭小工	弘真	闕替	田中一頭三衛門橘宗弘			「従文明十九年」
90	天正2-3	一五七四-五	内宮	二頭小工	度会光盛	闕替	高向源吉郎度会光棟		度会光盛は二頭工職も保持	「従文明十九年」
91	天正2-3	一五七四-五	内宮	二頭小工	俊久	闕替	浦田善七吉満			「従文明十九年」
92	天正2-3	一五七四-五	内宮	三頭工	藤原政広	闕替	坂源市郎荒木田尚盛			「従文明十九年」「自天正以下補任系図」
93	天正2-3	一五七四-五	内宮	三頭代	荒木田弘吉	闕替	梅や動三光久		梅屋光久は「代々宮司代官」	「従文明十九年」
94	天正2-3	一五七四-五	内宮	三頭小工	宗吉	闕替	久保はハ宗正			「従文明十九年」
95	天正2-3	一五七四-五	内宮	三頭小工	元久	闕替	上中郷善九郎元長			「従文明十九年」
96	天正2-3	一五七四-五	内宮	三頭小工	久国	闕替	岡田新五郎久行	親子		「従文明十九年」
97	天正2-3	一五七四-五	内宮	四頭工	弘里	闕替	一志新三兵衛野依国秀			「従文明十九年」
98	天正2-3	一五七四-五	内宮	四頭小工	家久	闕替	筒屋七郎衛門宗久			「従文明十九年」
99	天正2-3	一五七四-五	内宮	四頭小工	忠次	闕替	一志新三郎友久			「従文明十九年」
100	天正2-3	一五七四-五	内宮	四頭小工	是久	闕替	田中亀九貞久			「従文明十九年」
101	天正9	一五八一	内宮	不明	いちのき与衛門方工	闕替	藤井近冨			「従文明十九年」
102	天正12	一五八四	外宮	一頭工	某	買得	北長右衛門	買得		「仮殿遷宮供奉次第写」
103	天正12	一五八四	外宮	一頭小工	一木ノ与衛門	買得	弥九衛門宗定	買得		「天正年中頭工補任記」

104	天正12	一五八四	外宮	一頭小工	熊鶴大夫	買得	伊賀盛久	買得	「古文書輯」では「熊鶴弥三郎定徳」「下馬所大工伊賀守」とある	「天正年中頭工補任記」
105	天正12	一五八四	外宮	一頭小工	藤原宗親	闕替	藤原四郎大夫宗親	親子		「天正年中頭工補任記」
106	天正12	一五八四	外宮	二頭小工	兵衛殿	買得	与兵衛昌俊	買得		「天正年中頭工補任記」
107	天正12	一五八四	外宮	二頭小工	藤原宗吉	闕替	藤原宗次	親子		「頭工補任記」
108	天正12	一五八四	外宮	三頭小工	中島右馬允	闕替	鶴大夫家吉			「天正年中頭工補任記」
109	文禄3	一五九四	内宮	三頭小工	岡田新五郎久行	闕替	秦六蔵久政	親子		「自天正以下補任系図」
110	慶長13	一六〇八	外宮	一頭小工	四郎大夫宗吉	譲職	孫十郎吉重		任料不出により未補任か	「慶長十三年遷宮日次」
111	慶長13	一六〇八	外宮	一頭小工	孫兵衛宗次	譲職	熊千代宗清	親子		「慶長十三年遷宮日次」
112	慶長13	一六〇八	外宮	一頭小工	与吉正成	闕替	次郎左衛門正次	親子		「慶長十三年遷宮日次」
113	慶長13	一六〇八	外宮	一頭小工	下久保大夫四郎家正	譲職	三吉家正			「慶長十三年遷宮日次」
114	慶長13	一六〇八	外宮	一頭小工	藤原宗吉	譲職	藤原吉重			「頭工補任記」
115	慶長13	一六〇八	外宮	二頭小工	久保倉二頭大夫弘安	譲職	一郎衛門正長	親子		「慶長十三年遷宮日次」
116	慶長13	一六〇八	外宮	二頭小工	久保倉弘雄	譲職	久保倉助左衛門弘繁	親子	2名分の二頭小工職を譲る	「慶長十三年遷宮日次」
117	慶長13	一六〇八	外宮	三頭小工	円衛門正弘	譲職	松村宜兵衛家清			「慶長十三年遷宮日次」

118	慶長13	一六〇八	外宮	三頭小工	宗久	譲職	吹上清兵衛宗弘	親子		「慶長十三年遷宮日次」
119	慶長13	一六〇八	外宮	三頭小工	鶴大夫家久	譲職	八日市場大九郎家吉			「慶長十三年遷宮日次」
120	慶長13	一六〇八	外宮	三頭小工	次郎衛門正次	闕替	助十郎正家	親子		「慶長十三年遷宮日次」
121	慶長13	一六〇八	外宮	三頭小工	藤原吉定	闕替	一ノ木与三兵衛光晴		「頭工補任記」では「藤原光春」	「慶長十三年遷宮日次」
122	慶長14	一六〇九	外宮	一頭工	北延親	闕替	北伊親（末律カ）			「頭工補任記」
123	慶長14	一六〇九	外宮	一頭代	谷敏国	譲職	谷知国	親子	補任は元和6年か	「頭工補任記」
124	慶長14	一六〇九	外宮	一頭小工	西河原□吉	譲職	藤原武雄			「頭工補任記」
125	慶長14	一六〇九	外宮	一頭小工	藤原弘国	譲職	藤原家次			「頭工補任記」
126	慶長14	一六〇九	外宮	三頭小工	藤原宗久	譲職	藤原宗弘			「頭工補任記」
127	慶長15	一六一〇	外宮	三頭代	北安親	闕替	北与親			「頭工補任記」
128	慶長15	一六一〇	外宮	二頭工	久保倉二頭大夫弘吉	譲職	久保倉刑部弘信	親子		「頭工補任記」
129	慶長16	一六一一	内宮	一頭小工	川崎宗左衛門藤原重綱	闕替	吹上清兵衛宗弘			「自天正以下補任系図」
130	慶長17	一六一二	内宮	一頭代	久保倉弘佐	闕替	久保倉助左衛門弘繁	親子		「自天正以下補任系図」
131	慶長17	一六一二	内宮	四頭小工	藤原貞久	闕替	石松理衛門宗定			「自天正以下補任系図」

132	元和1	一六一五	内宮	二頭代	田中七郎右衛門熊鶴次徳	闕替	杉木宗大夫正勝			「自天正以下補任系図」
133	元和3	一六一七	外宮	三頭小工	まひの村助十郎(正家)	買得	白米喜大夫	買得		「白米家文書」
134	寛永3	一六二六	内宮	一頭工	杉木宗大夫正吉	闕替	杉木宗大夫正直	親子		「自天正以下補任系図」
135	寛永3	一六二六	内宮	一頭小工	山田二頭大夫	闕替	久保倉刑部弘信	親子		「自天正以下補任系図」
136	寛永3	一六二六	内宮	二頭工	高向源次郎光香	闕替	高向万人藤原光秀	親子		「自天正以下補任系図」
137	寛永3	一六二六	内宮	三頭工	坂源市郎荒木田尚盛	闕替	坂源市郎荒木田尚次	親子		「自天正以下補任系図」
138	寛永3	一六二六	内宮	三頭代	梅谷(屋)喜衛門藤原光久	闕替	左平光忠	親子		「自天正以下補任系図」
139	寛永3	一六二六	内宮	四頭工	野入屋新兵衛国秀	買得	宇治山本右馬助藤原末朝	買得		「自天正以下補任系図」
140	寛永3	一六二六	内宮	四頭代	櫟花衛門伊清	闕替	中世古忠兵衛藤原正次			「自天正以下補任系図」
141	寛永3	一六二六	内宮	四頭小工	櫟木道妙与九郎伊定	買得	幸福内匠光広	買得		「自天正以下補任系図」
142	寛永4	一六二七	内宮	一頭小工	櫟四郎兵衛宗吉	闕替	吹上九郎兵衛正副	親子		「自天正以下補任系図」
143	寛永4	一六二七	内宮	一頭小工	吹上源右衛門	闕替	宗三郎宗次	祖父孫		「自天正以下補任系図」
144	寛永4	一六二七	内宮	一頭小工	堀切藤左衛門	闕替	櫟忠兵衛吉広			「自天正以下補任系図」
145	寛永4	一六二七	内宮	一頭小工	宮尻長橋宗七	買得	田六右衛門家長	買得		「自天正以下補任系図」

146	寛永4	一六二七	内宮	二頭小工	吹上清衛門	買得	宇治下郷中村藤兵衛藤原宗久	買得		「自天正以下補任系図」
147	寛永4	一六二七	内宮	二頭小工	宮尻九右衛門	買得	西川原茂兵衛藤原貞次	買得		「自天正以下補任系図」
148	寛永4	一六二七	内宮	二頭小工	長世古傳大夫	闕替	杢大夫藤原吉重			「自天正以下補任系図」
149	寛永4	一六二七	内宮	二頭小工	櫟次郎左衛門	闕替	宗三郎藤原盛政	親子		「自天正以下補任系図」
150	寛永4	一六二七	内宮	二頭小工	下馬所加兵衛	買得	杉木九衛門藤原常次	買得		「自天正以下補任系図」
151	寛永4	一六二七	内宮	二頭小工	坂ノ世古五郎衛門	買得	林三十郎宗久	買得		「自天正以下補任系図」
152	寛永4	一六二七	内宮	二頭小工	浦田九右衛門	闕替	冨右衛門藤原永満	親子		「自天正以下補任系図」
153	寛永4	一六二七	内宮	二頭小工	松村佐兵衛	闕替	長十郎藤原家広	祖父孫		「自天正以下補任系図」
154	寛永4	一六二七	内宮	三頭小工	上中之郷三郎左衛門	闕替	西世古平蔵藤原久広	親子		「自天正以下補任系図」
155	寛永4	一六二七	内宮	三頭小工	長世古次兵衛	闕替	傳二郎藤原家次	祖父孫		「自天正以下補任系図」
156	寛永4	一六二七	内宮	三頭小工	櫟木彦八郎家吉	闕替	櫟木松兵衛藤原光吉	親子		「自天正以下補任系図」
157	寛永4	一六二七	内宮	四頭小工	西川原石松理衛門	買得	下久保藤原光助	買得	石松理衛門は外宮二頭方小工職も同時売却	「自天正以下補任系図」
158	寛永4	一六二七	内宮	四頭小工	堀切伊衛門	闕替	岡本藤三郎藤原盛政			「自天正以下補任系図」

159	寛永4	一六二七	内宮	四頭小工	西川原又七郎友次	闕替	庄三郎元次			「自天正以下補任系図」
160	寛永4	一六二七	内宮	四頭小工	下馬所伊賀藤原守久	闕替	前野市衛門藤原吉長		吉長は外宮二頭方小工職も同時取得	「自天正以下補任系図」
161	寛永4	一六二七	内宮	四頭小工	丸井甚左衛門	買得	大世古権三郎藤原吉氏	買得		「自天正以下補任系図」
162	寛永4	一六二七	外宮	三頭工	宮後孫七郎藤原近清	譲職	孫七郎藤原近延	親子		「頭工補任記」
163	寛永4	一六二七	外宮	二頭代	北勝蔵藤原重親	闕替	北出雲藤原元親	祖父孫		「頭工補任記」
164	寛永4	一六二七	外宮	一頭小工	坂ノ世古五郎衛門	買得	並木甚兵衛藤原富次	買得		「頭工補任記」
165	寛永4	一六二七	外宮	一頭小工	長橋宗七藤原久勝	買得	大国六右衛門藤原家長	買得	「大国」は祭主御教書では「為田」	「頭工補任記」
166	寛永4	一六二七	外宮	一頭小工	松村作兵衛藤原家久	譲職	宮後長十郎家広			「頭工補任記」
167	寛永4	一六二七	外宮	一頭小工	堀切伊賀藤原盛久	譲職	伊左衛門藤原盛次	親子		「頭工補任記」
168	寛永4	一六二七	外宮	一頭小工	久保大夫四郎	買得	一ノ木三十郎藤原家久	買得		「頭工補任記」
169	寛永4	一六二七	外宮	二頭小工	西河原与三五郎	買得	坂ノ世古五郎右衛門藤原則綱	買得	西河原与三五郎は同一人物か不明	「頭工補任記」

170	寛永4	一六二七	外宮	二頭小工	西河原与三五郎	買得	一ノ木徳兵衛藤原光清	買得	西河原与三五郎は同一人物か不明	「頭工補任記」
171	寛永4	一六二七	外宮	二頭小工	八日市一郎右衛門正長	譲職	吹上清左衛門藤原宗安			「頭工補任記」
172	寛永4	一六二七	外宮	二頭小工	杉山四郎兵衛	買得	前野市衛門藤原吉長	買得	吉長は内宮一頭方小工職も同時取得	「頭工補任記」
173	寛永4	一六二七	外宮	二頭小工	西河原石松理衛門	買得	通道三大郎藤原光知	買得	石松理衛門は内宮四頭方小工職も同時売却	「頭工補任記」
174	寛永4	一六二七	外宮	二頭小工	宮後又右衛門	譲職	岩淵丸右衛門藤原常次			「頭工補任記」
175	寛永4	一六二七	外宮	三頭小工	長ノ世古伝大夫家定	譲職	長ノ世古善兵衛藤原家正	親子		「頭工補任記」
176	寛永4	一六二七	外宮	三頭小工	八日市長大夫家春	譲職	八日市鶴大夫藤原家次			「頭工補任記」
177	寛永4	一六二七	外宮	三頭小工	前野村次郎右衛門	買得	白米孫十郎藤原満知	買得		「頭工補任記」
178	寛永4	一六二七	外宮	三頭小工	田中五郎大夫	買得	宮後九右衛門藤原正次	買得		「頭工補任記」
179	寛永4	一六二七	外宮	三頭小工	松村儀兵衛藤原家清	譲職	松村長二郎藤原家次			「頭工補任記」

180	寛永6	一六二九	外宮	二頭小工	下久保与大夫藤原宗次	闕替	下久保重大夫藤原宗勝	親子		「頭工補任記」
181	寛永6	一六二九	外宮	二頭小工	坂世古五郎衛門藤原則綱	買得	大世古七十郎藤原吉久	買得		「頭工補任記」
182	寛永11	一六三四	内宮	一頭小工	杉木正勝	闕替	杉木作兵衛正元	親子		「自天正以下補任系図」
183	寛永15	一六三八	内宮	二頭小工	林三十郎宗久	闕替	一ノ木作左衛門藤原正久			「自天正以下補任系図」
184	寛永20	一六四三	内宮	三頭小工	杉木善十郎正利	買得	宇治浦田弥兵衛藤原吉直	買得		「自天正以下補任系図」
185	寛永21	一六四四	内宮	一頭代	久保倉右近弘繁	闕替	久保倉右近弘宣			「自天正以下補任系図」
186	寛永21	一六四四	内宮	一頭小工	吹上杢之助（清兵衛）宗弘	闕替	七兵衛長久	親子		「自天正以下補任系図」
187	寛永21	一六四四	内宮	一頭小工	八日市場岡村新兵衛末辰	闕替	高柳長谷川清七久次			「自天正以下補任系図」
188	寛永21	一六四四	内宮	一頭小工	宗三郎宗次	闕替	市兵衛重長	親子		「自天正以下補任系図」
189	寛永21	一六四四	内宮	一頭小工	久保倉弘信	闕替	久保倉五郎右衛門弘香	親子		「自天正以下補任系図」
190	寛永21	一六四四	内宮	二頭代	杉木正勝	闕替	杉木作兵衛正元	親子		「自天正以下補任系図」
191	寛永21	一六四四	内宮	二頭小工	西川原茂兵衛藤原貞次	闕替	西川原杢左衛門貞法	親子		「自天正以下補任系図」
192	寛永21	一六四四	内宮	三頭小工	長世古傳次郎藤原家次	闕替	杉木善兵衛藤原宗重			「自天正以下補任系図」

193	寛永21	一六四四	内宮	三頭小工	宇治中之切新五郎	闕替	藤平藤原俊房	親子		「自天正以下補任系図」
194	寛永21	一六四四	内宮	三頭小工	宮尻忠衛門藤原友勝	闕替	岡本弥兵衛藤原吉光			「自天正以下補任系図」
195	寛永21	一六四四	内宮	三頭小工	櫟木与三兵衛藤原光吉	闕替	松兵衛藤原光茂	親子		「自天正以下補任系図」
196	寛永21	一六四四	内宮	三頭小工	長世古伝次郎	買得	杉木善衛門藤原宗重	買得		「自天正以下補任系図」
197	寛永21	一六四四	内宮	四頭代	中世古忠兵衛藤原正次	買得	吹上善十郎藤原正利	買得		「自天正以下補任系図」
198	寛永21	一六四四	内宮	四頭小工	八日市場岡村新兵衛末辰	買得	宇治中村藤七藤原宗次	買得		「自天正以下補任系図」
199	寛永21	一六四四	内宮	四頭小工	岡本藤三郎藤原盛政	買得	岩淵守見加兵衛弘次	買得		「自天正以下補任系図」
200	寛永21	一六四四	内宮	四頭小工	守見鶴大夫藤原国吉	闕替	加兵衛藤原弘次	親子		「自天正以下補任系図」
201	寛永21	一六四四	内宮	四頭小工	幸福藤原光広	闕替	道明伊兵衛藤原伊貞			「自天正以下補任系図」
202	寛永21	一六四四	内宮	四頭小工	石松与三郎	闕替	石松忠三郎重利	祖父孫		「自天正以下補任系図」
203	寛永21	一六四四	外宮	一頭工	北監物藤原伊親	闕替	北監物藤原員親	親子		「頭工補任記」
204	寛永21	一六四四	外宮	一頭代	谷彦左衛門藤原知国	譲職	谷助之進藤原吉国	親子		「頭工補任記」

205	寛永21	一六四四	外宮	一頭小工	久保倉但馬藤原弘良	闕替	久保倉主殿藤原弘常	親子		「頭工補任記」
206	寛永21	一六四四	外宮	一頭小工	櫟三十郎藤原宗久	買得	田中佐左衛門藤原永清	買得		「頭工補任記」
207	寛永21	一六四四	外宮	一頭小工	八日市丸右衛門藤原武雄	譲職	八日市丸右衛門藤原武栄	親子		「頭工補任記」
208	寛永21	一六四四	外宮	一頭小工	櫟彦兵衛藤原家次	闕替	櫟彦兵衛藤原吉俊	親子		「頭工補任記」
209	寛永21	一六四四	外宮	二頭工	久保倉刑部弘信	譲職	久保倉五郎右衛門藤原弘香	親子		「頭工補任記」
210	寛永21	一六四四	外宮	二頭小工	久保倉五兵衛藤原弘繁	譲職	久保倉右近藤原弘宣	親子	久保倉弘繁は二頭小工職を複数保持の模様	「頭工補任記」
211	寛永21	一六四四	外宮	二頭小工	久保倉五兵衛藤原弘繁	買得	杉木之重衛門藤原正行	買得		「頭工補任記」
212	寛永21	一六四四	外宮	二頭小工	通道三大郎藤原光知	譲職	櫟三郎右衛門藤原光時			「頭工補任記」
213	寛永21	一六四四	外宮	三頭代	来田新左衛門藤原与親	譲職	来田新兵衛藤原尹親	親子		「頭工補任記」
214	寛永21	一六四四	外宮	三頭小工	櫟与三兵衛藤原光春	闕替	櫟松兵衛藤原光吉	親子		「頭工補任記」
215	寛永21	一六四四	外宮	三頭小工	八日市鶴大夫藤原家次	買得	並木善大夫藤原正盛	買得		「頭工補任記」

216	寛永21	一六四四	外宮	三頭小工	通道長次郎藤原家次	闕替	宮後左兵衛藤原家広			「頭工補任記」
217	寛永21	一六四四	外宮	三頭小工	吹上木工助藤原宗弘	闕替	吹上清兵衛藤原宗光	親子		「頭工補任記」
218	寛永21	一六四四	外宮	三頭小工	宮後九右衛門藤原正次	買得	為田孫七藤原家盛	買得		「頭工補任記」
219	寛永21	一六四四	外宮	三頭小工	岡村新兵衛藤原末辰	買得	高柳清左衛門藤原広吉	買得		「頭工補任記」
220	寛永21	一六四四	外宮	三頭小工	八日市鶴大夫藤原家春	譲職	八日市大九郎藤原家久	祖父孫		「頭工補任記」
221	寛永21	一六四四	外宮	三頭小工	福岡利左衛門種良	闕替	下馬所四郎兵衛藤原良久			「頭工補任記」

※本表は寛永21年迄の期間における神宮工職移動状況が明確なもののみを管見に及んだ限りで主要なものを抽出したものである。
※本表の「前任者との関係」については参照した史料より判然としない場合は空欄とした。
※「出典」については以下の通りである。
「造内」（「造内宮工補任引付・内宮忌鍛冶補任引付」『三重県史』資料編中世1上　所収）
「従文明十九年」（「造内宮工補任引付・同忌鍛冶補任　従文明十九年」、神宮文庫所蔵、請求番号一門三三〇三号）
「南倉弘幸小工職売券」（神宮文庫所蔵、請求番号一門一八五〇七号）
「仮殿遷宮供奉次第写」（神宮文庫所蔵、請求番号一門一〇五二七号）
「天正年中頭工補任記」（『三重県史』資料編中世1上　所収）
「来田文書」（「京都大学所蔵来田文書」《写真版》、神宮文庫所蔵、請求番号一門一五〇九〇号）
「松木文書」（「京都大学所蔵松木文書」《写真版》、神宮文庫所蔵、請求番号一門一五〇九一号）
「慶長十三年遷宮日次」（『三重県史研究』18号　所収）
「自天正以下補任系図」（神宮文庫所蔵、請求番号一門六二一七号）
「頭工補任記」（国立公文書館所蔵、請求番号五〇七五一番）
「白米家文書」（『三重県史資料叢書6』資料編中世2補遺Ⅰ　所収）

右の表は管見に及ぶ限りで神宮工職の移動が確認されたものを、その初出から近世初期の寛永年間にかけて取り纏めたものであるが、まず注目したいのは、売買により職が移動した事例は寛永年間に至るまで安定して確認される点である。[27] このことは、中世的な神宮工の意識及び実態が近世まで継承されていることを示しており、全国的な傾向として中近世移行期における公権力の介入により社寺大工職が解体されたことと著しい相違を示している。[28]

次に、具体的にどのような人物が神宮工となるのか、判明する範囲ではあるが確認をしておこう。

表45番（以下番号のみ示す）に掲げたのは、すでに別寺院である宗恩寺大工職を保持している人物による内宮工兼帯を示す事例である。ここで認められる宗（崇）恩寺とは、山田西川原町一帯（外宮別宮月夜見宮東側）に存在したとされ、関係文書が数点存在するものの、詳細が不明瞭な寺院であるが、[29]「宗恩寺之大工」の明示は、根本が他の社寺大工職でありつつ神宮工として名を連ねていた、あくまで等価的ではない状況に有ることが理解できよう。

32では八日市庭鮨屋から内宮向館次男である荒木田末朝に替職されているが、詳細は不明なものの八日市庭鮨屋という屋号から、山田八日市庭に居住する商人ないしは職人であったことが推測される。

33では的庭屋からその「弟子」に内宮四頭小工職が渡っていることが理解できる。的庭屋は山田辻久留に居住していたと想定されるが、この二人に師弟関係が想起できることは興味深い。[30] 内宮一頭方小工の競望に関連してその屋号が確認される「曽祢番匠屋」[31] などと同様、いわば建築作事に専門的に従事する者と考えてよいであろう。

このような神宮工の例をもう一例挙げると、29以下に散見される「野依屋（野入屋）」が挙げられるが、後に「さかきくへの子藤五郎（野入屋）」が内宮鳥居前町の自治組織である宇治館衆にも認められる。[32] また「当宮両門氏神造営料材、自大杉山可取下之由、仰山田野依屋被成庁宣、新儀也、各判、（中略）、在筏五十乗河開可勘過由也」[33] とあるように、大杉山から切り出した造営材を筏を組み、独自に杣師を調達することが可能な、組織的な材木流通業者である可能性がある。

何より注目すべきは、野入屋以外にも神宮御師としての新興都市門閥層が参見されることである。例えば、97に見える「野依国秀」は一志久保在住の「四頭大夫」、92に見える「坂源市郎荒木田尚盛」は宇治浦田在住の「坂三頭大夫」であることが確認でき、また時代は少々遡るものの66の「外宮二頭岩淵久保倉弘実」は岩淵在住の「二頭大夫」の可能性が考えられる。[34] また表には掲載していないが、永禄九年(一五六六)三月二十二日付で作成された継目補任に係る交名に見える内宮二頭方小工「下中郷善二郎吉久」は、当時既に手放しているものの、但馬国を檀家とする御師であった可能性が考えられる。[35] このほかにも先述の「曽祢番匠屋」、外宮一頭職を北弥七郎へ売渡した「田中一頭大夫」の後室、「田中一頭大夫」から買得した外宮一頭職と祖父「北民部丞忠親」から継承した同三頭代職を所持した後述の「北弥七郎意親」、また第一節で取り上げた「谷敏国」など、[36] 御師である神宮工が複数確認される。

以上のことから、建築作事を通じた経験を見出されて補任された例もあるものの、御師を中心とした新興都市門閥層の人々が神宮工の職を取得した場合も存在したことを示している。

では、以下に神宮御師が神宮工職を取得した点について特に掘り下げて考えてみたい。

神宮御師とは内・外両宮に対する信仰を媒介する存在であり、道者と呼ばれて全国各地に檀家職を保持して民間の参宮を仲介する人々であり、その種々の仲介労に伴う莫大な得分は、宇治・山田の自治組織に彼等御師が参入するに際して発言権の強力な裏づけとなった。[37] つまり、必ずしも自身が工匠としての技術を持つわけではない御師が頭工から小工にまで神宮工として認められることは、その御師活動に裏づけされた巨大な財力・組織力が補任されるに際して何らかの影響を及ぼしていた可能性がまず指摘できるのであるが、実はこれに明確な回答を示す史料が存在する。

天文十七年二月九日(中略)此時造宮ハ、自京都神宝モ不参、神宮ニテ□調也、宮造之用脚ハ於山田調法有者也、御□料宮司殿へ十貫渡ル、合而十貫ニテ調□、高向屋二頭大夫用脚半分ニ及被参ハウヒニ参度由長官へ申、然ハ彼宮ノ□人一人不足、榊之役七人アリ、彼高向屋地下□ノ間、榊ノ役ニ加エ可参由、自長官如此、然ルヲ彼榊ノ役ハイヤ、昇殿ノ役望申、沙汰外之事□□(38)

この史料は天文十七年（一五四八）に斎行された外宮別宮である高宮遷宮に際しての内容を記したものである。これによれば、遷宮用脚不足と思われる原因により神宝が京都で調製することが出来ず「於山田」て調えられたが、実にその費用の半分は内宮二頭工であった地下人高向屋光盛が用立てたものであった。その褒美として、光盛が遷宮所役である「榊ノ役」として参加することが認められたが、高向屋光盛は「彼榊ノ役ハイヤ、昇殿ノ役望」と申し立て、昇殿役を希望したものの、地下人であるが故に「沙汰外」とされたと述べられている。

またこの後作事に移ったが、その用脚の労についても同じく地下人であった河井出雲と高向屋光盛が用立てていることから、「於山田」の具体的な対象は高向屋光盛を中心とした山田地下人層を指していると考えるのが穏当であろう。寧ろ神宮禰宜層らが所有していた給田などは在地領主等により押領され、例えば内宮長官禰宜であった荒木田守武が給田上分を確保する為に神領へ自ら赴いていた事実等を勘案するとき、(39) 神宮禰宜層の視点から見れば、参宮者によって山田で消費される財の過半を拾得することができる神宮御師という立場にある地下人層が、この作事用脚の負担を一手に担うべき存在と認識されていたことが以上から想定されるのである。

さらに、荒木田・度会・磯部姓の者による寡占状態から他姓者である地下人が参入を開始した十五世紀初頭は、平安時代末期以来神宮の世俗的な面において実勢力を占めてきた神宮権禰宜層を中心とする神人層が地下人層との抗争に破れた時期にあたり、特に嘉吉三年（一四四三）には「山田神人没落」という事態となるに至って、新たな勢力として「山田三方」と称される地下人層が擡頭して来る時期と合致することにも注意すべきである。(40) 神人層を排除することで世俗的にも神宮周辺地域の一大勢力となった彼等は、当然神人層が主体的に担っていた「神役」への参加を求めたことは想像に難くない。

このように神宮と地下人の双方の利害関係が一致したと想定されることについて、先の高宮遷宮への奉賽事例に先立つ文亀元年（一五〇一）九月十六日に斎行された外宮遷御の事例が重要な補強材料となる。これは明応七年（一四九八）の明応大地震によって破損したことを受け、外宮長官禰宜である度会（宮後）朝敦が私意により仮殿を造進したものであるが、その用脚は太神宮役夫工米徴収を担っていた室町幕府からではなく「山田三方のかたがた」から寄進されたものであった。[41]注目すべきは、この寄進が「宮後長官朝敦の御取立にて候」とあるように、度会朝敦の意向を強く反映したものであったことである。つまり、室町幕府による太神宮役夫工米徴収制度が衰退する事態となり、用脚不足のため本宮の仮殿遷宮等が永禄期の慶光院による勧進、或いは檀家の献金などといった方法によって正遷宮復興期に至るまで不安定な財源により斎行されたことを踏まえたとき、[42]長官禰宜を始めとする神宮側も、不安定なそれらの方法に頼らない唯一の方法は、地下人層に集積されている財を活用するという結論に辿り着いたと看做すのが穏当であろう。

遷宮事業に対する私財の提供を求められた地下人層は、先に検討した通り神宮職掌体系へより深く関与することを希望していたことが明らかであるが、この点について事例を挙げるならば、延徳二年（一四九〇）に高向源右衛門光如が同じく高宮遷宮を私財を投じて行ったことから「二頭大夫」を名乗ることを許された可能性が高い事、[43]永正十二年（一五一五）に外宮工を束ねる三人の頭工が連署し、作所に提出した法度である「宮中御作事法度之事」[44]の第一条には「一、宮中御しゅり之事、五ヶ日之内をハ宮司殿よりめさるへき事、其外ハ頭工衆仕へき也」と記載され、修理に際しては神宮工統括者である頭工も出資を行うことが示唆されていること、或いは第一章で確認したように神宮工に補任されることで神宮から「神役人」に相応しいと看做された事実などが挙げられ、このような双方の利害関係が一致した結果の一事象として、多様な神宮工の出現へと繋がって行くと捉えられる[45]。

以上の事例はいずれも外宮における事例ではあるが、内宮においても「内宮子良館記」延徳二年（一四九〇）庚戌二月二十二日条に「子良館之柱立、件造営ノ事、今度ノ一乱ニ炎上ノ間、物忌衆以私力取立ト云共、公方之憤ニ日ク、頭代四人シテ四十七日ニ棟上ノ祝、但如形ノ儀ニ依、三十四ヅ、四人ニ一貫二百文也、小童等中へ百文作料ハ、如在家仕事五十文ヅ、ニ致沙汰者也、今度ノ造営事、公方ノ憤已下、悉皆田中一頭大夫ノ働ニテ、無為ニ造畢スル間、同十三日ニ、扇一本捶代三十匹モタセテ、尚重助有両人礼ニ行者也[46]」とあって、内宮子良館建立に際し内宮一頭工がその用脚を負担したことが確認でき、史料的制約はあるものの、外宮と概ね同様の経過を想定することは許されよう。

以上、中世後期から近世初頭に至るまでの期間に確認される多様な神宮工の実態と、その出現理由について検討を行った。結果、第一節で検討した通り、神宮工を「神役」「神慮之御事」として理解する当時の認識を根底に、①神宮における遷宮事業に対する公的機関からの用脚支出の代替措置として、当時急速に発展した御師等の新興都市門閥層である地下人層の財力・組織力を仮殿遷宮等の神宮維持活動に傾注させる必要性を神宮側が認識していたと思われる点、②財力・組織力の提供を求められた地下人も「神役」として遷宮に従事することで神宮職掌体系の末端に位置することを希望していた点、③この二つの要素が合致した結果、多様な神宮工が出現するに至ったと考えられる点、等を確認した。

三　神宮工の物権化に対する神宮側の対応と神宮工の意識
―由緒無き者を工譲るべからざる事―

以上確認した通り、神宮工の物権化自体は確認されるものの、それを享受した新興都市門閥層である地下人を中心とする階層の志向性は、神宮遷宮事業に関与し、神宮職掌体系の末端に位置することにこそ主眼があり、神宮側も、正遷宮を中断する事態となるような体制の疲弊期を迎え、彼等の財力・組織力等に期待するという両者の思惑が合致したことを確認した。これを踏まえ本節では、神宮工の物権化が進展したことにより、先行研究が導き出した「雇用者と職人の対立とその解消」と表現される両者の相克が、果たして神宮で存在したものかどうか、の検討を試みる。

この問題を検討するにあたり、造宮使を頂点とする神宮工の補任制度について確認しておきたい。神宮工は形式上、貞治二年(一三六三)前後より神宮正遷宮時に朝廷により令外官として臨時に設置された造宮使による袖判御教書により補任されたが、その実態は長官禰宜を中心とした神宮禰宜層等により推挙(「労」)された者を追認するものであった[47]。正遷宮中断期においても造宮使は朝廷から補任されており、造宮使による神宮工補任機能はその間も存続していた模様であるが、享禄二年(一五二九)に至るとその体制にも綻びが生じていたことが次の史料から確認される。

享禄二年五月廿九日　梅屋夕ち孫福たち五百文相賦ヲカ、私物三頭宮ニ申ニヨリ、五十疋ニテサシヲリ補任ナシ、三頭同頭代造宮使不相定条、作所引付にて也、一禰宜代々造宮使京都相調之由、雖被申、神宮一神事も不執行、神宮不存上也、如前々氏秀継目判可出候由、禰宜中事候条如此候、たとい造宮使上殿へ相定候共、作所山田ニあるへき事あるましき儀也、従往古内造宮使作所内宮ニあるへき事也、先例如此候者也[48]

この史料は神宮工継目補任時における在京造宮使である祭主大中臣朝忠と内宮一禰宜荒木田氏秀の対応について記されたものであるが、朝忠は三頭工及び三頭代の補任を行わず、内宮作所を兼ねる内宮長官禰宜であった荒木田氏秀が造宮使の代替として継目補任を行う事態となったようである。ここで第二節で掲げた表を再度確認すると、特に十六世紀以降において父子相伝と共に神宮工の売買確認事例が次第に増加すると共に、判明分だけに限っても、文明年間以降における推挙者にそれまで「労」として独占的に認められた神宮禰宜層等以外の階層が急激に増加していることが理解できる。当該時期は、新興都市門閥層として経済的優位に立つ地下人層が自治を掌握し、神宮に対しても大きな影響力を及ぼしてゆくのと揆を一にしており[49]、造宮使・神宮禰宜層・地下人それぞれの関係性を如実に反映していると看做してよいであろう。

このように、新興勢力による神宮工補任への関与や神宮工職の売買事例が増加する時期に、造宮使による補任体制も大きく弛緩していたことをまずは確認しておきたい。

次に神宮工の物権化過程について確認してみよう。管見の限り、神宮工の売買事例を示す最古のものは永徳二年（一三八二）の外宮古殿解体に関連した「たくみ三十三人まいりよる、これはかいまいらせたるかたよりやとハる、」の記事である[50]。外宮工の定員と同数の人数が雇工として記載されており釈然としない点もあるが、ここでは神宮工を買得した者が番匠を員数分雇用したものと捉えておきたい。

しかしながら、前掲表の通り大工職を買得によって手に入れた神宮工が次第に確認される事例が増加する中で、次のような事例も見受けられる

一、永譲渡造　内宮二頭職事
合壱分者

右件二頭職者、自前二頭末継手、譲得雖為、当職荒木田末久親子之契約間、依有志、永譲渡処実証明白也、於
子々孫々不可有他煩、仍為末代譲状如件

文明三年辛卯十一月十六日　　内宮二頭大夫荒木田末春　判
嫡子末光　判(51)

この史料は、内宮二頭工職である荒木田末春が「親子之契約」をした荒木田末久に対し同職を譲渡することを記した譲状であるが(52)、注目すべきは、嫡子である末光が存在するにも関わらず、敢えて荒木田末久と「親子之契約」をした上で譲渡している点である。嫡子の末光に継承できない理由は判然としないが、雇工の存在も確認できる中で敢えてこの形での譲職を行っていることは、神宮工の継承は父子相伝が基本条件、或いは慣例と考えられていたことを示すものであり、大工職売買が浸透して行く変容過程の過渡期的事例として見ることは許されよう。

さらに、物権化の進捗により権利証文保持者にこそ権利が帰属するという「支証主義」の観念が発生していたことも次の史料から窺える。

一、造　内宮一頭方小工職事、以荒木田助久譲職、可被補荒木田長俊之由、可有御披露候、恐々謹言

文明十一壬九月六日　　氏経　判

藤波美濃守殿（大工大夫二郎荒木田末永職ヲ鶴兵衛太郎荒木田助久任件職、饗土菊大夫荒木田長俊相伝、仍挙）(53)

この史料は、内宮一頭方小工の継目補任に際し、文明十一年（一四七九）閏九月六日付で内宮作所荒木田氏経が造宮使大中臣秀忠に宛てた内宮一頭小工荒木田長俊の挙状である。これによると荒木田長俊が作所によって造宮使に対し

て推挙される理由に、大工大夫二郎荒木田末永から鶴兵衛太郎荒木田助久へ、更に饗土菊大夫荒木田長俊へと相伝されていることを挙げているが、この内、大工大夫二郎については内宮作所である内宮一禰宜荒木田氏経に私的に仕えていた工匠が氏経自身の労により一頭小工として作事に参加を許される過程が浜島一成氏によって想定されている[54]。

この「相伝」という文言について、新田一郎氏は権利移転に伴う相伝は「相伝＝買得」という場合が存在したとしているが[55]、この場合大工大夫二郎から「新兵衛子兵衛太郎」である鶴兵衛太郎へ、更に饗土菊大夫に渡っており、鶴兵衛太郎に関する注記でも理解できるようにそれぞれに父子関係は認められないことを勘案すれば[56]、他者への権利移転すなわち「買得」を示すものと看做すことは許されよう。では作所が「仍挙」げた理由とは何か。神宮工の継目補任は、工自身が古任補を作所に提出することにより手続が開始されるものである以上、荒木田末永から荒木田助久へと相伝した一頭小工職の権利証文を荒木田長俊が作所に提出、その伝来状況が明確であったことを受けて発せられた文言と解釈できる。

このことから、神宮工は所謂「便宜の縁者」に継承されていくという物権的側面を次第に色濃くし、十五世紀後半においては権利証文の保持そのものがその伝承に正当性を与える「支証主義」が定着していたことが確認できる。

（端裏書）「外　一頭職買得ノ文書　同本文書」

　　永代売渡申外宮一頭職之事

　合諸宮者一円也

右依有急用、外宮一頭職之分、直銭五拾貫文北弥七郎殿へ永代売渡申事、実正明白也、代々之注文悉相副遣置候、同本文書相副進候、此之分御知行可有候、縦天下一円之徳政行候共、於此一頭職者、違乱煩有間敷候、仍後日証文如件

永禄四年辛酉八月八日

久保一頭大夫興広　（花押）

使藤二兵衛

北弥七郎殿参[57]

この史料は、永禄四年（一五六一）に久保一頭大夫福田興広が山田中島に居住していた北弥七郎意親に外宮一頭（工）職を売却した旨を記した売券で、前出表では57に当たる。この文言に注目してみると、「代々之注文悉相副遣置候」とあり、少なくとも外宮一頭工職にあった福田氏の相伝した種々の先例文書を全て北氏に譲渡しており、この中には補任状の類も含まれるべきものである。

これらの点を勘案すれば、中世末期の段階における神宮工の相伝に関する重要な要素として、補任状所持する支証主義が挙げられ、更に言えば、作所が作成した造宮使へ提出する挙状発給手控である神宮工補任引付内にも神宮工職の買得記載が散見される事実を勘案すれば、作所もまた補任状等の文書保持による職継承の正当性を認めていることが判るであろう。[58]以上、十五世紀後半に至り、父子相伝を基本とするものから売買事例が確認され、更には支証主義の定着と進んだように、神宮工の【物権的側面】が強化されたことが判り、概ね全国的傾向と一致している。

次に、それを統括し管理しようとする使用者側の意識について検討してみたい。第二節にて確認したように、神官以外の階層から多様な神宮工が続々と参入或いは競望し、物権化の進捗により神宮工職の売買が増加する事態を前にして、神宮工の使用者である神宮や神宮工を束ねる頭工等は果たしてどのような動きを見せたのであろうか。

自天正十一年至十三年遷宮之事

頭々代小工職売買の事先例にあらす、近代の儀也、先例は両宮ともに頭工より申候親の領よりはやく願状作所迄屆、それ次第になし申候、売買はなし候へは、いまもいはれさる方々へは両宮ともに闕所有之也、闕所之工は外宮作所堯彦に有之よし申の事

天正十三年遷宮之事

一、こなたの仕事をやめ、外宮へ仕事に参候事、曲事也、法度に行可申との事也、但一人して両宮の小工を持たるはいかん、それは各代書候へは別儀なきよし

一、大工衆むさたしたる衆候は丶、永代闕所申として定められ候は丶、第（ママ）へ之金子可引取由申(59)

これは豊臣政権下で斎行された内宮正遷宮の際、神宮工補任実務を含む遷宮諸事務を担った内宮作所奉行を勤めた荒木田（藤波）家に伝来した備忘と想定できる史料であり、その中で神宮工職売買に関する部分を抽出したものである。これによれば、神宮工職の売買は「近代の儀」とした上で、外宮のみならず内宮においても父子相伝を基本とし、作所までその旨を届け出ることが必要とされていたことが理解できる。同時に売買で職が移動した場合「いはれさる方々」、即ち届のない場合は闕所とされたとあり、いわば売買を容認した上でその状況把握を行っていることに、使用者側の葛藤を垣間見ることができる。

また、続けて内宮での作事を中断して外宮の作事を行うことについては「曲事」としつつも、両宮小工職を保持する場合は「代」を作所に報告してあれば問題がないことについて述べている。両宮の神宮工職を兼帯することについては既に浜島一成氏の指摘があるが、(60)どのように制度的に担保していたかが判り興味深い。この「代」については女子供・老人を充てることもあったようであり、作事の遅延が生じる意味からか、そのような者を「代」に充てることを禁止されている。(61)これは、給与が出来高ではなく現場での参加日数（出面）で算出される当時の慣習を反映したものと考えられ、(62)当時の作事現場の問題を窺わせる。そして何より、この記述が内宮のみならず外宮の作事についても言

及していることは、この内容が外宮においても諒解されていたことを窺わせるものである。神宮工職の兼帯の事実がある以上、両宮共通の対応方針を示していると捉えて間違いない(63)。

このように、作所が父子相伝を建前としつつ大工職の売買によって相伝することを「先例にあらす、近代の儀也」として批判的ながら容認していたことは、物権としての大工職の意識に対し使用者である社寺が苦慮するという全国的な様相と相違が生じていることが理解できよう。

では、神宮工側は作所側の意識を受けてどのような動きを見せたのだろうか。次の史料を検討してみよう。

宮中御作事法度之事

一、宮中就御作事之儀、卅三人より外ハ仕へからさる事

一、宮中御しゆり之事、五ヶ日之内をハ宮司殿よりめさるへき事、其外ハ頭工衆仕へき也

一、頭中小工中死けつ之事、其あと次ニ御たつね候て、京とを御とゝのへかへ也、御合然なく御とく御とゝのへ候共、為衆中同心申ましく候、但三ヶ年京都も御調候ハすハ、望次第たるへく候

一、御造営京都より□事候者往古のことく、うけやニ可仕候、又わたくしとしてめさるゝ事候ハヽ、卅三人出あひ候て可仕候

一、ゆいしよなき者を工ゆつるへカらさる事

「書判うツシ也(朱書)」

永正十二年きのとのいのとし卯月廿六日

一頭(花押)

二頭(花押)

三頭　近定(花押)(64)

この史料は、永正十二年(一五一五)に外宮工を束ねる三人の頭工が連署し、作所に提出した法度である。先の作所

が作成した史料より八十年近く遡るが、充分に参考となり得る内容である。寧ろ、神宮工補任体制の弛緩により多様な神宮工が出現し、そのことが定着した時期に作成されたことにこそ注目すべきである。

重要な点を纏めると、①外宮の作事は外宮工の定数三三人以外は作事に参加を認めないこと。②神宮工の死去により闕所が生じた場合は後任を確認をした上で京都在住の造宮使による補任を受けるべきこと。所定の手続を経ず勝手に職を入手した者に対しては衆中の同心は得られないこと。但し、三年補任が滞留した場合は望み次第であること。③由緒の無い者に職を譲らないこと。の三点となるが、無論、作所と神宮工との間でこのような覚書を取り交わしたことは、いずれも実際は真逆のことが行われ、問題化していたことを受けているという解釈が成り立つ[65]。しかし先に検討した通り神宮工の職が父子相伝が基本であった一方で支証主義が定着しつつあった時期であることを念頭に考えるならば、いずれの内容も神宮により補任された正規の神宮工以外の者による作事参入を抑制することが主眼となっていることは明白であろう。つまり、これ以降より正遷宮再興段階に至るまで、使用者と職人双方が了解の上で、大工職物権化に伴う証文保持者の不透明化を抑止する意向を継続して保持し続けたことが窺えるのである。

以上、神宮工の物権化に対する神宮側の対応と神宮工の意識について検討を行った。結果、①概ね十六世紀初頭以前において既に造宮使を頂点とする神宮工補任体制に大きな弛緩が生じていたことが確認できる点、②これを踏まえる形で、第二節で確認した通り朝廷を頂点とした公的な遷宮事業の停滞と地下人の財力を期待するといった状況を反映しつつ多様な神宮工が参入し、職の継承も父子相伝から次第に売買が増加し、支証主義が強化された点、③使用者である神宮側は神宮工の物権化とそれに伴う売買事例の増加を許容しつつもあくまで神宮工補任に関する主導権を保持しようと志向した点、④神宮工側も③の内容について共通認識としていたと想定できる点、が確認できたが、④についいては神宮工の門戸を自らが狭めるという意味で不利益が生じる可能性があり、聊か奇妙ではある。この点、宇治・山田では御師の活躍による参詣活動の充実から都市機能の発展が急速に進んだことを勘案すれば多数の競望者が存在することは充分想定できるが[66]、第一節で検討した点を踏まえ、神宮が内外宮工の定員として定める七七名の限度内で補任を受けなければ幾ら希望したところで無意味であることを勘案すれば、概ね首肯出来よう。

換言すれば、使用者である神宮は神宮周辺地域の社会的変容の影響を強く受けつつ、神宮工の補任権を消長を孕みながらも保持し、神宮工はその物権化の進展にも関わらず神宮が示す補任条件を秩序立って遵守するといった、全国的な事例と異なる展開を見せたことが確認できたのであるが、神宮周辺地域における特質とも言うべきこの構図は、一重に「神役」「神慮之御事」としての大工職である神宮工の性質を反映したものであったと言えよう[67]。

おわりに―「神役」「神慮之御事」としての神宮工の意識の源泉―

以上、中世後期から近世初期における神宮工の精神的支柱を、「神役」あるいは「神慮之御事」というキーワードを元に検討を行ったが、ここで改めて各節において明らかにし得た内容を纏めてみよう。

第一節においては、神宮工はその発生時期から近世初期に至るまで、自らの職を「神聖な職」と認識し、その職が物権化した段階に至っても、大工職としての様々な経済的権利を得ることより、寧ろ神宮職掌体系の末端に位置することを意識していたことを確認した。その結果を踏まえ、続く第二節では、朝廷を頂点とする遷宮体制の変容を契機に、新興都市門閥層を中心とした地下人（神役人）が自らの蓄積した財力・資本力を遷宮事業に対して寄進・活用することで関与し、造宮使による神宮工補任体制の弛緩とも相俟って荒木田氏等特定の氏人にのみ継承されるものであった神宮工へ参入することが可能となった点を指摘し、第一節にて確認した新興都市門閥層が常に望んでいた神宮職掌体系への加入という意識が、資金的制約により公的な遷宮を行うことが出来なかった神宮の意識と合致していたことを確認した。何より重要な点は、第三節で検討した通り、神宮工の存在が「神役」「神慮之御事」であるが故に、その物権化が進展した段階においても、妄りに職を「由緒なき者」が取得することに対して神宮・神宮工双方の意識として戒められ、ともすれば物権であるが故に「由緒なき者」に権利が渡ることで相論の対象ともされたとする、これまでの大工職の理解とは異なる展開がなされたことであろう。

　このような状況から、神宮に対する畏怖と、神宮祭祀の精華である遷宮に参画することを誇りとした当時の神宮工の意識を知ることができるが、神宮工職の物権化の展開の中で、ともすれば無秩序となる危険を孕みながらも、造宮使を頂点とする補任制度の枠組みの中に自らを律しようという意識を保ち続けた彼等神宮工の意識は、どこにその源泉を求めるべきであろうか。

　それを強く示唆するものとして、造営従事者の初見と思われる『太神宮諸雑事記』宝亀十年（七七九）八月五日条の記載が挙げられると考えている。この記載は、内宮正殿東西宝殿が全焼し、「御正躰」を急ぎ造営した仮殿に案鎮した際、伊賀・伊勢・美濃・尾張・三河の五ヵ国に官符を下し、当該国を「不日之功」に励まさせ仮殿を造営したが、「修理職大工物部建麿、小工長上、幷五百余人」が京都より下向し従事したことが併せて記されているものである。

　時代が下って寛文二年（一六六二）、内宮と、その別宮である伊雑宮が独自に組織した建築工匠により神宮祭主の裁可が無いままに行われた伊雑宮遷宮に対し、その正当性があるのか否かについて相論を行った、所謂「伊雑宮寛文事件」[68]に際し、内宮工は自らの正当性を「大神宮頭小工之儀、光仁天皇御宇宝亀十年臨時之遷宮之刻、修理職之大工物部建丸小工長等を被差下候、以来、其末葉于今致相続祭主之補任を申請、其勤を仕り来候」[69]と述べた。この内宮工の主張内容は、前述の通り神宮祭主による造宮使兼任の通例、相論の相手方である伊雑宮工匠が伊雑宮宮人である中・

世古両氏が主となって在地で独自に編成された「雑人」であった点を踏まえる必要があるが、[70]神宮祭主の補任を連綿と受けることで物部建磨ら修理職工から現在に至るまで継承されてきた職であるという主張の真偽はさておき、[71]重要な点は、かれら神宮工が朝廷を頂点とする公的な遷宮を「職の正統性」という形で今に至るまで継承している存在であるという、強烈な自負を持っていたことである。

つまり、本稿において検討した問題は、形式的にせよ律令体制期から連綿と朝廷によって続けられるべき事業と考えられてきた遷宮のあるべき姿に、その精神的支柱の根本を見出すことが出来るのである。[72]

註

（1）大河文躬「造東大寺所と修理所（平安時代の東大寺造営組織について）」（『建築史研究』三五号、一九六四年）・「鎌倉初期の興福寺造営とその工匠について」（『建築史研究』三一・三二合併号、一九六二年）、永井規男「創世期の東福寺と大工たち」（『日本建築学会計画系論文集』四三一号、一九九三年）、清水真一「中世法隆寺大工とその造営組織」（『建築史学』一二号、一九八八年）、後藤治「中世東寺における造営の様相」（『普請研究』一八号、一九八八年）、浜島一成「中世寺社内造営組織の成立形態について」（『建築史学』一五号、一九九一年）、梅澤亜希子「中世醍醐寺の造営組織と工匠」（『日本女子大学研究紀要』七号、二〇〇二年）、横田冬彦「近世都市と職人集団」（高橋康夫・吉田伸之編『日本都市史入門Ⅲ　人』所収、東京大学出版会、一九九〇年）、中西正幸『伊勢の遷宮』（国書刊行会、一九九一年）・『神宮式年遷宮の歴史と祭儀』（大明堂、一九九五年）などが挙げられる。特に浜島氏は近年『中世日本建築工匠史』（相模書房、二〇〇六年）・『伊勢神宮を造った匠たち』（吉川弘文館、二〇一三年）・「中・近世の神宮式年遷宮における建築工匠の活動形態について」（『明治聖徳記念学会紀要』復刊五〇号、二〇一三年）を著し、畿内を中心とした工匠組織とを比較しつつ、神宮建築工匠の実態に迫っている。

（2）　大河文躬『ものと人間の文化史5　番匠』（法政大学出版局、一九七一年）。

（3）　なお、本稿を進めるに際して先行研究より神宮造営組織の概要を確認しておく。国家事業として神宮正遷宮を掌る官庁として中央に令外官である「造宮使」がおかれ、古代においてはその中の木工長上一人と番上工四〇人に木工寮に所属する建築工匠が充てられており、朝廷から派遣され作事に従事していた。十一世紀中葉から十二世紀後半に至って神宮独自に工匠組織が成立したことが確認されるが、概ね当該期以降においては、在京する造宮使の事務組織として、神宮禰宜・権禰宜が在地で運営する「作所」が成立した。この作所は遷宮に関する事務を取り仕切る組織であり、その下に組織されたのが「方」と言われる神宮工の組織である。内宮は四方・外宮は三方を組織し、それぞれの定員を一一人としたことから、内宮工の定数は四四人、外宮は三三人となる。この「方」は統括者としての頭工一人、頭工の補佐として頭代一人、作事に従事する小工九人で構成される。また、「遙宮」と称された内宮の遠隔地別宮である「伊雑宮」「滝原宮」「滝原竝宮」についても「方」ないし「方」に類似した造営組織が確認されている（拙稿「中世後期から近世初期における遷宮の政治史的展開と工匠組織―皇大神宮別宮伊雑宮を事例に―」、『神道史研究』五三巻一号、二〇〇六年）。なお、「大工職」の語は神宮内部で用いられた形跡は殆どなく、基本的には「内（外）宮〇頭工（頭代）職」「内（外）宮〇頭方小工職」が神宮工職の呼称として用いられている（〇は内宮は一から四、外宮は一から三の「方」番号が入る）。管見に及ぶ神宮「大工職」の語の初見は次に掲げる天正十三年（一五八五）のもので、いわば神宮外部の者である豊臣秀吉に対し宛てられたものである（「引付」八号文書、『三重県史』資料編中世1下・別冊、三重県、一九九九年）。

以上

就御造　宮之儀、被仰出旨、大工職頭頭代ニ念を入申付候、則御請状懸御目候、弥無油断可申付候、此等之趣、以

御心得御申成所仰候、恐々謹言

正月廿四日　　　　　　　　内宮作所氏晴　判

稲葉勘右衛門尉殿

牧村長兵衛尉殿　御両所

（4）神宮の信仰面についての歴史学からのアプローチとしては、例えば萩原龍夫氏の『中世祭祀組織の研究』（吉川弘文館、一九六二年）・『伊勢信仰Ⅰ』（雄山閣出版、一九八五年）や、西垣晴次氏の『伊勢信仰Ⅱ』（雄山閣出版、一九八四年）などが基礎的研究として存在する。なお、社会経済史の立場からは千枝大志氏の『中近世伊勢神宮地域の貨幣と商業組織』（岩田書院、二〇一一年）が近年の主要な成果として挙げられる。

（5）大河　前掲註（2）『ものと人間の文化史5　番匠』。

（6）脇田晴子「付論Ⅰ　中世商工業座の構造と展開―大和の場合―」（『日本中世商業発達史の研究』所収、御茶の水書房、一九六九年）。

（7）桜井英治「中世職人の経営独占とその解体」（『日本中世の経済構造』所収、岩波書店、一九九六年）。

（8）横田　前掲註（1）「近世都市と職人集団」。

（9）概ね当該時期に木工寮工匠に替わって「土着の者」（薗田守良著「神宮典略」二十五巻「造営織殿舞伎職掌」項、神宮司庁編『増補大神宮叢書3　神宮典略　後編』、吉川弘文館、二〇〇五年）が従事することが確認できる。「太神宮諸雑事記」（神道大系編纂会編『神道大系　神宮編一』、神道大系編纂会、一九七九年）を検討すると、長暦三年（一〇三九）二月十五日条には、前年に斎行された第十九回内宮正遷宮の際に発生した「昇殿乱入」事件の外十二カ条を「太神宮禰宜等」が上京の上で朝廷に訴えるという事件が生じている。一月後の三月十二日に至って事を起こした対象者十人に大祓が科せられたが、その職掌人の中に「長上案主日置惟時、眞野今友」の名前が見られる。長上とは建築工匠を指していることから、内外宮近隣に居住していた神宮建築工匠である可能性が考えられよう。なお、天喜四年（一〇五六）十一月条には「三頭工等」に饗録が与えられており、明確な神宮工の史料上の初見とする。同じく康平四年（一〇六一）六月晦日条には、在京の祭主である大中臣永輔の邸宅を造作した三人の建築工匠が「神民」であったことが見え、神宮奉仕者もしくは神郡内の住民の意味する可能性は強いと思われる。管見の限り、確実に「土着の者」としての氏名が確認できるのは十二世紀後半の「外宮二頭工多米重真」である。建久七年（一一九六）八月五日付「多米重真田畠処分状写」によれば、「度会郡十一条粟丸里十坪内」「度会継橋里十二条坪内字杉前」「度会郡箕曲郷上竹原村」等を六郎丸に対して和与により譲渡しており、重真は度会郡内の継橋郷周辺に一定の土地を保持していたことが推測できる。また、嫡子である真兼が「除公田等残田畠、悉施入自願私堂常蓮寺」したとあることから、私堂である寺院を持つ比較的経済力を有する階層であったことも窺える（「国立公文書館所蔵光明寺古文書」六二〇号文書、『三重県史』資料編中世2、三重県、二〇〇五年）。また、その二年後の建久九年内宮仮殿遷宮に際しての神宮工食料米下行記事には「同十二日、戊申、御修理一日工等食料米、自造宮所下行事、正殿工五十四人、本工四十人之外、任先例雇工十人当郷居住下部也、頭工四人各五升、小工各四升、東西宝殿工四十三人、外宮工本工三十三人之外、雇工十人彼宮下部也、頭小工食料米同前、瑞垣御門工二十二人、滝原宮工、頭小工等食物同前」とあることから（「建久九仮殿遷宮記」、神宮司庁編『神宮遷宮記』一巻、神宮式年造営庁、一九九二年）、基幹となる神宮工の他に「当郷居住下部」「彼宮下部」が造営に従事していたことが確認される。このように、本来造宮使に率いられた木工寮工匠による造営に、十一世紀前半頃を境に少なくとも在京以外の者が関与したことが考えられ、十一世紀中葉から十二世紀後半にかけての時期に、朝廷直属の建築工匠ではなく神宮造営に従事することを第一義とする在地の建築工匠、所謂神宮工が発生していたこととなる。

(10) 浜島一成「伊勢神宮の神宮工」(前掲『中世日本建築工匠史』所収)。なお、遷宮上棟祭における頭工以下神宮工の祭祀については安江和宣氏の論考がある(安江和宣「式年遷宮における頭工の祭り―上棟祭について―」、『皇學館大学神道研究所紀要』一五輯、一九九九年)。

(11) 神宮工補任に係る初見文書は左に掲げる『元亨三年内宮遷宮記(仮名本)』(神宮司庁編『神宮遷宮記』三巻、神宮式年造営庁、一九九二年)所収の正和三年(一三一四)六月二十五日付の内宮四禰宜荒木田仲成による橘行末宛の下文、及び同日付の内宮一頭大夫宛の奉書であるが、この二通の関係は、四禰宜荒木田仲成が「労」(註(23)参照)を取った「国益」が死去により闕所となったことから、下文にて新たに「権宮掌橘行末」を補任し、奉書にてその旨を所属方の頭工に示したものである。

下　橘行末

工等任符案

可早任先例勤仕神役一頭方小工事

右為当職労工国益闕替可令勤仕神役之状如件、以下

正和三年六月廿五日

禰宜荒木田神主判

在判

当職労工国益他界之間、以権宮掌行末為其替、可勤仕神役、可被存其旨者、依四殿仰執達如件

正和三年六月廿五日

権禰宜行有　奉

一頭大夫殿

(12)「応永廿五年内宮仮殿遷宮記」（前掲『神宮遷宮記』三巻）。

(13)「内宮禰宜年表」（『神宮典略』三十九巻、神宮司庁編『増補大神宮叢書3　神宮典略　後編別冊』、吉川弘文館、二〇〇六年）に応永二十五年段階での内宮一禰宜の記載はないが、時期関係より荒木田経博と思われる。

(14)大河文躬氏はこの点について「十四世紀前期より大工職補任状の発給が始まる」ことを受け、「中世初期の神宮の頭工・小工は、大工・引頭・長・連と類似した制度で、工事のために作られた組織であり、また、頭工・小工という名称が階層的な意味を有していた。それが後に、大工職を意味する名称となり、さらに、その大工職は世襲の権利と化す」と指摘している（前掲『ものと人間の文化史5　番匠』）。

(15)国立公文書館所蔵「頭工補任記」（請求番号五〇七五一番）。

(16)「熊鶴定時小工職売券」（『古文書輯』一号文書、『三重県史』資料編中世1下、三重県、一九九九年）。

(17)川口素道監修『金剛證寺典籍古文書』（金剛證寺、一九九四年）。なお、本史料については諸事情により実見が叶わず、川口氏の書き下し文による翻刻を基にした筆者による復元案を掲載した。しかしながら、解題に記載されている浦田氏と金剛證寺との関係や関係者への聴取等から、本史料が金剛證寺に所蔵されていることは確実と思われ、今後の調査に期待したい。

(18)この万治二年（一六五九）の失態を受けて徳川政権が山田奉行桑山丹後守貞政を通じてどのような指導を行っていたのかについては上野秀治氏の考察がある（上野秀治「江戸幕府と遷宮」、『伊勢の神宮と式年遷宮』所収、皇學館大学出版部、二〇一二年）。なお、川口素道氏の翻刻では当該事件の時期について「家綱代」と記載があるが、万治二年段階では「浦田長次」の代であり、若干の検討が必要である(西川順土「浦田家旧蔵資料目録」解題、『神宮文庫叢書』V、神宮文庫、一九九三年)。

(19)「慶長十三年遷宮日次」(稲本紀昭「《資料紹介》国立公文書館蔵『天正九年御遷宮日次』『慶長十三年遷宮日次』」、『三重県史研究』一八号、二〇〇三年)。

(20)中世後期段階において既に造宮使は神宮祭主が兼帯することが通例であった。なお、徳川政権期以降における神宮工補任関係文書では造宮使の文言が殆ど確認されなくなり、神宮祭主として認められることに注意が必要である。なお、神宮祭主大中臣氏に関する基礎的研究としては藤波家文書研究会編『大中臣祭主藤波家の歴史』(続群書類従完成会、一九九三年)が詳しい。また、中世後期における神宮祭主家である岩出流大中臣家と室町将軍家御師職(太神宮御師職)を継承した土御門流大中臣氏の動向については芝本行亮氏の研究に詳しい(芝本行亮「太神宮御師職と大中臣氏」、『神道史研究』四九巻三号、二〇〇一年)。

(21)西山克『道者と地下人—中世末期の伊勢—』(吉川弘文館、一九八七年)「序章」の註(19)。また「第三章　室町時代の伊勢」(『伊勢市史　二巻中世編』所収、伊勢市、二〇一一年)にも詳しい。なお、谷家は都市自治組織である山田三方を構成する地下人である。

(22)「内外殿舎寸法頭工等引付」(『増補大神宮叢書21　二宮叢典　中篇』、吉川弘文館、二〇一三年)。なお、神宮文庫所蔵「頭工引付」(請求番号一門四二六六号)・国立公文書館所蔵「内外殿舎寸法頭工等引付」(請求番号五〇〇五六番)の記載も併せて確認を行った。本稿では基本的に神宮文庫所蔵本の記載内容に拠っている。

(23)大西源一「伊勢神宮惣位階考」(『国学院雑誌』二三巻一号、一九一七年)に詳しい。史料的制約から安易に同一の制度であると論じることは出来ないが、今後検討すべき課題と言えよう。この点については註(71)にて若干補足する。なお、この「労」は「いたわり」と読ませた模様であり（前掲「応永廿五年内宮仮殿遷宮記」等）、「助」と表記される史料も確認されている（神宮文庫所蔵「内宮遷宮頭工之事」、請求番号一門一〇〇六一号）。前掲『増補大神宮叢書21　二宮叢典　中篇』翻刻では「むくわん」を「無官」と解釈している。

(24)　久留島典子「都市と都市民」（『日本の歴史13　一揆と戦国大名』所収、講談社、二〇〇一年）。なお、文明九年（一四七七）には内宮工においても「質ニ置ナカス」とあるように、神宮工職の質流れが確認されている（「造内宮工補任引付・内宮忌鍛冶補任引付」三二号文書（前掲『三重県史』資料編中世1上））。

(25)　桜井　前掲註（7）「中世職人の経営独占とその解体」。

(26)　浜島　前掲註（10）「伊勢神宮の神宮工」。

(27)　浜島一成氏は天正十五年（一五八七）八月の「豊臣秀吉条目写」（「古文書集」、『三重県史』資料編近世1、三重県、二〇〇三年）にある「一、宮川内地下人公事等出来之時、両人ニ申聞、於相紛者、山田三方年寄共一同罷上、可致言上事付諸座並大工所被相破事」の記載を豊田武氏らが「伊勢大神宮の諸座および大工所が破棄された」（『豊田武著作集第一巻　座の研究』、吉川弘文館、一九八三年）と指摘していることを受け、「しかし、伊勢神宮では、上記文書の発給にもかかわらず、同じ工匠がその前後の時期に活動し、それが造営文書等で確認できる。そのため、上記指摘について再検討を加える必要がある」と述べている（浜島一成・片桐正夫「頭工と頭代の系譜について―十六～十七世紀における伊勢神宮の工匠組織に関する研究　その一―」、『日本建築学会計画系論文集』六四三号、二〇〇九年）。また、永井規男氏も天竜寺・東福寺・建仁寺等が同様の事例を示すものとして指摘しており（「天竜寺所蔵の建築関係文書と大工工藤氏について」、『日本建築学会近畿支部研究報告集』二九号〈計画系〉、一九八九年。「東福寺大工の系譜について」、『日本建築学会大会学術講演便概集』、一九八九年。「建仁寺前の大工について」、『日本建築学会大会学術講演便概集』、一九九九年）、今後研究を進めるべき分野である。

筆者の見解としては、①先の「豊臣秀吉条目写」の記載が「諸座」と同列に扱われていること、②内外宮鳥居前町である宇治・山田が地理的・経済的分節構造（分節的複合性）を持つ「郷」の集合体であること（伊藤裕久『近世都市空間の原景』、中央公論美術出版、二〇〇三年。舩杉力修「戦国期における伊勢神宮外宮門前町山田の形成」、『歴史地理学』四〇巻三号、一九九七年。千枝大志「中近世移行期山田における近地域間構造」、伊藤裕偉・藤田達生編『中世都市研究13　都市をつなぐ』所収、新人物往来社、二〇〇七年。拙稿「中世後期から近世初期における宇治・山田における結界とその機能」、『Mie history』一八号、二〇〇六年。などを参照）、③更に破諸座の後に同業町的な地域特性が発生し消長を孕んで近代まで継続したこと（千枝大志「伊勢山田における地域特性の形成とその変容」、前掲『中近世伊勢神宮地域の貨幣と商業組織』所収）、④上述の②・③より「大工所」が神宮工組織を指すというより、寧ろ山田河崎郷で確認される「河崎郷中大工所」など各郷に所在したと考えられる「大工所」を指している可能性が考えられること（神宮文庫所蔵「御巫退蔵文庫旧蔵古文書・沽券等影写」六六号文書、請求番号一門三〇七六号）、⑤破棄令が神宮工の進止権を留保する神宮に対してではなく町衆である山田三方に対するものであること、等から、「神宮大工職の破棄」ではなく、鳥居前町山田内の「諸座」と「山田各郷に所在する職人の仕事場所の所有権としての大工所」の放棄を表していると想定している。

（28）　但し、近世後期である天保年間の事例ではあるが、大工を差配する組が把握する「働場所」（＝テリトリー）内での売買は認められていたことが確認されている。しかしこれとても幕府大工頭である中井家としては「施主次第」として、施主がどの大工を雇うかは自由であるという判断が示されている前提がある、と指摘されている（町田哲「近世和泉の大工組と「働場所」―泉郡を中心に―」、『市大日本史』九号、二〇〇五年）。

（29）恵良宏氏は、関係文書から宇治・山田の抗争が激化していた中世後期における、数少ない在山田の親北畠派寺院と想定している（恵良宏「山田崇恩寺関係文書について」、『皇學館大学史料編纂所　史料』一四二号、一九九六年）。

（30）的場屋は天正十九年（一五九一）に宇治館衆である太郎館家の氏寺である「成願寺」阿弥陀に当該大工職を寄進している。これは大工職撤廃に伴う公権側の動向と権利を保持したい大工職保持者側との相克の結果として編み出された、笠松宏至氏の提示する「人物」から「仏物」への転化を示しているものと思われ興味深いが（「仏物、僧物、人物」、『思想』六七〇号、一九八〇年）、いずれにせよ、的場屋は複数の社寺大工職を持ち、職人を多く抱える有力な工匠であったと看做すのが穏当であろう。参考までに当該寄進状を掲載しておく（神宮文庫所蔵「太郎館家文書」、請求番号一門一三八八二九号）。

永代寄進申大工職之事

右此大工職者、雖為我等重代相伝儀、依有志成願寺阿弥陀江永寄進申処実正明鏡也、雖不及申候、於子々孫々違乱煩有間敷候、為後日証文如件

寄進主的場屋甚右衛門

天正拾九辛卯年閏正月吉日　　末重（花押）

取次鈴巌庵福寿庵

成願寺教泉房

まいる

（31）前掲「造内宮工補任引付・内宮忌鍛冶補任引付」六一号文書。

（32）飯田良一「中世後期の宇治六郷と山田三方」（『三重県史研究』七号、一九九一年）。

（33）「氏経神事記」永享九年七月五日条（『増補大神宮叢書13　神宮年中行事大成　前篇』、吉川弘文館、二〇〇七年）。

(34) いずれも「神宮御師(宇治・山田)名鑑」(『瑞垣』一一二号、一九七七年)を参照した。
(35) 「造内宮工補任引付・同忌鍛冶補任　従文明十九年」(神宮文庫所蔵、請求番号一門三三〇三号)。
(36) いずれも西山 前掲註(21)『道者と地下人—中世末期の伊勢—』巻末「中世御師道者売券一覧表」を参照した。
(37) 神宮御師の研究は新城常三『新稿社寺参詣の社会経済史的研究』(塙書房、一九七九年)や前掲西山論文などがある。
(38) 「永正天文外宮仮殿遷宮記」(神宮司庁編『神宮遷宮記』四巻、神宮式年造営庁、一九九二年)。
(39) 稲本紀昭「天正十八年同廿年南北勢神領取立日記について」(『史窓』五一号、一九九四年)解題参照。
(40) 西山 前掲註(21)『道者と地下人—中世末期の伊勢—』、萩原龍夫「伊勢神宮と武家社会」(前掲『伊勢信仰Ⅰ』所収)。
(41) 「外宮子良館旧記」文亀元年九月十六日条(『続群書類従』第一輯下、続群書類従完成会、一九六三年)。なお、この山田三方の資金的援助という視点については千枝大志氏も同様の指摘を行っている(千枝大志「独自の勢力を築いた山田三方と伊勢神宮」、『歴史読本』五八巻六号所収、中経出版、二〇一三年)。
(42) 神宮司庁編『神宮遷宮記』一～七巻(神宮式年造営庁、一九九二～一九九三年)に散見される。
(43) 前掲「外宮子良館旧記」延徳二年条を見ると、高宮遷宮に私財を投じた際には単に「高向屋源右衛門」と記載されていたものが、その二年後である延徳四年(一四九二)五月十三日条にある外宮別宮風宮の仮殿造作に際しては「高向二頭大夫」と記載に変化が確認され、注目すべきである(千枝大志氏の御教示による)。管見に及んだ史料でも「高宮二頭大夫」と自称している場合もあり、この高宮遷宮が高向氏にとって画期となる事業であったことが窺える(前掲註(35)など)。なお、高向源右衛門光如に関しては御薗村誌編纂室編『御薗村誌』(御薗村、一九八九年)も参照されたい。
(44) 前掲「内外殿舎寸法頭工等引付」。
(45) 先述の通り、この高向屋光盛は「地下人」であるが故に「昇殿ノ役」は「沙汰外」として叶えられず、地下人層と神宮祭祀の中心にある神人層との間には、世俗的抗争に勝利をしたとは言えども高い壁が歴然と存在していたことを示している。なお、高向二頭大夫は有力な神宮御師として確認され、後に上部氏にその檀家を譲り渡している（「上部文書」七号文書、前掲『三重県史』資料編中世2）。

（46）「内宮子良館記」延徳二年庚戌二月二十二日条（前掲『続群書類従』第一輯下）。

（47）神宮工を補任する事務組織である作所は、職人からの古任補提出を受け、推挙する旨を記した挙状を造宮使へ宛て、それを受けた造宮使から袖判御教書の形式で作所に了解の旨を伝達し、それが更に作所を通じて職人に宛てられて補任が完了する流れであったが、西山克氏はこの手続において造宮使が追認する行為を「形式性」という言葉で表現されている（西山克「伊勢松木文書」解題、『京都大学文学部博物館の古文書』一二輯、思文閣出版、一九八八年）。なお、この貞治二年（一三六三）近辺は神宮工補任体制の画期となった時期と考えられ、長暦年間以来十五回重ねられた式年遷宮記録より例証を抽出した『遷宮例文』が成立した時期でもある（「遷宮例文」解題、『神宮遷宮記』二巻、神宮式年造営庁、一九九二年）。この『遷宮例文』の中には「近例」と「古例」を並列して神宮工補任の流れを詳細に記している部分があるが（「頭工小工等之任補駈之事」）、この内容は『遷宮例文』成立に先立つこと五年前、右中弁である柳原忠光が後光厳天皇の勅使として、神宮工進止権の所在について先例を確認する為に洞院公賢の元へ来訪した際の問答が反映されていると思われる（「園太暦」延文三年九月二十六日条、『史料纂集　園太暦　巻六』古記録編75、続群書類従完成会、一九八五年）。

問答の内容を概略すると、本来造宮使が神宮工補任を行うべきところを、先規に任せて禰宜が行いたい旨訴えている状況が生じたようであり、この神宮禰宜の訴えは『遷宮例文』の「古例」に概ね合致するものである。しかし続けて「件大小工及人夫、皆為諸国勤、神宮曾不相行者、而近来諸国対捍之間、神宮沙汰出来歟」とあるように、朝廷としては、本来は遷宮に係る工匠は木工寮工匠や近隣諸国の人夫が勤めるものであって、神宮内部で完結する事案ではないという意識の上で「而造宮者禰宜等沙汰強非本儀」と考えていたようである。それに対して公賢は「几為造宮使進止大小工、不乖其儀歟」と明快に回答しており、これを前提に成立したのが『遷宮例文』にある「近例」と見るべきである。

この神宮工進止権の所在については、朝廷と神宮との関連性や、近世まで一貫して造宮使を兼ねることが通例である神宮祭主により神宮職掌人が補任され、そのために補任手続が古代的・中世的な文書形式をとる場合が多いという指摘もあることからも(太田光俊「神宮の補任関係文書覚書—久志本家所蔵文書の調査をして—」、『皇學館大学佐川記念神道博物館館報』二二号、二〇一三年)、神宮工補任に対する「古代性・中世性の連続」という観点から更に検討をすべき課題と考えられる。参考までに寛正五年(一四六四)段階での神宮工補任手続を掲げる(神宮文庫所蔵「寛正五年内宮山口祭記」、請求番号一門一一二八〇号)。基本的には『遷宮例文』の「近例」と変化はないが、頭工が直接手続の為に京都の造宮使の元へ赴いているのは興味深い。

寛正五年甲申十二月廿六日時

山口祭神事可廿九日之由廿二日伝奏状造宮所へ

山口木本祭神事、任式年之旨年内可被行、頭工急可上洛旨可加下知之由、飛脚十三日下着、則相触並任補駈事、任例各出対古任補之由四方へ下知を成、頭工等十五日罷立、十八日京着、廿三日頭工各廿貫頭代各十一貫小工各十貫分請取廿六日下着、但頭工小工等継目任補料を造宮所ニ被引留、又上下路銭雑用ヲ引之間、小工ハ各八貫宛給也、件任料ハ就作所下知各古任補ヲ出対スレハ、自作所各姓名ヲ注、継目任補ヲ申成、任料一貫宛ハ作所得分、二百貫(ママ)ハ奉行料、造宮所エハ惣中ヨリ御礼ヲ申処、今度被引召之条、難□子細也、猶々可有訴詔也

(48) 前掲「造内宮工補任引付・同忌鍛冶補任　従文明十九年」。

(49) 西山前掲註(21)『道者と地下人―中世末期の伊勢―』ほか。
(50) 前掲「内外殿舎寸法頭工等引付」。
(51) 前掲「造内宮工補任引付・内宮忌鍛冶補任引付」二三号文書。
(52) 荒木田末久は、造宮使大中臣秀忠の御教書(文明四年九月日付)によって正式に二頭職に任ぜられていることから(前掲「造内宮工補任引付・内宮忌鍛冶補任引付」二五号文書)、この間においては荒木田末春が二頭職を保持していたと推測できる。
(53) 前掲「造内宮工補任引付・内宮忌鍛冶補任引付」四二号文書。
(54) 浜島一成「作所・小作所の性格と神宮工の大工職補任について」(『日本建築学会計画系論文集』五四三号、二〇〇一年)。
(55) 新田一郎「相伝―中世的『権利』の一断面―」(笠松宏至編『法と訴訟』、吉川弘文館、一九九二年)。
(56) 前掲「造内宮工補任引付・内宮忌鍛冶補任引付」三六号文書、注記。
(57) 「京都大学所蔵来田文書」(写真版)三一五号文書(神宮文庫所蔵、請求番号一門一五〇九〇号)。なお、北弥七郎意親は有力な新興御師でもあり、この前年に祖父忠親より外宮「三頭代」職を、多くの道者の在所と共に譲与されている(西山克「伊勢御師と来田文書」解題、『京都大学文学部博物館の古文書』七輯、思文閣出版、一九九〇年)。
(58) 例えば、前掲「造内宮工補任引付・同忌鍛冶補任　従文明十九年」・「自天正以下補任系図」(神宮文庫所蔵、請求番号一門六二一七号)等には売券自体の記載はないものの、「ハいとく」と注記される内宮工が散見される。また「頭工補任記」(前掲)に至っては、職を買得した者に対する補任を作所から祭主に対して求める挙状が複数収められている。参考までに寛永四年(一六二七)の例を次に掲げておく。

造外宮一頭方小工職之事、坂世古五郎右衛門ヨリ買得並木甚兵衛藤原冨次、補任頂戴申処也、此旨宜願御披露候、
恐々謹言

寛永四年丁卯十一月晦日　　外宮作所

集彦（花押）

謹上　藤波殿

(59)「仮殿遷宮供奉次第写」（神宮文庫所蔵、請求番号一門一〇五二七号）。なお、筆者である内宮作所荒木田（藤波）氏重は万治二年（一六五九）から元禄三年（一六九〇）まで内宮禰宜として認められ、五禰宜を最後に退いている。

(60) 浜島　前掲註（10）「伊勢神宮の神宮工」。

(61)「御造宮置目之事」（前掲「引付」一六号文書）。

(62) 大河　前掲註（2）『ものと人間の文化史5　番匠』。

(63) 両宮工の兼帯は何故生じたのか。この理由について、浜島氏の指摘するように、両宮で中世前期より互いに所属神宮工を作事助勢に用いたことが理由の一つと首肯できるが、内宮工の居住地を検討すると、内宮鳥居前町である宇治に比べて圧倒的に外宮鳥居前町である山田の居住者が多く、内宮工の定数も外宮工のそれより一一人多いことからも、浜島氏の指摘以外にも要因があった事が窺われる。平泉隆房氏は造宮使に直結する現場事務組織である「作所」について、内宮作所奉行に外宮禰宜及び権禰宜も認められる点を指摘しつつ「とりわけ内宮遷宮に関しては、内外両宮祠官が協調して全力でそれに当たったことを類推させるものである」として、内宮の御事を最優先とすべきという意識があったと想定されていることも参考となろう（平泉隆房「中世伊勢神宮史の基礎的研究」、『中世伊勢神宮史の基礎的研究』所収、吉川弘文館、二〇〇六年）。また近世初期において御祓配りを巡り、山伏という自らとは異質の者と相論を行った

ことが契機となって内外宮の神宮御師の連帯意識が涵養されたという指摘もあり（谷戸佑紀「神宮御師の連帯意識の萌芽について―近世前期の「内宮六坊出入」を素材に―」、『皇學館論叢』四四巻三号、二〇一一年）、実際には両宮を巡る人的・地政的な複合要因があると考えられよう。

なお近世の編纂に係る『毎事問』（『増補大神宮叢書15　神宮随筆大成　前篇』、吉川弘文館、二〇〇八年）では「又問、古ヨリ二宮ヲ兼職シタル頭工ノ例ハ無キカ、答、其ノ例イマダ見ザレドモ兼職ノ例ハ有ベカラズ、殊ニ天正十三年已来二宮同年ノ造営ナレバ、タトヒ例アリテ兼来リタル者アリトモ分チ給フベキ時ニ成タリ」とあることから、近世段階において少なくとも頭工の両宮兼帯は確認できないが、一方では、頭工に限定する記載である以上、頭代・小工職で兼ねる者は中世後期同様存在したことを示唆していると思われる。

(64)　前掲「内外殿舎寸法頭工等引付」。

(65)　例えば内宮工の事例であるが、長享二年（一四八八）卯月二日付「内宮作所荒木田氏綱補任状」（前掲「造内宮工補任引付・内宮忌鍛冶補任引付」六一号文書）の注記を見ると、祖父である藤原末勝から孫の久勝へ内宮一頭小工職を譲与する際、作所を通さずに直接造宮使の補任を受け、その後末勝の死去により「余人望申」した為に作所が手続を進めようとした処、既に久勝へ譲与されたことが初めて明るみとなり、作所をして「背法指置作所、直ニ望申条、言語道断曲事候」と厳しく非難する事態となったことが挙げられる。この件は「外宮法楽舎坊主」が仲介し、久勝より作所へ礼銭を差し出すことにより作所から本件補任状の発給を受け事後処理を行っている。この手続についても、先の作所による享禄二年（一五二九）の「継目判」の手続に影響を与えていると考えられる。

(66)　小林秀「中世都市山田の形成とその特質」（前掲『中世都市研究13　都市をつなぐ』所収）。

(67)　神宮工を取り巻くこのような雇用者側との関係は、徳川政権下で五畿内・近江国の六ヵ国大工頭を勤めた中井家により高度に秩序化されていた近世後期の事例とも合致する可能性がある。町田哲氏は当該期和泉国の事例を検討し次の結論を導き出している。「基本的な大工の自由雇用、これは大工頭も認める原則であったことがわかる。またその一方で、大工組内での持場極のある場合は、大工間の口銭の収取も認められていた。これは、大工間の持場設定を認めていることにもなろう。（中略）さらに、口銭のやりとりはあくまで大工間の問題であり、施主方には関わらないという問題もポイントであろう。こうして大工頭中井家は、大工間の持場極を尊重しつつ、百姓にとっての大工自由雇用を保証しており、これによって、持場と自由雇用、この双方の対立する論理が、一緒に内包されているのである」（町田前掲論文）。この場合、施主を神宮、大工頭を造宮使もしくは作所、大工組を頭工以下の神宮工と置き換えれば、その機能の類似性を認めることが出来るだろう。

この大工頭中井家による大工支配に関連して神宮周辺地域における江戸幕府による大工統制の状況を若干補足しておく。近世初頭に豊臣政権が社寺の作事へ人事的介入することにより作り上げた社寺大工の動員体制は、徳川氏によって概ね慶長十年（一六〇五）以降に大工頭である中井正清を統括者とした「公儀の御大工」として再編成されると指摘されているが（谷直樹「近世建築と中井家大工支配」・「中井家大工支配の成立過程」、『中井家大工支配の研究』所収、同朋舎、一九九二年、などに詳しい）、当該期以降の神宮においては中井氏を前面に立てた支配は管見の限り史料上確認できず、神宮工への料足未払い問題などの例外を除き、徳川家康が神宮工補任権者である神宮祭主の後見的立場で山田奉行を介し神宮工の補任状況を把握するに留まっている。伊勢国を含めない五畿内・近江国の六カ国内の工匠を支配する中井氏の地域的な問題は当然としても、その近隣地域で行われる公的な大規模造営である神宮遷宮事業に中井氏の関与が全く確認できないのは意外ではあるが、これは一重に、既に神宮周辺地域で公権の積極的介入を必要としない神宮を頂点とした地域的秩序が存在していたことを示すものであろう。また、間瀬久美子氏によれば、この徳川政権による遷宮斎行にあたり朝廷の陣儀が古来以来の朝儀として復興され、形式的ながらも朝廷主導型の式年遷宮が復興したとしつつ、日時等の最終的な決定権は幕府が掌握し、家康の意思が尊重されたという指摘もあり（間瀬久美子「伊勢・賀茂正遷宮をめぐる朝幕関係」、今谷明・高埜利彦編『中近世の宗教と国家』、岩田書院、一九九八年）、徳川政権が朝廷の公的役職である神宮祭主を介して補任状況を把握しようとする行為には、神宮工の特質を視野に入れつつも神宮遷宮に対する間接的意思決定権を保持したいという政治的意図があった可能性が考えられる。

参考までに神宮工補任にかかる神宮祭主と徳川政権との関係を示す象徴的な史料を次に掲げておく（前掲「慶長十三年遷宮日次」）。

態令啓上候、仍遷宮之儀相調目出度存候、左候へハ、大工補任之儀、弥被存候哉、大御所様御らん之事候条、拙子早ゝ可下候間、其役無油断、補任之儀可被申付候、為案内如此候、恐々謹言

初冬十二日　　　種忠

外宮作所殿

これは、慶長十四年（一六〇九）に斎行された外宮正遷宮に際し、慶長八年九月十二日付で神宮祭主大中臣種忠から外宮作所松木幸彦宛に出された書状であり、内容から大御所である徳川家康から神宮祭主へ神宮工補任状況の把握を勧めたい旨の申し入れがあったことが理解できよう。また、同時期には外宮小工の補任を競望する一六名の交名を山田奉行に提出している事例も確認される（前掲「慶長十三年遷宮日次」）。なお、豊臣政権の段階においても、内宮頭工中が作成した内宮工四四名の交名（「慶光院文書」一八二号文書、前掲『三重県史』資料編中世1下）を受けて内宮作所が添状とともに豊臣秀吉の神宮奏人であった町野秀満らに提出しており、神宮工補任状況の把握自体は豊臣・徳川両政権のいずれも試みていたことを示している。

なお、中世後期段階における神宮周辺地域に居住する工匠についても、例えば伊豆国加茂郡岩科神明社造立に際して山田河崎郷在住の「河崎新二」の氏名が確認されるなど(「国柱命神社所蔵天文十一年棟札」、『静岡県史』資料編7巻・中世3、一九九四年)、遠隔地へ積極的に出職を行っていることが判明している。近世初期段階において神宮大工職を保持する者も「他国作所」に出職を行う場合が想定されていた模様であり(「白米家文書」七号文書、『三重県史資料叢書6』資料編中世2補遺Ⅰ、三重県、二〇一二年)、近世段階における神宮周辺地域工匠の他地域間交流については、徳川幕府の大工統制の状況と勘案し今後研究を進める余地がある分野と思われる。

(68) この事件は「伊雑宮神人の謀逆問題」(大西源一『大神宮史要』、平凡社、一九五九年)、「伊雑宮の神訴一件」(久保田収「『旧事大成経』成立に関する一考察」、『皇學館大学紀要』六輯、一九六八年)、「伊雑宮謀計事件」(岩田貞雄「皇大神宮別宮　伊雑宮謀計事件の真相—偽書成立の事由について—」、『国学院大学日本文化研究所紀要』三三輯、一九七四年)、「伊雑宮復興運動」(櫻井勝之進「志摩地方と伊勢神宮」、『神道研究ノート』所収、国書刊行会、一九九八年)など、研究者の間で名称は一定せず、史料類も同様であるが、この事件が寛文二年の裁定に至るまで継続し、伊雑宮宮人等の敗訴により決着を見るに至るものであることから、便宜上「伊雑宮寛文事件」とした。なお、これは『伊雑宮の御師たち(一)・(二)』(磯部町郷土資料館、二〇〇二年・二〇〇三年)において用いられている名称である。

(69) 寛文二年九月二十二日付「皇大神宮神主等謹申上条々」(「氏富記」、神宮史料輪読会「【史料紹介】『神宮編年記』《内宮長官日記》」、『皇學館大学神道研究所紀要』二一輯、二〇〇五年)。

(70) 拙稿 前掲註(3)「中世後期から近世初期における遷宮の政治史的展開と工匠組織—皇大神宮別宮伊雑宮を事例に—」。

(71) 薗田守良はこの物部建麿について「近代の説に、造宮頭工等は延暦の大工建麻呂の子孫のよし云伝へたり。今頭工等の事をいふ因に依て此誤りをも糺さんとす」としてその存在を否定し、内宮工が述べた内容についても「みだり言なり」と厳しく批判している（前掲「神宮典略」二十五巻「物部建麻呂の論」項）。

内宮工が物部建麿の末裔であると自らを殊更に強調したことに関連し併せて注意を要することは、『太神宮諸雑事記』の記載上、物部建麿は「従五位下」に叙せられており、彼に引率されて下向した小工以下も勅録に預かっていることである。『元亨三年内宮遷宮記（仮名本）』（前掲）を見ると、頭工は五位ないし六位、頭代も「散位之五位」の位階であることが原則であり、それに違う場合は作所と神宮工との間に席次等の論争が起こっていることから、神宮工が物部建麿が叙せられたとされる「従五位下」という位階に強く影響されていた可能性も考えられよう。また五位は「大夫」号としても見られるが、神宮御師が「〇〇大夫」の称号を持つことも周知の事実であり、第二節で指摘した神宮御師「四頭大夫」「二頭大夫」、また久田松和則氏が詳細な検討を行った、代々外宮三頭工を継承しつつ肥前国を檀家とした御師「宮後三頭大夫」でもある藤井氏（久田松和則『伊勢御師と旦那―伊勢信仰の開拓者たち―』、弘文堂、二〇〇四年）など、いずれも内宮頭工・外宮頭工として複数確認される。以上のことからも、神宮御師としての「大夫」号と頭工が「五位」の階位を持つことの関連性については今後検討の余地があるだろう。

また、註(23)で指摘した神宮惣位階制度に関連し、次の興味深い史料がある（「永正十八年内宮仮殿遷宮記」、前掲『神宮遷宮記』四巻）。

神宮惣一級同五位等之事申上候処ニ、宮司職依無沙汰、不可被成下之由蒙仰候、御遷宮之時者、各可致諸役御事候、雖然於下官六位等者、神慮其恐候、難諸役勤候、然者就人数不足御遷宮可有延引事、神宮之可為愁訴候、早々御代始恩賞惣一級五位等、如先例被調下者、天下泰平御祈禱不可過之者哉、禰宜与宮司格別之儀候、宜申御沙汰肝要候、誠恐謹言

十月七日

進上　祭主三位殿政所

「御遷宮之時者、各可致諸役御事候、雖然於下官六位等者、神慮其恐候、難諸役勤候」とある意味については、神宮工の職が「神役」「神慮之御事」と認識されていることを勘案したとき、単に神宮惣位階制度に限定した史料と見るのではなく、神宮工（特に頭工・頭代）についても同様の意識があったと想定すべきではなかろうか。

（72）　この点について示唆的な史料として、天正十三年（一五八五）に織田信長の事業を継承する形で豊臣秀吉の肝煎りにより約百三十年ぶりに復活することとなる両宮正遷宮に際し、美濃国の御杣山での山作を行う外宮小工中に対して上部越中守貞永より宛てられた天正十年（一五八二）卯月三日付「山入之定」（神宮文庫所蔵、請求番号一門一八三〇〇号）の記載「一、今度御造宮、従上様成御執行事候間、新儀之事御座候共、行末之例成申間敷事」が注目される。山入に際しての諸注意を書き出した中で唐突に現れるこの条文は、文字通り解せば、永らく行われなかった両宮同時の御用材切り出しに際し、「上様」すなわち織田信長からの不用意な介入があった場合を想定したものとも解せるが、穿って見れば、朝廷主導による両宮正遷宮以外は本来のあるべき姿ではない、という強固な観念の表れとも取ることが出来よう。この点について傍例を挙げれば、「太神宮御造営之御時七度之御神事之次第」（『大日本史料』第十一編之二十一　正親町天皇、東京大学出版会、一九九六年）にも「大昔之正遷宮時者、山口祭之御祝銭拾貫文、御館ニ前三日之参籠銭同役人衆迄二貫文、装束銭参貫文、御棚江参り物も御巫納申候、又遣道具等可参ル候由、一々以註文慶光院上人之御時申上候得者、上人諸国ヲ被成勧進、西殿正遷宮之被成御造営候、今度者新儀新法ヲ以之御事にて候間、何かおしこめて、鳥目合三貫五百文ニ仕候得由、御作所殿同頭衆・小工衆色々被成申候間、御請申候、其時之御使ハ前之石松大夫殿・同吹上小工四郎大夫殿なり」とあり、遷宮を「大昔」「慶光院上人之御時」「今度」と分けその内容の相違を記載しつつ、「今度者新儀新法ヲ以之御事にて候」として、その方式全てを新規の例であるかの如く相対的に当事者が認識していたことが理解できる。更に、「今度」に先行する尼僧慶光院清順の勧進形式によって行われた正遷宮も「大昔」の例を詳細に指摘しつつ遂行された旨わざわざ記載していることからしても、（恐らくは室町幕府による太神宮役夫工米徴収制度に先行する朝廷主導で行われていた）「大昔」の正遷宮こそがあるべき姿であると考えられていたことを強く示唆している。

また、平成二十五年斎行の御遷宮に際し、神宮権禰宜である石垣仁久氏は次の示唆的且つ象徴的な解説を寄せられている（石垣仁久「遷宮入門其の七　繰り返すことの大切さ」、『伊勢人ニュース』九号、伊勢文化社、二〇一三年）。

およそ三十の式年遷宮の諸祭と行事の大半は、いよいよ遷御を中心とする神遷しに関わる諸祭に移行します。それまでご造営作業を担った小工は、木造始祭から立柱祭や上棟祭などの重儀に奉仕しましたが、正殿が完成した後の杵築祭後は、祭儀は神宮司庁の神職が中心となり執り行われます。

小工と神職の交替は、ある意味で式年遷宮の本質を象徴しているのです。実は、小工は神宮司庁ではなく、神宮式年造営庁に所属しています。この造営庁とは、戦後間もなく廃止された「造神宮使庁」という役所の業務を実質的に代行する機関で、昭和四十八年度遷宮から式年遷宮の執行機関として遷宮ごとに設置されています。かつて神宮のご遷宮は朝廷から派遣された造宮使の任務で、神宮側はご造営には直接関与しないのが原則でした。戦前までは造神宮使庁がご造営を担い、その経費は国費より支出されました。式年遷宮は、神宮が執り行うべきものではなく、国家による公儀斎行が本義であるのです。戦後は種々の事情により、昭和二十八年度遷宮の時は臨時造宮局、以降三度の遷宮は神宮式年造営庁を設置、本来国家が行うべき業務を神宮が代行して斎行されてきましたが、式年遷宮は公儀が行うものであるという原則は、組織上は固く守られているのです。

（平成二十六年三月十二日脱稿）

中世末・近世初期の伊勢御師に関する一考察
―外宮御師宮後三頭大夫の越前国における活動を中心に―

千枝大志

はじめに

伊勢神宮への信仰、すなわち伊勢信仰は、近世に至り「御蔭参り」や「ええじゃないか」のような集団参宮現象の発生に象徴されるほど全国各地に浸透していた。また、そのような近世の普及状況は、伊勢神宮の門前町である宇治山田に居住する伊勢御師の布教活動の賜物であり、その萌芽は主として中世末期まで遡及するとの理解が研究史上の共通認識になりつつある(1)。

既に筆者もそのような認識に立脚し、近世初頭以前における伊勢御師の檀那売買の頻度や、外宮門前町山田での伊勢御師数などを統計的に検討することで、山田の都市的成長が顕著なのは近世前期までであり、その発展の根幹を支える伊勢御師の活動にも密接に関連することを指摘した(2)。

また近年、中世末・近世初期の宇治山田における伊勢御師の動向のみならず、彼らの廻檀先である檀那場、とりわけ史料面で恵まれた九州地方を対象とする伊勢信仰の受容者層に関する研究も盛んになっている(3)。しかし、伊勢信仰が全国的に開拓された時期というべき近世前期への架け橋となる重要な中世末期における檀那場は、史料的な制約により実像が未だ明瞭さを欠く地域も少なくない[4]。

以上を踏まえて、本稿では、先行研究の少ない北陸地方、とりわけ越前国を事例に、中世末・近世初期の伊勢御師の存在形態を検討することで研究の蓄積を図ることを主目的としたい[5]。

またその際、当該期の伊勢御師像を語る上で、重視されてきた宮後三頭大夫、すなわち藤井家の活動を特に考慮したい。なぜなら、藤井家の檀那場に関しては、肥前国を対象とする研究が大半であり[6]、同国外の実像は全く不明だからである。よって、本稿は、伊勢御師宮後三頭大夫の活動についての実態研究の意味合いも有しているといえよう。

一　越前国を檀那場とする伊勢御師の数量的把握とその傾向

まずは越前国を活躍の場としていた伊勢御師はどれだけ存在していたのかを把握したい。その際、時期的な特徴をみるために便宜上、十七世紀末までと十八世紀とで区別するが、越前国を檀那場とする十七世紀末までの伊勢御師を集約したものが表1、安永六年（一七七七）、すなわち十八世紀後半時点での集計が表2となる。

表1　17世紀末までの越前国を檀那場とする伊勢御師一覧

No.	年・月・日	西暦	史料形態	伊勢御師名	伊勢御師家名	檀那場所持 ○：確定 △：推定	安永6年時の檀那場所持同姓者	備考
1	文明11・10・28	1479	道者売券	うしとし大夫四郎大夫		○		
2	文明11・10・28	1479	道者売券	橋村八郎大夫	橋村	○		

3	明応７・12・吉	1498	道者売券	宮後須原為国	須原	○		
4	明応７・12・吉	1498	道者売券	五文子屋彦左衛門	五文子屋	○		
5	永正９・２・23	1512	道者売券	上前野彦四郎相続源兵衛光親・嫡子同千世若		○		上前野は地名か
6	永正９・２・23	1512	道者売券	多目田孫九郎	為田	○	○	No.５の人物より檀那購入
7	永正12	1515	道者売券（目録写）	世木亀鶴大夫	世木	○		
8	永正14	1517	道者売券（目録写）	世木松寿	世木	○		
9	永正14・８・３	1517	書状	松寿瑞珀	（世木？）	○		道者売買。No.８の人物と同一か
10	永正14・８・３	1517	書状	久志本	久志本	○	○	檀那売買
11	大永５・１・11	1525	参宮人帳	（橋村家）	橋村	○		
12	享禄元・12・13	1528	譲状	（久保倉）弘重	久保倉	○		
13	享禄元・12・13	1528	譲状	（久保倉）太郎	久保倉	○		
14	天文11・12・18	1542	道者売券	中山兵庫小四郎延相	中山	○		
15	天文11・12・18	1542	道者売券	押世古藤本館助太郎	藤本館	○		
16	天文20・３・７	1551	道者売券	岩淵久保倉内	久保倉	○		
17	天文20・３・７	1551	道者売券	中世古五文子屋源六	五文子屋	○		
18	天文20・３・７	1551	道者売券	谷越中	谷	○		檀那譲渡
19	永禄９・１・11	1566	参宮人帳	（藤井）近昌	藤井	○		

20	元亀1・6・18	1570	寄進状	西村八郎兵衛・同一郎次郎	西村	○	○	西村家は越前朝倉氏を檀那とする
21	(文禄4)・7・9	1595	譲状	榎倉修理進	榎倉	○		越前の尾張衆
22	元和元・11・6	1615	書状	大主又左衛門尉宗勝	大主	○	○	
23	元和元・11・6	1615	書状	福嶋出雲守	福嶋	△		御扱
24	元和元・11・6	1615	書状	谷左馬助	谷	○		御扱
25	元和元・11・6	1615	書状	三頭源兵衛	藤井	○	○	御扱
26	元和4・4・4	1618	書状	外宮先之三神主(松木)雄彦後家	松木	○		檀那譲渡
27	(寛永3)・5・3	1626	譲状	五文字屋庄左衛門	五文子屋	○		
28	(寛永3)・5・3	1626	譲状	為田六右衛門	為田	○	○	
29	寛永21・9・2	1644	道者売券	吹上徳田半左衛門正哉	徳田	○		
30	寛文元・閏8・6	1661	書状	内宮之孫福大夫	孫福	○		
31	寛文元・閏8・吉	1661	書状	為田重左衛門家政	為田	○	○	
32	寛文元・閏8・9	1661	書状	三頭文左衛門尉近周	藤井	○	○	
33	寛文元・閏8・6	1661	書状	曽禰二見勘三郎	二見	△		口入
34	寛文元・閏8・6	1661	書状	幸田源内	幸田	△	○	口入
35	寛文元・閏8・6	1661	書状	谷弥一右衛門	谷	○		口入
36	寛文元・閏8・6	1661	書状	谷一郎大夫	谷	○		口入

37	延宝4・9・吉	1676	御祓賦帳	丸岡宗大夫	丸岡	○		松平越前守様御家中。実質は御巫家の配札か

『伊勢市史』中世編ならびに近世編に所収された史料、ならびに神宮文庫所蔵の古文書等を利用し作成。

さて、表1を概観すると、十七世紀末までの間で、推定も含めると実に二十一もの姓（橋村・須原・五文子屋・為田・世木・久志本・久保倉・中山・藤本館・谷・藤井・西村・榎倉・大主・福嶋・松木・徳田・孫福・二見・幸田・丸岡）の伊勢御師が越前国をめぐって活動していることがわかる。(7) また表2からは、安永六年段階では少なくとも十三家、姓別にすると十二姓（広辻・大主・為田・松田・西村・堤・久志本・藤井・幸田・黒瀬・村杉・大西）の伊勢御師が越前国に檀那を所有していたことが判明する。

ここで、表1・2にみえる伊勢御師の姓を見比べると、六姓（大主・為田・西村・久志本・藤井・幸田）が両表で確認できる。それはすなわち、安永六年時点では十二姓の伊勢御師が越前国を檀那場にしていたのであるから、実にその半分もの伊勢御師が越前国に関わる活動を十七世紀末までには始動していたことを示しており、ここからも、越前国でも伊勢御師は十七世紀末以前には広く活動を展開していたことが読み取れる。

さらにその点を細かくみていくが、とりわけ、開始時期には留意したい。表1をみると、№1・2から文明十一年（一四七九）には道者売買がなされていることがわかる。№1は詳細未詳な人物ではあるが道者株を有しており伊勢御師と理解できる。№2の橋村八郎大夫は、外宮門前町山田の都市行政を牛耳るいわゆる山田三方のメンバーに属する有力な伊勢御師である。(8)

地域別檀那数順位							総檀那数	特別待遇の檀那	＊7
6	7	8	9	10	11	その他			
若狭	近江	紀伊	讃岐	因幡	周防	820	55021		
2080	2020	1900	1250	800	706				
						2762	19512	＊2	○
						2191	8534	＊3	○
丹後						2150	11800	＊4	○
650									
						3860	12380		
						415	5431		○
						307	1655		
近江	伊勢					(−10)	12847		○
453	130								
						183	13215	＊5	○
因幡	伊勢	遠江	尾張	越前	越中	1241	17525		△
683	315	305	273	150	100				
京	播磨	丹波	江戸			429	3913	＊6	
260	230	120	102						
						232	10022		
越後	江戸	加賀	山城			1184	16324		
580	420	200	120						

＊5　白川宮様・大村信濃守殿・有馬大之進殿
＊6　御室御所・津田幸治郎殿・津田猪之助殿
＊7　17世紀末までに越前国に檀那有（○・△）

表２　安永６年(1777)時における越前国を主要檀那場とする山田居住の伊勢御師一覧

山田各町名	伊勢御師名	御祓銘	1	2	3	4	5
上中之郷	広辻勘解由	堤広辻大夫	伊予	長門	播磨	越後	越前
		高向辻大夫	19035	12000	7100	4800	2510
八日市場	大主織部	横橋幸福大夫	甲斐	紀伊	越前		
		大主徳夫大夫	10500	5200	1050		
		大主大夫					
	為田讃岐	為田権大夫	阿波	越前	土佐	江戸	
		粟野左大夫	2361	2109	1073	800	
		為田大夫					
	為田鉄弥	三日市与三大夫	越前	美濃	尾張	伊賀	大和
		為田孫大夫	4380	2190	1040	730	660
		為田兵部大夫					
		為田孫八大夫					
		辻庄大夫					
曽禰	松田三大夫	松田三大夫	越前	尾張	大和	伊勢	
			3400	3100	1500	520	
大世古	西村求馬	西村大夫	三河	丹波	越前	山城	
		西村八郎大夫	2163	1792	639	422	
一之木	堤八大夫	堤八大夫	越前				
			1348				
宮後西河原	久志本縫殿	久志本神主	越前	大和	能登	美濃	尾張
			3882	2755	2680	1880	1077
	藤井求馬	宮後三頭大夫	肥前＊1	越前	日向	江戸	
			凡9550	2347	1000	135	
	幸田内蔵	幸田大夫	播磨	三河	若狭	伯耆	近江
			4250	3700	3550	2078	880
	黒瀬大夫	黒瀬大夫	越前	遠江	近江	伊勢	尾張
			980	600	460	390	342
吹上	村杉内匠	米田四郎大夫	越後	越前	紀伊	美濃	伊勢
		杉松大夫	6500	2500	500	160	130
		奥田市郎大夫					
		福村善大夫					
	大西藤馬	大西大夫	駿河	越中	美濃	越前	三河
			5600	3250	2500	1450	1020

「外宮師職諸国旦方家数改覚」(皇學館大学史料編纂所編資料叢書第５輯『神宮御師資料　外宮篇４』)より作成。

＊1　大村一円
＊2　堀大和守殿・内藤外記殿・内藤十治郎殿・内藤新五郎殿
＊3　花房因幡守殿・中坊讃岐守殿
＊4　服部中殿

次に№3・4にみえる須原と五文子屋であるが、両家は十六世紀までの他の史料にもしばしば一族が確認できる。[9]特に五文子屋は、その名称から金融業者の性格が強く、また紙座を有する程の名家でもあったが、十七世紀初頭を境として、その後目立った活動がみられなくなる。

続いて、№6の多目田孫九郎をみると、実は多目田は、山田八日市場の為田世古にその名が由来する為田家のことを指す。[10]表1の「安永6年時の檀那場所持同姓者」の項目をみればわかるように為田家は、安永六年でも越前国を檀那場とした伊勢御師である。このように表1からは、為田家を初見事例として、十八世紀後半時点でも越前国を檀那場とする伊勢御師が複数確認できるという傾向を読み取ることができる。

以上から、越前国における伊勢御師の動向をめぐっては、彼らの活動は十五世紀後半から見られはじめ、十六世紀初頭には活動が十八世紀後半まで継続する一族も確認できるようになる、と把握できる。つまり、近世中期に越前国に檀那を有する伊勢御師の活動を遡及的に捉えた場合、その活動は十六世紀を上限とする構造だったといえるのである。

二　嶺北地域における中世末期檀那構造の特徴

本節では、越前国における檀那構造をより詳細に分析するため、便宜上、越前国を大きく南北に分割し、北部を嶺北地域、南部を嶺南地域と表現する。

まずは嶺北地域について扱う。嶺北地域は、中世前期までの伊勢信仰の普及を考える上で重要な伊勢神宮領荘園、つまり御厨が設置された地域として知られている。[11]すなわち、伊勢神宮内宮領としては、足羽御厨が承安元年（一一七二）に成立したのを皮切りに、南北朝期には同御厨の別納地（別保）である安居御厨（保）が成立しており、両御厨は十五世紀までは（実態面はともかくとして）存在していたとされる。

一方、伊勢神宮外宮領としては、泉北御厨が承安四年を初見として確認できる。同御厨は鎌倉円覚寺領であり、伊勢神宮領でもあった山本庄内に、泉郷と船津郷があるが、この泉郷の北部が推定地とされている。このように嶺北地域には十二世紀から十五世紀まで両宮の御厨が存在していたのである。

つまり、越前国における伊勢信仰の浸透過程の主要メカニズムを理解する場合、嶺北地域では、中世前期に伊勢神宮の御厨が集中して設定されたことが重視されるわけだが、では、御厨からの租税はどのように納入されていたのかといえば、『文永三年遷宮沙汰文』の紙背文書[12]に「越前国足羽御厨上分事、口入所神主長成、為重代多年沙汰来」とあるように、足羽御厨から内宮への上分米の納入は「口入所神主」の「長成」なる者が関与していた。

「口入所神主」、すなわちいわゆる口入神主は、中世前期に東国の在地領主を中心として、御厨・御薗といった伊勢神宮領荘園の寄進を働きかけた伊勢神宮の下級神職であり、中世後期に伊勢神宮領が退転するのと軌を一にする形で消滅する存在であった。そして彼らは、伊勢信仰の普及面等において中世後期より台頭する伊勢御師と同様に機能していたため、しばしば伊勢御師のプロトタイプとみなされている。

つまり、嶺北地域における伊勢信仰をみた場合、中世前期段階では、地域内に設置された両宮の御厨からの租税運搬に関与した口入神主が主体となって、伊勢信仰が普及したと考えられるのである。

しかし、そのような普及構造は、御厨の退転や口入神主の消滅により、変容を余儀なくされるわけだが、その大きな変容の動きの一つとして、中世後期より伊勢御師と白山修験との密接な関係が確認できる。

既に文明十一年（一四七九）には、「南谷実乗坊」といった白山修験の一大拠点の一つである越前豊原寺の宿坊と伊勢御師との間に師檀関係が締結されていることが、西山克・小西瑞恵両氏の伊勢御師道者売券等の検討により明らかにされている[13]。この場合、檀那としての宿坊の権利を買得したのは伊勢御師の橋村八郎大夫正家であったが、既に触れたように、彼は山田(上中之郷)に居住する有力な外宮側の伊勢御師橋村(惣領)家の出身の人物であった。

また、大永五年(一五二五)正月吉日付で橋村家の檀那の宿泊状況等を記したいわゆる参宮人帳『御道者之日記也』(天理図書館蔵『橋村家文書』)にも、越前国の檀那がみられるため、次に該当箇所を抄出する(便宜上、記載の纏まりごとに丸囲いの数字を付した)。

〔史料1〕

(前略)

此外与三左衛門殿より百文御はつをせんなり合二百廿文也
百廿文にしつか与三左衛門殿かハし

① 一人　ゑちせん国一乗御坊布施百文　卯月三日
一乗しやうけん寺　廿文
長澤小五郎殿

(中略)

たる代二百文

② 一　二人　越前国豊原御坊布施三百文　卯月十六日
百文円勝坊はたこせん
玉蔵坊　円勝坊

此内二人合力　たる代二百文　坂迎五百文　百

③

神馬　十一人　越前国豊原善香坊御講衆　御布施三貫文　卯月十六日

善香坊　玉舜坊　玉蔵坊　祐善坊　音鏡坊　西実坊

林殿　兵衛殿　孫太郎殿　太郎二郎殿　弥二郎殿　小二郎殿

兵衛五郎殿　太郎殿

此内おい二人　たる代百文

④

神馬　六人　越前国豊原仙勝坊御講衆御布施　卯月十六日

坂迎二百文

仙勝坊　明蓮坊　西蓮坊　栄勝坊

勝栄坊　円善坊

此内おい三人

⑤

十一人　越前国豊原実乗坊御講衆御布施　二貫六百五十文　卯月十六日

実乗坊　財勝坊　十輪坊　深勝坊

蓮玉坊　音乗坊　東栄坊　彦左衛門殿　弥三郎殿

此内一人合力　はつを二百文

⑥

二人　越前国□（読めず）庄御布施三百文　卯月十六日

たる代百文

祐実坊　合力一人

（中略）

二百廿文一乗しやうけん寺中上善二郎殿御かり状あり

⑦　一人　ゑちせん国一乗しやうけん寺　　　七月廿八日　　　廿文

中上善二郎殿

（後略）

史料1より、大永五年段階で越前国からは計三ヵ所（一乗・豊原・□庄）からの参宮者があったことがわかるが、「豊原」は言うまでも無く越前豊原寺、「一乗」は越前国の戦国大名朝倉氏の本拠地一乗谷を指すと思われる。①から⑦のいずれにも、寺院や寺僧に関連すると思われる記載（「一乗御坊」「一乗しやうけん寺」「豊原御坊」「豊原善香坊」「祐実坊」等）がみえることから勘案すると、豊原寺といった越前国にある白山修験系寺院とそこに属する山伏等の修験者が主体となり、伊勢参宮が展開したことが窺える。

西山氏は、③と⑤に「御講衆」とあることから、「修験の霊場で、聖（千枝註：この場合、越前豊原寺の「南谷聖」が事例にあげられている）を中心に俗人を交じえ複数の伊勢講が編成されていた」と述べ、十五世紀末から十六世紀初頭にかけて、「「験者」的道者から、「里」を母胎とする「講」的道者へ」と伊勢参宮構造の質的変容が図られたことに言及する。(14)

このように、『御道者之日記也』の史料的特徴は、主たるものは西山氏が指摘済であるので、本稿では氏の指摘に漏れたことに若干言及したい。まず、本冊子には①に「かハし」（為替）や⑦に「かり状」（借状）という信用取引文言、さらに③と④に債務的というべき「おい」（負い）の語句がみられるため、(15)十六世紀初頭には越前国からの道者の中には為替・借書といった信用取引を利用した者も存在していたことが指摘できる。

また、③・④にみえる「坂迎」の語句は、伊勢参りを終えた者が無事に帰郷した際に、親戚や村の者達が村境まで出迎える歓迎行事である〈サカムカエ〉のことを指している。そのため、「坂迎五百文」などと〈サカムカエ〉に金額が記されているのは、この行為の際に共同飲食が行われており、それにかかった経費を示すと考えられるが、これも伊勢御師側が掌握している点が興味深い。〈サカムカエ〉行事の研究は、主に民俗学的な関心から進められているが[16]、史料不足により中世段階での実態は不明瞭な感があるため、ここでの記載は貴重である。

さらに、天文十一年（一五四二）十二月十八日付で、山田押世古に住む藤本館助太郎に越前国の檀那を売却したことを示す中山兵庫小四郎延相道者売券[17]にも「豊原西方院　大染院　花蔵院」というように豊原寺の子院等が記載されている。西山氏は、文明十一年と大永五年に確認できる橋村家の豊原寺に関連する檀那構造、すなわち「豊原三千坊」を半ば同一視しているが、実は、これらと天文十一年時点で中山（兵庫）家が有する同寺関連のそれも、ほぼ同一なのではないだろうか。というのも、この天文十一年の道者売券には、「南谷一円」なる檀那場も書き上げられており、これは西山氏が重視した「南谷聖」の本拠地を指すと思われるからである。

また、『御道者之日記也』の①と⑦より、橋村家は大永五年時点で一乗谷にも参宮構造の拠点として機能する「しやうけん寺」なる修験系と思われる寺院のあったことがわかるが、天文十一年の道者売券にも「一乗谷ニモ有」と一乗谷に中山家の檀那が若干存在している。

そして西山氏は、中山家は中世後期に橋村家から別家した外宮御師（山田上中之郷居住）であることを明らかにしている。これらの点を勘案すると、文明十一年と大永五年の時点で橋村家が所有する越前国の檀那と、天文十一年に確認できる中山家のそれとは、深い関連性が見出せるのではなかろうか。もし、そのように捉えることが正しいならば、文明十一年に橋村家が買得した豊原寺関連の道者は、大永五年頃までは橋村家が所有していたが、その大半は天文十一年までの間に親類の中山家に檀那の株が移り、さらにそれは同年時点で中山延相から伊勢御師である藤本館家に売却される、という権利移転の流れが想定できよう。そして同年以降、豊原寺関連の檀那構造は詳細不明であるものの、織田信長による同寺焼き討ちにより、天正三年(一五七五)段階でその構造自体が一旦は解体を余儀なくされたと考えられる[18]。

なお、嶺北地域における伊勢御師の問題を小括する前に、豊原寺と共に白山修験の一大拠点であった平泉寺についても少し触れておく。実のところ、伊勢御師との関係は史料不足により不明瞭と言わざるを得ないが、大永四年の「平泉寺臨時児流鏑馬入用帳[19]」に「弐貫四百文　御伊勢へ代官参　二人」や「弐貫四百文　御伊勢へ代官参」とみえることから、十六世紀初頭には平泉寺においても伊勢信仰の受容があったことは間違いなく、伊勢御師との繋がりも十分想定されよう。

以上の考察により、嶺北地域における檀那構造の特徴としては、次のように言うことができる。すなわち、同地においても、中世前期には神宮御厨の設置により伊勢信仰の受容がみられたが、その頃の伊勢信仰の普及に貢献したのは御厨に付随する口入神主と呼ばれる伊勢神宮の下級神職層であり、近世の伊勢御師とは直接的な繋がりを持たぬ存在であった。しかし、御厨の退転等により伊勢信仰が浸透する勢いは中世後期までには減速し、ついには半ば断絶状態となったと考えられる。

ようやく十五世紀末期に至り、越前国では檀那売買などの伊勢御師の活動がみられることに象徴されるように、再び、伊勢信仰の浸透が加速したと思われる。特に嶺北地域には白山信仰の拠点となった修験系寺院が多数存在することが地域構造の一つとしてあげられ、それは伊勢御師の活動にも深く影響していた。

つまり、十五世紀末期より、橋村家といった有力な伊勢御師は豊原寺関連の檀那と師檀関係を締結しているなど、嶺北地域において伊勢御師は、白山修験の要素を巧みに組み込むことで、その活動の促進化を図っていたのである。

三　嶺南地域における中世檀那構造の特徴

では、嶺南地域における伊勢御師の檀那構造はどうだったのか。当然、伊勢神宮領は存在しないため、伊勢信仰の普及が中世前期より（少なくとも嶺北地域に比べて）活発化していたと捉えることはできない。それは、越前南部の要港である敦賀周辺には気比神宮（これ以降、気比社と表記）という古代以来の有力神社が鎮座することからも[20]、気比社勢力を排除し、伊勢神宮領を設置することはできなかったのではないかという問題にも恐らくは関連しよう。

しかし、近世に入ると嶺南地域、とりわけ敦賀地区を中心に伊勢信仰の普及は目覚ましくなる。例えば、気比社関連の文献集『気比宮社記[21]』によると、伊勢両宮のいわば地方分社というべき神明社である「神明両宮」が境内社として十七世紀初頭に造営されていたことが伝えられているなど、近世初頭に気比社勢力との融和が図られている。特に、外宮は慶長十七年（一六一二）三月、内宮は元和元年（一六一五）九月に勧請されたことを伝えるが、外宮の神明社が内宮に若干先行して建立されていた点は注目すべきである。

というのも、当該期の伊勢信仰の普及の立役者は伊勢御師であるため、気比社境内に「神明両宮」の勧請を働きかけた主体も伊勢御師であることはほぼ疑いないところだが、もし仮に牽引したのが内宮側の伊勢御師であった場合は、恐らくは内宮の神明社を真っ先に造営するはずであろう。だが、外宮の神明社が先に建立されている事実を踏まえると、その主体は外宮側の伊勢御師であったのではなかろうか。つまり、嶺南地域、とりわけ気比社をはじめとする敦賀地区における伊勢信仰の普及は、外宮御師が開発主体となって展開した可能性が浮上するのである。同時にそれは、嶺南地域における伊勢信仰の普及の開始時期の問題にも関連しよう。

ともかく、以上の課題を克服するためには、嶺南地域において、宗教構造の基幹をなした気比社と伊勢御師との中世段階における直接的な接点を見出す、といった敦賀地区における伊勢信仰の具体像を描写する必要がある。しかし、気比社を含む敦賀地区に関わる伊勢御師関係史料は非常に限定されており、その克服には相当の困難が伴う。故に次に紹介する、中世末期時点で「宮後三頭大夫」の御祓銘で廻檀活動を行ったことで著名な伊勢御師藤井一族に関する史料は、以上の問題を解決するためには格好の素材となり得る。

これ以降、藤井家関連史料を用いて、先の課題を含む越前国における伊勢御師像を素描していきたいが、まずはその前にどのような一族であったかを述べておこう。藤井家は、山田宮後町に居住した外宮御師であり、檀那場としては肥前国がよく知られており[22]、式年遷宮等の伊勢神宮造営に関わる工匠組織の一つである頭工職、とりわけ、御祓銘からわかるように外宮三頭職を代々の家職としていた[23]。

十六世紀後半時点の越前国における藤井家の檀那構造を分析する上での基幹史料は、永禄九年(一五六六)に藤井近昌が作成した「国々御道者日記[24]」と表紙のある冊子である。この冊子は、裏表紙に「大福帳」と記載されていることが象徴的なように、特に肥前国の檀那との為替取引といった金銭出納簿的な記載が大半を占めるため、中世末期段階の伊勢御師の金融取引像を描写できる好史料として検討が加えられている[25]。

しかし実は、この帳簿には藤井一族の越前国における檀那構造を明らかにする記述(史料的性格上、金銭取引が大半を占める)も含まれるが、こちらに関しては、会計史学的観点から、「国々御道者日記」の存在を日本初の商業帳簿的な大福帳と位置づけた田中孝治氏の業績の他は、分析の俎上にあがったことはない[26]。よって、中世末期時点で藤井家

表３　永禄９年「国々御道者日記」にみる藤井家の肥前国以外の檀那場の構造

在所名		人数(単位：名)			備考
国別	在所別	国別	在所別	地域別	
越前	敦賀	92	25	64〈福井県嶺南部〉(敦賀地区)	来迎寺(地き庵・北のわやう)・玉寿庵
	庄		4		
	縄間		2		
	名子		1		
	本比田		1		
	大比田		1		
	和久野		14		
	敦賀とちかハし(唐人橋)		2		
	敦賀あをのゝ		4		
	沓見		7		
	新道(今新道)		3		蔵徳
	岸水		1	28〈福井県嶺北部〉	細蔵坊
	田ノ谷		7		泉蔵坊・祐泉坊・十林坊・泉順坊
	水間		1		
	行松村		2		道めう・けいはん
	五分一		3		
	府中		14		坊主
若狭	林	2	1	2〈福井県嶺南部〉	
	若狭		1		
伊勢	北方(よこはし)	7	1	7〈三重県北勢部〉	
	北方(四日市庭)		5		
	桑名		1		
近江	あふミ	1	1	1〈滋賀県〉	
美濃	井口	1	1	1〈岐阜県厚見郡〉	
不明	古川	14	4		
	在所名未記載		10		

永禄９年「国々御道者日記」(『三重県史　資料編　中世２』)より作成。

が肥前国の他に檀那を所有していた事実はほとんど知られていないため、まずは「国々御道者日記」から判明する永禄九年段階における肥前国以外の檀那構造を、表3を用いて概観しておく。表3から、藤井近昌は肥前国以外に推定も含めると計五ヵ国（越前・若狭・伊勢・近江・美濃）に檀那を有しており、まさに「国々」の「御道者」の「日記」という表題に相応しい檀那場を形成していたことがわかる。

表3より、永禄九年時点における藤井家の檀那場は（肥前国を除いては）、越前国が主要なものであったことが窺えるが、この点は注目してよい。なぜならば、安永六年（一七七七）時点においても、肥前国をはじめとする九州地方を除外した場合、藤井家の筆頭の檀那場は越前国だったからであり（表2参照）、それはすなわち、十八世紀後半の檀那構造は、既に十六世紀後半にその基盤が形成されたことを示している。

同時にそれは、九州地方と越前国を除く十六世紀後半時点で所有する檀那場である若狭・伊勢・近江・美濃の各国は、十八世紀後半には継続されない存在、すなわち主要な檀那場ではなかったことも指摘できる。

しかし、例えば、表にみえる伊勢国の主な檀那場は「北方」、すなわち北伊勢であるが、既に永正十六年（一五一九）には「宮後三頭善次郎」なる人物は、内宮前宇治の「利生館宗三郎」から「伊勢国北方阿野々郡古河」の上分米五斗の徴収権を五貫文で購入している（神宮文庫蔵『足代文書』）。この場合、買主は名乗りから藤井一族といえよう。ちなみに、天文三年（一五三四）八月付で廓兵庫助武俊なる紀州高野の人物は「三頭大夫　善次郎殿」宛に書状を認め、[27] A参宮希望者は、「御宿へまいるへく候」と貴所を宿泊宿に指定していること、B為替の対応として「京都四条あられ屋へ何時も届」出ること、C高野からの為替使用を希望する参宮者がいた場合、「此判形御見しり候て御かわし憑申」、すなわち本書状に据えられた武俊の花押を熟知した上での、為替発行を依頼していること、の三点を伝えているが、まさに本書状の宛先は永正十六年にみえる藤井善次郎その人であり、彼の御祓銘は三頭大夫であった。[28]

ともかく、十六世紀前半時点で藤井家は、伊勢国では北部、また、紀伊国では高野、さらには京都では四条に、小規模ながらも活動拠点があったことは明らかである。恐らく、十六世紀段階の藤井家関連のこれら（伊勢・京都・近江・紀伊・美濃・若狭）の小規模な活動拠点は、為替業者等の要素を考慮すれば、単なる小規模な檀那場というよりも、肥前・越前両国といった同家の主要檀那場、換言すれば、大規模というべき活動拠点と伊勢山田との往還の際の中継地としての機能の意味合いが強いと位置づけられるのではなかろうか。

ここで、表3の越前国の話題に戻ると、嶺北地域も一部みられるものの、大半が敦賀地区を中心とした嶺南地域に檀那場が集中し、また道者数は同地区が断然に多いことがわかる。そのため、藤井家の檀那場としての越前国は、嶺北地域、とりわけ敦賀地区が主要な檀那場であったことが指摘できるが、それは表4からも窺える。

表4は、「国々御道者日記」にみえる越前国の檀那が藤井家に対して支払った対価について、宗教的行為が判明するものに限って分類したものである。表では該当する主な宗教的行為は四区分（御供・千度垢離・坊布施・神馬）となる。

注目すべきは、各宗教的行為には相場というべき定額化がみられることである。[29] すなわち、御供料一膳が一貫二百文（半御供一膳が六百文）、千度垢離料一つが百文、坊布施料が百二十文、という対価が基本となっている。ただ、神馬料一貫二百文については、表4では、僅か一例であるため、それが定額かどうかを判断することはできない。しかし、「国々御道者日記」に載る伊勢国桑名の枝木清衛門[30]の永禄九年六月十八日の参宮記事をみると、彼は美濃国井口の芝田与一からの神馬料を預かっていたようで、それらを合計すると一貫二百文となるので、やはり一貫二百文は神馬料の相場的価格とみなせよう。

また、敦賀の人々（玉寿庵・藤村彦四郎・中将）の参宮時には船が使われたのか、坊布施には船賃が含まれる場合も

表４　「国々御道者日記」にみる藤井家の越前国檀那の主要宗教的行為一覧

対価（文）	宗教的行為名		月・日	道者在所	檀那名	備考
1200	御供		1・1	敦賀	二郎衛門尉殿	
1200	御供		1・1	敦賀	二郎兵衛殿	
600	半御供		1・1	敦賀	新二郎殿	
600	半御供		1・1	庄（敦賀）	おへやさま	
600	半御供		1・1	縄間（敦賀）	刀禰五郎兵衛殿	
600	半御供	御供料	1・1	敦賀	石蔵兵部少輔殿	
600	半御供		1・1	敦賀	あまの七郎殿	天野姓
執行予定	半御供		4・11	名子（敦賀）	刀祢殿	代官１名参。半御供は600文？
1800	御供（１膳）		6・16	唐人橋（敦賀）	新二郎殿	参宮時執行
1020	半御供		7・6	（庄）敦賀	与三殿	代官２名参。「せいゝゝ」（精銭）166文
1200	御供（１膳）		8・10	府中	辻源衛門殿	代官参
100	千度こり（１つ）		5・25	府中	辻太郎衛門尉殿	
100	千度こり（１つ）		5・25	府中	長や五郎太郎殿	長屋姓？
100	千度こり（１つ）		5・25	府中	岩松殿	
100	千度こり（１つ）		5・25	府中	長や五郎さ衛門尉殿・辻源衛門殿	長屋姓？
200	千度こり（２つ）		5・25	府中	辻又四郎殿	
100	千度こり（１つ）		5・25	府中	飯村三郎兵衛殿	
200	千度こり（２つ）	千度垢離料	閏８・20	府中	辻太郎右衛門殿御内さま	代官参。泉殿
200	千度こり（２つ）		9・25	府中	辻太郎右衛門殿	
200	千度こり（２つ）		9・25	府中	辻又四郎殿	
100	千度こり（１つ）		9・25	府中	長や五郎太郎殿	長屋姓？
100	千度こり（１つ）		9・25	府中	長や五郎右衛門殿	長屋姓？
100	千度こり（１つ）		9・25	府中	岩松殿	
100	千度こり（１つ）		9・25	府中	いゝ村三郎兵衛殿	飯村姓
120	坊布施		5・23	田ノ谷	祐泉坊	
120	坊布施		5・26	田ノ谷	泉蔵坊	

688	坊布施(舟賃共)	坊布施料	6・16	敦賀	王寿庵・藤村彦四郎殿・中将殿	船賃混入済 合175文(120文坊布施・40文熨斗・布海苔2合・10文御祓5把・5文箱祓1合)。代官給付分の合計？
120	坊布施			越前		
150	坊布施		9・21	五分一	井口二郎右衛門殿	参宮時。「せい、、」(精銭)
120	(坊布施)			田ノ谷	十林坊	坊布施料？
120	(坊布施)		9・25	田ノ谷	泉順坊	坊布施料？
120	坊布施		9・25	府中	三位殿	
120	坊布施		9・25	府中	泉殿	
1200	御神馬	神馬料	1・1	水間	近藤左京殿	美濃国住人からの神馬料も同額

永禄9年「国々御道者日記」(『三重県史 資料編 中世2』)より作成。

あったが、その場合は百二十文より増額の六百八十八文となっている。

さらに、檀那場をみると、御供料は嶺南地域に、千度垢離料と坊布施料は嶺北地域、に集中する傾向がある。加えて、備考から代官による代参行為がみられることや、御供料や坊布施料に「せい、、」、すなわち高価値な銭貨である精銭が使用される場合があること、などが読み取れる。

他にも「国々御道者日記」のなかで敦賀地区の高野孫大夫の参宮費用に二百文を支払った際、「国銭にて候ハ、四百文可給候由申合候」と「国銭」なる貨幣である場合は、四百文が支払われるべきである旨が記されている。国銭は「悪銭」と同一視された地域性の強い低価値銭である。[31] この場合の国銭は、銭種名の無い銭貨、すなわち精銭ではないが使用には全く問題のない一般銭の二分の一の価値しかなく、悪貨と判断できる。

また、銭ではないが、先に見た橋村家と同様、藤井家の道者も為替を使用していることが確認できるため、越前国における参宮時の為替使用は十六世紀代には広く普及していたといえよう。よって藤井家は、為替取引を通じて肥前

表5　永禄9年「国々御道者日記」にみる敦賀地区における藤井家の主要有力檀那

<table>
<tr><th>道者名</th><th>在所</th><th>姓等</th><th>身分等</th></tr>
<tr><td>石蔵兵部少輔</td><td>敦賀</td><td>石蔵姓</td><td rowspan="3">気比社社家</td></tr>
<tr><td>川はた新三郎</td><td>敦賀</td><td>河端姓</td></tr>
<tr><td>比田兵部少輔</td><td>敦賀</td><td>比田姓</td></tr>
<tr><td>(名子)刀禰</td><td>名子(敦賀)</td><td rowspan="3">後世の庄屋層</td><td rowspan="3">気比社刀祢</td></tr>
<tr><td>(縄間)刀禰五郎兵衛</td><td>縄間(敦賀)</td></tr>
<tr><td>(大比田)刀禰</td><td>大比田(敦賀)</td></tr>
<tr><td>あまの七郎</td><td>敦賀</td><td>天野姓</td><td>土豪</td></tr>
<tr><td>すや三郎二郎</td><td>来迎寺(敦賀)</td><td>酢屋姓</td><td>土豪(商人的)</td></tr>
<tr><td>長谷宗久</td><td>敦賀</td><td>長谷姓</td><td rowspan="4">有姓者(土豪？)</td></tr>
<tr><td>藤村彦四郎</td><td>敦賀</td><td>藤村姓</td></tr>
<tr><td>原三郎五郎</td><td>あをのゝ(敦賀)</td><td>原姓</td></tr>
<tr><td>たかの孫大夫</td><td>敦賀</td><td>高野姓</td></tr>
</table>

永禄9年「国々御道者日記」(『三重県史　資料編　中世2』)等より作成。

国・越前国・京都・紀伊国といった複数の檀那場と十六世紀代には関係があるため、為替取引を積極的に展開した一族であったと評価できる。

次に、以上の内容を含めた「国々御道者日記」全体にみえる越前国の有姓者（屋号所有者を含む）を檀那場別に集計すると、姓が一つの五分一（井口）・水間（近藤）・行松（田中）、五姓の府中（辻・長屋・岩松・飯村・こきや）、九姓の敦賀（石蔵・河端・比田・天野・藤村・酢屋・長谷・原・高野）となり、敦賀地区に最多の有姓の檀那が存在することがわかる。ここからも、藤井家にとって敦賀地区は主要な檀那場であったことが窺える。さらに、その傾向は「国々御道者日記」にみえる敦賀地区での主な有力檀那を纏めた表5からも指摘できる。表をみると、藤井家は永禄九年時点で気比社の社家層（石蔵・河端・比田の各姓）や、同社にも関連すると思われる浦（名子・縄間・大比田の各浦）の刀禰層、さらに地域の土豪層（天野・酢屋・長谷・藤村・原・高野の各姓）といった敦賀地区の有力者の一族を檀那としていることがわかるが、気比社に関わる階層を複数檀那にしていることが留意される。

つまり、先述した気比社と伊勢御師との関係からすると、気比社勢力は、外宮御師である藤井家を媒介として、外宮側の信仰に対して十六世紀後半段階では寛容であった可能性が高いといえるのである。そして、それがひいては『気比宮社記』が語る慶長十七年の外宮側の神明社勧請へと繋がっていくのではないだろうか。ともあれ、藤井家と気比社の神明両宮との直接的な繋がりを示す史料は現在のところ存在しないが、現状ではこのような史的理解が最も穏当であろう。

四　藤井家の檀那場としての越前国の獲得時期をめぐって

本節では、伊勢御師藤井家の実像について、特に本稿で取り扱っている檀那場としての越前国の問題にひきつけて検討していく。まず、藤井家は越前国の檀那をいつ頃獲得したのかを考えたい。前節から、この点については、十六世紀代、とりわけ「国々御道者日記」が執筆された永禄九年（一五六六）頃が一つの時期的目安になろうが、この見方の妥当性を補強するのが、次にあげる寛文元年（一六六一）に起こった越前国の檀那をめぐる相論に関する一連の文書である（神宮文庫蔵『足代文書』）。

〔史料2〕（寛文元年閏八月六日付乍恐申上候条々）

乍恐申上候条々

一、我等持分越前之国之御道者ハ、祖父之代に叔父にて御座候、為田盛喜より買得仕証文共所持仕候御事、

一、右之御道者、盛喜より被渡候帳之内にあさうづと申所御座候、我等家より御祓賦帳も御座候、其後無沙汰仕候

処に、為田十左衛門方より御祓入申候由承断申候へ共、無承引渡し不申候御事、

一、右之御道者之内、ほそざかと申所も買得之内にて御座候へ共、賦帳無御座候、寛永六年に我等越前へ罷越、ほそさか村へ参御祓入可申と申候へハ、只今ハ是も十左衛門方より御祓参候由承届申候間、是又断申候へ共、承引不仕候御事、

一、府中に御入候薬屋四郎右衛門殿、田中源左衛門殿、同弥左衛門殿、此衆之先祖も盛喜より被渡候帳之内にて御座候へ共、盛喜府中にて借銭被仕候義に付、其遺恨にて我等家之御祓に今御請無御座候故、賦帳無御座候、然共盛喜より買得之御道者に候間、是も十左衛門へ断申候へ共、承引不仕候御事、

一、此越前ハ、根本為田之家より出申候御道者にて御座候然者、盛喜と十左衛門先祖一家にて候間、我等祖父方へ買得之通よく存可申処に、我等方より無沙汰仕候中に、右之御道者所へ為田と申名字に付、才覚を以御祓入候義不届事に御座候、子細御座可有候間、御尋被為成可被下候御事、

一、右御道者帳之内、あさうつ同ほそさか之辺ひきめと申所へも、数年無沙汰仕候へハ、内宮之孫福大夫と申者、御祓入申候間断申取返し申候御事、

右之条々被為聞召分被為仰付被下候者忝可奉存候、以上

寛文元辛丑年閏八月六日

三頭文左衛門

近周（花押）

御三方御年寄中様

史料2は、寛文元年閏八月六日付で、三頭文左衛門近周なる人物が山田三方宛に作成した越前国の檀那相論に関わる文書である。ここでは、浅水村・細坂村・引目村・府中の四つの檀那場が話題にあがっているものの、端裏書に

「越前浅水御旦那者、為田重左衛門賦入有之、此方へわつらひニ而、御旦那請取申候時之書物」とあるように、主たる係争地は浅水村であったようである。三頭文左衛門近周の相論の相手としては、為田十左衛門と孫福大夫の両人がみえるが、今回相手取っているのは前者であり、寛文元年閏八月吉日付の三頭文左衛門宛為田家政書状から、彼の実名は「為田重左衛門家政」であることが判明する。

この寛文相論をめぐっては様々な論点が指摘できる可能性があるが、本稿では紙幅の都合上、藤井家の越前国の檀那獲得時期等の若干の問題のみを検討することに留めたい。

まず、第一条に、近周が所有する越前国の檀那は、彼の祖父の代に為田盛喜なる叔父から購入したものであり、その証拠書類も所持している旨が記されていることが注目される。そして第一条以外にも、盛喜より譲渡された檀那リストである御祓賦帳が現存していること（第二・四条）、近周が所有する越前国の檀那は、元々は為田家の檀那であることや為田盛善は為田家政の先祖と同族であること（第五条）、などの記述も重要である。

以上から、この文書のなかで近周は、自己の越前国の檀那場は、近周の祖父の代に叔父の為田盛喜から購入したものであるとして所有権を主張しているのだが、近周の名乗りが「三頭文左衛門」であることが注目される。つまり、近周は「三頭」の名乗りから藤井一族ではないかと推測されるわけだが、それが実証できれば、藤井家の越前国の檀那獲得開始時期についても回答により近づくことになる。

〔史料3〕（神宮文庫蔵『反古帖』）

源兵衛ニ所領道具以下相そへ家を渡し、我等ハ北之屋敷江ゐんきよいたし申候、其ゐんきよ之家屋しき道者畠道具以下すこしものこらす、文さえもんニゆつり状相そへ渡し申候、此趣源兵衛方へとゝけ候へ者、何かと違儀申候、此上我等相はて候跡にて、誰にても文左衛門□□へ違儀申者候ハ、、如此之旨有様ニ被仰分候て可有候、

其一筆重而申置候仍如件、

慶長十乙巳年三月十三日　　三頭忠大夫

近昌（花押）

足代五郎右衛門尉殿

同民部丞殿

同平右衛門尉殿

同左右衛門尉殿

同勝大夫殿

まいる

史料3は、慶長十年（一六〇五）三月十三日付で、三頭忠大夫近昌なる人物が足代五郎右衛門尉をはじめとする足代一族宛に出された文書だが、まず注目すべきは差出人である。つまり、差出人は三頭忠大夫と若干名乗りが異なるものの、まさに永禄九年に「国々御道者日記」を執筆した藤井近昌その人であった。

さて内容としては、藤井近昌が北の屋敷に隠居した際、もとの居住屋敷は所領や家財道具等と共に源兵衛へ、一方、近昌が隠居した家屋敷は檀那や畑地や家財道具等と一緒に文左衛門へ、と譲渡する旨等の取り決めが近昌没後に反故にならぬように一筆遺言を認めたものである。よって、本文書から死期間際の山田宮後（西河原）町の藤井近昌は、同町の年寄家である（さらに一族に山田三方家も含む）足代家という山田における公的立場の一族に、いわば子息への遺産の分与に関する遺言書を提出していたことがわかる。つまり、近昌には源兵衛と文左衛門という二人の息子がいたわけだが、本文を見る限り、前者が嫡子、後者が庶子と判断でき、いずれも独立した伊勢御師家として当時存在していたことが窺われる。事実、文禄三年（一五九四）の『太神宮御師人数之帳』（神宮文庫蔵）には、「三頭源兵衛尉」と「三頭文左衛門」の二名の伊勢御師が宮後西河原町で確認されるため（後掲表6参照）、文禄・慶長期の時点で伊勢御師として藤井家は二家（これ以降、源兵衛家と文左衛門家と表記）が成立していたと考えられる。

また、藤井近昌は永禄二年に外宮三頭職に補任され、それはまた天正十三年（一五八五）に藤井近供へと譲渡されたことが判明しているが、恐らく近供は近昌の嫡男であろう。そのため、文禄・慶長期の源兵衛家当主は近供を指すと考えられる。

ここで史料2に戻ると、作成者は「三頭文左衛門近周」と文禄・慶長期にみえる文左衛門（尉）と名称が一致する。寛文元年は、慶長十年からすると五十六年しか経ていないため、文禄・慶長期の文左衛門は近周かもしれないし、あるいは彼の親かもしれない。どちらにしても、三頭文左衛門近周が文左衛門家出身者、すなわち藤井一族であることは間違いない。となると、近昌は近周の先祖となるわけであるから、例えば近昌と為田盛喜は親族関係にあったことになる。

また、史料2によると藤井家が越前国の檀那を獲得した契機というのは、為田盛喜からの購入であるとされる。さらに、そもそも越前国の檀那自体は為田家の開発にかかるものであったことも史料2が語ることであるが、寛永五年（一六二八）十月六日付の「山田三方裁許状写」（神宮文庫蔵『山田三方宛古文書写』）より、同年時点で加賀国前田家重臣と思われる「赤座土佐守」の御師職が為田盛喜から三頭文左衛門へと相伝されていた事実や、永正九年（一五一二）に多目田孫九郎、すなわち為田一族が越前国の檀那を購入している事実などを踏まえると、史料2が記す藤井家の越前国の檀那獲得の問題も現実味が帯びてくる。

以上を総合して考えると、藤井家の檀那場としての越前国は、永禄九年をさほど遡らない時期に親戚関係にあった為田家からの購入という形で成立したと考えるのが妥当である。また、史料2によると、そもそも越前国の檀那は為田家により開発されたことになるが、事実、同家は檀那購入等により十六世紀初頭から越前国での活動を開始している。

とすると、ここで少し気になる点が出てくる。すなわちそれは、外宮三頭職を所持できるのは同時代では一名に限定される故、「三頭源兵衛尉」と源兵衛家当主、すなわち藤井近供が外宮三頭職の所持に起因する通称を名乗ることには問題は生じないにしても、同職を所持しない文左衛門家が「三頭文左衛門」と名乗るのは、やや詐称的使用に思えるのである。だが、「(宮後)三頭大夫」や「三頭文左衛門」等の表記自体、それは当事者本人の外宮三頭職所持の有無とは関わりを持たず、あくまでも固有名称(御祓銘・通称)に過ぎないと理解すれば、そのような疑念は氷解しよう。そう捉えると、藤井近昌に関連する問題も次のように解釈できよう。すなわち、「(宮後)三頭大夫」の御祓銘を使用していた藤井近昌は、天正十三年に子息近供へ外宮三頭職を譲渡した後は同職を所持していないにも関わらず、最晩年にも「三頭忠大夫」と若干変えつつも「三頭」を冠した呼称を名乗っていた、と。

つまりこの件は、慶長十年時点で「(宮後)三頭大夫」銘を用いて伊勢御師として活動し、なおかつ外宮三頭職を所持(また実際に同十三年度外宮正遷宮には同宮三頭工として造営面で奉仕)していた人物は藤井近供である一方、親の近昌は、同職を譲渡した後も「三頭」を含む呼称を生涯使い続けていたと理解できるのではないか。そして恐らく、近昌が「(宮後)三頭大夫」の名乗りを「三頭忠大夫」に変更した理由は、嫡男近供の呼称と区別するためである可能性が高く、その時期は外宮三頭職を近供に譲渡した天正十三年頃と思われ、その際に隠居身分となったと考えられるのである。ともあれ以上より、十六世紀末期以降、文左衛門家の当主や隠居後の藤井近昌が「三頭」を含む呼称を用いている事実には、外宮三頭職所持の有無は関係しないことは明らかである。

ここで再度、史料2の内容に戻ると、これは三頭文左衛門近周が山田三方宛てに作成した訴状と理解されるのだが、果たして実際にこれは提出されたものなのか、という点も気がかりである。というのも、端裏書に「表書之目安出可申と認申候処曽禰二見勘三郎殿、幸田源内殿、谷弥一右衛門殿、谷一郎大夫殿、御口入ニ而浅水之里文左衛門方へ取申候而すまし申候為、永代書付置申候」とあるように藤井近周が「表書」の「目安」、すなわち本訴状を執筆の上、提出しようとした際、四名（二見勘三郎・幸田源内・谷弥一右衛門・谷一郎大夫）の「口入」により「すまし」、すなわち内済となったことが記され、結果、檀那場としての浅水の里は文左衛門家が所有することに落ち着いていたからである。

また、藤井近周は、史料2を作成した後に次のような書状も為田十左衛門宛に執筆している。

〔史料4〕（寛文元年閏八月九日付藤井近周書状）

越前之国あさうつ村、ほそさか村、於府中薬屋四郎右衛門、田中源左衛門、田中弥左衛門、御師職之義ニ付、其方与我等出入御座候へ共、二見勘三郎殿、谷弥一右衛門殿、幸田源内殿、谷一郎大夫殿、御肝煎を以浅水村之内之御道者此方へ請取、細坂村之内之御道者、府中ニ而、薬屋四郎右衛門、田中源左衛門、田中弥左衛門、其方へ相渡し申候、然上者自今以後、府中ニ而、薬屋四郎右衛門、田中源左衛門、田中弥左衛門、細坂村之内之御道者御師職此方申分無之候、但根本其方所持之御旦那より浅水村へ之入人御座候者、縦此度請取申候御旦那之内ニ而候共、尤其方之可為御旦那薬屋四郎右衛門、田中源左衛門、田中弥左衛門義者、御先祖我等相伝候御旦那所より御出候共、向後申分無御座候、細坂村ニ付何方より違乱御座候共、此方ニハ不存候、為後日仍如件、

三頭文左衛門

寛文元辛丑年閏八月九日

近周（花押）

為田十左衛門殿
　　まいる

やはりこれをみても、史料2にみえた口入人四名は「肝煎」としてこの檀那相論に関与している。それにより浅水村の檀那は藤井(文左衛門)家、細坂村の檀那のうちで府中にいる「薬屋四郎右衛門、田中源左衛門、田中弥左衛門」の三名は為田家が所持することを決定している。

以上、寛文元年の檀那相論に関する文書をみてきたが、やはり文書は山田三方には提出されずに、結果的に内済的に決着していたことが明らかになった。つまり、この度の相論が大事に至らなかったのは、口入人、すなわち仲介者の力量が大きかったことは言うまでもないわけだが、では、彼らは何故、今回の件に関与したのか。山田三方への上訴を取り下げる働きをしているわけであるから、当然、山田三方としての立場ではない。また、藤井・為田両家は、前者が宮後西河原町、後者が八日市場町を本拠とする伊勢御師であるが、仲介者は、幸田家の居住地が原告側に関わる宮後西河原町と推定されるものの、それ以外は原告・被告両方とは関わりのない曽禰町の居住であるから、町年寄役としての関与ではない。

実は、越前国をめぐる檀那相論で仲介者の関与が認められる事例は、他にも『退蔵文庫旧蔵古文書』(神宮文庫蔵)所収の文書で確認できる。

〔史料5〕(元和元年十一月六日付大主宗勝書状)

越前之国一乗之山崎殿御師職之儀貴殿と我等出入雖有之、福嶋出雲守殿、谷左馬助殿、三頭源兵衛殿、御あつかひを以山崎殿御師職ハ其方へ相渡し申候、然上者一類共ニ末代ニ至り我等申分無御座候、仍為後日如此候、
　　　　　　　　　　　　　　　　　　　　大主又左衛門尉

元和元年十一月六日　　　　宗勝（花押）
（切断のため後欠）　　　　（傍線引用者）

ここには、大主又左衛門尉宗勝なる八日市場町に居住したと思われる伊勢御師が、元和元年（一六一五）に認めた越前国一乗谷の山崎家（戦国大名朝倉家旧臣か）の檀那相論の顛末が記されている。注目すべきは傍線部である。それによると福嶋出雲守・谷左馬助・三頭源兵衛の仲介により、山崎家の御師職は大主家ではなく相手側に譲渡されている（だが、本書状の後半は切断されているため宛先不明、すなわち獲得者は分からない）。つまり、この場合も仲介者の努力により内済的に事件が解決しているのである。当時、福嶋出雲守と谷左馬助は山田三方のメンバーであるから、「御あつかひ」という敬称表現から、一見すると山田三方としての介入とも思われるものの、三頭源兵衛は、宮後西河原町の年寄家である藤井源兵衛家を指すため、そのような解釈は無理であるし、あわせて町年寄役としての関与も成立しない。

ここで、表1・2をみると、元和・寛文のいずれの事件の関係者とも同姓者が少なくないことに気がつくが、それは、仲介者が、越前国に檀那を有する伊勢御師としての立場として檀那相論に関与している徴証といえるのではないだろうか。つまり、彼らは、越前国に檀那を持つ関係上、係争中の檀那場についての何かしらの情報等を有していることが期待されている存在であるが故に関わっている、と理解できるのである。特に裁判沙汰になる可能性のある案件を和談に持ち込む以上は、相当の力量と客観的な現場に対する知識が必要になるわけであり、仲介者達の力量は計り知れない。そう捉えると、福嶋・谷・藤井の三家が介入したのは、彼らが元和元年時点で越前国の檀那構造を熟知していたが故といえようし、とりわけ、福嶋家と谷家については、山田三方としての見解を求められる可能性も含意していよう。恐らく、このようないわば「相論内済システム」というべき檀那場を熟知した有力者の介入は、中世まで遡及する慣習であったと思われる[32]。

とにかく、檀那相論時の肝煎は誰でも務まる役ではなかったことは以上からも明らかであるから、そのような大役を務めた藤井（源兵衛）家の越前国における存在感は際立っていたに相違ない。つまり、越前国における藤井一族の檀那構造は、十七世紀初頭までには強固なものであったことが想定されるのである。

まとめにかえて―藤井一族の家としての存在形態をめぐって―

紙幅の都合上、ここでは、前節までを踏まえた上で、主に表6を用いて藤井一族の家としての史的変遷を概観することで本稿の結論にかえる。そうすることで冒頭部分において取り上げた伊勢御師全体の問題をも時期的に把握できる一助になると考える。

さて、表6は山田を主とする外宮領に居住する伊勢御師の住所や通称、また御祓銘やその株数、さらに家格等が記された台帳『山田師職銘帳』にみえる藤井家についての記載を年次順に纏めたものであり、文禄三年（一五九四）が最も古い年次となる。基本的にこれらの冊子は、山田三方が山田の町別に伊勢御師名や株数などについて、年寄家を基軸に家格ごとに把握するために作成したものであるから、いわば外宮領に属する伊勢御師の公的な登録管理台帳という性格を持つ。そのため、御祓銘株や通称の変更、伊勢御師業の開廃、また住所の移転や御祓銘の譲渡・売買、さらには家格の移動といった記載が厳密かつ端的に記載されている。したがって、『山田師職銘帳』を仔細に検討すれば、伊勢御師の家としての盛衰について経年で変化を追うことが可能になるわけだが、現在のところ、そのような視座に立った研究はほとんどなく[33]、山田全体の御師数を把握するために利用される場合が大半である。よって、藤井家を事例とするここでの検討は、今後の『山田師職銘帳』のさらなる分析の呼び水をも意図している。

ただ、『山田師職銘帳』の史料的限界も認識しておく必要がある。というのも、御祓銘株の記載は享保九年（一七二四）以後であるから、同年より前は町ごとの通称の把握、つまり伊勢御師の数的把握に主眼が置かれており、御祓銘株はおろか、正徳元年（一七一一）までは家格表記もほとんどみられない。また、「太神宮御師人数之帳」と表題のある文禄三年の台帳は、私見では同年の太閤検地免除に伴う土地所有者把握台帳の性格が濃厚であり、また延宝五年（一六七七）の台帳は帳簿としては未整理の印象をうける。つまり、享保期を境にそれより前とそれ以後とでは、『山田師職銘帳』は史料的性格が少し異なる可能性があるため、経年的変化をみる際、その点に留意せねばならない。また、享保九年以降の『山田師職銘帳』であっても、御祓銘については名称及び株数は判明するものの、原則、檀那の所在地や規模を窺える記載はほとんどないため、それらを把握するためには別の史料（道者売券・御祓賦帳・参宮人帳等）を使用するしかない。以上が短所というべき主な史料的性格である。

一方、長所としては、公的帳簿であるが故に、延宝五年以降は基本的には山田の全ての伊勢御師の名前が掲載されており（逆にいえば、台帳に記載の無い人物は外宮側の伊勢御師としては山田三方に正式に認証されていないことになる）、そのために伊勢御師としての家の興廃や分立、また家格といった身分秩序の変化を経年的に追える可能性が高いことである。

次に、これらの点を留意して藤井一族の家としての史的変遷を概観してみると、文禄三年時点で三頭源兵衛・三頭文左衛門の二名が確認できるが、慶長十年（一六〇五）には家としては源兵衛家と文左衛門家の両家が成立していたことは既述の通りである。また、延宝五年にも藤井家として二名の人物（三頭清左衛門・三頭九郎左衛門）が確認できる。さらに、寛文元年（一六六一）には三頭文左衛門近周が存在していることも既に触れたことである。ただ一方で、宮後

表 6　『山田師職銘帳』における外宮御師藤井家の史的変遷表

年次	西暦	藤井家表記	御祓銘	藤井家記載順位	宮後西河原町年寄数	備考(「同町」は宮後西河原町を示す)
文禄 3	1594	三頭源兵衛尉				「追沼甚七郎」と同町の伊勢御師追沼家が確認できる
		三頭文左衛門				
延宝 5	1677	三頭清左衛門				「追沼文左衛門」と同町の伊勢御師追沼家が確認できる
		三頭九郎左衛門				
貞享元	1684	三頭九郎左衛門				
		三頭源兵衛				
		三頭清左衛門				
正徳元	1711	藤井主斗		13	32	
		藤井数馬		15	32	
享保 9	1724	藤井清左衛門	宮後三頭大夫	13	29	この年より同町の伊勢御師追沼家が「三頭文左衛門」銘株を所持していることが確認できる
		藤井九郎左衛門	宮後三頭大夫	16	29	
享保12	1727	藤井九左衛門	宮後三頭大夫	7	32	
		藤井木工進	宮後三頭大夫	13	32	
元文 3	1738	藤井九左衛門	宮後三頭大夫	5	21	
		藤井木工之進	宮後三頭大夫	8	21	
寛保 3	1743	藤井右近	三頭大夫	10	27	
宝暦元～ 7	1751～57	藤井右近	三頭大夫	10	30	
宝暦 8	1758	藤井九左衛門	三頭大夫	3	26	
宝暦12	1762	藤井九左衛門	三頭大夫	1	25	
明和 3	1766	藤井右近	三頭大夫	1	25	
明和 9	1772	藤井求馬	宮後三頭大夫	6	25	

安永5	1776	藤井求馬	宮後三頭大夫	1	25	
安永9	1780	藤井弾馬	宮後三頭大夫	1	25	同町の伊勢御師追沼家の所持する「三頭文左衛門」銘株と「宮後追沼大夫」銘株の2つは「両銘ニ而一株」である旨が注記されている
天明4	1784	藤井弾馬	宮後三頭大夫	1	25	
天明8	1788	藤井上野	宮後三頭大夫	1	25	
寛政4	1792	藤井上野	宮後三頭大夫	1	25	
寛政8	1796	藤井上野	宮後三頭大夫	1	25	
寛政12	1800	藤井上野	宮後三頭大夫	1	24	
文化元	1804	藤井上野	宮後三頭大夫	10	22	
文化5	1808	藤井大夫	宮後三頭大夫	17	22	
文化9	1812	藤井大夫(九左衛門)	宮後三頭大夫	15	20	「大夫義不縁いたし実家黒瀬判官へ引取候ニ付以来九左衛門ト相乗候段子四月廿日申出ル」。本年より同町の伊勢御師黒瀬判官は「銘譲」として「宮後三頭大夫」銘株を所持する
文化13	1816	藤井九左衛門	宮後三頭大夫	11	19	
文政3	1820	藤井九左衛門	宮後三頭大夫	10	19	
文政7	1824	藤井九左衛門	宮後三頭大夫	9	19	
文政11	1828	藤井九左衛門	宮後三頭大夫 中村四郎大夫	12	19	
天保3	1832	藤井九左衛門	宮後三頭大夫 中村四郎大夫	7	19	「九左衛門方無住之上身上不如意ニ付家相休追而再興致し候迄同町黒瀬主馬方へ合家致し候段町より巳十月廿九日届出ル」と藤井家絶家のため、同町の親類黒瀬家と合家し、宮後三頭大夫株は伊勢御師黒瀬家へ預け置かれる。そのため、これ以降(天保7・11・15、嘉永1・5、安政3、万延1、元治1)藤井家の記載無し

『山田師職銘帳』(神宮文庫蔵)等より作成。

西河原町には追沼文左衛門なる伊勢御師もみられる。関係史料が不足しているため追沼家に関しては不明な点が多いものの、文禄三年にも追沼甚七郎なる一族が確認でき、また、享保九年以降、同家は三頭文左衛門という御祓銘株を所持している。

これらの点を考慮すれば、どうやら藤井家と追沼家との間には、少なくとも延宝五年には親族関係を想定できそうだが、事実、享保九年には三頭文左衛門銘の御祓銘は追沼家に権利移転している。恐らく、権利移転の時期は延宝五年までは遡ることができよう。ただ、仮にさらにそれ以上に遡及できたとしてもせいぜい寛文元年までが限界であろう。ともかく、寛文元年から延宝五年までの間で、三頭文左衛門銘の御祓銘株は、藤井家より追沼家に権利が移転されていた可能性が高い。そのように考えれば、藤井家は十七世紀後半に少し低迷した印象もうけるが、貞享元年(一六八四)には三名の人物(三頭九郎左衛門・三頭源兵衛・三頭清左衛門)が確認できるように、独立した伊勢御師としては最大数、すなわちいわば藤井三家体制となっているため、十七世紀末までは勢力を拡大していたといえよう。

但し、十八世紀代になると、その動向に変化の兆しが来る。具体的には、A正徳元年から元文三年(一七一一~三八)までは独立した伊勢御師として藤井家は二名、それ以降は一名と人数が変化している、B正徳元年から宝暦八年(一七一一~五八)までは宮後西河原町内の年寄家として基本的には上位の座次だったのが、宝暦十二年から寛政十二年(一七六二~一八〇〇)までは原則的にいわば筆頭年寄の地位になっている、という二点の傾向がみてとれる。つまり、十八世紀代の藤井家は、独立した伊勢御師としての数は徐々に減少しているものの、身分秩序は上昇していると評価できるのである。どちらの変化が重要であるかを判断することは難しいものの、次に述べるような十九世紀代の状況をも勘案すると、やはり、Aの独立した伊勢御師数が重視されるべきであろう。

次に十九世紀代の藤井家の動向を窺うと、文化十一年(一八一四)以降は筆頭年寄にはなっておらず、文化九年には藤井（九左衛門）家が有する宮後三頭大夫銘の御祓銘株は親族の黒瀬判官（宮後西河原町の伊勢御師）が継承し、また、黒瀬家とは天保三年（一八三二）には藤井（九左衛門）家の絶家により合家となり、宮後三頭大夫株は黒瀬家へ預け置かれる旨が翌年に三方に届けられている(34)。このように十九世紀代は前世紀までに比べ明らかに衰退の道を辿っている。

やはり、『山田師職銘帳』における藤井家の伊勢御師としての家の隆盛を測るメルクマールは、伊勢御師数が最も重要といえるのである。その観点に従えば、藤井家が最も繁栄したのは十七世紀末期時点頃といえようし、伊勢御師としての分家が次々と独立していく十六世紀末から十七世紀末期までが飛躍の期間と判断できる(35)。

その一方で、藤井家において十八世紀代というのは、前世紀までの成長を前提に、身分上昇等の内なる発展を図るといういわば成長の安定期といえよう。だが、その流れは十九世紀に突入することで完全に逆行してしまい、ついには絶家に至るのであり、同家にとっての十九世紀代は衰退期と評価できる。

つまり、藤井家にとって越前国というのは、肥前国同様、同家の経済的発展の下支えになった重要な檀那場であり、それ故に十六世紀代に獲得した後も、他家に売却や譲渡することなく、少なくとも十八世紀後半まで相伝が確認できる存在だったといえるのである。

註

（1）通説的な伊勢御師研究については、大西源一『参宮の今昔』（神宮教養叢書三　神宮文庫　一九五六年）、萩原龍夫『中世祭祀組織の研究　増補版』（吉川弘文館　一九六二年）、新城常三『新稿 社寺参詣の社会経済史的研究』（塙書房　一九八二年）、西山克『道者と地下人―中世末期の伊勢―』（吉川弘文館　一九八七年）、『伊勢市史　第二巻　中世編』（伊勢市　二〇一一年）、『伊勢市史　第三巻　近世編』（伊勢市　二〇一三年）等を参照。

（2）拙著『中近世伊勢神宮地域の貨幣と商業組織』（岩田書院　二〇一一年）、前掲『伊勢市史　第三巻　近世編』を参照。
（3）久田松和則『伊勢御師と旦那―伊勢信仰と開拓者たち―』（弘文堂　二〇〇四年）、鈴木敦子『戦国期の流通と地域社会』（同成社　二〇一一年）等を参照。
（4）そのような問題の解決の一助を目指して、拙稿「伊勢御師の動向と山国」（坂田聡編『禁裏領山国荘』高志書院　二〇〇九年）では山城国（山国荘）を事例に若干の検討を試みた。
（5）北陸地方を事例とする当該研究としては、越後国を対象とした代表的なものに、船杉力修「戦国期における伊勢信仰の浸透とその背景―越後国蒲原郡出雲荘を事例として―」（『地理学評論』七〇―八　一九九七年）がある。だが、越前国を対象としたものは非常に少なく、管見の限りでは越前朝倉氏を檀那とする伊勢御師西村家の存在に触れた博物館等の展示図録があるのみである（『第一〇回企画展図録　一乗谷の宗教と信仰』（福井県立一乗谷朝倉氏遺跡資料館　一九九九年）、『（名古屋大学附属図書館企画展示　展示ガイド）古書は語る―館蔵の江戸文学資料を中心に―』（名古屋大学附属図書館　二〇〇二年）参照）。
（6）前掲註（3）久田松『伊勢御師と旦那』以外の藤井家の檀那場としての肥前国を主に扱った研究として、西川順土「中世末期における参宮者の為替利用」（『皇學館大學紀要』一四　一九七六年）、根井浄『修験道とキリシタン』（東京堂出版　一九八八年）、恵良宏「肥前国藤津郡・高来郡・彼杵郡御旦那証文」史料解題（『三重県史　資料編　中世　一（下）』三重県　一九九九年）、横山智代「中世末期伊勢御師の為替―宮後三頭大夫文書を中心に―」（『日本女子大学大学院文学研究科紀要』七　二〇〇〇年）等がある。
（7）表1にみえる全ての伊勢御師は、越前国に檀那場を所有していたと思われるが、史料的には福嶋・二見・幸田の各姓は現状では確定的ではなく推定に留まるため、あえてここでは「活動」という表現を使用した。

（8）橋村八郎大夫を含めた橋村家については、前掲註（1）西山『道者と地下人』のほか、吉田吉里「外宮御師橋村一族について─中世末期北部九州に於ける勢力拡大を中心として─」（『神道史研究』四五─四　一九九七年）、小西瑞恵『中世都市共同体の研究』（思文閣出版　二〇〇〇年）等を参照。
（9）前掲註（1）西山『道者と地下人』を参照。
（10）前掲註（1）西山『道者と地下人』を参照。
（11）越前国における伊勢神宮領については、前掲の『第一〇回企画展図録　一乗谷の宗教と信仰』のほか、『福井県の地名』（平凡社地方資料センター　一九八一年）、佐藤圭「越前国足羽郡の中世荘園について」（『福井県立博物館紀要』三　一九八九年）、松浦義則「越前国　足羽御厨・足羽荘」（網野善彦・石井進・稲垣泰彦・永原慶二『講座　日本荘園史　六　北陸地方の荘園　近畿地方の荘園Ⅰ』吉川弘文館　一九九三年）等を参照。
（12）前掲註（6）『三重県史　資料編　中世　一（下）』所収「神宮文庫所蔵文書」二「紙背文書　五　文永三年遷宮沙汰文」一七号文書。
（13）前掲註（1）西山『道者と地下人』、前掲註（8）小西『中世都市共同体の研究』を参照。
（14）前掲註（1）西山『道者と地下人』を参照。
（15）研究史整理として、全般的な中世の債務・債権史については、井原今朝男『日本中世債務史の研究』（東京大学出版会　二〇一一年）、伊勢御師が関与する中世の為替・信用取引史については、拙稿「中世後期の貨幣と流通」（『岩波講座　日本歴史　第八巻　中世三』（岩波書店　二〇一四年）を参照。
（16）宮本常一『伊勢参宮　増補改訂版』（八坂書房　二〇一三年）等を参照。
（17）『三重県史（資料編　中世二）・別冊　伊勢神宮所蔵文書補遺』（三重県　一九九九年）所収「古文書集」三三号。

(18) 角明浩「中世越前における豊原寺の再考察―一次史料からのアプローチを中心に―」(『山岳修験』四八 二〇一一年)を参照。

(19) 『白山神社文書』(『福井県史 資料編七 中・近世五』福井県 一九九二年)。

(20) 気比社については、『特別展図録 気比さんとつるが町衆―気比神社文書は語る―』(敦賀市立博物館 二〇〇八年)等を参照。

(21) 官幣大社気比神宮編『気比宮社記』(三秀舎 一九四〇年)。

(22) 前掲註(3)久田松『伊勢御師と旦那』等を参照。

(23) 浜島一成『伊勢神宮を造った匠たち』(吉川弘文館 二〇一三年)等を参照。

(24) 『三重県史 資料編 中世二』(三重県 二〇〇六年)所収「野田耕一郎氏所蔵文書」三号文書。

(25) 前掲註(3)久田松『伊勢御師と旦那』を参照。

(26) 田中孝治『江戸時代帳合法成立史の研究―和式会計のルーツを探求する―』(森山書店 二〇一四年)を参照。

(27) 前掲註(6)『三重県史 資料編 中世一(下)』所収「神宮徴古館農業館所蔵文書七 売券・雑文書」一一号文書。

(28) なお、善次郎の実名は外宮三頭職補任の問題から藤井近定の可能性が高い(前掲註(23)浜島『伊勢神宮を造った匠たち』等を参照)。

(29) 前掲註(2)拙著『中近世伊勢神宮地域の貨幣と商業組織』を参照。

(30) 播磨良紀氏によると、枝木清右衛門は天文年間(一五三二~五五)に桑名衆に新規加入した伊勢国桑名の有力者とされている(同「戦国期伊勢・尾張国境地域の歴史的展開」(『年報中世史研究』三八 二〇一三年)を参照)。

(31) 前掲註(2)拙著『中近世伊勢神宮地域の貨幣と商業組織』を参照。

(32)　天文四年（一五三五）八月に「宮後一頭藤三 近知」なる者（「宮後」と頭工職〔「一頭」〕を冠し、さらに「近」の通字からすると藤井一族か）が、山田八日市場に住む伊勢御師大主屋宗左衛門宛に美濃国「大つか里まるも殿内西脇殿・安田殿御両人御一類」に関する檀那相論に関する和与状（前掲註（17）『三重県史〔資料編　中世二〕・別冊　伊勢神宮所蔵文書補遺』所収「古文書　神領ニ関スル文書」四二号文書）にも「堤源助殿・世古殿御あつかい」として、御太刀料にて解決したことが記されているなど、「相論内済システム」が十六世紀前半には遡る慣習であったことは明らかである（ちなみに世古家は不明なものの、堤源助家は山田三方に属する伊勢御師家である）。なお、近世社会における内済の重要性は、法制史家から積極的な提言がなされている（大平祐一「内済と裁判」〔藤田覚編『〔史学会シンポジウム叢書〕近世法の再検討―歴史学と法史学の対話―』山川出版社　二〇〇五年〕等を参照）。

(33)　拙稿「伊勢今井田時代の本居宣長に関する一考察」（『神宮と日本文化』学校法人皇學館　二〇一二年）を参照。

(34)　十九世紀代の宮後三頭大夫銘株を継承した黒瀬家の動向については、前掲註（3）久田松『伊勢御師と旦那』を参照。

(35)　近年では、当該期の家の継承問題に焦点を絞った伊勢御師研究も登場している（小林郁「戦国末期における伊勢御師の継承―村山文書を中心に―」〔『皇學館論叢』四七―四　二〇一四年〕参照）。

第二部　国家権力と神宮

戦国期における吉田家と神宮

伊藤信吉

はじめに

永禄六年（一五六三）九月、約百三十年ぶりとなる外宮正遷宮が執り行われた。この遷宮を好機とし齢四十八歳の神祇権大副吉田兼右は一道者として密かにそして初めての参宮を遂げる。伊勢神宮への奉幣を行う為に朝廷より差遣される神宮奉幣使は、王・中臣・忌部・卜部の四姓使により構成されたが、吉田兼倶の延徳密奏事件以降は神宮祠官と吉田卜部家の関係悪化により卜部氏が四姓使より除外されたとも言われる。それ故か、永禄の外宮正遷宮を含め戦国期における吉田家の神宮への関与は、研究上、看過されてきた様に思われる。

しかし戦国期の神宮奉幣使については、吉田卜部氏嫡流ではなく卜部氏庶流の人物が務めていることが諸史料より判明し、また吉田兼右は、神祇官員・廷臣として神宮奉幣使や外宮正遷宮に間接的に関与したことが「兼右卿記」に記されている。本稿では、戦国期における卜部氏の神宮奉幣使勤仕、朝廷における吉田兼右の永禄正遷宮への関与そして兼右の参宮について、永禄六年正遷宮における朝廷の動向にも注目しつつ検討を加える。

一　戦国期における吉田卜部氏の神宮奉幣使参向

1　先行研究

延徳元年（一四八九）十月、吉田兼倶が京都の吉田神社斎場所に伊勢神宮（以下、「神宮」と表記）の御神体の飛来があったと密奏した延徳密奏事件以降、神宮祠官は兼倶及び吉田家を敵視し、その関係は不良であったと考えられている。江戸時代の著名な学者達はこの吉田兼倶の「謀計」を非難したが、密奏事件を単に兼倶の謀計とのみ捉えず、時代的背景や兼倶の意志も含めて、近年再評価する動きも見られる等、密奏事件については多くの論考・叙述が積み重ねられた[1]。密奏事件の結果、神宮祠官は神敵・吉田家の神宮奉幣使（四姓使の一員としての卜部氏、以下「奉幣使」と表記）参向拒否といった様な吉田家の神宮への干渉・関与の除外に努めたという論述が多い。本節では延徳密奏事件以後の延徳三年（一四九一）の奉幣から「兼右卿記」[2]が記録する永禄六年（一五六三）の奉幣までを主な検討対象とし、戦国期における吉田卜部氏の奉幣使参向を再検討する。

先ずは参考に江戸時代における神宮祠官の論述数点を見ておく。正保四年（一六四七）とも天和三年（一六八三）の成立とも言われる出口延佳「吉田兼倶謀計記」[3]では、延徳密奏事件後の神宮の正統性と兼倶への非難、及び事件の事後処理を願った延徳元年十二月の年紀を記す両宮解状案を記載した後に「但自此解状　勅幣使四姓之内、吉田卜部不入之、寛永六年・正保四年亦子細御尋之処、依此解状案、相残卜部兼倶末孫、弥固不被入神宮者也」と記され、両宮解状により「吉田卜部」が奉幣使から除外され、その内容は江戸時代になっても吉田卜部氏末孫の奉幣使就任拒否の根拠となったという。

元禄十三年（一七〇〇）成立の度会延貞「神境紀談附録」[4]には「卜部氏不従幣使」の項目が纏められるので、次に抄出する。

又延徳ニハ吉田氏参向ノ時、外宮ノ禰宜官幣ヲ乞ハスシテ、神事ノ日限相違スト旧記ニ見エタリ、同元年十月ニ兼倶カ陰謀卒ニ発覚シテヨリ、両宮ニシテハ婦人児童ニ至ルマテ神敵ト云ハスト云コトナシ、寛永六年吉田兼英勘文ヲ裁シテ官家ヘ差上タリ、其勘例ニ永禄二年十一月由奉幣ノ時、卜部代定澄参向、同六年九月遷宮ノ時卜部代兼高参向、天正十四年十一月由奉幣ノ時兼有参向ト記セシカトモ共ニ神宮ノ記録ニハ見エス、又同十三年十月正遷宮ノ時卜部代兼有参向ト録セトモ、両宮共ニ祭庭ニ著坐セシメス、慶長十四年九月正遷宮ノ時卜部氏兼之参向ト録セトモ、祭庭ニ列セシメス、同十六年四月由奉幣ノ時兼之参向スト録セシカトモ、是又旧記ニ見及ハス（略）凡兼英七ヶ条ノ勘文、皆以テ某時某由参向トノミ録シテ著坐勤仕ノ事ヲ載セス、神官堅ク拒テ許サ、レハ也

注目すべきは、寛永六年（一六二九）に朝廷へ訴えられた吉田兼英勘文における永禄二年（一五五九）由奉幣の「卜部代定澄」、永禄六年遷宮奉幣の「卜部代兼高」、天正十四年（一五八六）由奉幣の「兼有」、天正十三年正遷宮奉幣の「卜部代兼有」、慶長十四年（一六〇九）正遷宮の「卜部氏兼之」という卜部代・卜部氏の奉幣使参向の記述である。しかし「神境紀談附録」では、永禄二年・永禄六年・天正十四年の卜部代、及び慶長十六年由奉幣の（卜部）兼之の奉幣使参向については、「神宮ノ記録」「旧記」には記載がないと述べられ、天正十三年・慶長十四年の遷宮時の奉幣では、卜部氏は参向したものの祭庭から除外され祭典奉仕ができなかったと論じられる。吉田兼英は卜部氏（代）の神宮参向の例を挙げるばかりで、「神官堅ク拒テ許サ、レハ」即ち神宮祠官の拒否により卜部氏は神宮において肝心の祭典奉仕ができなかったと反論している。

続いて、正保四年（一六四七）の奉幣使再興に際しても、神宮側の「両宮ヨリ吉田ノ義子細有テ、中古ヨリ度々ノ臨

時ノ奉幣ニモ神事就申サヽル由」が朝廷の是認することとなり吉田卜部・平野卜部氏の奉幣使発遣が止められたとし、「両宮共ニ享徳延徳ヨリ寛永正保ノ近頃マテ、卜部氏数度参向スト云ヘトモ、神事ニ従サルノ先例ヲ申達セシカハ、重テ御沙汰ニ及ハス、兼倶一人ノ悪数世ニ伝ハリテ神罰遁ル処ナシト人々云アヘルモ私論ニハアラス」と纏める。

同記は続けて関係書状を写しており、その中の正保四年十一月二十九日付伊勢御伝奏御奉行所宛の外宮七禰宜書状には「延徳元年占部兼倶神異之事被蜜奏之時、一禰宜朝敦禰宜中差上注進状、其後占部氏不勤仕当宮之神事由、于今申伝処也、近年御奉幣使之節不被相加卜部候、今以旧記不分明、雖然相伝之旨如此也」とある。注目すべきは「其後占部氏不勤仕当宮之神事由、于今申伝処也」の文言で、延徳密奏事件以降卜部氏は神宮での祭典奉仕が認められなかったと相伝されているとの主張であり、「今以旧記不分明、雖然相伝之旨如此也」と、旧記には明らかではないものの正保四年当時には「相伝之旨」は卜部氏排除の重要な根拠であった。

寛延四年（一七五一）成立の久志本常彰「神民須知」(5)の「四姓使」の項目では、「卜部兼倶大神宮御神体吉田山ニ天降リ坐スノ由、謀計ヲ以テ奏上シケルニヨリ、両神宮ヨリ解状ヲ上訴、偽顕レテ神明鎮座ノ義止リヌレトモ、神敵ナルヲ以テ奉幣ノ時四姓ニ加ヘ給フ義ヲ御願申上テ、自是永ク卜部ヲ除カレ、今ニ於テハ王中臣忌部ノ三姓ノミ幣使発遣アリシ也」とあり、両宮解状上訴を以て「自是永ク卜部」氏が除かれ「三姓ノミ幣使発遣」となったと記す。

薗田守良『神宮典略』(6)「四姓職」「占部」の項には「延徳元年に吉田兼倶姦計の事ありしより、神宮一同に支申し訴状を奉りし後は卜部参向の事は絶たり。此後、正保四年幣使再興の時、卜部氏人訴状に、自永禄至寛永、吉田神主之参向雖及数遍、祭主神宮一同尓依拒之、毎度自二鳥居被退去の例書を出し、（祭主友忠と問訊あり。）又吉田卜部の外平野卜部は別系なるをもて、此卜部を副下給はんとのよしなれども、神宮より卜部は同事なるをもて、辞申しつる故に遂に停止の例となり来れり」とあり、密奏事件後の神宮側の訴状により卜部氏の奉幣使参向が絶えたとする。続いて同書の「卜部系論　卜氏の偽謀」には「右の如く二宮より注進状を奉りしかば、（略）此愁訴によりて、二宮神宮（ママ）には卜部氏を悪みて、神事に従はしめざること、正保勅使記に、自延徳三年七月十二日一社奉幣之時、於卜部之一姓者、不被従当宮神事、と見え、神境紀談に、延徳には吉田氏参向の時、外宮の禰宜官幣を乞はずして、神事の日限相違すと旧記に見えたり、と記せり。かくて寛永六年吉田神主兼英（兼倶五世孫）朝廷に奉れる勘文に、永禄二年由奉幣之時、卜部代定澄参向、同六年九月御遷宮之時、卜部代兼高参向、天正十四年十一月由奉幣之時、卜部代兼有、同十三年十月正遷宮之時、卜部代兼有、慶長十四年九月正遷宮之時、卜部代兼之、同十六年四月由奉幣之時、卜部兼之、右の如く六ヶ条の勘文を記しつれども、勤仕の事をいはず、たゞ参向とのみ記したり。神宮古記に、天正十三年、慶長十四年両度の事はありて着坐平伏せしを、宮中の外に追放せりと見え、其余は見えず。宮中にいれざれば空しく帰りしにもやあらん（略）」とあり、前述の「神境紀談附録」の記述を引用し、卜部（卜部代）は京より神宮へ「参向」したものの肝心の祭典時に除外されて祭典奉仕ができなかったという主張に同調する。

以上の諸書には、密奏事件・解状上申によって卜部氏が奉幣使から除外されたという説と、卜部氏（卜部代）は奉幣使として参向したものの神宮での祭典奉仕からは除外されたという二説がある。また奉幣使から除外されたという「卜部氏」とは、吉田卜部氏嫡流を指すのか、或いは吉田卜部氏庶流や平野卜部氏も含む卜部氏全体を指すのかも解釈次第となり、曖昧である。また「卜部代」は卜部氏と異なるかどうか等、これら不明確な点を含みつつ、延徳密奏事件以後の神宮祠官と吉田家との疎遠関係、「卜部氏」の奉幣使参向拒絶という基本的な構図は、後世の研究者に踏襲される。例えば神宮史の概説書『大神宮史要』[7]は次の様に記載する。

兼倶隠謀の一件は、深く神宮の禰宜を憤激せしめ、吉田家を目するに神敵を以てした。従来神宮に参向する勅使には、王・中臣・忌部・卜部の四姓を充てられて来たが、これより後神宮に於ては、卜部氏の勅使たることを峻拒した。天正十三年十月、慶長十四年の両式年遷宮にも、卜部氏が参向したけれども、祭庭には列せしめず、寛永六年九月の式年遷宮に、勅使が参向した時にも、両宮の禰宜は卜部の使を拒んで幣帛を受けず、慶光院周清の斡旋によつて、漸く奉幣を畢つたが、正保四年に復興の例幣には、卜部氏は終に参向しなかつた。ついで明暦二年の八月に至り、同年の例幣使に吉田兼魚を加えられることに朝議一決し、その旨を神宮に伝えられたけれども、神宮に於てはこれを承服せず、外宮禰宜は解状を上つて古例を挙げ、卜部氏を神事に従わしめることの、神慮不快なるべき旨を言上し、結局、卜部の使は御沙汰止みとなつた。かくして神宮の卜部氏排斥は、近世にまでも及んだ。

この様に延徳密奏事件から江戸時代までの神宮祠官と吉田卜部氏との関係史が纏められる。近年刊行された『伊勢市史　第二巻　中世編』(8)でも「飛神明騒動の中でも、吉田兼倶の謀計一件は伊勢神宮の尊厳を傷つけ、両宮禰宜を憤慨せしめた。古来、神宮に参向する勅使には、王・中臣・忌部・卜部(吉田)の四姓を充てられて来たが、この事件以来、神宮側は卜部氏の勅使たることを強く拒んだ。天正十三年(一五八五)十月、慶長十四年(一六〇九)九月の式年遷宮にも、卜部氏は参向したが祭庭に列する事は叶わなかった。その後、神宮において卜部氏の排斥は近世末期まで及んだのである」としてほぼ踏襲される。

他にも宮地直一氏は、密奏事件後、両宮祠官が朝廷へ厳重な抗議を行ったものの、吉田兼倶への咎めが無い一方で伊勢の神宮の御神威にも影響は無かったとした上で「この後、神宮に於ては卜部氏を忌諱すること甚だしく、古来四姓使と称し、王・中臣・忌部・卜部四姓の人々が官幣使となつて参向する例であつたが、更めて卜部氏を省かせ、之を受け入れなくなつた。又いつしか兼倶を称して神敵と称するやうになつた」と述べ(9)、密奏事件に起因して奉幣使から卜部氏が除外されたと論じる。

　また中西正幸氏は「由奉幣を含めて臨時の奉幣では、古くは四姓使（王・中臣・忌部・卜部）、中世以降では卜部を除く三使が参向し、中臣使は神宮祭主もしくは元文度のように大宮司がこれを勤めた」、「つまり四姓使の内、卜部氏は室町末期の吉田兼倶による延徳謀計事件から神宮では参向を許さず、正保四年（一六四七）の例幣再興時にも、神慮不快の解状を上って沙汰止みとした。このたびの由奉幣にもこれを峻拒したので、三使のみの参向と定められた」と論じている(10)。

　以上の様に、密奏事件以降の中世後期・戦国期を通じ近世に至る迄、神宮祠官によって卜部氏の奉幣使勤仕に難色が示されたという論調はほぼ同様である。しかし中西正幸氏の「四姓使の内、卜部氏は室町末期の吉田兼倶による延徳謀計事件から神宮では参向を許さず」、「四姓使（王・中臣・忌部・卜部）、中世以降では卜部を除く三使が参向し」という密奏事件を契機に中世以降卜部氏が四姓使から除外されたとする説に対し、大西源一氏の「これより後神宮に於いては、卜部氏の勅使たることを峻拒した。天正十三年十月、慶長十四年の両式年遷宮にも、卜部氏が参向したけれども、祭庭には列せしめず」という論述は、裏を返すと、神宮側の拒否に拘らず天正・慶長の遷宮には卜部氏は「参向した」結果、神宮において卜部氏の祭典参列拒否に至ったと理解すると、卜部氏は奉幣使として朝廷より差遣されたと解釈できるので、両説に相異が見られる。

　この点、『増補大神宮叢書21　二宮叢典　中篇』(11)所収「神敵吉田兼倶謀計記」の解題には「この事件が契機となり、爾来神宮においては卜部氏を勅使として発遣することを厳しく拒絶した。凡そ神宮に参向する勅使には、王・中臣・忌部・卜部（四姓の使）が充てられてゐて、天正十三年（一五八五）の第四十一回式年遷宮までは、いづれも勅使として卜部氏も参向したが、両宮禰宜は卜部の勅使を拒み続けた」とあり、天正十三年の第四十一回式年遷宮までは卜部氏は勅使（奉幣使）として参向したと指摘しているが、解題という性質上、天正十三年以前の奉幣使卜部氏に関する論証はない。

以上の様に、江戸時代の諸書より近年の神宮史研究に至るまで、戦国期における卜部氏の奉幣使参向に関しての論述は、神宮祠官による卜部氏への反発という共通理解がありながらも、個々の論述には若干の相違も見られまた曖昧・不明な点も多く、具体的な論証が不足している様に思われる。

では次に神宮奉幣使の先行研究を見ていく。神宮奉幣使の研究は古代を対象としたものが多いが、(12)藤森馨氏「近世初頭の宮廷祭祀」(13)に中近世移行期の神宮奉幣使発遣についての概説がある。藤森氏は応仁の乱等戦乱の影響により年中恒例四度の奉幣使差遣が途絶し、即位由奉幣や遷宮一社奉幣といった臨時奉幣は続行されたとし、臨時奉幣の具体的事例として「延徳三年（一四九一）七月八日、外宮仮殿炎上謝申の奉幣」「永正十五年（一五一八）十一月三日、外宮不浄のこと謝申の奉幣」「永正十六年（一五一九）九月九日、後柏原天皇即位由奉幣」「天文五年（一五三六）二月十四日、後奈良天皇即位由奉幣」「天文七年（一五三八）十二月二十九日、内宮怪異謝申の奉幣」「永禄二年（一五五九）十二月十二日、正親町天皇即位由奉幣」「永禄六年（一五六三）九月二十三日、外宮正遷宮一社奉幣」「天正十三年（一五八五）十月九日、遷宮一社奉幣」以降、天正十四年・慶長十四年・同十六年・寛永六年・同七年・同二十年の十四例を挙げる。

続いて藤森氏は、例幣及び臨時奉幣発遣儀の式場が、八省院大極殿焼亡後は神祇官に、神祇官焼亡後はその跡地の仮施設に、その後二条城築城により神祇官跡地から吉田社斎場所を以て神祇官代へと式場が変遷したことを述べた上で、「さて、即位由奉幣にしろ、遷宮一社奉幣にしろ、臨時神宮奉幣は前述のように神嘗祭例幣に準拠することになっており、人員構成及びその儀式次第は全く同様」と述べ、正保四年（一六四七）に再興された例幣が円滑に行われたことは臨時奉幣が続行されたことに起因すると指摘する。この様に大枠において臨時奉幣の奉幣使は折々差遣され続けたという検証結果は、戦国期の卜部氏の奉幣使勤仕を考察する上で、基礎的研究として重要である。

ただ「人員構成及びその儀式次第は全く同様」とは、発遣儀のみを指すのか、或いは発遣から帰還までの臨時奉幣全行程を指すのかについては、文脈から何れとも解釈が可能でその点に疑問を残す。また奉幣使の人員構成については、近世期に入ると古代の王氏・忌部氏とは血縁関係にない真継家が忌部使に、河越家が王代を勤仕することを明らかにしているが、卜部氏については特に論及がなく検討の余地を残している。よって戦国期の吉田卜部氏の奉幣使勤仕を再検討することは、藤森氏が整理した応仁から正保の臨時奉幣の研究を更に深化させる意味もあろう。

以上、神宮史・神宮奉幣使の両研究視点においても、本稿が主に検討対象とする延徳三年（一四九一）～永禄六年（一五六三）の約七十年間の中世後期・戦国期の神宮奉幣使をめぐる吉田家の動向には研究の余地が多いと考える。よって先行研究に見られる若干の相異、戦国期の神宮奉幣使における卜部氏と神宮との関係の具体的考証の不足といった課題を解決すべく、以下に考察を進めていきたい。

2　戦国期における卜部氏の奉幣使参向の具体的検証

延徳三年（一四九一）の奉幣使参向

前述の様に「神境紀談附録」には延徳年間の吉田氏参向に際し、外宮禰宜がその官幣を乞わずに奉幣が遅延したことが記され、『神宮典略』所引「正保勅使記」には、延徳三年七月十二日に卜部氏の奉幣使参向と神宮おける神事不参が記されるので、密奏事件後の卜部氏による奉幣使参向が窺われる。

「永正十五年一社奉幣使参向記」[14]によると「永享十二年十一月七日。一社奉幣。使四姓参向」「文安五年（略）幣使波四姓等参向如例」「宝徳二年（略）一社奉幣使発遣。四姓等参向如恒例」「享徳四年。一社奉幣乃時波。卜部乾盃乃事」と

いった延徳密奏事件以前の奉幣は順当な四姓使の勤仕が窺われるが、「寛正七年（略）一社奉幣使参向。幣使昌忠。四姓宮司参勤如例云々。但卜部吉田神主代官。大奉幣事。可令告知乃処尓。吉田神主為大嘗会抜穂。江州尓下向了。仍令失念件乃不及告知乃条。以外失錯也」とあり、寛正七年（一四六六・文正元年）の奉幣に際しては吉田神主が大嘗会抜穂の為近江国へ下向していた為、代官を派遣する形となった。「不及告知」がどの段階での情報伝達の失敗であるかは不明ながら、同記はこれを「以外失錯」として非難する。

　密奏事件後となる延徳三年の奉幣について同史料には「延徳三年辛亥七月十二日。一社奉幣使参向乃時者（略）卜部祓乎神宮役人尓渡志。子良乃物忌請取天。奉振懸乃例也。是路次乃清止云々（略）総天今度者。神事違例多志。以後波能々可存知也。且卜部神事尓不合天。二鳥居与利下向了。毎度失錯多志。併押天参向乃故歟」とあり、「毎度失錯多志」との非難には卜部氏が二鳥居で下向し祭典奉仕をしなかった（或いはできなかった）点も含まれよう。続いて同記録は、当時は荒木田守晨・大物忌父尚重といった優秀な神職が在職していたにも関わらず、「彼卜部乃非例無礼（糺）明之段。尤不審止雖毛。件七月十二日。神事乃折節。山田与利押寄天。火乎宇治尓放尓寄天彼乱尓取乱天。不及糾明者歟」とある様に卜部氏の「非例」が糾明されなかったことへの疑問を記し、その理由を内宮付近の宇治放火による混乱と推測するので、延徳三年の神事違例とは内宮でのことである。

　また二鳥居での退下は、前述の『神宮典略』所引卜部氏人訴状に「自永禄至寛永、吉田神主之参向雖数遍、祭主神宮一同尓依拒之、毎度自二鳥居被退去の例書を出し」とあり、奉幣の時期が異なるものの退去場所の二鳥居が共通し、また前述の「正保勅使記」の「自延徳三年七月十二日一社奉幣之時、於卜部之一姓者、不被従当宮神事」にも一致する。

　では次に外宮奉幣を見てゆく。「外宮子良館旧記[15]」には「延徳三年辛亥七月十二日。臨時の御ごさす。一社奉幣の事。京都より御下候。数王（ママ）使幣使もうし忌（ママ）部卜部悉く下られ候。七月十二日御下候て。やがて其日十二日の夜御神事。二宮共に同。其時神事の様。祭主殿は一鳥居より御参候て。二鳥居に先御待候。同四性（ママ）の数使（ママ）一鳥居。先二鳥居まで御参候。同宮司殿も御参候。二鳥居にては北面しの御へいし。同四性の数八（使カ）南向に御立候。神官は毎の御祭のことく。御榊の本に御待候。東向。物忌は案を二鳥居先やり候て。扨案を二鳥居に。西向にて北南に居へ申候。物忌方も二鳥居に案に添候て有候て。御宝物を清め被申候。案へ居へ申候得共。吉田の神主御祓を被申候て　被清候。三く（ママ）はんかをさきを三度追ひ候て。祓を子良館の一臈殿へわたし申。其はらひを請取候て。御宝物にふり候て。扨案をかき候て。御榊の本江参」とあり、四姓の奉幣使参向と吉田卜部神主による清祓の記録がある。同記にはこの後も無事に祭典が進行してゆく記事が続くので、外宮奉幣は特に大過なく斎行されたことが理解できる。

また前述の様に、内宮の場合も「卜部祓乎神宮役人尓渡志。子良乃物忌請取天。奉振懸乃例也」とあり、外宮の場合も「吉田の神主御祓を被申候て　被清候。三くはんかをさきを三度追ひ候て。祓を子良館の一臈殿へわたし申。其はらひを請取候て。御宝物にふり候て」とあるので、吉田卜部神主が祓を子良館の物忌・一臈に渡し、子良館の一臈・物忌が祓を行う次第は共通する。

「永正十五年一社奉幣使参向記」は、寛正七年（一四六六）の吉田神主の代官派遣、延徳三年（一四九一）内宮奉幣における卜部氏の二の鳥居での下向による祭場での神事不参を記し、卜部氏のみへの批判とは限らないが、寛正七年の記録には「以外失錯」、延徳三年の記録には「毎度失錯多志」と非難する。更に後述する永正十五年（一五一八）の奉幣の記録では「於今度。卜部如先規。神事不執行者」とある様に、卜部氏の神事不執行が「先規の如く」と記載されることから、「永正十五年一社奉幣使参向記」の著者は連続する卜部氏による神事違例を非難しているのである。この著者のみが卜部氏に対して批判的であったわけでないことは、同史料の永正十五年奉幣での「於今度。卜部如先規。神事不執行者。祭庭仁弖。夜明日暮止毛可有其改由。祭主伊忠江申定。為神事障歟。兼日尓神宮如此趣。祭主与利被仰遣尓依利、如先規石壺尓着座、是予申尓依天也」との記録から、卜部氏が先規の如く神事不執行をした場合は、祭庭にて夜が明け日が暮れようともそれを改めさせるべきだという意見が、実際に祭主・神宮祠官達に共有されていたことからも理解できる。

尚、同記は神宮奉幣の式次第の詳細な備忘に加え、寛正の遷宮、明応六年（一四九七）の仮殿遷宮に功績のあった前大物忌父尚重神主を「神忠の人」と評価している点を見ると、著者は禰宜などの神宮祠官が想定される。よってあくまで神宮側の記録によれば、内宮奉幣における卜部氏の神事不参・途中退下とは、神宮側による延徳密奏事件の報復的措置等ではなく、寧ろ卜部氏の失錯によるものとの主張に解される。

以上を総合すると延徳密奏事件後の延徳三年の奉幣には、卜部氏は外宮では滞りなく奉幣の儀に奉仕したが、内宮では二鳥居より退下して祭典に奉仕しなかったことが判る。尚、延徳三年奉幣の「卜部」「吉田の神主」が吉田神主兼倶であったのかどうかは定かではない。次に永正八年に兼倶が薨去して後の永正十五年の奉幣における卜部氏の動向を確認していきたい。

永正十五年（一五一八）・永正十六年（一五一九）の奉幣使参向

即位延引を内宮に、神前触穢祈謝を外宮に奏上する為の永正十五年十一月の奉幣は、『大日本史料』永正十五年十一月三日条に史料群が纏められている[16]。その内「柳原家記録」には「十一月三日、晴、今日一社奉幣也（略）四姓使祭主教〔本〕通参仕、卜部四位者歟、王氏今度申爵、斎部又申爵云々」とあり、四姓使の位階が注目されている。「拾芥記」には「十一月三日、天晴、伊勢一社奉幣被行之（略）今日未剋陣儀畢、各被向神祇官、四姓卜部兼晴朝臣・王氏・中臣・忌部為使、雖然至宣下、載三姓不載卜部、旧例也」とあり、神祇官陣儀において四姓使が揃い、卜部兼晴朝臣の奉幣使勤仕が判明する。

この兼晴については後掲の「吉田卜部氏略系図」（以下、略系図）に、兼倶の弟で正三位・左京大夫・神祇権大副を歴任した兼昭の子の「兼清」の尻付に「治部卿　兵部少輔　神祇権大副　改晴為連」とあるから、「清」は「晴」の誤字と考えると兼晴は兼昭の子となる。すると兼晴は吉田氏庶流で兼倶の甥に当たり、神祇権大副を務めた神祇官員であり治部卿を極官とした人物であった。

『歴名土代』によると「卜兼晴」は永正七年に従四位上に叙されているから[17]「柳原家記録」の「卜部四位者歟」という文言に一致する。今回の奉幣の宣命に「王従五位下兼盛王」「中臣正四位下神祇大副大中臣朝臣伊忠」「忌部従五位下斎部宿禰親行」が記載されるので[18]、「王氏今度申爵、斎部又申爵」も叙爵の申請であったことが判明する。尚、卜部兼高が宣命に記載されないことは、後述する永正十六年奉幣の宣命と共通しており、これは卜部氏が元来正式な奉幣使でなく忌部氏に次ぐ後執者がやがて四姓使として扱われたものであったことに由来していると言えよう[19]。奉幣の当時、中臣氏が正四位下、卜部氏が従四位上、王・忌部氏は奉幣使発遣に当たって叙爵した従五位下であり、元来忌部氏の後執者であった卜部氏の位階は王・忌部両氏を超えているものの、宣命の不記載から窺える様に、あくまで奉幣使としては補助的な役割であり、四姓使内では末席の地位であったと理解できる。「拾芥記」の「載三姓不載卜部、旧例也」はこういった事情によるものと言えよう。

前述の如く略系図によると兼晴は神祇権大副に任官していたことが判るが、永正十五年奉幣時の官途はどうであろう。従五位下から正四位上までの叙位記録である『歴名土代』において、兼晴は文明十三年（一四八一）の叙爵より累進して永正七年に従四位上に叙されて後は昇進の記録がなく、従四位上が極位と考えられる。するとこの間に神祇権大副を含め神祇官職に補任されていなかったとは考えにくく、後述の例からも神祇官員の卜部氏が四姓使として参向しているから、兼晴もまた神祇官員と推測され、よって吉田家庶流の神祇官員卜部氏が四姓使として神宮に参向したものと推定される。

では次に神宮に参向した卜部兼晴の祭典奉仕を見てゆく。「永正十五年一社奉幣使参向記」[20]より「四姓宮司。各参着于二鳥居列立。(略)使王。次中臣。次斎部。次卜部等也(略)先手水。使王。次祭主。次忌部。次卜部。次宮司等也。(略)次中院尓参。先禰宜。次司。次祭主。次使王斎部卜部也(略)次神拝。手八端天各退出。司四姓如例元乃道乎下向(略)遥拝所尓神官相着天、各北向神拝有、畢先禰宜退出、次四姓退出(略)」と卜部氏・四姓使の記述を抄出しても、卜部氏は第二鳥居を経て「中院」へ参入し神事に奉仕しており、特段祭典中の卜部氏の途中退下の形跡もない。しかし「永正十五年甲寅十一月七日。一社奉幣使参向。(略)於今度。卜部如先規。神事不執行者。祭庭仁弖。夜明日暮止毛可有其改由。祭主伊忠江申定。為神事障歟。兼日尓神宮如此趣。祭主与利被仰遣尓依利、如先規石壺尓着座、是予申尓依天也」とある様に、祭主・神宮祠官は卜部氏が神事違例を行った場合の厳正な対処を予め相談しており、神事違例に対する警戒感を窺知させる。すると神宮祠官達は延徳密奏事件への報復の為に卜部氏の祭典奉仕を除外した形跡はなく、寧ろ卜部氏の「神事不執行」を糺して神宮の祭典を守ることに主眼を置いていた様に思われる。

永正十六年の奉幣については『大日本史料』永正十六年九月九日条に史料群が纏められている[21]。その内「御即位由奉幣次第」には発遣儀の様子が、「拾芥記」には宣命作成について詳しく記載されるが、その中に卜部氏についての記録はない。しかし前述の様な四姓使における卜部氏の立場や、また永正十五年の奉幣において卜部氏の発遣が確実であるものの宣命に卜部氏の記載がないことから、「御即位由奉幣次第」「拾芥記」における卜部氏の不記載を卜部氏の不参と見るのではなく、卜部氏不参という異例事態が記載されていない以上、前例に準じて卜部氏の奉幣使参向があったものと考える。

天文五年（一五三六）の奉幣使参向

次に天文五年二月の後奈良天皇即位由奉幣での卜部氏の動向を確認したい。『言継卿記』天文五年二月十四日条には伊勢一社奉幣使発遣が詳細に記録される。(22) その中で卜部氏の記録は「次吉田侍従来、権少副衣文之事申候間きせ候了」とあるのみである。吉田侍従が同道した「権少副」の衣紋を山科言継に依頼しているが、この「権少副」は直前の二月十二日に「次極臈、吉田侍従、同神祇権少副、清四郎来、一盞勧候了」と言継を訪ねた「同神祇権少副」と同一人物に比定され、「吉田侍従、同神祇権少副」の「同」は「吉田」と解釈されるから、十四日の「権少副」は吉田氏である。吉田侍従は兼右であり、兼右の嫡男兼見は天文四年生まれで未だ神祇官員には補任されていないので(23)「権少副」は吉田家嫡流の人物ではない。『歴名土代』に「卜兼高」（卜部兼高）が天文三年二月二十六日に従五位上・神祇権少副に補任、天文五年三月一日に神祇少副に転任とあるから、(24)『言継卿記』の「同神祇権少副」は兼高に比定できる。

この奉幣使発遣に際しての兼高の唯一の記録である山科言継の衣紋の記事に注目すると、奉幣使発遣の十四日には「次英名、通昭、康雄来、装束きせ候了、次広橋罷向、町左少弁資将、衣文之事被申候、今日一社奉幣奉行也、一盞有之、次吉田侍従来、権少副衣文之事申候間きせ候」とあり、(25) 言継は兼高以外にも数名の装束衣紋を担っているが「少内記英名、参軾」「次権少外記康雄、参小庭申云、使王御馬を申す」「次英名持参宣命草入莒、上卿披見」(26)とある様に、言継が装束を着せた外記康雄・少内記英名は奉幣使発遣儀に参仕していることが判る。よって奉幣使発遣日の吉田兼高の装束衣紋の記事は奉幣使装束の衣紋と考えるのが妥当であるから、神祇権少副吉田兼高は四姓使の卜部氏として参向したものと推定される。また兼高が三月一日に権官である神祇権少副から神祇少副に転任したことも、奉幣使勤仕の褒賞と見ることもできよう。

天文七年（一五三八）の奉幣使参向

藤森馨氏は「天文七年（一五三八）十二月二十九日、内宮怪異謝申の奉幣」があったことを『続史愚抄』を典拠として指摘している。[27] その『続史愚抄』天文七年十月の項に編集される「一位入道殿御記」[28]には「十月（略）廿九日己巳。被発遣伊勢一社奉幣使去年冬内宮瑞垣已下火事及同宮怪異故云。先被定日時。上卿日野中納言。資定卿。宣命有辞別。火及怪異等事。此次依同事自今日廃朝三箇日。可停音奏警蹕由宣下。上卿同前。已上奉行蔵人右中弁資将」とあり、奉幣使発遣とそれに伴う廃朝・音奏警蹕の停止が判明するが四姓使に関する記述は無い。しかし四姓使参向の不記載が奉幣使の四姓使不参を表しているとは考えにくく、寧ろ四姓使参向については特例なく通常どおり行われたことが推測されよう。天文七年（一五三八）の奉幣を前後しては、天文五年（一五三六）・永禄二年（一五五九）の奉幣が知られるが、天文五年には吉田卜部庶流の吉田兼高が、永禄二年には同じく吉田卜部庶流の吉田定澄が四姓使卜部氏として参向しているので、天文七年の奉幣にも庶流の吉田卜部氏による奉幣使参向が類推される。

尚、この奉幣については『お湯殿の上の日記』天文七年九月二十九日条に「一しやのほうへいあり（略）ちんのきはしまりて」[29]とあり、奉幣使発遣が記録され、十月八日には「さいしゆする〳〵と下かう申て。御はらいまいる。めてたし〳〵」[30]と神宮祭主が御祓を進上しており、これは奉幣の復命と考えられる。よって天文七年の奉幣使発遣の月日は編纂書である『続史愚抄』の十月二十九日ではなく、『お湯殿の上の日記』の九月二十九日と見るべきであろう。また『お湯殿の上の日記』においても、「一位入道殿御記」と同じく四姓使から卜部氏が排除されたという様な特殊な記載はないので、記録の様に「する〳〵」と無事に「めてた」く奉幣が為されたと推定されよう。

永禄二年（一五五九）の奉幣使参向

永禄二年における卜部氏の奉幣使参向については既に宮永一美氏の指摘がある。宮永氏は吉田神道の朝倉氏一族への伝播や朝倉氏居城一乗谷城付近に鎮座する阿波賀春日社神職・卜部氏と吉田家との関係を詳述する中で「兼右卿記」を典拠に次の様に述べる(31)。

> 天皇の即位を伊勢神宮に奉幣使を遣わして奉告する即位由奉幣には、四姓（王・中臣・忌部・卜部）から奉幣使が発遣されることになっていたが、吉田兼倶が延徳元年（一四八九）に、伊勢の神器が吉田山に降臨したと密奏する事件をおこして以来、卜部氏は奉幣使の勤仕ができなくなったとされる。この様な事情から、吉田兼右は奉幣使を勤めることができず、庶流の定澄がその任に選ばれたものと思われる。

宮永氏は密奏事件以降、卜部氏（吉田家）の奉幣使勤仕が停止されたと言われることから庶流の定澄が奉幣使に任じられたと推測するが、これ以上この問題への論及はない。また宮永氏も引用しているが、「日本書紀」写本奥書に「爰阿波賀社神主神祇大祐卜部定澄依度々之懇望、授一部畢（略）天文第九暦仲夏仲旬　神道長上卜部朝臣兼右」とある様に、定澄は卜部氏庶流で阿波賀社神主であり神祇大祐にも補任されていた(32)。その定澄については次の西田長男氏による神宮文庫所蔵卜部定澄本『唯一神道名法要集』の解説に詳しい(33)。

> 定澄とは、いうまでもなく、越前の領主朝倉氏の居城のあった一乗谷（略）に鎮座の阿波賀春日神社の祠官で、その累代の社家吉田氏（本姓は卜部氏）の先代である。すなわち、定澄は、近江国の豪族伊吹溝江氏の出であったが、吉田兼右の猶子となり（一説には兼右と舎弟の縁を結んだともいう）、その推輓によって朝廷に仕え、天文五年、従五位下に叙せられてより、しだいに昇進を遂げ、神祇大祐を経て、同二十年、従四位下・神祇権大副に任叙せられた。しかしてそれと相前後して、朝倉氏の居城一乗谷城の鎮守社たる阿波賀春日神社の神主職を継ぎ、のちの人びとよりその「中興神主」と称えられることとなった。

よって定澄は兼右の縁者で卜部氏として神祇官員を歴任して阿波賀神社神主となった人物であるから、吉田卜部氏嫡流の人物ではないものの神祇官員卜部氏の奉幣使参向は続行されたと言える。本稿の問題意識から先行研究を再検討すると、永禄二年に吉田家嫡流ではない卜部氏の奉幣使参向があったことが改めて理解できる。そこで次に「兼右卿記」により史料確認を行いたい。

「兼右卿記」永禄二年十二月十二日条に「阿波賀権少副定澄、束帯刻限令乗輿、至神祇官参向了、侍　従兼和為指南、令貨頭向彼庁了、先上卿・弁以下着座、次有幣嚢事、次、忌部以幣渡定澄、々々一揖、次指笏拍手二、請取御幣、至東門発遣了、於其近所謚取渡遣御幣了、此砌上卿已下平伏、此外無別儀、不及委記、一家覚悟之分注置之」、翌十三日条に「権少副定澄、今日卯刻発遣、路次中乗馬、烏帽子、斎服絹也、青侍安田四郎兵衛、鈴鹿孫九郎、同名神五郎、雑色五人、人夫五人、申付了、大炊助定富同参宮了、御幣櫃一合指下了、雖無所用為路次中如此、於伊勢山田者、御炊大夫定宿也、在庄以下不及其沙汰、三百疋遣之了、路次中者一人分一日五十文充下行之、已上代十貫渡之、上洛之時六十疋　此方へ返出之」とある。吉田定澄の発遣は確実であると共に、十二月二十三日条に「自勢州去廿一日権少副上洛云々、上下無事無其煩罷上云々、併神慮之儀也」とあり、二十五日には兼右が万里小路惟房へ「由奉幣無事遂行」を報告していることから、祭典時の除外もなく定澄は滞りなく奉幣に奉仕したことが理解できる。

永禄六年（一五六三）の奉幣使参向

永禄六年の外宮正遷宮奉幣の概要は後述するが、「兼右卿記」永禄六年九月十二日条から九月二十七日条までの奉幣使関連の記述のみを抜粋すると、「巳刻許有陣儀、　上卿中山大納言孝親卿、奉行職事甘露寺　弁経元、史康雄等、自其直ニ各被向神祇官、権大副兼高乗輿、雑色六本、白丁一人、侍五人参行了、神祇官作法如常無別之儀、万里亜相以下各令同道見物了」、「未明権大副兼高下向了、侍四人・雑色三人・白丁一人・中間三人・人夫四人申付之了、兼高為訪料三百疋遣之了、前々二百疋也、今度者四千疋到来候間、三百疋遣之」、「自ヒラウ郷至山田下着了、御炊大

夫為迎出迎了、権大副至彼宿之屏中門之内乗馬也」とあり、神祇権大副吉田兼高は神祇官の儀式に参加し、外宮の門前町・山田では御師・御炊大夫の出迎えを受けており、行程の無事が窺われる。「廿七日癸卯　今晩権大副上洛了、廿三日遷宮之儀、一之禰宜・二之禰宜致之、祭主・当民・使王・忌部等者令着座許也、無別之諸役云々、於後宮四姓之石坪（ツボ）在之、使王・忌部之次ニ可看之旨、自祭主雖申之、無覚悟之通、令申之、各別着座云々」と二十七日には兼高が帰洛、二十三日の遷宮の儀について兼右に報告した。遷御の儀は一之禰宜・二之禰宜を中心に祭儀がなされた。中臣・卜部・王氏・忌部の四姓使は着座して特に所作は無かったという。四姓の石坪に使王・忌部の次に卜部（兼高）が続く様に祭主（中臣）が指示したが、兼高は「覚悟無し」と回答している。

四姓使の内卜部氏については、平安時代中期以前は正式な意味での神宮奉幣使担当諸氏ではなく、奉幣使発遣幣帛授受の儀に際し忌部氏に従属して外宮の幣を奉持して神宮に参向する後執者であったが、卜部氏の地位向上に伴い「路次及び神宮に於ける祓の際の祓詞奏上」の所役を勤仕することになり、院政期には奉幣使担当諸氏としての地位を獲得し四姓使が成立したとされ、「元来は正式な意味での神宮奉幣使ではなく、中臣・忌部に比較しその地位は低かった」ことが明らかにされている。[34]

また前述の永正十五年（一五一八）時の奉幣では「二鳥居列立、（略）使王、次中臣、次斎部、次卜部等也（略）先手水、使王、次祭主、次忌部、次卜部（略）次中院尓参、先禰宜、次司、次祭主、次使王・斎部・卜部也（略）次八端天各退出、司・四姓如例元乃道乎下向（略）遥拝所尓神官相着天、各北向神拝有、畢先禰宜退出、次四姓退出（略）」とあった様に、卜部氏は四姓使一行の内では、常に忌部氏の次の最後尾に位置していたことからも、吉田卜部兼高を「王・忌部の次」とした祭主の発言は慣例に則っており、卜部氏を不当に冷遇したものではなかったと理解する。以上の様に、永禄六年外宮正遷宮奉幣でも吉田家庶流の神祇官卜部氏が「遷宮之儀」に参列し、奉幣使の任を無事に果たしている。

卜部氏の神事違例

さて前述の奉幣の内、延徳三年（一四九一）の奉幣において吉田卜部神主が神事違例を行った結果、永正十五年（一五一八）においても神宮祠官達が卜部氏の神事違例を警戒していたことを述べたが、この神事違例については一方の神宮祠官側の意見である。もう一方の吉田卜部氏側の意見については該当時期の史料を挙げることできないが、『兼見卿記』文禄四年（一五九五）三月十一日条より[35]、神宮奉幣での吉田一族と神宮祠官の作法の相違に関する吉田兼見の発言を参考として次に掲げる。

> 予則出京、参御局訖、少相待、御局対面、被仰出云、当年御祟年之由卜之、為御代官可致参宮之旨仰也、畏之由先申入了、次申入云、至数代兼見急度不参　宮仕也、一社神道計ニテ不知根元、然間於神前佐法諸事彼神官任社法〇云々、雖然非本説也、愍令管領神道長上、今度以面向致参宮、奉幣次第等彼神官ニ令下知、致其沙汰、仕合無心之為也、若又如一社之社法、可致其沙汰之由申之者、於其期既（可カ）及申分歟、彼是難淵（測カ）子細、不成一一社奉幣、由奉幣之時、当家一族発遣之時、於神前毎事申分在之由申訖、自身令下向、及是非者公儀私之、為先祖子孫失威■（業）、被成御意得、御取合偏奉頼之由、御局へ条々申入了、先令退出、直ニ向勧修寺亜相、対面、此条々相談了、尤之所存之由、亜相承伏也、先准后へ申入、以其上猶可申入之由入魂也、頼入之由申、罷帰了、

史料から「御祟年」を理由に命じられた参宮代参を、吉田兼見が辞退していることが判明する。兼見は、奉幣時の神前の作法において吉田家と神宮祠官では相違があり、神道管領長上を称する吉田兼見自身が参向すれば、自流の作法を主張する吉田家と「一社之社法」即ち神宮の祭式を守る神宮祠官とは、必ず神宮の祭場において争論・対立を生ずるであろうこと、それは実際に吉田一族が由奉幣で参向した際に神前において神宮祠官より種々意見されているこ

とから明らかであり、兼見自身の参向は公命を損ない又神道管領長上吉田家の権威も失する可能性があるので、代参の参宮を辞退したいという主張に理解される。更に勧修寺亜相にも同様の説得を行って了解を得ていることが判る。

この翌日には「早天勧修寺へ遣民部、昨日得御意、子細相尋之、後刻罷帰、御理一〻申入、被成御意得也、祭主ニ被仰出之由其沙汰也、予無別儀心持可存之由返事也、安堵了」(36)とある様に、勧修寺亜相の丁寧な説明により祭主が代参を命じられることになり、兼見は「安堵」したのであった。

吉田兼右の子兼見に至っては、吉田家当主の奉幣使不参についてこの様に認識していたのであるが、延徳三年の奉幣における神事違例もまた参向した「卜部氏」なりの意見があったことは十分に推測できる。兼見の見識は同様に、兼倶以降の歴代吉田家当主の奉幣使不参の理由の一つとして推測することも許されよう。この史料から吉田兼見は公命を負っての参宮を明確に辞退していることが判明するが、それは兼見が時々の奉幣使参向時に吉田一族が神宮祠官より意見されたと述べる様に、自身の奉幣使就任に関しても同様の理由で消極的であったとも考えられる。すると吉田家当主の奉幣使不参は、神宮祠官の吉出家に対する拒絶によるものだけでなく、吉田家当主としても一面では奉幣使参向による摩擦を回避すべく参向を自粛していたものとも理解できる。そして兼見はその摩擦の原因に神道管領長上吉田家の祭式と、兼見をして「一社之社法」と記録する神宮の祭式との相違を挙げている。

以上の様に兼見一個人の認識としては、朝廷から発遣される奉幣使の一員であると共に別面では神祇官でありまた神道管領長上を称する吉田家当主及びその一門である吉田卜部氏と、奉幣の対象である神宮に奉仕し神宮の祭式・古式を継承する神宮祠官との奉幣の祭式をめぐる対立があった。延徳三年の奉幣以降の歴代吉田家嫡流当主達もまた兼見と同様の意見を有していた可能性もあり、それを踏まえると延徳三年の奉幣での奉幣使卜部氏の「神事違例」は、卜部氏の単純な失錯と見ることもできるが、吉田流の祭式作法による卜部氏の主張と神宮祭祀の厳修に努める神宮祠官側の意見対立と見ることもできよう。

逆に卜部氏庶流の奉幣使による失錯が明確な例もある。例えば『兼見卿記』天正十四年(一五八六)十一月十九日条に「今度於神宮社中衆申分在之、祭主次へ可列立之由、再往再反以使者令申也、兼有云、以旧例参向立所定也、今度初而存分不及覚悟之由申放、最前ノ立所ニ在之由申畢、又御幣、其外御道具可祓清之由、社中衆申也、其段者令許容、祓之由申畢、沙汰限也、未練也、兼有不申聞之間、無分別、後代可致其覚悟也[37]」とあり、由奉幣に発遣された吉田兼有の神事違例を神宮祠官が再三指摘しており、これは兼見が「沙汰限也、未練也」と兼有の行動に失望していることから、奉幣使卜部氏の失錯は明らかであろう。

また前述の様に、永禄二年には奉幣使発遣陣儀に際して吉田定澄の指南に兼見が同行していることや、永禄六年の奉幣使参向に際しては祭主の指摘に際し奉幣使吉田兼高が「覚悟無し」と返答していることからも、戦国期の吉田卜部氏庶流の奉幣使には祭式・故実の知識に不安な一面もあった。これは神宮奉幣が臨時でしか行われず、且つ吉田宗家が奉幣使に就かず、また選任された卜部氏庶流についても、少なくとも戦国期の例においては特定の人物や特定の系統が独占していなかったことが理由の一つと考えられる。

延徳密奏事件に起因する神宮祠官の吉田家への反発により、故実に明るい吉田宗家嫡流の人物が奉幣使参向から外れ、宗家に比して祭式や故実に不安のある庶流の卜部氏が参向した結果、神宮祠官より度々の指摘を受けるに至り、この状況を憂慮した兼見は尚更奉幣使就任を自粛する様になり、神宮側も奉幣使卜部氏に不信感を強めていったものと考えられる。この様な複雑な事情を背景としながら正保四年の例幣再興時に卜部氏が除外されるに至るが、近世初期の卜部氏の奉幣使参向については今後の検討課題としたい。

3　四姓使参向を支えた吉田卜部氏庶流について

さて前述の様に、永正十五年（一五一八）には吉田卜部兼晴、天文五年（一五三六）には吉田卜部兼高、永禄二年（一五五九）には阿波賀吉田卜部定澄、永禄六年には再び吉田卜部兼高、天正十四年（一五八六）には吉田兼有による奉幣使参向は明らかであり、「神境紀談附録」『神宮典略』所引「吉田兼英勘文」では天正十三・十四年には卜部代兼有が、慶長十四年（一六〇九）・十六年には卜部代（卜部）兼之の奉幣使勤仕が記される。

戦国期の神宮奉幣においては、嫡流当主達（兼致―兼満―兼右―兼見）の参向は確認できず、卜部氏庶流の人物の参向が確認できた。次にこういった卜部氏庶流の奉幣使参向者各人についてより詳しく見ておきたい。[38]

系譜にみる四姓使卜部氏

別掲の略系図を見ると、戦国期には二系統の卜部氏による奉幣使参向が認められる。吉田兼香の曾孫で兼致の養子となった兼将の系統から天正・慶長期の奉幣使に勤仕した兼有・兼之（別名兼里。兼之で統一）父子が出ており、兼有が兼右の従兄弟、兼之が兼見の又従兄弟の関係となる。但し後掲の表1-1を見ると『歴名土代』の「吉田兼高男」との文言から、兼有は実は天文五年・永禄六年の奉幣使吉田兼高の実子であったことが判明する。吉田兼将と兼高は表1-1の昇進歴から同時代の別人であることが理解でき、位階昇進は兼将が先を越しているが極位は兼将が従四位上、兼高が正四位下であった。以上から、実父子の関係性において兼高・兼有・兼之の三代にわたる奉幣使参向が確認できる。

もう一人は永正十五年に奉幣使を勤めた兼晴（別名兼清・兼連、以下兼晴に統一）であり、略系図の様に兼晴は吉田兼倶の甥であり吉田兼致の従兄弟に当たる人物である。吉田卜部家当主の弟・従兄弟・又従兄弟に当たる人物が奉幣使として参向したことがわかる。

吉田卜部氏略系図（註(23)「卜部家系譜」より作成）

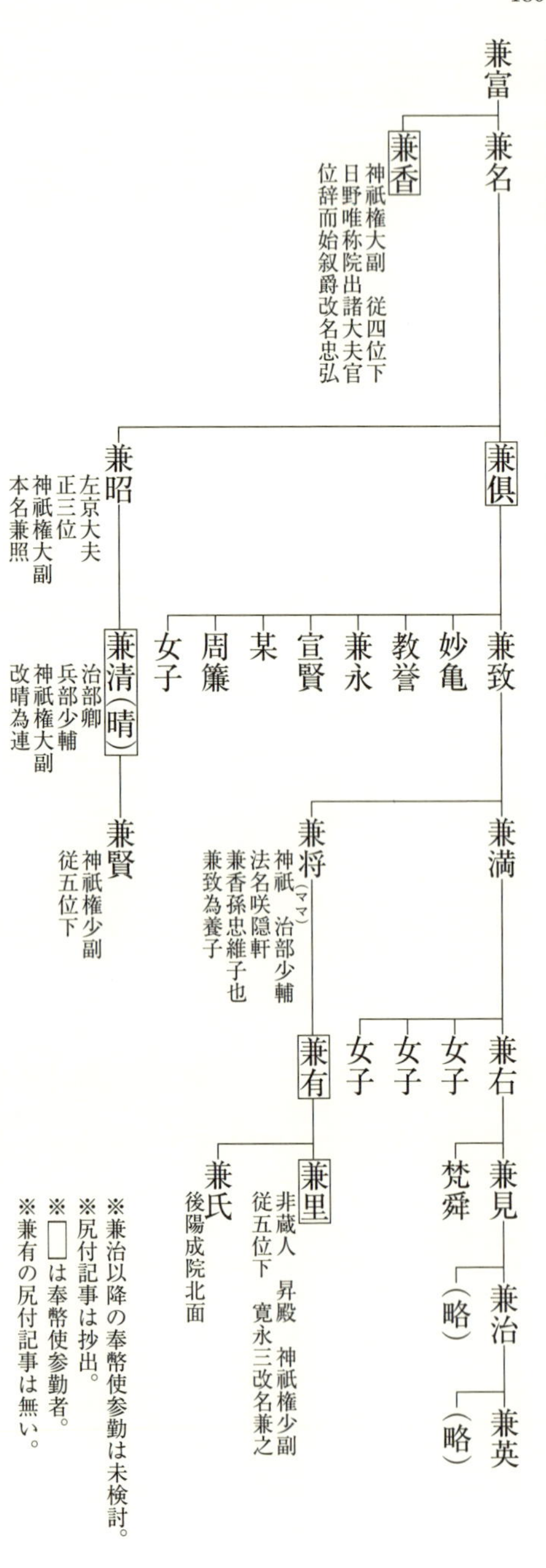

対して「卜部家系譜」に記載の無い人物は吉田兼高と越前国阿波賀春日社の吉田定澄で、定澄については兼右の猶子・縁者と言われる。この様な系譜に記載されない庶流の人物も神祇官の官職に預かり、奉幣使を務める等して宗家を支えていたと見ることができよう。

庶流家各者の官位

続いて関連人物の極位極官を纏めた表1-2によると、大凡の傾向として、吉田兼将を除けば極位を四位以上とした者の神祇官極官は神祇権大副であるのに対し、極位を五位とした者の神祇官極官は神祇権少副であった。但し表1

－1に拠れば、吉田兼高が正五位下で神祇権大副に任じられているので、四位が権大副に五位が少副・権少副に相当したという様な厳密・明確な基準・条件があったとまでは断定できないので、ただ四位を極位とする様な人物は神祇権大副まで昇進したという大凡の傾向を指摘するに止めたい。

尚、阿波賀吉田定澄は前述の様に「同二十年、従四位下・神祇権大副に任叙せられた」と天文二十年（一五五一）に従四位下・神祇権大副に叙任されたと言う説は、先に引用した「兼右卿記」永禄二年（一五五九）十二月十二日条に「阿波賀権少副定澄」、表1－1『歴名土代』には天文二十年十月に従五位下・神祇権少副叙任の記録以降昇叙の記録が無いことから賛同し難い。よって表1－2では、表1－1に従い定澄の極位極官を従五位下・神祇権少副とした。

続いて表1－3により傍流当主の極位・極官を各流の世代別に見ていくと、典拠史料が「卜部家系譜」『歴名土代』に限定されるとはいえ、大凡世代を経るにつれ極位極官が低下する傾向が読み取れる。兼昭家当主の神祇官極官が神祇権大副から神祇少副へ、極位が正三位から従五位下へ、兼将家当主の神祇官極官が神祇少副から神祇権少副へ、極位が従四位上から従五位下へと低下している。また実父子の関係から兼高・兼有・兼之を見ても極位は低下し、不明な点が多い阿波賀吉田家も極位は代々低下する傾向が読み取れる。

表1－2で官職の記録を欠く人物を除けば、吉田庶流の人々は総じて神祇官員に補任されていたことが確認できる。奉幣使参向を例として神祇官吉田卜部一族として朝廷に奉仕し宗家を支える体制を整えていたと見て良かろう。

奉幣使吉田兼高・兼有父子について

次に奉幣使参向者各人について見ておきたい。兼高は「兼右卿記」永禄二年（一五五九）元旦条に「早旦行水入塩、着斎服参斎場、侍従兼和・権大副兼高同参、供神膳如常、参　社頭作法如常、権大副兼高参、粟田宮備神膳了」、永禄三年元旦条に「早旦汲若水行水入塩、着斎服、参　斎場、侍従兼和・権大副兼高同参、参　社頭、神事如常、此後

1－2　　　　　　　　　　1－3

従四位上	正四位下	正四位上	極位	極官	神祇官極官	奉幣使参勤時の官位	系統	世代
文明９年12月24日	文明13年６月12日		正三位	左京大夫	神祇権大副		兼昭流	初代
永正７年１月21日			従四位上	治部卿	神祇権大副	従四位上・（神祇権大副か）	兼昭流	２代
			従五位下	神祇権少副	神祇権少副		兼昭流	３代
天文19年１月５日	弘治元年12月15日		正四位下	神祇権大副	神祇権大副	従五位上・神祇権少副（天文５年時）／正四位下神祇権大副（永禄６年時）	不明	
天文14年「同八月四日、出家」「五十才」			従四位上	治部少輔	神祇少副		兼将流	初代
			従五位下				兼将流（兼高流）	２代
			従五位下	神祇権少副	神祇権少副	従五位下・神祇権少副（慶長十四年）	兼将流（兼高流）	３代
文明13年６月12日			従四位上				阿波賀吉田流	初代？
			正五位下				阿波賀吉田流	２代？
			従五位下	神祇権少副	神祇権少副	従五位下・神祇権少副（永禄２年）	阿波賀吉田流	３代？
			従五位下	大炊助			阿波賀吉田流	４代？

変えた部分もある。

論文参照。

を山科言継へ依頼していることが判る。

照）とあり、この時神祇権少副であり、叙爵しているものと思われる（尚、極位も従五位下である）。

表１　『歴名土代』に見られるト部一族（庶流）の昇進歴・極位極官一覧

１－１

	奉幣使経験	人名	『歴名土代』の人名表記	従五位下	従五位上	正五位下	正五位上	従四位下
1		吉田兼昭	ト兼照	享徳２年１月５日				文明元年９月18日
2	有	吉田兼晴	ト兼晴	文明13年６月13日	延徳３年９月9日	文亀２年４月24日		永正３年９月17日
3		吉田兼賢	ト兼賢	大永３年１月７日「同日神祇権少副」				
4	有	吉田兼高	ト兼高	大永６年12月	天文３年２月26日「同日、神祇権少副、同五年三月一日、轉少副」	天文７年10月「同十一年三月二十三日、神祇権大副」		天文14年１月５日
5		吉田兼将	ト兼将（ト兼随）	大永２年５月「同三年九月十七日、神祇少副」	享禄２年９月18日	天文３年２月26日「改ー随」		天文７年２月２日
6	有	吉田兼有	ト兼有	永禄９年「吉田兼高男」				
7	有	吉田兼之（兼里）						
8		阿波賀吉田定行	ト定行			文明元年９月18日		文明８年１月６日
9		阿波賀吉田定継	ト定継		文明元年９月18日	文明13年６月12日		
10	有	阿波賀吉田定澄	ト定澄	天文５年２月29日「同廿年十月二日、神祇権少副」				
11		阿波賀吉田定富	ト定富	天文14年７月26日「同日大炊助」				

出典：註(17)『歴名土代』。尚「同十一、三、廿三」の表記を「天文11年３月23日」とする等、便宜上表記を
※表１－２、１－３については略系図も参考とした。阿波賀吉田家の系譜については、本文註(31)宮永一美目
※尚、『言継卿記』天文３年２月23日・28日条によると、吉田左馬助兼高が神祇権少輔・従五位上叙任の幹旋
※吉田兼之の奉幣使参勤時の官位は『兼見卿記』慶長14年9月18日条に「権少副兼之伊勢発遣」（本文註(49)参

於家亭四方拝、諸神拝、粟田宮備神供、兼高参勤之」、永禄八年元旦条に「早旦行水入塩、着斎服参 斎場、侍従兼和、権大副兼高、同参、供神膳、予奉幣、侍従申祝詞、神事如常」とある様に、吉田斎場所・粟田宮での歳旦の神事に吉田兼右・兼見父子と共に兼高が奉仕・参列しており(39)、吉田社の祭祀に加わった。また「大石修理亮ヨリ為年始礼二十疋到来、権大副申次(40)」や「岡崎郷与白川郷有喧嘩之儀、遣権大副令中分了(41)」とある様に、取次から郷村間の仲裁まで様々な交渉役を担った。

兼右の鞍馬寺参詣では「詣鞍馬寺、予輿、侍従乗馬、権大副乗馬(42)」と兼右・嫡子兼見に続く吉田家一門として遇されていたことが理解でき、山科言継が吉田を訪ねた際には「徳大寺、外記一臈、清水寺之平等坊、亭主父子、同名権大副父子等連歌有之」や「吉田懸之木共朝晩少々洗之、亭主父子、権大副父子、亭主弟牧庵、平等坊、智福院等終日碁有之(43)」とある様に、吉田家一門として山科・徳大寺達の公家衆・僧衆と連歌・碁などの文芸・遊興を通じて交流を重ねており、併せて兼高父子も連歌・囲碁等の教養があったことがわかる。「兼右卿記」永禄九年(一五六六)元旦条によると元旦の祭祀は兼右・兼見・鈴鹿定世の奉仕であり、以降兼高の奉仕は見られなくなる。

次に兼高の実子で兼将の養子となった兼有について検討する。「兼右卿記」永禄十年元旦条に「早旦行水、参 斎場并社頭、侍従兼和・兵部少輔兼有布斎服初参、右馬助定世等同参、神事如常」とあり、兼有の神事初参から兼高・兼有の実父子による世代交代と見受けられる。「神事如常、家君・予不参、兼有参勤了(44)」を始め「一日、辛巳、神事如常、予依服中、兼有参勤了、三日、癸未、天晴、神事如常、兼有参勤了(45)」とある様に、兼有は兼見が服喪の際には神事を代行する立場にあったが「次着斎服、□□庭上奉拝日神、次諸社祈念、次社参、佐法如常、□□兼治・兼有布衣・定継布衣(46)」、「予・侍従着冠・斎服、兼有・兼之・定継已下布衣、雑色二人着狩衣(47)」とある様に、地位・所役の差もあろうが、吉田宗家、一門・社人、雑色は其々装束が異なっており、嫡流家と一門以下社人の序列が窺える。尚、兼有は前述の永禄十年の元旦の祭祀には布の斎服を着用しているが、『兼見卿記』に「未明兼有伊勢へ発遣、斎服絹、今度免許之」[48]とある様に、天正十三年の奉幣に際して奉幣使の装束として絹の斎服着用が免許されている。兼有は天正十三年（一五八五）の遷宮奉幣使、前述の天正十四年の由奉幣の奉幣使に参勤し、兼之は慶長の遷宮の奉幣使[49]であったが、平時は兼高・兼有・兼之は吉田社祭祀に預かる神職であった。

兼有は恒例祭典だけでなく「大壇ニ置家君御撫物、祭招魂、入夜護摩、左兼有勤之 右定世」、「天度祓二百座、月斎・兼有 舜・主殿允」と、鈴鹿定世・千秋月斎・梵舜達と共に自身が護摩・祈禱を行う[50]一方で、兼高同様諸方との取次も行った[51]。また兼有は、足利義昭出陣による幕府の留守勤務や、将軍御所普請・織田信長邸宅普請の人足引率[52]、細川・吉田両家の婚儀には新婦を迎える使者を務めるなど[53]、吉田一門としての統率者的な立場にあり、また連歌会に兼見を招待するなど[54]、吉田家周辺の人的・文化的交流にも連なっている。しかし「社頭御祭、参勤、遂其節了、不相易各祝之、兼有不参、社役度ゝ致自由、曲事言語道断[55]」とある様に、兼有は社役を放棄したり、前述の天正十四年の奉幣時の失錯等で兼見を困惑させており、「去十一日兵部少輔兼有乞暇、罷出在所了、数年無奉公曲事相積、不及子細、令堪忍之処、依神罰、自然開在所也、子孫等雖在之、不許容、屋敷等沙汰限之仕合、親已来不相届所存、当家冥罰、忽至子孫、如此也、後代以此旨、彼子孫不可許容、以別人頓而可仕立也[56]」とある様に、遂に兼有は暇乞いをして住居を去った。兼見は兼有に対して相当我慢を重ねてきた様子であり、結果「彼子孫不可許容」と決意するに至った[57]。

しかし兼有の一件だけで吉田宗家と庶流家が不仲であったと言うのは早計で、その吉田家庶流と宗家の結束の様子が窺える史料が次の『言継卿記』永禄六年（一五六三）二月三日条[58]である。

一昨夕高野之蓮養坊子宮内卿、吉田侍従兼和に遺恨切懸、同名以下四人手負云々、侍従不苦、昨夕風聞之間今日罷向、右兵衛督他行云々、侍従出合物語共有之、伯父卜庵、同名権大副兼高、同子蔵人兼丶、侍一人蒙疵云々

史料は吉田兼見襲撃の風聞を聞いた山科言継が兼見を見舞った際の記事である。宮内卿は遺恨のある兼見に斬りかかったにも関わらず、兼見は無事で兼見の伯父卜庵、吉田兼高父子（「兼、」は兼有と思われるが不詳）、侍の四人が負傷したということは、一族三人と侍一人が身を呈して兼見を守ったと推察され、この一件からも一族が宗家を支えるという姿勢の一面が窺われる。尚、負傷した兼高は数か月後には外宮正遷宮奉幣使として神宮に参向している。

以上の様に、兼高・兼有父子は一門的立場として神事・祈禱・取次・庶務監督を務め、当主が服喪の場合は代って神事を斎行した。この延長線上に兼高・兼有の奉幣使参向があったと考えて良かろう。兼高・兼有の吉田卜部氏庶流は宗家を補佐し吉田社周辺の諸役に従事して、神祇官員・吉田一門としての地位を確保していったものと考える。反面、兼有出奔の例の様に、社務怠慢が過度になれば宗家と軋轢が生じ、兼有子孫の追放の様な罰が加えられることもあったのである。

奉幣使参勤の神祇官卜部氏の内、兼高・兼有・兼之は実の父子であり、吉田一門として普段から神事に奉仕し庶務に活躍していた人々であるから、奉幣使参向者の「卜部氏」はその場凌ぎで立てられた代役ではなく、そもそも宗家から代行機能も期待される様な「卜部氏」の神職であり神祇官員であったことが指摘できる。

奉幣使卜部氏の責務・権限と家職意識

既に述べた様に、戦国期においては卜部氏庶流の奉幣使参向が確認できるが、吉田家卜部宗家の人物による奉幣使参向は確認できなかった。しかし前述の様に、吉田兼英は勘文において「永禄二年由奉幣之時、卜部代定澄参向」「同六年九月御遷宮之時、卜部代兼高参向」「天正十四年十一月由奉幣之時、卜部代兼有」として[59]、定澄・兼高・兼有達庶流の奉幣使を「卜部代」と表記する。これは奉幣使が本来吉田宗家の任務であるという主張に解釈できる。

しかし前述の「兼右卿記」の定澄・兼高の奉幣使参向の記録には、筆者兼右自身による「卜部代」という表記は見られなかった。すると戦国期における卜部氏の奉幣使任用について次の疑問が浮かぶ。

①　庶流の卜部氏をあくまで吉田宗家の代役として見るべきかどうか

②　奉幣使卜部氏の権限が宗家から庶流家へ移行したかどうか

③　奉幣使卜部氏の選定基準は吉田家の家督や正庶の家格に関わらず、神祇官卜部氏であれば良かったのかどうか

これらの疑問から考察を進める前に、そもそも奉幣使は吉田宗家・嫡流の人物の就任が規範・通例であったのであろうか、戦国期を遡って卜部氏の奉幣使任用の例を検討していく必要があろう。

応仁の乱以降の戦乱と疲弊により、朝廷からの神宮恒例祭への奉幣使発遣が途絶し、即位・遷宮による臨時奉幣使のみ発遣される様になったことは前述した。よってそれ以前の奉幣使卜部氏の人物を特定できる史料として次に『康富記』の記録を見てゆく。『康富記』[60]応永二十九年（一四二二）六月十一日条には「十一日（略）月次祭幷神今食也（略）王氏兼夏、中臣秀直、卜部兼興、（兼富子云々）忌部親憲等参行之（略）御幣進発之時有平伏」とあり、この王・中臣・忌部・卜部の四姓達は毎年六月・十二月に奉幣の為に神宮へ発遣される月次祭使[61]と考えられる。四姓使の内、卜部兼富の子である卜部兼興については「卜部家系譜[62]」に記載がない。卜部兼富は前掲の略系図に示した様に兼倶の祖父であり、兼富の子である兼名・兼香には兼興という別名があったという尻付は無い。よって兼興は系譜に記載されない様な人物と目される。また同年十二月の月次祭使も「使王兼夏、中臣神祇権大副秀直、忌部親藤、宮主卜部兼興[63]」とあり、兼興が奉幣に参向している。正長二年（一四二九・永享元年）八月二十二日条[64]には「差遣、八社奉幣　伊勢太神宮使々事、中臣従五位下行権少副大中臣朝臣清継（略）卜部従四位下行権大副卜部宿禰兼勝」とあり、この時の奉幣使卜部兼勝は「卜部家系譜[65]」の吉田流卜部氏にはその名は見えず、平野流卜部氏の「兼尚」の尻付に「平野社預　昇殿　右馬頭　正四位上　宮内卿　神祇権大副　本名―勝」とあるから平野卜部兼勝に比定される。嘉吉二年（一四四二）、延期されてい

た六月の「月次祭御幣使」は「中臣秀忠、卜部兼秀、忌部親―、王氏兼夏」であるが、「卜部家系譜」には該当時期の系譜に「兼秀」なる人物の記載はなく、同年の例幣の奉幣使は「王氏兼夏、中臣秀忠、卜部兼香、忌部親雄」とあり、略系図によると兼香は兼名の弟で兼倶の叔父に当たる人物で、従四位下・神祇権大副を歴任している。しかし吉田家直系の人物ではなく、吉田家の通字「兼」を冠せずに「忠弘」を称した時期もある。

文安四年（一四四七）九月八日の神宮怪異に関する軒廊御卜には「神祇官権大副卜部兼名朝臣」が参仕しているが、同年九月十一日には「今夜例幣也、伊勢一社奉幣、臨時被副献之」とある様に例幣と臨時奉幣兼行の奉幣使が神宮へ発遣されたが、その時の四姓使は神祇伯資益王・大中臣有直・忌部親雄と「従五位上行神祇権少副卜部朝臣兼敏」であった。「卜部家系譜」の兼倶の尻付に「文正二年正月五日改敏為倶」とあり、「卜部朝臣兼敏」とは若き日の吉田兼倶であろう。略系図を見ると兼名と兼倶（兼敏、以下兼倶に統一）は父子であり、文安四年九月の時点では兼名は神祇権大副、兼倶は神祇権少副であり、この時点では兼名を吉田家当主と見て良かろう。すると吉田家当主兼名自身が奉幣使として参向せず、その嫡子兼倶の奉幣使参向が確認される。その後、宝徳元年（一四四九）の「祈年穀奉幣使交名」に「正五位下行神祇権少副兼中務権少輔卜部朝臣兼敏」が記載され、判明するだけで兼倶の二回目の奉幣使参向が確認される。

以上から、奉幣使の卜部氏については、神祇官員である吉田卜部氏（兼香）と平野卜部氏（兼勝）、「卜部家系譜」に記載されないが吉田一門である卜部氏（兼富の子兼興）、系譜不明の卜部氏（兼秀）、吉田宗家の嫡子（兼倶）の奉幣使参向が確認される。よって該当時期の奉幣使は吉田卜部嫡流・庶流、平野卜部氏から幅広く起用されていたことが判明し、恐らく奉幣使参向者は皆神祇官員であったものと推測すると、四姓使任用の判断基準は、吉田・平野・嫡流・庶流の差異ではなく、神祇官員卜部氏という点に基準が置かれていたものと思われる。

また神祇権大副である吉田兼名が神宮怪異による軒廊御卜に参加しながら、関連の神宮奉幣使には兼名の子息で神祇権少副の兼倶が選任されていることが注目される。吉田家嫡流で神祇官の上首である兼名が奉幣使に任用されなかったことは、奉幣使に卜部氏庶流が多く起用されていることを考慮すると、奉幣使は吉田家当主以外の神祇官卜部氏が奉幣使に任用される傾向が読み取れる。この傾向は吉田宗家当主が神祇官卜部氏の中で最上席者（神祇大副・神祇権大副）であった場合、自身は京都（朝廷）に残り、部下の神祇官員（結果的に神祇官員である自身の子息や卜部一族）を派遣したという様な職務上の理由によるものとも推量される。

但し、奉幣の関連史料全てに奉幣使卜部氏の個人特定が可能な記述があるわけではないので、あくまで前述の限定的な史料から見た傾向であり、卜部氏当主は奉幣使参向が出来なかったと論じるわけではない。

以上から、応永〜宝徳の例によれば、奉幣使は吉田卜部氏嫡流・庶流、平野卜部流という家柄に関わらず神祇官卜部氏より任用され、吉田卜部嫡流の人物による「独占」は認められず、また「卜部代」という記載は見られない。

応永〜宝徳期を一例として、応仁の乱以前の奉幣使卜部氏起用に関する論述を踏まえた上で、同様の視点から永禄期の奉幣使を考察する。永禄二年（一五五九）の奉幣については「兼右卿記」永禄二年八月二十四日条に「甘露寺弁経元折紙到来」として、

就御即位来月十一日、由奉幣可被参向之由、被仰下候、為御覚悟、先内々令申候、旁以面謁可申也、

廿四日　　　　　　　　　　　　　　　　　経元

右兵衛督殿

とあり、奉幣使参向については実際に参向した吉田定澄ではなく右兵衛督吉田兼右へ下命されている。「兼右卿記」には朝廷内における吉田定澄という吉田卜部宗家以外の人物の四姓使就任の是非をめぐる議論の記録が無いことか

ら、先例の様に任務遂行が期待される神祇官卜部氏であれば四姓使への選任が可能であったと推量され、その人選をも含め奉幣使卜部氏の責任者として兼右に下命があったものと考える。

また奉幣使発遣陣儀に際しては、「兼右卿記」永禄二年十二月十二日条に「阿波賀権少副定澄、束帯刻限令乗輿、至神祇官参向了、侍　従兼和為指南、令貨頭向彼庁了」とある様に、束帯姿にて官庁へ向かう吉田定澄に兼右の嫡男吉田兼和(後に兼見に改名、以下兼見に統一)が「貨頭」即ち顔を隠して「指南」の為に同道しており、吉田宗家が所作の指南をしている。更に同十二月十三日条に「権少副定澄、今日卯刻発遣、路次中乗馬、烏帽子、斎服絹也、青侍安田四郎兵衛・鈴鹿孫九郎・同名神五郎、雑色五人、人夫五人、申付了、大炊助定富同参宮了、御幣櫃一合指下了、雖無所用為路次中如此、於伊勢山田者、御炊大夫定宿也、在庄以下不及其沙汰、三百疋遣之了、路次中者一人分一日五十文充下行之、巳上代十貫渡之、上洛之時六十疋、此方へ返出之」とあり、旅費滞在費用等の公費を兼右が分配しており、供奉の青侍鈴鹿氏等は吉田社社人の一族と推測すると、所作の指南から旅路全般にわたる吉田宗家の采配の様子より定澄は吉田宗家の差配のもと奉幣使の任務を遂行したと見られる。兼右が日記に「一家覚悟之分注置之」と記したことは、「一家覚悟」即ち吉田宗家としての奉幣使の家職意識の表れであろうが、これは宗家当主自身が奉幣使を独占するという意味ではなく、奉幣使参向を責務とした神祇官吉田卜部一族の長としての意識の表れと推察する。

また永禄六年の奉幣使参向においては、兼右自身が朝廷の一社奉幣奉行に命じられており、永禄二年の例と同じく「未明権大副兼高下向了、侍四人・雑色三人・白丁一人・中間三人・人夫四人申付之了、兼高為訪料三百疋遣之」とある様に兼高の従者や金銭について一社奉幣奉行とはいえ兼右が采配しており、兼高もまた吉田宗家の差配のもと奉幣使として参向している。

前述の天文五年(一五三六)の奉幣においても吉田兼右が奉幣使・吉田兼高を引率し差配している様子が窺われ、奉幣使本人は神祇官卜部氏より人選しているが、天文～永禄の戦国期の奉幣使卜部氏の全般的な責任と権限は神祇官吉田宗家に委ねられた様である。判明するだけで戦国期の奉幣使は兼晴・兼高・定澄、再度兼高が起用され奉幣使が特定の人物・系統に固定されていないので、少なくともこの時期には各吉田庶流家が吉田宗家から独立するような体制で奉幣使を家職として世襲化していないものと考える。また天正十三年（一五八五）の遷宮奉幣においても、『兼見卿記』に「伊勢内外宮正迁宮来十三日也、七日陣儀、神祇官之儀式在之、自当家幣使罷出」[73]とあり、兼見は「当家」より幣使を選出すると記す様に、吉田卜部宗家当主が卜部一族から奉幣使を選出すると明確に意識しており、また天正十三年の奉幣使発遣陣儀には「官庁令貨頭罷出了」、天正十四年の発遣時には「予令貨頭、為指南罷出畢」[74]とあり、兼見は兼有を指南する為に神祇官に向かっている。

以上から、戦国期の奉幣使卜部氏が卜部氏庶流の神祇官員より選任されたことは、前述の応永～宝徳の例に準じており、延徳密奏事件後の神宮祠官の解状上申により吉田家当主の奉幣使参向が停止された結果、代役として卜部氏庶流が奉幣使に起用されたわけではないことが理解される。

しかし密奏事件以後の神宮祠官の吉田家に対する反発が、吉田宗家嫡流の人物の奉幣使就任に影響を及ぼさなかったとは考えにくい。前述の応永～宝徳の例では判明する分だけでは吉田家当主と思われる人物の奉幣使参向例は見受けられないが、吉田家嫡流の兼倶は、父兼名が神祇権大副にある時期に、確認できるだけで二回奉幣使に就任している。これに対し密奏事件以後の永正十五年・天文五年・永禄二年・永禄六年、そして天正・慶長の奉幣使は、吉田家当主・直系の人物は奉幣使に就任していないので、やはり神宮祠官の反発は吉田家嫡流の奉幣使就任を止める影響力があったと推測する。

永禄二年の例では兼右の嫡男兼見は「貨頭」して定澄に祭式作法の指南を行っているが、その様な状況であれば、態々越前国より定澄を上洛させるまでもなく、兼名在世時の兼倶の奉幣使参向の例と同じく兼右の嫡男として兼見が奉幣使に就任して然るべきであるが、これができないのは神宮祠官の反発の影響と推察される。詳細は後述するが、永禄六年正遷宮に伴う吉田兼右の参宮も「密儀」「忍之儀」の体である。

以上を総合すると、応永～宝徳の例では吉田家当主自身の参向の記録は管見に及ばないものの、延徳密奏事件以前であるので特段当主の奉幣使参向への制約は無かったはずであり、確認できるだけでも嫡流・庶流に関わりなく神祇官員の卜部氏が奉幣使として参向していた。しかし延徳密奏事件以後で神事違例のあった延徳三年の奉幣を除く永正～慶長期の奉幣では吉田家庶流の奉幣使就任が推定されるが、この場合は吉田家当主・嫡流の奉幣使不参は神宮祠官の反発による多少なりの影響があったと思われるから、密奏事件以後の卜部氏庶流の奉幣使就任は密奏事件以前の先例に準じているものの、嫡流家の奉幣使不参を補完するという別の意味合いを持つようになったと見ることができよう。

既述してきた奉幣においては、神宮側の史料に見られる寛正七年奉幣の「卜部吉田神主代官」以外は代官という記録は無く、そのほか吉田家庶流の神祇官卜部氏が代官或いは「卜部代」と記録された形跡は無い。つまり永禄期以前は、吉田家の嫡流・庶流とは関係なく神祇官卜部氏である以上、「卜部代」ではなく四姓使の「卜部氏」と認識されていた可能性が高い。勘文における「卜部代」の用語を自身の奉幣使復職を意図する吉田宗家吉田兼英の文章的技巧と見るべきか、それともいつ頃からか吉田家歴代当主達に吉田家卜部氏庶流の奉幣使を「卜部代」と見做す認識が出来上がっていったのかは不明である。奉幣使「卜部代」については今後の課題となろう。

二　永禄期における吉田兼右の神宮への関与 ―「兼右卿記」を中心に―

1　御神宝奉製一件への関与

本稿冒頭で述べた様に、延徳密奏事件により敵対的関係となった吉田家と神宮祠官の関係交渉、そして吉田家の神宮への関与については、殆ど顧みられることはなかった。しかし「兼右卿記」からは、朝廷における吉田兼右の動向が神宮に間接的に影響を及ぼしていたことが理解できる。よって「兼右卿記」を中心に永禄期の宮中・朝廷における神宮関連の諸神事・諸行事での吉田兼右の関与を見ていきたい。先ず公家衆の相談を受ける形で兼右の意見が間接的に祭主に伝わる事例を紹介したい。次に「兼右卿記」永禄二年（一五五九）十二月二十三日条を掲げる。

廿三日（略）自勢州去廿一日権少副上洛云々、上下無事無其煩罷上云々、併神慮之儀也、於外宮社官衆申云、今度神宝以外堪略也、難納内陣之旨申之、祭主息権大副康忠・権少副定澄種々申宥、及寅刻行一会云々、

神宮奉幣使の任を果たして帰洛した定澄より、外宮社官衆が今度の一社奉幣において奉納の神宝が内陣に納めがたい程粗略であると抗議し、祭主朝忠の子息・神祇権大副康忠と吉田定澄が慰留に努めたとの報告があった。その二日後、兼右は奉幣の無事遂行を万里小路惟房へ伝達する際に話題は外宮神宝奉納一件に及ぶ。次に史料を掲げる。

廿五日　向万里亜相対談、由奉幣無事遂行之由申入了、社官衆申事語之処、彼卿云、自祭主此段申之、行事官被払京中畢、又神宝被改下者乎、両条之内一方可被仰付之旨申之云々、予云、行事官今度御即位御用人也、被逐払之段可有御用捨乎、又神宝被調直事、御代始不宜、所詮此度事ハ可堪忍、向後之儀ハ堅可被仰付之旨、御返答可然乎之由申之処、彼卿尤同心也、其分可申聞祭主之由被申了、

万里小路惟房は兼右に対し、御神宝一件の責任追及として行事官の京都追放或いは神宝の再奉製を願う祭主朝忠の主張につき具体的な相談を行った。兼右は、行事官は御即位の御用人でもあり追放は免じるべきで、且つ「又神宝被調直事、御代始不宜」と御代始という節目に奉製し直す（やり直す）という行為が相応しくないので神宝の再奉製も止めるべきであり、行事官への厳重注意で一件落着させる様返答してはどうかと意見した。惟房はこの兼右の意見に深く同心し、その趣旨を祭主に返答することを決めた様であるが、この後の結果は不明である。兼右は択一を迫る祭主の二条件そのものを否定する形で穏便に済ませようとした。

本件は別段祭主・神宮側が直接的に吉田兼右へ意見を求めていないにも関わらず、惟房が兼右へ相談するという形で兼右の意見が間接的に祭主側へ伝わった様であり、この様な状況で吉田家が間接的に神宮に関与する場合があった。

2 外宮正遷宮一社奉幣への関与

永禄六年（一五六三）九月二十三日、外宮は約百三十年ぶりの正遷宮を遂げた。この遷宮については、その立役者であった慶光院清順の動向を中心とした研究や造営組織である外宮作所に関する研究が多く[75]、廷臣の一員として吉田兼右が遷宮に関与したことへの言及は見受けられない。それは永禄の遷宮における朝廷の動向に関する研究不足だけでなく、吉田家の神宮への関与に対する研究視点自体の欠如という理由が挙げられよう。

しかし「兼右卿記」によると兼右は朝廷の一社奉幣使奉行として外宮正遷宮へ関与している。永禄の外宮正遷宮の一社奉幣については小島鉦作氏が「この正遷宮にはじめて黄金の樋代が調進され、一社奉幣も復されることも注目[76]」しているが、黄金の御樋代・一社奉幣の再興にも兼右の大小の関与が見受けられる。一社奉幣を巡っては勧進活動を展開する慶光院清順と幕府、そして清順と朝廷の神祇官僚・一社奉幣奉行でもある吉田兼右との交渉も見受けられるので以下論じてゆく。先ずは「兼右卿記」永禄六年八月二十日条の各史料を掲出する。

神宮伝　奏中山亜相孝親卿折紙到来

其後者久不能面謁伊鬱候、抑　神宮正遷宮事、来月廿三日治定分候、就其可有一社奉幣之日時相定候者、為奉行可被相催候、先内々為御心得令馳申候、発遣出立料之事者、従彼願人方直致沙汰候事候、此十日已前上洛候間、様躰御入魂可然候欤、今度遷宮事者非役夫工米、以奉加之儀、毎事祈中之沙汰候、諸司下行、大方御即位由奉幣申付候、可得其御意候、猶巨細以面可申候也、

廿日　孝親

吉田殿

右は神宮伝奏中山孝親より兼右宛書状の記録であり、外宮正遷宮遷御の儀が九月二十三日に治定した旨、兼右の奉幣奉行任命の内示、発遣出立料が慶光院清順（彼願人）の手配による旨、諸司へは大方即位由奉幣に準ずる規模・費用になることを伝えた旨等が記される。

向中山亜相亭対談、予申云、正遷宮之時者、入目五千疋也、一社奉幣両度参向也、弐千疋分中〳〵難事調之旨、演説了、彼卿云、一社奉幣与正遷宮両方相懸之、一度可為参向、諸方以奉加相調事候間、以神忠可参向云々、予云、以神慮之儀可存攷心、但両度参向雖為一度、於彼方可有逗留、入目可及過分、可有御分別之旨、申演之処、彼卿云、尤有其謂、願人ニ申渡、彼是可返答云々、

兼右は孝親を訪ね今回の勅使派遣は、正遷宮に五千疋、一社奉幣に二千疋が其々に必要であり、予算三千疋での発遣は難しいと説いた（後述の史料と総合するとこういった理解となる）。対して孝親は勅使が正遷宮と一社奉幣を兼行す

る経費削減案を提案し、今度の遷宮は奉加・勧進を以て為されるものであり、費用不足による略儀等も懸念されるが、その神忠を以ての参向と理解すべきであると述べた。兼右は「神忠の儀」は理解できるが「神慮の儀」を重んじるべきことを説き、仮に一度の参向としても伊勢国での滞在費用が嵩む可能性があるので、慎重に検討すべきだと答えた。孝親は兼右の意見に納得し、その旨を清順へ伝えることにした。

　中山亜相使者到来、昨日申之儀、申渡願人之処ニ、参千疋可下行申之、其外ハ以奉加之儀、可参向云々、留守之旨令返答、先不及兎角之儀者也、

　翌日、中山孝親の使者が兼右邸を訪問して言うには、清順は今回の遷宮・奉幣使発遣が「奉加の儀」という特殊な事情から、三千疋の費用でできる範囲の奉幣使発遣を改めて孝親に申請したという。「令返答」とあるから、兼右は人伝に使者に「留守之旨」を返答し「先不及兎角之儀者也」と様子を見ることにした。その後、この問題を巡り幕府から吉田家へ使者が来訪し事態が進展する。次に「兼右卿記」永禄六年九月二日条を掲げる。

　小侍従御局以沼田弥七郎承云、太神宮正遷宮之儀に付而下行事、以三千疋可下向之旨種々雖申之、無御同心云々、本願清順上人比丘尼也、致懇望、可有如何哉之旨云々、予云、此間　神宮伝　奏中山大納言、種々被申了、正遷宮御下行五千疋、一社奉幣二千疋已上七千疋也、然共今度非役夫工米之条、可致用捨、但三千疋者、中〳〵難調之旨申入了、

　足利義輝の側室小侍従局[77]が幕臣沼田弥七郎[78]を使者として兼右に奉幣使発遣について相談を持ちかけている。清順が三千疋の資金での奉幣使発遣を言上したが「御同心」を得られない為、引き続き懇望しているという。小侍従局・沼田といった幕府関係者からの依頼から「御同心」とは将軍足利義輝の同意であろう。兼右は過日の中山孝親との相談内容も話し、本来は正遷宮に五千疋、一社奉幣に二千疋の費用下行が必要であると説明した上で、以前孝親が述べた

様に、今回の遷宮が奉加・勧進で行われていることから、多少の「用捨」（容赦）も許容されるべきであるが、実際には三千疋での参向は難しいと説いた。

翌九月三日条には「参　室町殿、彼清順上人伺候、種々致懇望、御局御中分三千五百疋者本願上人出之、五百疋者従春日御局被出候、已上四千疋分ニ落居了」とある。清順の懇望もあり「御局」の提示した折衷案により、清順が三千五百疋を、春日局[79]が五百疋を寄進し、合計四千疋の費用で奉幣使発遣が決定した。期限も迫っており関係者が参会して一挙に解決を図った形となる。

翌、九月四日条に「今日　正遷宮参行之下行物千疋、且渡之了」、九月十日条に「遷宮発遣使之下行三千疋請取了、已上四千疋分到来、依別儀三千疋者令堪忍了」とあり、計四千疋が兼右に託された。不足分三千疋は堪忍する旨を態々日記に記したことからも、本来の経費は七千疋必要との兼右の認識は変わっていない。

以上の様に兼右は朝廷の一社奉幣奉行として永禄の外宮正遷宮に関与した。兼右は当初、費用七千疋の必要性を説いたものの、中山孝親の意見や清順上人の懇望を受け、諸国奉加による特殊性から四千疋での奉幣使発遣を是認した。奉幣使発遣の費用については勧進を行った清順の意見が大方是認されて決着したが、奉行である兼右は故実に明るく必要経費を明確にし、また現実的な意見を述べている。費用不足からは種々の悪影響が懸念され、更に兼右をして「神慮」を拝察してのことであった。

3　朝廷における兼右の動向

次に朝廷における遷宮関連事項に関する兼右の動向を見ておく。「兼右卿記」永禄六年九月三日条には「為　上意御尋云、　太神宮御宝物之内、ヒノシロト云物、以黄金廿一枚造之、其書付被染　勅筆、然者今度ハ申入　上意字、如何在候哉云々、樋代　可為此字之旨申入了」とある。外宮の黄金の御樋代については勅筆の「書付」が伴われた様であるが、「ヒノシロ」の漢字表記について禁裏より兼右に御下問があり、兼右は直ちに「樋代」と上申している。この様に朝廷内で兼右の神道・神宮の有職故実の知識が発揮されていることが理解できる。その後、御樋代は「九月十一日、御樋代御上人直ニ長官へ御渡也[80]」とある様に、京都より清順が直接外宮長官禰宜の所へ奉じている。

続いて宮中祭祀・神祇官儀式等の朝廷における遷宮時の諸祭祀・行事に関連する兼右の動向を見ていきたい。次に「兼右卿記」永禄六年九月十二日条を掲げる。

晴　今日卯刻一社奉幣也、予先最前向中山亜相亭（神宮伝奏）暫談、彼卿云、於神祇官令帯釼哉、予云、解帯釼之旨、慥注置了、彼卿云、然者可為其分、主上自今日御神事、至遷宮者長々敷候間、自廿一日又可為御神事歟、予云、自今日至遷宮之当日御神事也、旧記如此之旨令申之、応永九年清大御記見彼卿了、則令写之、其分可　奏聞之旨被申了、又神祇官今日次第所望之間見候処、則被写了、

巳刻許有陣儀、上卿中山大納言孝親卿、奉行職事甘露寺　弁経元、史康雄等、自其直ニ各被向神祇官、権大副兼高乗輿、雑色六本、白丁一人、侍五人参行了、神祇官作法如常無別之儀、万里亜相以下各令同道見物了、

中山孝親は一社奉幣陣儀での帯釼（剣）の有無を質問し、兼右は「帯剣を解く[81]」旨を回答した。また「今日」の奉幣使発遣より遷御当日迄の天皇の御神事が長期に亙る為、改めて遷御当日の二十一日に斎行すべきかどうかという質問に対して、兼右は旧記を典拠に今日から遷宮当日まで御神事を斎行すべき旨を回答している。孝親はその典拠を書写しその旨を奏上することに決した。

奉幣に関する御神事については、石野浩司氏『石灰壇「毎朝御拝」の史的研究』に次の様な指摘がある。「奉幣発遣儀礼として八省院（もしくは神祇官）を勅使が出発した時刻に、主上には紫宸殿に出御されて巽方を御拝される。こ

れは遣使の伊勢到着まで毎日繰返されるもので（略）「南殿御拝」と称する。主上が御物忌（略）もしくは御心御不快（略）の場合、南殿のかわりに清涼殿「石灰壇」代用が頻用された」、「八省院から伊勢奉幣使が進発したとの報告をうけられると天皇には、南殿「紫宸殿」に出御されて廻立された大宋御屏風の中から伊勢御遥拝をあそばされる（略）。蔵人から御笏を受け取られ両段再拝の御作法である。御拝おわれば、主上が笏を鳴されるので御屏風を開く（略）。その夜から勅使参宮の日まで毎日、東庭御拝が続くのであるが、（略）これは幼帝といえども代理の許されぬ重儀の天皇親祭であった」[82]と、主に平安時代後期における神宮奉幣時の天皇御拝の様子を多数の史料を用いて明らかにしている。

そこで『お湯殿の上の日記』から戦国期における神宮奉幣使発遣前後の御神事に関連する記事を抄出した表2を見てゆく。

別掲の表2②⑥⑫には奉幣使発遣の日に「御はい」とあり、奉幣使発遣に伴う天皇の御拝は明らかである。天文七年（一五三八）の例⑧も、御装束ほか儀式次第が天文五年の例⑥とほぼ同様であり、「御拝」そのものの記載が無いだけである。また天文五年時の御装束は「永正のたひの例」を前例としており、天文五年の奉幣は永正期の奉幣の踏襲が知られるから、延徳三年（一四九一）・永正十五年（一五一八）・同十六年・天文五年（一五三六）・同七年の奉幣の儀式次第は同様であったと推定される。

発遣の日が近くなると御斎戒の為④「せんこさい」前後斎）、神事に差障りある人々は御所より退出し④⑦⑫、奉幣使発遣の翌日に帰参しており④、また参内も控えられた①。この様に「よしのほうへいの日のまへ三日」⑫よりの御斎戒は厳重であり、「御ゆ」（御湯）による御潔斎の様子も窺える④⑦。よって戦国時代の奉幣においても、御斎戒・神宮奉幣使発遣陣儀・天皇御拝に至り、やがて奉幣使によって神宮で奉幣が行われたことが確認できる。

表2 『お湯殿の上の日記』における奉幣使発遣御拝関連記事

	No.	年	月	日	史料
延徳三年の奉幣	①	延徳三	七	七	御神事にさわる人はまいらす。
	②	延徳三	七	八	いせの一しやのほうへゐおこなわる、。（略）ちんのきありてそうもけへあり。さんしやうまいる。かねてちよくもんともあり。御そくたゐ御ふくなきに御はいには御ひきなをしにてない〳〵にてなる。内侍いつものことく御ともなり。御さか月まいる。
	③	延徳三	七	九	御神事いつもの御はゐの、ちにとけさします。
天文五年の奉幣	④	天文五	二	十二	けふよりせんこさいにて。御ゆになりてより御所中さし合たる物をはいたさるる。御神事也。新ないし殿さとへゆかる、。さし合なり。いよ殿もいまたきやうふくにてさとへゆかる、。十五日の御はいすきてをの〳〵かへりまいる。めてたし〳〵〳〵〳〵。
	⑤	天文五	二	十四	一社のほうへい七時分。上卿権大納言。弁資ゆき。陣のきありて。上卿日時のかんもんそうありて。又せん命の草まいる。後に又宣命まいりて御くわくあそはす。そう三度なり。其後に神祇官に行むかひ。弁。上卿夜に行てかへりまいらる、。上卿に御さか月たふ。
	⑥	天文五	二	十五	昨日のほうへいはつけんの時分に御奉行資為人をまいらする。その時分御ゆになりて御はいあり。ほんしき御そくたいにてあれと。永正のたひの例にて御ひきなをし也。宣命の草をうつして御はいの時に御きねんあり。御簾には頭弁しこうなり。めてたし〳〵〳〵〳〵〳〵。そののちつねの御所にて御さか月三こんまいる。
天文七年の奉幣	⑦	天文七	九	二十七	けふより御しんしにて御ゆめさしまし。さしあひたる物なと。した〳〵の物まていたさる、。
	⑧	天文七	九	二十九	一しやのほうへいあり。上けい日野の中納言。さんちんの弁にはすけゆき。ちんのきはしまりて。日時のかもんのそうあり。又せんみやうのさうのそうあり。又せんみやうのそうあり。御くわくあそはしていたさる、。その、ち上卿しんきくわんにむかふ。弁のふはるなり。こくけんに御きやうすいありて。御ひきなをしにて。御れんすけゆき。すのこにきよくらふしこう。その、ちつねの御所にて三こんまいる。御しやくにすけゆきもまいる。ふゐふしにめてたし〳〵。
	⑨	天文七	十	八	さいしゆする〳〵と下かう申て。御はらいまいる。めてたし〳〵。

	番号	年	月	日	記事
永禄二年の奉幣	⑩	永禄二	十二	八	はくめして。よしのほうへけいの御しんしのやうたい御たいめんにてたつねらるゝ。
	⑪	永禄二	十二	十一	けふよしのほうへいにて。ちんのきあり。しやうけい万里小路大納言。惟房。弁かんろし。つねもと。神祇官へは。にはかにかりさいもくの事につきてくるゝまゝ。けふは神祇官へはゆかす。よしのほうへい日時定の上卿も万里小路大納言。弁輔房。
	⑫	永禄二	十二	十二	けふ神祇官へは。けふはかりさいもくの事とゝのほりて。する〳〵とありて御はいになる。日の御座にきよけんない〳〵にておかるゝ。御れん頭弁賴房。まいる。御はいのやういつものことし。よしのほうへいの日のまへ三日より御しんしにて。さしあひたるもの。しゆうふく。きやうふくなともいたさるゝ。そのゝちより三日はいてうなり。
	⑬	永禄二	十二	十三	よしほうへいの御てん。かんろしより申て。あそはしていたさるゝ。
	⑭	永禄二	十二	二十五	いせのさいしよしのほうへいする〳〵とありてめてたしよしさいし申て。一まんと御はらいまいる。
永禄六年の奉幣	⑮	永禄六	九	十	いせのよしのほうへいとて。ゆふかたより御しんしあり。
	⑯	永禄六	九	十二	一しやのほうへいのちんのきあり。しやうけいなかやまの大納言。ふきやうとうのへんなり。くわんおんちやうよりしやうけい。ふ行かへりにて。みな〳〵こたちしこうにて三こんまいる。めてたし〳〵。
	⑰	永禄六	九	十五	いせのけくうせんくうのときのほうてんへまいる色〳〵。きやうしくわんこしらへ候てまいる。中山神くうのてんそうにてこ御所へもちてまいりてけさん入られ候て。女中。おとこたちみな〳〵みせらるゝ。
	⑱	永禄六	九	二十七	しんくうの御くわゐに。せうみやうゐん。たけのうちとの。おとこたちみな〳〵御まいりてあそはす。御はてありて三こんまいりて。ひし〳〵とめてたし。

【出典】『続群書類従　補遺三　お湯殿の上の日記』二巻・四巻・六巻（続群書類従完成会、昭和三十二・三十三年）

その上で前述の「兼右卿記」永禄六年(一五六三)九月十二日条を改めて検討したい。「主上自今日御神事、至遷宮者長々敷候間、自廿一日又可為御神事歟」という中山孝親の質問に、兼右が「応永九年清大御記」を根拠とし「自今日至遷宮之当日御神事也、旧記如此之旨」と進言すると、孝親は記録を書写し「其分可 奏聞之旨被申了」と、兼右の意見に同心し奏聞を決したことは前述した。

表2⑯の永禄六年の奉幣使発遣の日の記録は式次第に関する記録は余り詳細ではない。しかし「三こん」の儀⑯は前例(⑥⑧)に等しく、「いせのよしのほうへいとて。ゆふかたより御しんしあり」⑮もまた前例(④⑦)に共通し、四年前の永禄二年の奉幣使発遣が「御はいのやういつものことし」⑫と儀式次第の踏襲が明確であること、そして奉幣使発遣日の九月十二日の中山孝親の「主上自今日御神事」という発言からも、前例を継承し、奉幣使発遣に伴う御拝が行われたことが推定される。

そこで『お湯殿の上の日記』[83]永禄六年九月十日条から二十三日条の宮中での神宮・遷宮関連の記録について見てゆくと、十日に「いせのよしのほうへいとて。ゆふかたより御しんしあり」(御神事)、十二日に「一しやのほうへいのちんのきあり」(一社奉幣陣儀)、十五日「いせのけくうせんくうのときのほうてんへまいる色〳〵。きやうしくわんこしらへ候てまいる。中山神くうのてんそうにてこ御所へもちてまいりてけさん入られ候て。女中。おとこたちみな〳〵みせらる丶。たけのうちとの。おか殿。こしやうしとの。とんけいんとのみな〳〵御らんせらる丶」(神宝叡覧)、二十三日「廿七日しんくうの御ほうらくの御ほつくみせらる丶。みな〳〵へもけふふれらるる。しんくうのてんそうにて中山大納言しゆゐんの事おほせらる丶」(神宮御法楽連歌の連絡、神宮伝奏中山孝親に「しゆゐんの事」下命)が挙げられる。外宮正遷宮関連では奉幣使発遣陣儀、外宮神宝叡覧、神宮法楽連歌等が記録される。前述の様に発遣日に御拝が斎行されたことは確実であろうが、毎日の御神事については記録がない。

しかし延徳三年（一四九一）の奉幣に注目すると、七月八日の奉幣使発遣日の御拝の翌日である七月九日に「御神事いつもの御はゐのゝちにとけさします」（③）とあり、この「御神事」は奉幣使発遣に伴う「御はい」（②）を指すものと考えられる。すると「いつもの御はゐ」の後に特に神宮奉幣に伴う「御神事」（御拝）が行われたと理解できる。前述の『外宮子良館旧記』の記述より、延徳三年七月十二日の奉幣が知られるが、『お湯殿の上の日記』[84]には七月九日の③の記事以降七月十日から十二日までは「いつもの御はゐ」及び「御神事」は記録されていない。元来、奉幣使発遣より奉幣使の参宮まで御拝が行われていたことを想起すると、延徳三年七月八日に奉幣使発遣の御拝があり、その翌日の七月九日に常の御拝と共に御神事が斎行されたわけであるから、奉幣使発遣日の翌日のみ御神事が為されたとは考えにくく、七月十日以降も奉幣まで御神事は斎行されたものの毎日のこと故に記録されなかったものと推測される。

そこで「いつもの御はゐ」に注目したい。天皇が毎朝、神宮はじめ諸社を御拝する毎朝御拝は、宇多天皇の御代に始まり古代・中世・近世を経て明治時代の毎朝御代拝に至るまで連綿と継承された御神事である[85]。すると「御神事いつもの御はゐのゝちにとけさします」は毎朝御拝の後に奉幣に伴う御神事・御拝が斎行されたと理解できる。これは臨時御拝の式次第が通常の毎朝御拝の後に再度はじめの御潔斎から御拝を繰り返される[86]ということからも明らかであろう。

石野浩司氏によると『お湯殿の上の日記』には「毎朝斎行の「毎朝御拝」が日次日記に記載される例は少なく、触穢「御拝」停止・「御代拝」事例・「御拝」再開、あるいは「臨時御拝」などの特殊記事ばかり目立つ反面、いかに「毎朝御拝」が励行されていたかの強力な証言とも言える[87]」というから、毎朝御拝は毎朝のこと故に日々記録されることはない。更に『お湯殿の上の日記』での臨時御拝に関する石野浩司氏の指摘を次に掲げたい。

「臨時御拝」の記事は、凡そ「今朝より臨時の御拝に成」、三日目に「臨時の御拝、今朝迄にするすると成て、盃参」と記すのが常套句である。三日間の御神事との御心掛けゆえに、御拝はてて後の御盃とはなる。その為か、最終日に「今朝まで三日、臨時の御拝に成て、盃参」と省略的に記述される場合も多い。こうした臨時御拝の本来の目的は、あくまでも祭祀欠典の補欠にあった(88)。

基本的に三日間連続で行われた臨時御拝であっても開始または終結日のみ記録されることが多いという指摘から、奉幣使発遣の御拝においても同様に奉幣使発遣から奉幣使の参宮までの間の御神事・御拝の記録は省略されていたとの類推は可能であろう。よって延徳三年七月九日の「御神事いつもの御はゐの、ちにとけさします」の記事は、奉幣使発遣の翌日からも毎朝御拝に続いて奉幣使発遣に伴う御神事の継続の一端を示す史料であり、その翌日以降からは毎朝御拝共々敢えて記録されなかったと考えられる。前述の様に延徳・永正・天文・永禄の神宮奉幣をめぐる御神事次第は『お湯殿の上の日記』の記述にこそ差異があるものの、儀式次第は大凡一定して継承されてきたと推定される。

すると永禄六年九月の中山孝親による「主上自今日御神事、至遷宮者長々敷候間、自廿一日又可為御神事歟」という発言は、これ以前の奉幣では発遣から奉幣(「遷宮」)の日まで御神事が斎行されてきたことを前提とした発言であると改めて理解でき、兼右が先例に引用した「応永九年清大御記」の記述も信憑性の高いものと言えよう。

すると『お湯殿の上の日記』に発遣日の翌日から奉幣(遷宮)当日までの御神事の記録が無いからと言って、御神事が斎行されなかったとは言えないのであって、寧ろ二十一日にのみ単発的に改めて御神事が斎行されていれば、その記述があっても良いがそれは無い。毎朝御拝に合わせて御神事が斎行されたと考えると、毎朝御拝の不記載同様に毎日の御神事は記録されなかったものと推測される。また表2⑯の奉幣使発遣時の御拝の記録が他の例(②⑥⑧)に比して簡潔であることも考え合わせると、実際には奉幣使発遣後の毎日の奉幣による御拝は斎行されたが記録は省略されたものと推測される。以上から、神宮奉幣御拝に関する兼右の意見が採用された可能性は高いと考える。

4　吉田兼右の参宮

外宮正遷宮の奉幣使発遣に伴い吉田兼右が「密儀」の参宮を行ったことは既に萩原龍夫氏の指摘がある。(89) 萩原氏は兼右の参宮について要点を絞って概説するものの、註記に論述したものだけに史料の引用もなされていない。よって萩原氏の指摘箇所との重複も多いことを予め断った上で、本稿では「兼右卿記」本文を引用して再検討を行い、兼右一個人と神宮との関わりを考える上でも重要となる兼右の参宮を見直したい。以下「兼右卿記」永禄六年（一五六三）九月十五日条〜九月二十五日条により、兼右の出立から帰京までを順を追って見ていく。

十五日辛卯　晴　未明権大副兼高下向了、侍四人・雑色三人・白丁一人・中間三人・人夫四人申付之了、兼高為訪料三百疋遣之了、前々二百疋也、今度者四千疋到来候間、三百疋遣之、俄予以密儀参　宮了、梵舜喝食依有立願同下向了、今日至水口郷（江州甲賀）下着了、路次中道者、数千人相従了、諸関雖有申事、悉無別儀、誠神慮至也、

十六日壬辰　自水口郷至宇治井郷下着了、窪田・阿野津路次、国師与長野方依為合戦之間、至彼　　郷相廻了、

十七日癸巳　自宇治井郷至ヒラウ郷下着了、

十八日甲午　自ヒラウ郷至山田下着了、御炊大夫為迎出迎了、権大副至彼宿之屏中門之内乗馬也、予自元依為忍之儀、一向道者之分也、

永禄六年九月十五日未明、奉幣使（四姓使）卜部氏一行は神祇権大副兼高以下十六人が出発、兼右は今回の奉幣使発

遣の資金が四千疋であった為、訪料を前例の二百疋から三百疋へ増額して渡した。いつ頃決意したものか兼右は俄かに子息・梵舜を同道して「密儀」の参宮の旅に出る。梵舜はこの時「立願」あっての参宮であった。兼右は「密儀」「忍之儀」であり「一向道者之分」即ち一道者としての参宮である。遷宮を契機とした伊勢参宮[90]の道者達が奉幣使一行に次々と合流し数千人規模の参宮団となった。公命を負った奉幣使だけでなく、付き従った数千人の道者達までも「悉く別儀なく」道中の諸関を通過できた様であり、それは一道者であった兼右をして「誠に神慮の至り」と感じさせたのである。

九月十六日に、一行は伊勢国司北畠氏と長野氏との合戦を避けて伊勢国安濃津を通らず宇治井郷に到着、翌日は平生郷に到着した。十八日、奉幣使一行は外宮門前の山田で定宿である御炊大夫邸に到着、奉幣使である神祇権大副兼高は御炊大夫の奉迎を受け更には門内まで乗馬で進入しているが、兼右は「予自元依為忍之儀、一向道者之分也」と日記に記した様に、一道者として御炊大夫に知られることなく宿泊した様である。数千人の道者達は分宿したものと思われ神宮周辺の賑わいぶりが想像される。

十九日乙未　両宮共以参　宮了、及五旬老年始而参詣■令遅々之処、今初而参　宮満足〻〻、
廿日丙申　雨下　至朝熊山虚空蔵参了、一色式部少輔・杉原与七郎同道了、及夜中下向了、
廿一日丁酉　未明両宮参　両宮、於内宮神官■衣冠参　宮、於神前相尋之処、墻(カキノ)原治部少輔定朝各之備神供中、祝戸暫聴聞、於両社諸末社悉参銭了、巳刻許、予先為上洛至ヒラフ(野辺)郷上着、今日戌刻一社奉幣於両社在之云々、

九月十九日、この日吉田兼右は「五旬」即ち五十歳間近の「老年」にして初めての参宮を遂げた[91]。外宮域内には遷御直前の新宮が建っていたことであろう。密奏事件以来神宮祠官より敵視された吉田家の当主としては、内密の参宮

ながら「遅々」として生涯先延ばしにしてきた参宮を遂げ、「満足、、」と書き記した様な兼右の満ち足りた心境が窺われる。

翌九月二十日には雨の中を内宮後方の朝熊山を参詣した。この時、幕府直臣である一色藤長・杉原与七郎も同道しており、二人も遷宮を契機に神宮周辺に居たことがわかる。兼右が堂々と幕臣と共に朝熊山参詣していることから、兼右の「密儀」「忍之儀」とは、やはり主に神宮祠官を意識してのものと考えられる。

二十一日未明、兼右は再び両宮を参拝した。兼右は内宮正殿付近で衣冠姿の神官に質問し、更にその祝詞を聴聞している。その後、両宮諸末社を参拝した兼右は帰路についた。そしてこの日、奉幣使一行は両宮への奉幣を果たしたのである。

廿二日戊戌　自野辺郷至野辺（江州）猪鼻郷上了、六位外記康雄、官掌等同道了、
廿三日己亥　自亥鼻郷至マカリ郷上了、向三雲三郎左衛門尉、為樽代百疋、女房方へ白粉十桶、武村太郎衛門ニ弐十疋遣之、
廿四日庚子　雨下　亭主頻抑留之間、無是非連歌有張行、予発句、分行をさそふや　旁まかり（マカリト云カクシ字也）のうえ　百句在之、予廿一句、連衆六人、
廿五日辛丑　今日帰宅了、上下無為無事、併神慮至也、方々へ祓等遣之了、

兼右は翌二十二日には外記康雄等を同道して近江国猪鼻郷に到着している。同道の康雄は奉幣使発遣陣儀に参加していた中原康雄に比定され、康雄もまた正遷宮を契機に参宮を遂げたことがわかる。二十三日には近江国の三雲三郎左衛門尉定持を訪ねて逗留している。兼右は定持に樽代百疋を、同夫人に伊勢土産で化粧に用いられた白粉を贈っている。翌日は雨天を理由に定持が兼右を留めて連歌を開催しており、参宮を通じての文芸交流の一幕を垣間見る。そ

の翌日、兼右は帰宅して参宮の旅を終え、伊勢の御祓や土産を方々へ配るのであった。公命を帯びた奉幣使としての参向ではなく一道者としての密儀の参宮ではあったが、兼右は五十歳を間近にしての初参宮が無事に遂げられたことへの神恩に感謝したのであった。

おわりに

本稿では二節に分けて戦国期における吉田家の神宮への関わりについて述べて来た。第一節では延徳密奏事件以来、卜部氏の神宮奉幣使参向が停止されてきたという説を再検討した結果、延徳三年(一四九一)の例は不明ながら吉田卜部氏嫡流の人物の奉幣使参向は無くとも庶流の神祇官卜部氏が参向し四姓使に欠員なく奉幣が行われたことを明らかにした。また神宮参向時に奉幣使吉田卜部氏のみが祭典奉仕から除外されたという従来の説を再検討した結果、延徳三年の神事違例を除けば、永正十五年(一五一八)・天文七年(一五三八)・永禄二年(一五五九)・同六年の奉幣においては大凡大過なく祭典奉仕が行われたことが諸史料から窺知され、祭典に関する史料の乏しい永正十六年・天文五年の奉幣も、後の祭典・奉幣に神事違例・卜部氏祭典除外の影響が確認されないことから、この二例もまた卜部氏の祭典除外は無かったと推定されることを明らかにした。以上から、延徳三年の例を除き前述の戦国期の神宮奉幣においては、吉田宗家が奉幣使から外れたものの先例に準じて庶流の卜部氏が奉幣使に選任され、「卜部氏」が恒常的に奉幣使(四姓使)から除外されたり、神宮での祭典で除外されたということは無かったことが指摘できる。

第二節では「兼右卿記」を素材として、特に永禄の正遷宮に際して朝廷内・公家社会における兼右の活動に注目した。結果、一社奉幣・宮中祭祀など朝廷内における遷宮関連の諸神事儀式について、神祇権大副・奉幣奉行である兼右の意見が影響していることを明らかにし、廷臣としての立場から兼右が永禄の正遷宮に関連していることを指摘した。更に兼右の参宮記を通じ、吉田兼右の神宮崇敬を窺い知ると共に永禄の外宮正遷宮時の神宮と神宮周辺部の状況を読み解いた。

尚、管見によると「兼右卿記」には兼右と祭主・伊勢御師との交渉を見出すことができなかったが、これは吉田家と祭主・神宮祠官との没交渉、或いは疎遠関係の表れと見て良かろう。『兼見卿記』には公家社会の一員である兼見と祭主の京都における交流の記録もあり、(92)また御師・北家との交渉も見受けられる。(93)この様な吉田家と祭主・特定の御師との個人的な交流も視野に含め、兼右の後継者吉田兼見以降の吉田卜部氏と神宮及び神宮祠官との関係、(94)特に天正・慶長期以降の卜部氏の神宮奉幣使参向とその停止に至るまでの道程を照射することが今後の課題となろう。

註

（1）延徳密奏事件に関する近年の論考である岡野友彦「延徳密奏事件と戦国期の神宮」（『皇學館大学創立百三十周年・再興五十周年記念　神宮と日本文化』、皇學館大学、平成二十四年）による延徳密奏事件の研究史整理の成果によった。

（2）本稿で引用する「兼右卿記」とは、村井祐樹「東京大学史料編纂所所蔵影写本「兼右卿記」（上）」（『東京大学史料編纂所研究紀要』第一八号、平成二十年、永禄元～八年を所収）、「東京大学史料編纂所所蔵影写本「兼右卿記」（下）」（『東京大学史料編纂所研究紀要』第二〇号、平成二十二年、永禄九～十二年を所収）の村井氏翻刻の「兼右卿記」を出典とする。よって本文で「兼右卿記」の引用年月日条を明記した場合、必要ない限り出典の註記を省略した。

（3）神宮司庁蔵版『増補大神宮叢書21　二宮叢典　中篇』（吉川弘文館、平成二十六年）所収「吉田兼倶謀計記」。

（4）「神境紀談」「神境紀談附録」は延宝年中に外宮祠官達が記した「神境雑話」という草稿を、外宮権禰宜度会延貞が整理して本編五巻附録二巻に纏めたもので元禄十三年の成立となる。神宮司庁蔵版『増補大神宮叢書16　神宮随筆大成後篇』（吉川弘文館　平成二十年）所収「神境紀談附録」及び解題。
（5）神宮司庁編『大神宮叢書　神宮随筆大成　前編』（西濃印刷、昭和十五年）所収、久志本常彰「神民須知」。
（6）神宮司庁蔵版『増補大神宮叢書3　神宮典略　後篇』（吉川弘文館、平成十七年）、同書の成立については文化末〜天保初年頃と推測されている（神宮司庁蔵版『増補大神宮叢書4　神宮典略　別冊　二宮禰宜年表』吉川弘文館、平成十八年）。
（7）大西源一『大神宮史要』「飛神明の起源と卜部兼倶の謀計」（神宮司庁教学課、平成十四年再版、初版昭和三十四年）。
（8）伊勢市編『伊勢市史　第二巻　中世』（伊勢市、平成二十三年）四九八頁、石井昭郎氏執筆部分。
（9）宮地直一『宮地直一論集7　神道史Ⅲ』（桜楓社、昭和六十年）。
（10）中西正幸『神宮祭祀の研究』（国書刊行会、平成十九年）二九五・三〇九頁、「臨時奉幣―近世の大嘗会由奉幣について―」（初出、皇學館大学編『続・大嘗祭の研究』、皇學館大学出版部、平成元年）。
（11）神宮司庁蔵版『増補大神宮叢書21　二宮叢典　中篇』（吉川弘文館、平成二十六年）。
（12）小松馨「神宮奉幣使考」（『大倉山論集』第一九輯、昭和六十一年）・「四姓使小考」（『大倉山論集』第二七輯、平成二年）、福島神人「神宮奉幣使に関する一考察」（『明治聖徳記念学会紀要』復刻第二四号、平成十年）など神宮奉幣使に関する研究は主に古代を対象としている。
（13）藤森馨「近世初頭の宮廷祭祀」（大倉精神文化研究所編『近世の精神生活』続群書類従完成会、平成八年）。
（14）『続群書類従　第一輯下　神祇部』（続群書類従完成会、昭和五十年）所収「永正十五年一社奉幣使参向記」。
（15）『続群書類従　第一輯下　神祇部』（続群書類従完成会、昭和五十年）所収「外宮子良館旧記」。

(16) 東京大学史料編纂所編『大日本史料　第九編之八』（東京大学出版会、昭和四十五年）永正十五年十一月三日条。
(17) 湯川敏治編『歴名土代』（続群書類従完成会、平成八年）。
(18) 前掲註(14)「永正十五年一社奉幣使参向記」。尚、兼盛王については赤坂恒明「中世における皇胤の末流「王氏」とその終焉」（十六世紀史論叢刊行会編『十六世紀史論叢』第三号、平成二十六年）に言及がある。同論文によると兼盛王は永正十五年の神宮奉幣使に参仕し、天文五年の「後奈良院即位叙位」により従五位上に昇叙するが、その後の動向は不明という。また永禄年間の伊勢使王、従四位下親国王については、中世において四位の伊勢使王の類例が見られないことから「親国王は、実在の諸王（王氏）ではなく、従四位下の位階にあった誰かが勤めた代役（使王代）に対して付けられた作名であると考えるべきであろう」と論じられる様に、中世後期の神宮奉幣使・伊勢使王氏の実態については不明な点が多い。
(19) 小松馨「四姓氏小考」（『大倉山論集』第二七輯、平成二年）。
(20) 前掲註(14)「永正十五年一社奉幣使参向記」。
(21) 東京大学史料編纂所編『大日本史料　第九編之九』（東京大学出版会、昭和二十九年）。
(22) 高橋隆三・斎木一馬・小坂浅吉校訂『言継卿記　第一』（続群書類従完成会、昭和四十一年）天文五年二月十四日条。
(23) 「卜部家系譜」（神道大系編纂会編『神道大系　論説編八　卜部神道（上）』昭和六十年）の兼右・兼見の記事による。尚、兼右は享禄二年に侍従に補任されている。
(24) 前掲註(17)に同じ。
(25) 前掲註(22)に同じ。
(26) 前掲註(22)に同じ。

(27) 前掲註(13)藤森論文。

(28) 黒板勝美・国史大系編集会編『国史大系　第十四巻　続史愚抄　中篇』(吉川弘文館、昭和四十一年)。

(29) 『続群書類従・補遺三　お湯殿の上の日記(四)』(続群書類従完成会、昭和三十九年)天文七年九月二十九日条。

(30) 『続群書類従・補遺三　お湯殿の上の日記(四)』(続群書類従完成会、昭和三十九年)天文七年十月八日条。

(31) 宮永一美「吉田兼右の神道伝授と阿波賀春日社」(椙山林継・宇野日出生編『神社継承の制度史　神社史料研究会叢書第五集』、思文閣出版、平成二十一年、一二七頁)。

(32) 東京大学史料編纂所編『大日本史料　第十編之十三』(東京大学出版会、昭和四十四年)天正元年正月十日条。

(33) 西田長男『日本神道史研究　第五巻　中世編下』(講談社、昭和五十四年)三四八～三四九頁。

(34) 前掲註(19)小松論文。

(35) 岸本眞実「『兼見卿記』(五)文禄四年自正月至六月」(『ビブリア』第一二二号、平成十六年)。

(36) 前掲註(35)「兼見卿記」文禄四年三月十二日条。

(37) 橋本政宣・金子拓・渡邊江美子・遠藤珠紀編『兼見卿記　第三』(八木書店、平成二十六年)。

(38) 本稿では「卜部家系譜」の吉田卜部氏直系を宗家・嫡流と見なし、「卜部家系譜」に記載された人物、記載のない人物も含め、嫡流以外の卜部氏を便宜上「卜部氏庶流」と一括している。本稿の検討対象となる吉田家嫡流の人物は別掲略系図の兼富から兼英の直系の人物となる。

(39) 前掲註(2)「兼右卿記」(上)永禄二年一月一日条、永禄三年一月一日条、永禄八年一月一日条。

(40) 前掲註(2)「兼右卿記」(上)永禄二年二月二十九日条、他にも恩蔵主口入による諏訪社祝の取次(永禄三年一月十六日条)、東寺付近の不動堂村住吉社修造の鎮札・御幣希望の取次(永禄八年三月二日条)など兼高の申次・取次は折々見られる。

(41) 前掲註(2)「兼右卿記」(上)永禄八年二月二十七日条。
(42) 前掲註(2)「兼右卿記」(上)永禄三年一月十一日条。
(43) 『言継卿記』永禄七年六月九日・十日条(国書刊行会編『言継卿記　第三』続群書類聚完成会、平成十年)。
(44) 金子拓・遠藤珠紀校訂『新訂増補兼見卿記　第一』(八木書店、平成二十六年)元亀元年六月一日条。
(45) 前掲註(44)『兼見卿記』元亀四年三月一日・三日条。
(46) 金子拓・遠藤珠紀校訂『新訂増補兼見卿記　第二』(八木書店、平成二十六年)天正十一年一月一日条。
(47) 前掲註(46)『兼見卿記』天正十二年十月二十一日条。
(48) 前掲註(37)『兼見卿記』天正十三年十月十日条。
(49) 岸本眞実「『兼見卿記』(十二)慶長十四年自正月至十二月」(『ビブリア』第一三二号、平成二十一年)慶長十四年九月十八日条に「権少副兼之伊勢発遣」とある。尚、別掲略系図の兼里(兼之)の尻付には寛永三年(一六二六)に「兼之」に改名したとあり、慶長十四年(一六〇九)の「兼之」の記録と異同が見られる。
(50) 前掲註(44)(46)『兼見卿記』元亀三年十月十一日条、天正十二年一月十六日条。
(51) 例えば、前掲註(44)『兼見卿記』元亀三年七月二十三日条、天正七年五月十六日条の近江国甲賀の大酒屋の取次など。
(52) 前掲註(44)『兼見卿記』元亀元年八月三十日条、元亀四年二月十九日条、天正五年九月二十七日条。
(53) 前掲註(46)『兼見卿記』天正十一年三月二十八日条。
(54) 前掲註(44)『兼見卿記』天正七年三月二十日条。
(55) 前掲註(37)『兼見卿記』天正十三年四月二十三日条。

(56) 前掲註(37)『兼見卿記』天正十四年十二月十三日条。
(57) しかし、前述の様に慶長十四年の遷宮には系譜上(別掲略系図)吉田兼有の子である兼之(兼里)が奉幣使として参向している。
(58) 前掲註(43)『言継卿記』永禄六年二月三日条。
(59) 前掲註(23)「卜部家系譜」によると、兼英は文禄四年に父吉田兼治、母細川藤孝息女の間に出生、「吉田社預」「神祇管領勾当長上」との尻付記事があり、吉田社預・吉田家嫡流の当主である。
(60) 増補「史料大成」刊行会編『増補史料大成　康富記　一』(臨川書店、昭和四十年)。
(61) 前掲註(13)藤森論文。
(62) 前掲註(23)「卜部家系譜」。
(63) 前掲註(60)『康富記』応永二十九年十二月十一日条。
(64) 前掲註(60)『康富記』正長二年八月二十二日条。
(65) 前掲註(23)「卜部家系譜」。
(66) 前掲註(60)『康富記』嘉吉二年九月三十日条。
(67) 前掲註(60)『康富記』嘉吉二年十月十六日条。
(68) 増補「史料大成」刊行会編『増補史料大成　康富記　二』(臨川書店、昭和四十年)文安四年九月八日条。
(69) 前掲註(23)「卜部家系譜」。
(70) 前掲註(24)『歴名土代』に従四位下の項に「卜兼敏　同二・九・、」(同は享徳)とあり、享徳二年の四位叙位は『歴名土代』における兼倶(兼敏)の叙位の初見であるが、『康富記』の「従五位上行神祇権少副」はそれ以前の官位の記録となる。

(71)　増補「史料大成」刊行会編『増補史料大成　康富記　三』（臨川書店、昭和四十年）宝徳元年十二月二十五日条の「軒廊御卜」では「神祇大副卜部兼名朝臣、兼敏」と兼名に付随する形で兼敏が記録される。また「兼敏」に「兼名朝臣子也、経父後之時無礼節、尤可為礼事哉」と付されており、中原康富の兼倶への認識は吉田家当主というより、「兼名朝臣子」といった程である。

(72)　前掲註(71)『康富記』宝徳元年八月二十三日条。

(73)　前掲註(37)『兼見卿記』天正十三年十月三日条。

(74)　前掲註(37)『兼見卿記』天正十三年十月九日条及び天正十四年十一月十二日条。

(75)　平出鏗次郎「神宮と慶光院との関係」（『史学雑誌』第一七編五・九号、明治三十九年）、大西源一「伊勢の勧進聖と慶光院」（西垣晴次編『民衆宗教史叢書第十三巻　伊勢信仰Ⅱ』、雄山閣出版、昭和五十九年）、小島鉦作「慶光院清順・周養の事跡と慶光院清順の歴史的意義―大神宮式年遷宮の伝統に関する一考察―」（國學院大学神道史学会編『宮地直一博士三十年記念論文集　神道史の研究』、叢文社　昭和五十五年）、浜口良光『遷宮上人　慶光院記』（伊勢印刷工業、昭和五十六年）、西山克編『京都大学文学部博物館の古文書　第十二輯　伊勢松木文書』（思文閣出版　平成六年）、綿貫友子「仮殿遷宮をめぐる皇大神宮・豊受大神宮の動向―寛正から天文年間の事例をもとに―」（西村圭子編『日本近世国家の諸相』、東京堂出版、平成十一年）、飯田良一「伊勢神宮と勧進―寺院・橋・殿舎を中心として―」（地方史研究協議会編『三重―その歴史と交流』、雄山閣出版、平成元年）、浜島一成『伊勢神宮を造った匠たち』（吉川弘文館、平成二十五年）などの論文・著書が挙げられるが、特に吉田卜部氏との関係についての論述は見受けられない。

(76)　小島鉦作「慶光院清順・周養の事跡と慶光院清順の歴史的意義―大神宮式年遷宮の伝統に関する一考察―」（國學院大

学神道史学会編『宮地直一博士三十年記念論文集　神道史の研究』、叢文社、昭和五十五年）の「注5」参照。

(77) 小侍従局は「公方様の夫人は、実は正妻ではなかった」が「正妻と同じように人々から奉仕され敬われていた」人物という（ルイス・フロイス著、松田毅一・川崎桃太訳『完訳フロイス日本史1　織田信長編』（中公文庫、平成十九年、三〇二〜三〇五頁）。

(78) 永禄六年頃の足利義輝家臣録に義輝の「外様詰衆以下」に「沼田弥七郎」が、足利義昭の家臣録に二番衆として「沼田弥七郎統兼」として記される（「永禄六年諸役人附」塙保己一編『群書類従　第二十九』所収）。「永禄六年諸役人附」については長節子「所謂『永禄六年諸役人付』について」（『史学文学』第四巻一号、昭和三十八年）、黒嶋敏「「光源院殿御代当参衆幷足軽以下衆覚」を読む―足利義昭の政権構想―」（『中世の権力と列島』、高志書院、平成二十四年。初出『東京大学史料編纂所研究紀要』第一四号、平成十六年）、拙稿「室町幕府奉公衆・熱田大宮司一族千秋輝季について」（『皇學館論叢』第四六巻二号、平成二十五年）を参照。

(79) 春日局は幕府地方頭人・従三位摂津元造の養女で、日野晴光室となり足利義輝の乳母となった人物である。義輝の近江国朽木滞在時には幕府奉行人に代り春日局が奉書を発給し、帰京後は将軍御所内の春日殿に居住して独自の内衆を抱え、幕府或いは将軍家機構の一部として存在していた可能性も指摘されている（菅原正子『中世公家社会の経済と文化』「第一章日野家領の研究　第四節春日局と日野家」、吉川弘文館、平成十年）。

(80) 「永禄記」（神宮司庁編『神宮遷宮記　四』所収、国書刊行会、平成四年、三五一頁）。

(81) 「兼右卿記」永禄六年九月二十一日条の「今日戌刻一社奉幣」による。詳しくは本文二―4参照。

(82) 石野浩司『石灰壇「毎朝御拝」の史的研究』（皇學館大学出版部、平成二十三年）一三〜一五・六四頁、「序論第一章」及び「序論第三章」（初出『藝林』第五六巻一号、平成十九年。『建築史学』第四九号、平成十九年）。

(83)『続群書類従・補遺三　お湯殿の上の日記(六)』(続群書類従完成会、昭和三十二年)。
(84)『続群書類従・補遺三　お湯殿の上の日記(二)』(続群書類従完成会、昭和三十二年)。
(85)前掲註(82)石野著書「第三部　天皇祭祀『毎朝御拝』の創祀と沿革」参照。
(86)前掲註(82)石野著書「第三部第五章」(初出『皇學館論叢』第四一巻三号、平成二十年)五七七頁に「臨時御拝は、朝廷式微によって年中四度(祈念・新嘗・六月・十二月月次祭)の官幣が中絶した代替として、三祝言月(正・五・九)に三日間を限り臨時の「御拝」をあそばされる儀である。式次第は、通常の「毎朝御拝」を済まされた後、再度はじめの御潔斎から御拝を繰返される。連続で三日間が原則であるが、隔日で三日間の場合もあるとされる。(略)「臨時御拝」が常態化するのには、後土御門天皇の文正元年(一四六六)を最後に大嘗会が中絶した事も大きく影響したものと思われる」と指摘されるので、中世の臨時御拝の類例として挙げておきたい。
(87)前掲註(82)石野著書「第三部第五章」(前掲)五五〇頁参照。
(88)前掲註(82)石野著書「第三部第五章」(前掲)五五一頁参照。
(89)萩原龍夫『中世祭祀組織の研究』(吉川弘文館、昭和三十七年)六七八頁。
(90)天正・慶長期の遷宮を契機とした九州西北地方の参宮者の増加傾向については久田松和則氏の指摘がある。『伊勢御師と旦那─伊勢信仰の開拓者たち─』(弘文堂、平成十六年)「第一部第一章」四九・五三・五六頁(初出『皇學館大学神道研究所紀要』第一二輯、平成八年、『皇學館大学神道研究所紀要』第一三輯、平成九年)。「兼右卿記」の「路次中道者、数千人」の記事は永禄の遷宮による群参の様子を伝えていると言えよう。
(91)兼右は永正十三年(一五一六)の誕生(前掲註(23)「卜部家系譜」)で、永禄六年(一五六三)には数え四十八歳である。これについては前掲註(89)書籍に萩原氏の指摘がある。

(92) 前掲註(46)『兼見卿記』天正十一年一月二十八日条に「先罷出彼亭而向柳亜相、暫相談申、祭主・万里小路来、又向勧亜相、先刻客未滞留也」とあり、先客を避けて勧修寺邸から柳原邸を訪問した兼見と、柳原邸を訪問した祭主が居合せている。この後兼見は勧修寺邸へ向かっているが、この様に当人同士の意志は別にして、歴代の吉田家と祭主家の当主は公家社会における人的交流において無関係ではいられず、また面会の度に相論に及ぶ様な摩擦は避けていたはずである。

(93) 伊勢御師に「北氏の御師活動は十六世紀初頭の北守親の時代からといわれている」(伊勢市編『伊勢市史　第二巻　中世』、伊勢市、平成二十三年、六六六頁、窪寺恭秀氏執筆部分)という北氏がいる。前掲註(44)『兼見卿記』天正五年九月二十七日条に「北山城守書状、祓・熨斗五十本到来」、天正八年十月四日条に「伊勢北新左衛門尉御祓書状、海蘿・熨斗到来、三十疋以折紙返事了」とあり、御祓・熨斗から伊勢御師と思われる北氏と吉田家との交流が窺われる。前掲註(37)『兼見卿記』天正十三年十月十九日条によれば、天正十三年の遷宮奉幣使として参向した吉田兼有の宿所は「北山城旅宿」である。

(94) 尚、天正十三年の遷宮における伊勢内外両宮の遷宮の前後の順序が相論となった所謂遷宮前後相論に関して、前掲註(37)『兼見卿記』天正十三年八月六日条に「内宮之祢宜為理両人来、可対面之由、亜相被申之間、則対面熨斗、五百本、御祓持来、様躰具相談了」、「於路次外宮之祢宜両人来、乍卒尒此段可申入之云、則下馬、相尋委細畢」とあり、両宮の禰宜が別々の機会で兼見に相談をしていることがわかる。

伊勢神宮と織豊政権
――式年遷宮造替費用をめぐる動きから――

三井孝司

はじめに

天正十三年（一五八五）に執り行われた伊勢神宮（以下神宮と記す）内外両宮における式年遷宮は、中世戦乱期以来、途絶えていた両宮の式年遷宮が再び執り行われるという、今なお継承されている神宮最大の儀式を語る上で、特筆すべき出来事である。これに大きく関わったのが、造替費用を寄進した織田信長であり、豊臣秀吉であった。それまで神宮の造替とその費用については、古代より二十年毎の神領（不足の場合は国の正税）からの支出が『延喜式』に規定されていたが、律令体制の崩壊と荘園制の波及により、中世に入ると、全国の荘園・公領に「造大神宮役夫工米（役夫工米）」という全国的な賦課により費用を徴収していくことになる。当初の徴収の主体は院であったが、室町時代になると、催徴免除権は室町幕府の手に移り、幕府の衰退とともに、役夫工米の徴収は困難となり、外宮においては、役夫工米によって行われた最後の式年遷宮でもある永享六年（一四三四）、内宮においては、当時盛んであった日明貿易によって費用を賄おうとするも失敗に終わり、幕府の経費によって行われた寛正三年（一四六二）を以って途絶えていた[1]。

信長・秀吉の寄進について、かつては「神忠」や「勤皇」によるものと捉えられ、政治的側面から捉えられることは殆ど無かったが、やがて織豊政権における宗教支配や、近世統一権力と朝廷との関係を論ずる上で、それぞれの一事例として取り上げられるようになった。(2) しかし、その視点は政権がどのように神宮を取り込んでいったのかであり、神宮にとって政権がどのような存在であったのか議論する余地が残されている。本稿では引付など数多くの神宮関係史料をもとに造替費用をめぐる動きを考察し、神宮にとって織豊政権はどのような存在であったのかを明らかにしていきたい。まず第一節では、織豊政権下における動きと比較するため、永禄六年（一五六三）に執り行われた外宮式年遷宮における費用をめぐる動きについて述べ、第二節では織田信長の寄進をめぐる動き、第三節では豊臣秀吉の寄進をめぐる動きについてそれぞれ述べ、比較および検討をしていく。

一　永禄六年の外宮式年遷宮の費用をめぐる動き

永禄六年（一五六三）の式年遷宮に向けた動きは天文年間（一五三二〜五五）の外宮の引付から窺うことができる。

〔史料A〕(3)

豊受皇太神宮神主

注進、可早経次第　上奏、被達　叡聞、当宮御造替之事

右当宮依久無御造替、以外御朽損之条、数度雖致注進、于今不被遂其御沙汰、既以及御退転之儀、雖先規可畏、回私之調法、如形奉遂仮殿造替、蓋神不享非礼、是故天下未泰平者歟、於神前（注進言上）怪事出来之間、殊以所使注進也、速被達叡聞、有造替遷御者、聖運長久・国家安全之御祈、何事如之乎、仍奏聞如件、以解

天文十八年十月　日　大内人正六位上度会神主久賀上

禰宜正四位下ｃ度会神主備彦

禰宜従四位下度会神主常真

禰宜正五位下――――

（後略）

〔史料B〕(4)

一、豊受太神宮神主

注進、可早経次第　上奏、被達　叡聞、当宮御造替之事

右当宮後造営之事、及数ヶ度雖致注進、于今不被遂其御沙汰、神宮歎訴不過之処、内宮正遷宮、以勧進聖、可奉成御造営有其聞、外宮雖致其調法、依神慮難測、如定例奉守御下知者也、抑両太神宮後造営前後之事、正遷宮云、仮殿(云脱)、外宮可為先之由、被議定、去永正九壬申之歳、公武御教書厳重也、以此旨、如先規外宮被遂御造営之節者、神宮各開喜悦眉、於奉抽旦暮丹誠者、天下泰平・国家安全御祈何事如之、仍注進言上如件、以解

天文廿年十二月　日　大内人正六位度会神主久賀上

禰宜正四位下度会神主

禰宜従四位下

禰宜正五位下

同

（後略）

史料Aからは、当時の外宮が社殿の朽損の状態を何度も朝廷に注進していたが、式年遷宮の沙汰が無かったことがわかる。また「非礼」とされる「私之調法」による仮殿遷宮とは、各地の戦国大名や豪族による寄進を指し、室町幕府の役夫工米（「公」の調法）による式年遷宮に対する文言と捉えてよいであろう。そして、史料Aの二年後に当たる史料Bからは、内宮が「勧進聖」によって式年遷宮を行うことを聞き、仮殿遷宮であれ、式年遷宮であれ、外宮の遷宮がまず行われるべきであることを主張していることがわかる。なお「勧進聖」とは、永禄の式年遷宮における最大の功労者とされる慶光院の尼僧・清順を指しているが、内宮が勧進によって費用を調えることは神慮測り難き行為であるとしている。

まず押さえておくべき点は、天正十三年（一五八五）の式年遷宮以降、両宮の式年遷宮が同じ年に執り行われているため、内宮・外宮それぞれの思惑を持って式年遷宮の実現を図ろうしていた点である。この時、外宮は内宮よりも先に社殿の造替を実現すべく、訴えに至っている。そしてもう一点は、式年遷宮を執り行うにあたって考慮すべきは先例や神慮であり、寄進や勧進によるものではなく、役夫工米のような公的な費用という体裁を整える必要があったと推察することができる。外宮はこれらの点を、独自の交渉で解決を図っていくのである。

当時、外宮の一禰宜を務めていた松木（度会）備彦は、天文二十年三月二十日、大覚寺奏者の勢田右衛門大輔と摂津入道という人物に書状を送っている。[5] 摂津入道は室町幕府の奉行人である摂津氏の一族であり、大覚寺に関しては、当時従一位（散位）であった近衛稙家の弟である義俊が門跡を務めていた。この書状で備彦は、この二人に、内宮が勧進聖によって式年遷宮の費用を調えようとしているが、外宮は叡慮と上意の旨をこれまでの通り守ることを述べた上で、もし内宮が先に費用を調えたとしても、造替は外宮が先であり、まず外宮の造替が行われるよう、幕府と朝廷への働きかけを依頼していた。摂津入道に宛てた書状には、義俊にも同様の趣を具に伝えていることを書き添えている。

こうした働きかけがあってか、この年の八月二十日に、後奈良天皇より今度の造替について、一社の要請に応え、その沙汰を遂げることは神妙であるとする綸旨が下賜された[6]。清順の勧進は叡慮に適うこととなり、これを境に外宮は、外宮の造替を清順に命じるよう訴え始める[7]。さらに天文二十二年には、六角義賢に宛てられた御内書の中で、将軍・足利義輝は「太神宮造替料事、相催分国奉加者、可為神妙」との意思を示し[8]、この副状である奉行人連署奉書には、清順に綸旨が下賜されており、早く奉加に応じるよう命じることが記されている[9]。これまで「私之調法」とされていた清順の勧進と、各地の戦国大名や豪族の寄進が上意に適うものとなり、これまでの役夫工米の徴収に替わる、叡慮・上意に適った（いわば「公」の）調法が整ったのである。

これを受けて、先述の外宮一禰宜・松木備彦は諸氏に、費用について協力を求める書状を送った[10]。

一、就豊太神宮造替正遷宮之儀、令啓上候、然者、被成御倫（綸）旨併御内書御下知候、神慮云、倫（綸）命云、上意之旨、旁（受）以御用脚之事、早於合点者、御武運長久之御祈、不可過之由、可得尊意候、恐惶謹言

五月　日　　　　備彦

六角殿（義賢）へ

進上　御奉行所

この書状は六角氏に宛てたものであるが、武田・北条・斎藤・遠山・今川・尼子・朝倉の諸氏にも送られている。書状の中で備彦は、綸旨と御内書が下されたことを述べた上で、叡慮・上意、そして神慮を背景に、費用の協力を求めている。備彦の書状を受け取った諸氏が、守護や守護代など幕府の職制と関わりのある家々であったことから、将軍の意向を受けた諸氏から協力を受けるという、外宮の思惑でもあった公的な体裁が整えられたのである。

こうした紆余曲折を経て、永禄六年九月二十三日に、外宮の式年遷宮が執り行われたのであるが[11]、役夫工米の制度が形骸化する中で、先例にない勧進による費用の調達は、長らく途絶えていた式年遷宮実現への大きな足がかりであった。先例や神慮は考慮するものの、概ね外宮の主張が受け入れられている点を政治史的側面から捉えると、中世的な幕府権力の衰退と統一権力に取り込まれる前段階であった神宮の自立性を理解することができよう。そのことからこの永禄の外宮式年遷宮は「中世最後の式年遷宮」と言ってもよいであろう。

二　織田信長と式年遷宮造替費用をめぐる動き

永禄の外宮式年遷宮は叡慮・上意に適う奉加により費用が調えられたが、室町幕府もすでに滅亡し、豊臣秀吉の時代へと移りつつあった天正十三年（一五八五）両宮式年遷宮の費用をめぐる動きはどのような過程を経たのであろうか。外宮・内宮それぞれの動きを検証していきたい。

天正十年正月二十五日、織田信長は神宮大宮司・両宮長官・神主中宛てに両宮造替執行の朱印状を発し、無用な引物を停止することや、造営が速やかに行われるよう馳走すべきことを命じ[12]、造替の費用として三〇〇〇貫文を約束した[13]。なぜ信長は費用を約束するに至ったのであろうか。次に挙げる外宮の解状から明らかにしていく[14]。

豊受太神宮神主

注進、可早被達、上聞、被達　叡聞、当宮正殿御造替、此時専要間之事

右就　当宮正殿御朽損、雖奉及　朝廷　奏聞、早速　宣下難成之条、此時以　御威光、於正遷宮御造進者、弥御武運何事如之乎、仍注進言上如件、以宣（ママ）

天正九年八月　日

（以下禰宜連署略）

この解状は信長が朱印状を発する前年八月のものである。外宮は朝廷に訴えても宣下がないため、信長に対し「御威光」を以って式年遷宮が執り行われるよう訴えていたのである。以後、外宮は信長に対し、造替を訴えていくが、先例や上意・叡慮・神慮ではなく、信長の「御威光」に期待をしたのである。一方で寛正三年（一四六二）以来、式年遷宮が途絶えたままであった内宮も、天正九年五月十日と八月五日、造替について朝廷に訴えている。(15)次に挙げる史料から、内々に信長に働きかけていた様子を窺うことができる。(16)

一、内儀之様躰ニ付、書状進之候、上部殿けさ御申の方へ彼是御造作と存、梅喜より委細申候、然るせんくう(者カ)の事先年かりとの以来、周養之儀色々各頼候へ共、無御得心やうニ候つる、当年正月、しゅやう、あつちへ被罷越候を、又堅頼入候て、上様其外へも、連署を進上候之処、左様の文体進上候へと、あつち(安土)より御内儀候方(之カ)候て、則したゝめかへ、しゅやうへ渡し申候、さやうの御内儀のかたは、むらいとの(村井貞勝)より御下し候つる由、さやうの内儀も御うへむきの御はゝかりにて、おんミつにて、女ほう文のやうニしたゝめにて給候、其方へ内状の事候間、こまかに申入候、あまた所へ文共を進上候、御祓なにか調候てのほせ申候、結句又しゅやうとりかへの分なとも、おほく候、御内儀の御かた、そなたへも、しゅやうへも、ひらいとの(平井)のつけ候間、くるしかるましくや

一、御本所様よりも千貫ほとつけ候つる歟、御ほうかの御墨付ニて候、又羽柴藤吉郎之御返礼は左様の御かたよりも正せん宮の事、御身分の事、御馳走可有よし御返事共候、其外あまた所御内儀を申候、今又しゅやうをのけ候へ者、しゅひ(首尾)ちかいたるやうなとにハあるましく候や、上部殿御馳走なにによりの事候間、其上内宮の儀ニハあいそら(ママ)れ候やうニも候て、よく候ハんや、同心被申かたき所、しゅやう(ママ)かたく頼入よく〳〵越中殿御ないしやう

御き丶候て可為候、委御返事ニ可承候、其上又禰宜衆へも談(カ)合可申候、恐ゝ謹言

天正九年の状　守豊

福井与左衛門(末在)尉

この書状は、内宮一禰宜荒木田守豊が外宮御師福井与左衛門末在に宛てたものである。まずは書状の中に見える「上部殿」「しゆやう」という二人の人物について述べておきたい。

「上部殿」とは外宮御師上部越中守貞永という人物である。御師とは特定の社寺に所属し、参詣者を社寺に誘導し、祈禱・宿泊の世話をする者である。中でも伊勢の御師は鎌倉時代後期以降、特にその活動を活発化させた。外宮の門前町であり、室町時代、参詣者の増加によって都市的発展を遂げた山田には自治組織が存在し、その自治組織「山田三方」を構成したのが、御師として、また商業者として経済力をつけた地下人層であった。貞永が山田三方の中で如何なる地位にあったかは不明であるが[17]、山田三方が信長支配の影響下に置かれるようになると、信長は、御師高向二頭大夫・源次郎の尾張国内に於ける檀那承認の朱印状を貞永に下すなど[18]、当時貞永が、信長と山田三方を結ぶ取次的な役割を果たしていたものと考えられる。貞永は神宮周辺において信長と最も関係の深い人物であった。

そして「しゆやう」とは尼僧慶光院周養である。永禄の式年遷宮において外宮の企図する「奉加」実現に寄与した慶光院清順もこの頃には既に遷化しており、その清順の跡を継いだのがこの周養であった。永禄九年(一五六六)八月十一日に四か国(豊後・薩摩・日向・播磨)奉加の綸旨を賜ったのを始め[19]、元亀三年(一五七二)三月二十一日には正親町天皇より「大神宮仮殿造替事、任清順上人例、以諸国之奉加可致其沙汰由、尤神妙被思食畢」との綸旨を賜るなど[20]、清順に勝るとも劣らぬ活発な活動を見せていた。

内宮は天正二年五月、朽損が激しいため仮殿遷宮を朝廷に訴えているが[21]、この頃、正親町天皇が神宮伝奏・柳原資

定に下した女房奉書[22]には内宮仮殿遷宮について、「（前略）きやう（京）中ほうか（奉加）の事しゆやう上人申、この事しよ人のきたうにても候ハんすれハ、よきやうに下ちをくハへあひとゝのをて候ハゝ、神りよなによりもめてたく覚しめし候ハんするよし」とあり、周養が言う「きやう（京）中ほうか（奉加）」によって造替料を調える事は、神慮にもかなうと述べられている。この仮殿遷宮が京中奉加によって行われたかは定かではないが、最終的には天正三年三月十六日に仮殿遷宮が執行される運びとなった。また女房奉書には、京中奉加のことを「むら井によく〳〵申つたへ候へく候由ニ候、このよし申候」とあり、周養の言は朝廷から「むら井」即ち信長の家臣で京都所司代にあった村井貞勝に伝えられており、朝廷を通じて周養と信長に関わりがあったことと、信長がこの仮殿遷宮に関わっていたことが推察される[23]。内宮の禰宜等は天正九年正月十日、周養に連署を以って式年遷宮の馳走を依頼しているが[24]、外宮が信長の「御威光」によって式年遷宮が実現されるよう訴えていることからも理解できるように、天正九〜十年という信長が統一政権への動きを強めていく（例えば武田征伐・中国経略など）時期を考えれば、信長と関わりを持たざるを得なかった。

神宮が式年遷宮を再興するためには、何よりも先ず造替費用が必要となる。永禄の式年遷宮では叡慮・上意を戴した奉加によって造替が執り行われた。奉加が実現する過程において、戦国大名に造替費用を依存しようとした外宮は、綸旨を下賜されていた清順による奉加の実現を訴え、室町幕府にそれを働きかけた。内宮は清順と同じように綸旨を下賜されていた周養の奉加による造替を働きかけようとした。信長への働きかけをさらに確実にするためには、神宮周辺で信長に近い人物に仲介を依頼すればよい。となると、最も理想的なのは、外宮御師ではあるが信長との関係が深い上部貞永に依頼するのが妥当となる[25]。荒木田守豊の書状では、内宮が貞永に対して周養の馳走を依頼していたことが窺える。

貞永の報告は、梅喜という人物から守豊に伝えられているが、「せんくうの事先年かりとの以来、周養之儀色々各頼候へ共、無御得心やうニ候つる」と述べられているように、仮殿遷宮の後、貞永は周養のことを方々へ依頼していたようであるが、納得のいくようなものではなかったことが推察される。さらに正月、周養が安土へ赴いた際にも、信長や織田家の家臣たちに進上する連署の文体、結句の付け替え、御祓の進上など、信長に対しての配慮が施されていることや、書状の後半にも「今又しゆやうをのけ候へ者、しゆひちかいたるやうなとにハあるましく候や」という一節からは、内宮の意図する周養による勧進の信長への働きかけが、上手くいっていなかったことも推察されるのである。

『信長公記』天正十年正月二十五日の記事[26]からも、式年遷官の造替費用についての信長の考えが窺える。「上部大夫」貞永の「正遷宮三百年以降退転候て、執行これなく、今の御代に上意を以て再興仕りたき趣」が堀秀政を通じて上申され、信長は「何程の造作にて調ふべき」と尋ねた。これに対し貞永は「千貫御座候はゞ、其外は勧進を以て仕るべし」と言上した。すると信長は二年前の石清水八幡宮造営を命じられた際、当初三〇〇貫が必要とされていたにもかかわらず、最終的に一〇〇〇貫の入用であったことを引き合いに出し、一〇〇〇貫では不足であろうし、民百姓に難儀を懸けてはならないという理由から、先ず三〇〇〇貫の寄進を約束し、以後必要に応じて寄進することも約束した。また貞永にも、信長の家臣・平井久右衛門を造替奉行として添えることも約束したと記されている[27]。

前節で永禄の式年遷官における外宮の自立性について指摘したが、信長とのやりとりについては、両宮それぞれが造替費用を調えるために働きかけを進めていたことがわかる。ただし、内宮にとって信長はそれまでの室町幕府に代わる「上意」であり、外宮にとっては「御威光」のある存在であった。両宮の認識に相違はあるものの、結果的には両宮にとって信長は寄進者となったのである。これは両者とも信長と関係の深かった上部貞永に馳走を依頼した結果であるが、この貞永は次節で述べる豊臣秀吉の寄進事例においても重要な鍵を握る人物となる。

信長の寄進事例を浄土信仰や神道思想を自己の側に取り込むための具体的な方策の一つと指摘する意見[28]もあるが、そこまで信長が積極的に寄進に応じたわけでもなく、あくまでも働きかけに応じたのであって、神道に対しては保守的であったとされる信長の考えが表れた結果であったと考えるべきであろう。[29]天正十年三月、山口祭の日時が朝廷内で決定されるが、両宮同日（天正十年四月三日）という決定に内宮は驚きを隠せなかった。[30]一方で外宮は長官・度会（松木）貴彦と神主たちが平井久右衛門に送った書状[31]の中でその慶びを表わすとともに、「御造宮、不可有遅延候、就其御遷宮之砌従内宮神主中若言上之子細候共、可為先例、宣下之筋目者歟」と、外宮先行は当然であることを述べている。永禄遷宮においては造替の前後をめぐって外宮が先行を主張したが、ここでは造替費用を調えたにも関わらず、儀式の日の前後を巡り両宮の主張が対立する。

貴彦らの連署状をうけて、四月十五日、信長は外宮神主中宛に黒印状を発するが[32]、この中で信長は「先以山口祭事執行之旨可然候」と、まずは、朝廷より下された日時通りに山口祭を行うことは当然であると述べている。これは信長が自ら遷宮の儀礼的部分にまで介入する意思が無いことを明確に表わしている史料と言える。天正十年正月二十五日の朱印状で示された無用な引物を停止することや、造営が速やかに行われるよう馳走すべきことといった命令も儀式そのものに関する命令ではない。また平井久右衛門もあくまで上部貞永に「相副越置」という形で派遣されたのであって、神宮を取り込もうとしていたとは断言できないのである。ただし、全く取り込まれなかったとも言い切れない点もある。それは内宮の企図した勧進による費用調達を、信長が民百姓に難儀をかけてはならないという理由から否定した点である。筆者はこれを統一権力による中世的慣行の否定として捉えたい。外宮が信長の「御威光」を以って造替の実現を訴えているが、裏を返せば、永禄の式年遷宮で指摘した外宮の自立性は、「御威光」という統一権力を前に失われようとしていたのである。

三　豊臣秀吉と式年遷宮造替費用をめぐる動き

織田信長による造替費用の寄進を受け、内外両宮の式年遷宮造替は現実味を帯びてきた。ところが天正十年（一五八二）六月、信長が本能寺の変によって横死、遷宮造替にも大きな影響を与えることとなる。信長の寄進によって勧進が否定され、微妙な立場に置かれた慶光院周養であったが、天正十一年六月二日という信長の死からちょうど一年後に正親町天皇より綸旨を下賜された。(33)

（包紙ウハ書）
「周養上人　　左少弁宣光」（中御門）

太神宮正遷宮事、役夫工米不事行之条、令勧進諸国之奉加、抽無弐之丹心、早遂其沙汰者、可被思召神妙之由

天気所候也、悉之、以状

天正十一年六月二日　　　　左少弁（花押）

周養上人

この綸旨で指摘すべき点は、まず「役夫工米不事行」という文言である。式年遷宮が中絶したのは、室町幕府が徴収権を有する役夫工米制度が形骸化し、その徴収が困難となったことが大きな原因であることは何度も述べているが、永禄の式年遷宮も役夫工米の徴収が困難であるが故に、奉加という調法によって執り行われた。この綸旨に見られる「役夫工米不事行」という文言は、天正十一年という既に室町幕府が存在しない時期にもかかわらず、朝廷は「役夫工米」という旧例を意識していたと見ることができる。

もう一つは「勧進」という文言である。そもそも勧進という言葉には人を仏道にすすめいれ、作善をなさせるという意味があり、それが転じて後には浄財の寄付を求めることを意味するようになった。永禄遷宮の造替費用をめぐる動きにおいて、内宮が慶光院清順の勧進によって式年遷宮造替費用を調えようとした際、外宮は「勧進聖」によってその調法を遂げることは神慮測り難いと訴え、勧進という文言を使用せず、清順の「奉加」という形で遷宮を実現した。朝廷や幕府もこうした外宮の働きかけもあってか、綸旨や御内書・奉行人奉書中で勧進の文言は使用していない。式年遷宮に関連する綸旨の中で勧進という文言が使用されたのは、この正親町天皇の綸旨が初めてである。天正十年正月、信長が造替費用の全額寄進を約束したのも、勧進によって民百姓に難儀を懸けてはならないという理由であったが、綸旨を下賜された周養の勧進を否定していた。何れにせよ信長の死によって、内外両宮は寄進者を失うことになるが、それまでの周養と天皇・朝廷との関係から、正親町天皇が信長の死から一年後に綸旨を下賜したのも偶然だったとは言い切れないのである。そして翌年、綸旨を下賜された周養に接近するのが羽柴秀吉、のちの豊臣秀吉である。

わさと申し候、いせ御せん宮の事、すなハちおもひたち、まつ五千くわんの分にきかね（黄金）三百五十枚うはへ（上部貞永）にわたし、やうたい（様体）申しふくめ候てつかハし候、よろつうはへとそのほうたんかう候て、よきやうにさたあるへく候、なを〳〵くハしくかさねて申へく候、かしく

三月十七日

「（切り封ウハ書）（墨引跡）　は柴ちくせん守

周養上人　　ひで吉」[34]

秀吉は上部貞永を通じて周養に式年遷宮造替料の寄進を打診する。この中で秀吉は周養に造替費用として五〇〇〇

貫分黄金三五〇枚を貞永にその旨を申し含めて渡したので、万事貞永と相談して取り計らうようにと述べている。

秀吉から黄金を受け取った貞永は周養・禰宜らの前で封を切り、内外両宮の一禰宜に分け預けた。これが天正十二年三月二十四日のことで、[35]また、「引付」には「天正拾二年三月十七日ニつちやま（筆者註―近江国土山）にて被相渡候（後略）[36]」と記されており、秀吉の書状は天正十二年のものと断定できる。信長との関係が深かった貞永であったが、秀吉とは御師として師檀関係にあった。天正三年、信長の家臣として浅井氏滅亡後、近江国、長浜に入城した際、それまで御師を持たなかった秀吉は同年八月一日、同国国友の内一〇〇石を貞永に寄進し、[37]天正八年九月二十一日には播磨国神東郡内三〇〇石を寄進するなど、[38]師檀関係を通じた秀吉と貞永の関係を窺うことができる。

天皇制をめぐる議論の中で、この秀吉の寄進事例も、小牧・長久手の戦いでの事実上の敗北によって、後に樹立する政権基盤を朝廷の律令官制に依存せざるを得なくなった秀吉と朝廷との関係を示す事例として挙げられることが少なくない。例えば西山克氏は天正十二年三月十八日の書状が、秀吉方の森長可隊が尾張国・小牧原で敗北を喫し、先行きを不透明にしたその翌日に出されていることに注目し、秀吉が周養をコーディネーターに指名し、造営を急がせたことも極度の軍事的緊張を強いられていたためであり、遷宮が秀吉の戦略と無関係ではありえないだろうと指摘している。[39]さらに西山氏はこの遷宮を最終的に関白の地位についた秀吉による秀吉のための遷宮であったとしているが、寄進を「おもひた」った当初から、朝廷との関係を重視するためだけに「皇祖神＝神宮」への寄進を意図していたとは断定できない。では、一体なぜ秀吉は造替費用を寄進したのであろうか。当時の神宮側の立場から推察したい。

永禄十二年（一五六九）、信長は南伊勢を攻め、大河内城に籠城した伊勢国司・北畠具教を包囲した。結局両軍は信長の二男・茶筅丸を具教の子・具房の猷子とすることで和睦した。この茶筅丸が後の信雄であり、天正三年、信雄は伊勢国司となり、翌年には具教を暗殺し、北畠一族を悉く掃討した。信雄は伊勢に於いて領主権力を確立し、信長死後の清洲会議に於いても、伊勢・尾張の領有が認められた。神宮も外宮の門前町・山田も当然、信雄支配の影響を受けることとなる。信長の死後、式年遷宮執行は頓挫する可能性もあった。しかし、「松木文書」中に、

伊勢正遷宮御材木之事、来春河並在々所々可流出候、若取散者於在ニ者可為曲事候、幷諸役可相除之者也、仍如件

天正拾年
十二月廿七日　　　信　雄　判

外　宮
長官殿
神主中

という史料が存在しており、(40)信雄が天正十年十二月二十七日という信長死後の比較的早い時期に式年遷宮造替に関わっていた事がわかる。また翌年の十月八日、信雄は宮司・両宮一禰宜・神主中宛てに朱印状を発し、伊勢国多気郡内の斎宮・上野・竹河・有爾中村四か郷の地、都合二五〇〇貫を神領として安堵した。(41)ところがこの神領安堵から約一か月後の十一月二十九日、信雄は先に神宮に安堵した二五〇〇貫の内から五〇〇貫を神宮祭主領として引き渡すよう命じた。(42)この出来事は信雄と神宮の間にしこりを残すこととなり、憤った内外両宮は、信雄が小牧・長久手の戦いによって南伊勢の領有権を失った後の天正十二年十月、それぞれこの一件を「祭主謀訴」として朝廷に訴えている。(43)

一方で山田三方も信雄との間において軋轢が生じる。山田は北畠氏の影響下にあった頃から、北畠氏による度重なる徳政発令に喘いでいた。北畠氏の領主権力を引き継いだ信雄も度々徳政を発令、下村信博氏の著書(44)でも紹介されている天正三年の分国中への徳政発令に代表される度重なる徳政から逃れるために地下人たちは経済力を背景に徳政免

除の特権を得ようと志向したほどである。[45] 次に挙げる史料によると、天正十一年頃にも信雄は山田に徳政を発令しようとした形跡が残されている。[46]

就山田三方徳政儀、倉方申分儀得其意候、信雄江御理申上可相済候、自然その間ニ誰々何角申儀候者、急度可申付候間、可心安候、恐々謹言

筑前守
秀吉（花押）

九月二十六日

上部大夫殿

進候

史料の年代は特定できないが、秀吉が「信雄」と記していることや、「山田三方」についてのことなどを考えれば、信長の死後で信雄が南伊勢を領有していた時期、即ち天正十〜十二年のものと推測される。実際に徳政が発令されたかどうかという点については、ここでは詳細を述べることを避けるが、史料中に「就山田三方徳政儀、倉方申分儀得其意候、信雄江御理申上可相済候」とあるように、徳政に関して、「倉方」の申分が秀吉を通じて、徳政を発した信雄に伝えられている点に注目したい。「倉方」とは榎倉家など山田で土倉を営む御師の集団を指すとされる。その倉方の申分が如何なるものであったかは不明であるが、徳政をめぐって領主権力・信雄と自治組織・山田三方との間に軋轢が生じていたことに違いあるまい。

山田三方の地下人たちは、経済的な力もさることながら、軍事的な影響を及ぼすことも多かった。『本朝諸家勲功記』[47]という書物に次のような記述がある。

（前略）此トキ志摩二郡ノ諸士モ、木造ニ一味シテ、信長ニ志シヲ通ジ、伊勢ノ国ニ乱入セント、国中ノ勢ヲ催

シ、二見ノ浦ニ出張ス、国司不智斎、大イニオトロキ玉ヒ、五ヶ篠山ノ城主、野呂越前守源実ヲ大将トシテ、勢南五郡ノ勢ヲゾ向ラレル、源実、国司ノ命ニシタガヒ、一族波多瀬喜右衛門尉実忠(中略)以下ヲ卒シ、二見表ニ発向シテ、永禄十二年六月十八日塩合川、二見辺ニテ相戦フ、(中略)志摩二郡ノ者度共、散々ニ戦ヒ負、右往左往ニ敗北ス、(中略)茲ニ山田三保ノ神官等ハ内々国司家ヲソムキ、(中略)国司勢ノ後陣ヨリ攻メカヽル、志摩二郡ノ軍勢共、是ニ気ヲ得テ取テ返シ、国司ノ勢ヲ、前後ヨリ立挟ミ、火水ニナレト攻戦フ(後略)

これは永禄十二年、信長による南伊勢侵攻時に二見で起こった戦いの記述である。志摩の豪族たちがそれまで従っていた北畠氏に背き、信長に内応して南伊勢に侵入した。これに対し北畠具教は配下の豪族野呂氏一族を派遣し、戦いが起こった。当初国司勢が優勢であったが、山田三方の神官が北畠氏に背き、時を見計らって国司勢を背後から攻撃し形勢が一変、国司勢は散々に打ちのめされ、野呂一族はこの戦いにおいて滅亡したという。山田と南伊勢の領主権力との軋轢は既に北畠氏の時代から根底に存在していたことであり、なにも信雄の時代に突然発生したものでもない。裏を返せば、それだけ南伊勢の領主権力と山田三方が良し悪しは別として密接な関係にあったのである。こうした南伊勢の支配の鍵を握る山田三方の秀吉への接近は、信雄と対立する秀吉にとっても十分なメリットがあったことは間違いない。このように山田三方が秀吉に接近できたのも、秀吉と密接な関係にあった上部貞永の存在があったからであろう。

最終的に秀吉は信雄と和睦する三か月ほど前の天正十二年九月には南伊勢から信雄の勢力を一掃し、松ヶ島に蒲生氏郷を配置させるなど、南伊勢を支配下に収めた(48)。また山田に対しても南伊勢一万石の蔵入地代官として一〇〇〇石を与えられた上部貞永と、氏郷の家臣・町野左近を配置し、自らの影響下に置いた(49)。

天正十二年正月、秀吉の使者として稲葉勘右衛門尉・牧村長兵衛尉が伊勢に下着した。その時の様子は次に挙げる史料[50]で窺うことができる。

天正十三乙酉年正月廿二日従羽柴筑前守秀吉御使両使稲葉勘右衛門尉、同牧村長兵衛尉下着、意趣者、此度両宮御造料ニ従秀吉一万貫御合点、金子五百枚可有御渡由、先五千貫文之通、御代付を以金子弐百五十枚請取申由、外宮神人上部越中守貞永其届慥也、雖然金子神宮へハ八十五枚到来、内宮に座周養上人上部大夫ニ相談、内宮へ四十三枚、外宮へ四十二枚、残る金子のあらためニ下着、已其比三郡之中徳政可行極処、倉方企御訴訟旨申直シ、御礼分之金子百六十五枚可出由、雖然不知其実、大方上部大夫百六十枚之金子私分ニ遣失脚ト申誠哉、越中守可被加御成敗處、倉方抽懇情、安而今更二重出し仕る也、其故者徳政行終處を、以上部越中守覚悟、徳政不行ニより如此也、此度上部御成敗候ハヽ、倉方もすなほニハあらしと以分別調之也

天正十二年三月十七日、近江国土山にて金子を受け取った貞永が、二十四日、周養・禰宜らの前で封を切り、内外両宮の一禰宜に分け預けたことは先に述べたが、この時内宮へ渡されたのは四三枚、外宮へ渡されたのは四十二枚であった。秀吉は貞永に宛てた書状の中で「まつ五千くわんの分にきかね二百五十枚うはへにわたし、やうたい申しふくめ候てつかハし候」と述べていることから、貞永は三五〇枚を預かっている筈である。しかし両宮に渡ったのは八十五枚という何とも不明瞭な一件を「あらため」るのが目的で稲葉・牧村両人は赴いたのである。両人の改めの結果、残りの一六五枚は先の徳政をめぐって倉方が礼金として秀吉に差し出したというのだが、秀吉側もこれを受け取ったという憶えが無く、さらに改めた結果、一六〇枚を貞永が独自の判断で使う（簡潔に言えば「私領」）という成敗が加えられてもおかしくない一大事が発覚する。しかし倉方が懇情し、覚悟を持って徳政を阻止した貞永に成敗を加えるというのであるならば、倉方も「すなほニあらし」という態度を示したため、貞永は成敗を免れた。徳政に対する彼らの考えを知り得る事例の一つである。

また、この秀吉による使者の派遣は、最終的に関白秀吉による遷宮となる天正遷宮の画期であると筆者は捉える。天正十二年十一月二十二日に従三位大納言に任官され、自らの権力基盤を律令官制に依存しようとする傾向が顕著となる（従一位関白任官は天正十三年七月十一日）[51]。それまでは寄進者としての性格を帯びていた秀吉が、天正十三年正月以後は従三位大納言秀吉として、遷宮造替の細部にまで積極的に介入していくのである。天正十三年正月、両宮はそれぞれ天正十年に信長の寄進した費用の料足算用を作成[52]、内宮においては秀吉より寄進された金子四三枚の払口注文も作成し[53]、それぞぞれ稲葉・牧村宛てに出されている。信長の寄進による費用がここで清算され、徐々に秀吉による遷宮という色彩を帯びていく。

関白秀吉の遷宮を象徴的に表しているのが、関白秀吉による「前後争論」の裁定である。内外両宮のどちらが先に造替されるかは、永禄の式年遷宮において外宮が先行を強く主張した件や、信長の寄進直後の山口祭前後をめぐる件など、両宮にとっては重要な問題であった。天正十三年七月に両宮それぞれが先行の主張を始めて以降、朝廷では神道家や京都所司代前田玄以、さらには両宮禰宜をも交えて話し合われ、一旦は外宮先行に傾きかけたが、朝廷内での承諾は難しかったので、既に関白の地位にあった秀吉の裁許を仰ぐことになった。ところが閏八月に秀吉の下した裁許は、内宮先行という朝廷内の意見とは真っ向から対立するものであった。閏八月、天皇は「内宮理運」の綸旨を下すが[54]、この裁定に不満であった外宮は綸旨が下された当日、稲葉・牧村を通じて異議を申し立てるが[55]、叡慮は覆らなかった。

これらの出来事を総合すると、神宮や山田三方が領主権力・信雄に対して不信感を持っていたことは明らかである。神宮側は信雄の影響下からの脱却を図るために、上部貞永を通じて秀吉に接近を試みたのであろう。そうでなければ天正十年の段階で信雄が遷宮造替に携わっていたにもかかわらず、二年後に秀吉が突然寄進に応じる理由が見当たらないのである。

織田信長は神宮側の働きかけに応じた寄進者であって、神宮の内部や朝廷が決定権を持つ儀礼的な面には積極的に介入しようとしなかった。しかし秀吉の寄進には明らかに政治的・軍事的意図があったものと考えられる。結果的に関白に就任した秀吉による式年遷宮の色合いが濃いが、寄進当初はこれまで述べたように、不安定な情勢をめぐる信雄に対する優越性を式年遷宮に求めたのであろう。この秀吉の意図と神宮や山田三方が信雄という領主権力からの脱却を図ろうとする動きが相まって、秀吉の寄進という事例が生まれたのである。

永禄の式年遷宮や信長の事例を振り返ってみると、神宮は造替費用を武家に依存するという現実的な方策を採ってきた。信長の死によって同じく武家であった秀吉に造替費用を求めた神宮であったが、寄進者であった秀吉は朝廷の律令官制を基盤とする政権を形成し、武家がこれまで介入しなかった儀礼的部分に関白として介入することとなり、また神宮内にも統一権力としてその支配権力を浸透させるなど、結果的には天正十二年を境に秀吉政権という新たなる近世統一権力の統制下に置かれることとなる。徳川幕府の下で行われた最初の式年遷宮である慶長九年(一六〇四)の式年遷宮においても、造替費用は幕府の支出によるものであり、山田奉行とされる長野内蔵允・日向半兵衛の両者が関与している。また朝廷の陣議が古来以来の朝議として復興され、形式的ながらも朝廷主導型の式年遷宮が復興し、日時も朝廷内で決定されるのだが、最終的な決定権は幕府が握っており、将軍の意思が尊重されていたことと比較すると、この天正十三年の式年遷宮が「近世統一権力による最初の式年遷宮」であったと言ってよいであろう。[56]

こうした動きを経て、天正十三年十月に式年遷宮は執行されることとなる。関白秀吉の意向であった「内宮理運」の裁定通り、まず内宮が十三日に執行され、外宮は二日後の十五日に執行された。[57]

おわりに

永禄の式年遷宮は、神宮側の企図する叡慮・上意を戴し、神慮に適う奉加により、式年遷宮が執り行われた。役夫工米による造替が不可能である以上、式年遷宮を執り行うためには、神宮側自らが費用の確保に努めなければならなかったが、そのことは神宮側が自立性を保っていたことを示している。しかし、天正の式年遷宮においては、永禄の式年遷宮の先例も踏まえて、御威光ある織田信長を頼った結果、神宮側が企図する勧進による費用の調達は叶わず、また、豊臣秀吉とは当時の南伊勢をめぐる動向から、政治的・軍事的な利害は一致したものの、秀吉が律令官制を基盤とする政権を樹立していく過程で、神宮そのものが政権の影響下に置かれることとなった。永禄から天正における式年遷宮の造替費用をめぐる動きは、中世で自立性のある勢力であった神宮が、強力な近世の統一権力に組み込まれていく過程であったと捉えることができるのである。

また、今なお式年遷宮が執り行われている現代の感覚からすると、天正の式年遷宮が復興を果たしたと捉えることもできるのであるが、実は永禄の式年遷宮が「中世最後の式年遷宮」であり、天正の式年遷宮が「近世統一権力による最初の式年遷宮」であったと捉えることも可能で、神宮が当時の政治権力の動きに影響されていたことも理解されよう。

註

（1）式年遷宮の費用をめぐる概略については、次の研究を参考にした。大西源一『大神宮史要』（平凡社、昭和三十五年）、百瀬今朝雄「段銭考」（宝月圭吾先生還暦記念会編『日本社会経済史研究（中世編）』所収、吉川弘文館、昭和四十二年）、小山田義夫「伊勢神宮役夫工米制度について―院政期を中心として―」（『流通経済論集』二巻二号、昭和四十二年）、小林保夫「室町幕府における段儀制度の確立」（『日本史研究』一六七号、昭和五十一年）、飯田良一「室町幕府と伊勢神宮―神宮方の活動を手がかりとして―」（『白山史学』一九号、昭和五十二年）、小島鉦作『伊勢神宮史の研究（小島鉦作著作集第二巻）』（吉川弘文館、昭和六十年）、中西正幸『神宮式年遷宮の歴史と祭儀』（大明堂、平成七年）。

（2）間瀬久美子「伊勢・賀茂正遷宮前後争論をめぐる朝幕関係覚書」（今谷明・高埜利彦編『中近世の宗教と国家』所収、岩田書院、平成十年）、神田裕理「伊勢神宮遷宮前後相論とその裁決」（『戦国・織豊期の朝廷と公家社会』所収、校倉書房、平成二十三年）。

（3）「外宮天文引付」二三号（『三重県史』資料編中世一（上）所収、一一〇五頁）。なお以後『三重県史』資料編を『県史』と、また便宜上「中世一（上）」を「中一上」、「中世一（下）」を「中一下」、「近世二」を「近」と略記する。史料の号数は『県史』によるものである。

（4）「外宮天文引付」二四号（『県史』中一上、一一〇六頁）。

（5）「外宮天文引付」二五号・二六号（『県史』中一上、一一〇七頁）。

（6）「慶光院文書」二号（『県史』中一下、八七三頁）。

（7）「外宮天文引付」二七号（『県史』中一上、一一〇七頁）。

（8）「外宮天文引付」三四号（『県史』中一上、一一一〇頁）。

（9）「外宮天文引付」三三号（『県史』中一上、一一〇九頁）。

（10）「外宮天文引付」三二号（『県史』中一上、一一〇九頁）。

(11)「永禄記」(神宮司庁編『神宮遷宮記』巻四所収、国書刊行会)による。
(12)神宮文庫所蔵「松木文書」(写真帳)一巻―四七。
(13)「上部文書」(『県史』近・第一章一〇二号、一五九頁)。
(14)「外宮引付」二四号(『県史』中一上、一〇四七頁)。なお、この「外宮引付」は神宮文庫所蔵「一門七四六四号」本。
(15)「皇太神宮天正九年十年引付」一号(『県史』中一上、九八八頁)、同八号(同九九〇頁)。
(16)「皇太神宮天正九年十年引付」一八号(『県史』中一上、九九三頁)。
(17)西山克氏は『道者と地下人―中世末期の伊勢―』(吉川弘文館、昭和六十二年)において、山田三方の自治組織の実像に迫っているが、三方の中心となる「年寄」は家筋によって世襲的に継承された、としている。ただ戦国期に三方構成員を網羅的に記録する史料は残存しておらず、慶長九年、特定した御師・道者を否定する徳川家康の朱印状に反発して作成された三方連判状が網羅的に構成員を知り得ることのできる史料として西山氏は提示している。この連判状に名を連ねた二四名の中に「上部越中守」の名も見え、上部越中の家系が近世以降、三方年寄家であったことが知られている。
(18)「上部文書」一―一八号(可睡斎史料集編纂委員会編『可睡斎史料集』第一巻所収、思文閣出版、平成元年、二一八頁)。以下『可睡斎』と略記。
(19)「お湯殿の上の日記」永禄九年八月十一日条(『続群書類従』補遺三所収、続群書類従完成会、昭和八年)。
(20)「慶光院文書」三号(『県史』中一下、八七三頁)。
(21)「柳原家記録」(『県史』近・第一章八七号、一五一頁)。
(22)「柳原家記録」(『県史』近・第一章八九号、一五三頁)。
(23)京都所司代・村井貞勝の職掌の一つに朝廷との交渉が挙げられるが、久野雅司氏はこの朝廷との交渉に関して、貞勝は信長より権限を委譲されていたと指摘している（「織田政権の京都支配―村井貞勝の検討を通して―」『日本史研究』四一九号、平成九年）。

(24)「皇太神宮天正九年十年引付」一三号（『県史』中一上、九九二頁）。

(25)「考訂度会系図」（皇學館大学『神宮古典籍影印叢刊五―一　神宮禰宜系譜』所収、八木書店、昭和六十年）に載せる上部越中家系では、貞永を「信長公秀吉公御祈禱師也」としている。貞永の父である永元についても「織田信長公御祈禱師也」としている。大抵の戦国大名は伊勢御師と師檀関係を結んでおり、それは大名が御師へ宛てた寄進状に代表されるような今日に残存している史料群によって多くは確認できる。例えば御師・村山家と毛利氏との師檀関係を示す史料は大量に残存しているが、上部家と信長が師檀関係にあったと確証できる史料は今のところ見当たらない。また、「外宮天正遷宮記」（前掲『神宮遷宮記』巻四所収）には、外宮神主が貞永に宛てた書状（年未詳正月付）が収められており、恐らく外宮は早くから貞永を通じて信長に造替実現を依頼していたと思われる。

(26)奥野高広・岩沢愿彦校注『信長公記』（角川日本古典文庫、昭和四十四年、三三七頁）。

(27)註(12)の史料による。

(28)三鬼清一郎「織田政権の権力構造」（講座日本近世史1『幕藩制国家の成立』所収、有斐閣、昭和五十六年）。

(29)平重道「桃山時代の神道」（『日本思想史講座』第四巻所収、雄山閣出版、昭和五十一年）。

(30)外宮山口祭の日時を告げる天正十年三月十四日付の勘文が「宮司引付」に収められている（『県史』中一上、一四七頁）。また、前掲「松木文書」に収められている年未詳三月十八日付の上部貞永宛内宮長官荒木田守豊書状の中で（四巻―二八二）、守豊は「山口祭日時到来、被見之処に、両宮同日驚入候」と述べている。この書状は『京都大学文学部博物館の古文書　第十二輯　伊勢松木文書』（思文閣出版、平成二年六月）において紹介され、解説を担当された西山克氏はこの書状を天正十三年のものと比定しているが、筆者が本稿中で述べている経緯を考えれば天正十二年とするのが妥当ではなかろうか。

(31) 前掲「外宮天正遷宮記」。
(32) 前掲「外宮天正遷宮記」。
(33) 「慶光院文書」四号（『県史』中一下、八七三頁）。
(34) 「慶光院文書」七八号（『県史』中一下、九〇四頁）。
(35) 「天正年中記録」（『中世神宮関係資料　補遺』所収、三重県、平成十二年）。
(36) 「引付」三号（『県史』中一下・別冊、三二頁）。
(37) 「上部文書」一―一号（『可睡斎』、二一五頁）。
(38) 「上部文書」一―三号（『可睡斎』、二一五頁）。福田以久生氏は、この書状は天正八年、秀吉が信長の奉行人として領国播磨の検地を行い、知行を片桐貞隆ら家臣に与えた際に出されたものと指摘している（「可睡斎所蔵の中世文書について―上部文書を中心に―」『愛知大学総合郷土研究所紀要』二七号、昭和五十七年）。また天正十一年八月一日には貞永に判物が下されているが（前掲「上部文書」一―七号〈『可睡斎』、二一六頁〉、「丹州船井郡山内庄内弐百五拾石事、永代宛行畢、可全領地之状如件」とあるように、貞永は秀吉の御師でもあり、給人でもあった。
(39) 前掲『京都大学文学部博物館の古文書　第十二輯　伊勢松木文書』解説。
(40) 前掲「松木文書」一巻―五九。
(41) 「外宮引付」一〇号（『県史』中一上、一〇七六頁）。なお、この「外宮引付」は神宮文庫所蔵「一門四〇五八号」本。
(42) 「惣官家旧記」九〇号・九一号（『県史』中一上、六三三頁）。

(43)「惣官家旧記」九五号・九六号(『県史』中一上、六四頁)。
(44)下村信博『戦国・織豊期の徳政』(吉川弘文館、平成八年)。
(45)徳政をめぐる山田三方および御師の動きについては前掲 西山『道者と地下人』を参考にした。
(46)「上部文書」一―五号(『可睡斎』、二一五頁)。
(47)野呂家(三重県多気郡多気町)所蔵本(十七巻および目録一巻)。『国書総目録』によれば、版本は宮内庁書陵部にのみ所蔵されている書物である。
(48)「松坂雑集」(『県史』近・第二章六五号、二七一頁)。
(49)この年の十二月四日には山田三方に対して、上部貞永・町野左近の連名による定書が出された(神宮文庫所蔵「御朱印職古格」)。
(50)「引付」三号(『県史』中一下・別冊、二三頁)。
(51)秀吉の任官年月日は、『公卿補任』(吉川弘文館、昭和五十七年)に拠った。
(52)内宮の算用状は前掲「引付」一〇号(『県史』中一下・別冊、二七頁)、外宮の算用は前掲「松木文書」四巻―三一八による。
(53)前掲『神宮遷宮記』巻四所収「天正十三年御造宮記」。
(54)「藤波文書」(『県史』近・第二章八〇号、二八〇頁)。
(55)前掲「松木文書」四巻―二九六。
(56)前掲「伊勢・賀茂正遷宮前後争論をめぐる朝幕関係覚書」。
(57)「兼見卿記」天正十三年十月十二日・十五日条(『大日本史料』第十一編之二十一所収、東京大学出版会、平成八年)。

江戸時代初期山田奉行設置の意義

上野　秀治

はじめに

江戸時代初期現在の伊勢市内に、江戸幕府遠国奉行の一つである山田奉行[1]が設置されているが、その意義については従来あまり十分に述べられてこなかった。そこで本稿では、設置時期とされる慶長八年（一六〇三）から、寛永期（一六二四〜四四）までを対象に、可能な限り奉行就任者に関する一次史料をもとに、設置の意義を考察するものである。

江戸時代初期、殊に慶長期については、徳川幕府が完全に政治的支配権を確立しておらず、豊臣政権の存在を考慮すべきと考える[2]。本稿も山田奉行設置を、幕府が豊臣政権を押さえ込むための政策の一環として捉える視点に立つ。当該時期を扱う場合、豊臣政権を念頭に置いて政策を遂行していったとみるならば、幕府の諸政策の持つ意味がより鮮明になると思われるのである。

山田奉行については、就任者や設置理由、奉行所の位置、歴代奉行の事績など、早くは『宇治山田市史』[3]で述べられ、また松島博氏[4]によってさらに補強され、戦後は山田奉行所の吏僚であった家の子孫たる橋本石洲氏が『伊勢山田奉行沿革史』[5]を著し、今まで知られていなかった伝来の史料も利用して、より詳細に制度が明らかにされてきた。近年では奉行所が所在した小林（おはやし）を村域に含んでいた御薗村（平成十七年伊勢市と合併）が『御薗村誌』[6]を刊行し、山田奉行について新知見を含んで記されている。そして『伊勢市史』[7]においては、筆者が近世初期を担当し、山田奉行について述べたところであるが、通史であったため史料の引用が十分できなかったこと、なお考証に掘り下げが不十分な点があったので、ここで改めて史料を引用しつつ、江戸時代初期の山田奉行について論ずることにしたい。

一　初期の山田奉行就任者と国奉行制

寛永期までの山田奉行就任者については、『柳営補任』[8]をはじめ、『宇治山田市史』以来の自治体史も同様の人物をあげている。これら人物を表示した『御薗村誌』を次に掲げるが、同表は役所の所在地を説明するために作成されたものである。但し、小林へ移転する前までしか扱っていないので、寛永末年までの奉行を追加した。役所の所在地や下代の名前も入れており、最もわかりやすい表であるが、役所所在地や下代については史料によって異なるものもある。しかし本稿では、それらの相違点の考証は避け、奉行就任者のみを取り上げることとする。

第1表にある慶長から寛永期までの奉行八名については、従来から山田奉行就任者として扱われてきたが、当該時期は江戸幕府草創期で、奉行等の制度が確立していく過程にあるので、例えば山田奉行なら、慶長期の長野友長・日向（ひな た）政成と、寛永期の花房幸次・石川政次とでは、権限も職掌も相違していたであろうことは容易に想像がつく。今まで、制度上確立した山田奉行の職掌については次のように説明されてきた。

①神宮の警衛および式年遷宮に際しては遷宮奉行を勤め、毎年九月の神嘗祭にも神事奉行を勤める。
②伊勢・志摩の神領等の支配・訴訟を取扱う。

第1表　山田奉行の公事役所跡

在役奉行名	公事役所跡	存置年代	留守居（下代）
長野内蔵允友長	曾禰町字高柳（役所世古）	自 慶長八年 至 元和四年	下代中村勝兵衛氏詮・小浜右京進守隆・水谷九左衛門光勝・桑名忠八政行
日向半兵衛政成	下中之郷町（等観寺）	自 慶長九年 至 元和三年	下代山崎十右衛門政豊
水谷九左衛門光勝	一之木町（欣浄寺）	自 元和三年 至 元和八年	下代水谷豊兵衛光吉・桑名忠八政行・伊藤四郎右衛門
山岡図書頭景以	曾禰町字高柳（役所世古）	自 元和四年 至 元和八年	下代中村勝兵衛氏詮
中川半左衛門忠勝	下中之郷町（等観寺）	自 寛永元年 至 寛永六年	下代中村勝兵衛氏詮
岡田伊勢守善同	宮後町（慶宝寺） 吹上町一本木	自 寛永七年 至 寛永八年	
花房志摩守幸次	吹上町一本木	自 寛永八年 至 寛永十二年	御用人　花房七郎右衛門幸之 〃　藪平左衛門
（追加）			
花房志摩守幸次		自 寛永八年 至 寛永十八年	
石川八左衛門政次	（正保元年大隅守に叙任）	自 寛永十八年 至 万治二年	

『御薗村誌』一九六〜一九七頁。さらに寛永末年までの奉行を、『寛政重修諸家譜』で補った。

第2表　慶長期国奉行一覧

国名	国奉行名
山城	板倉伊賀守（勝重）
大和	大久保石見守（長安）
近江	米津清右衛門（親勝）
丹波	山口駿河守（直友） 村上三右衛門（吉正）
摂津	片桐市正（且元）
河内	片桐市正（且元）
和泉	片桐市正（且元）
但馬	間宮新左衛門（直元）
備中	小堀遠江守（政一）
伊勢	日向半兵衛（政成） 長野内蔵丞（友長）
美濃	大久保石見守（長安）

高木昭作『日本近世国家史の研究』第３章より作成。

③神宮に変事がある際は近辺の諸藩に警備を依頼し、紀州藩とともに両宮を守衛する。

④鳥羽湊へ入港する不審な船の荷物を吟味し、異国船が漂流するのを発見したら幕府へ報知して長崎へ送る。

右の四つが職掌といわれてきたが、[9] 初期の頃とは大きく相違しているといわざるをえない。さらにいえば、制度として確立された山田奉行の職掌について子細に検討すると、右四点は必ずしも妥当でない点もみられるが、本稿では深く立ち入らないこととする。

ところで、大工頭中井家の文書等を利用して、慶長十年代に畿内を中心とする十一か国に、領主の区別なくそれぞれ一国全体の農政を監察し、幕府（将軍）や駿府（大御所徳川家康）の指令を触れ、夫役を徴発するなどの任務を持つ国奉行が置かれていたことを高木昭作氏が指摘している。[10] この国奉行を表示すると第2表のようになるが、伊勢国には日向・長野の二人の国奉行が存在したことになる。この二人は幕府草創期の山田奉行といわれる人たちである。

国奉行は、一国の中に多くの領主が配置された非領国型の国に置かれ、例えば徳川政権からの指示で大工頭中井正清が扱う建設工事において、大工頭の求めに応じて担当の国から大工や人夫等を徴発する権限を持たされたと理解されている。[11] ところが、畿内およびその周辺十一か国に限られていること、豊臣秀頼の領地である摂河泉の三か国が含まれているところから、国奉行設置の目的は豊臣秀頼を封じ込めるためであったと推測できよう。摂河泉の三か国の豊臣領から人夫等を徴発しようとする場合、秀頼が完全に徳川幕府支配下の一大名であるなら、幕命を秀頼に直接伝えて徴発させることが出来るはずであるが、それが出来ないので、徳川家康の息のかかった豊臣家臣片桐且元を国奉行に指名し、片桐を徳川・豊臣のパイプ役としたのであろう(12)。この点から、徳川幕府は豊臣氏を完全に支配下に置くことがいまだ出来ていないことが知られるのである。

さて、日向政成・長野友長が国奉行となった伊勢国をみると、慶長十年頃作成された伊勢国絵図の下絵ないしは写しから、三重郡に豊臣秀頼の家臣十五人程の知行地、約一万二千二百五十石の存在が知られる(13)。このことから国奉行が置かれた国は、豊臣氏の領地が存在する、といった豊臣氏との関係が深い地域であったのではないかと推察される。徳川幕府が、豊臣氏を支配下に収めるための布石の一つとして国奉行設置を考えればよいのであろう。またこのように考えるなら、秀忠付き家臣より家康直属の家臣を国奉行に指名した方が、豊臣氏側の理解も得やすいであろう。国奉行各人が家康付き家臣か否かを確定したわけでなく、国奉行設置国すべてに豊臣領が存在したかを確認してはいないものの、国奉行は当初家康付きの家臣で、豊臣領が存在した国々に置かれたと考えてよいのではなかろうか。さらに付け加えるなら、国奉行が置かれた国に徳川領が存在するならば、それは家康の直轄領だったのではないかと思われる(14)。

以上の点を踏まえ、慶長期の山田奉行就任者を一人ずつ見直していくことにする。

二　慶長期の山田奉行

慶長期の山田奉行は、長野(ながの)内蔵允(くらのじょう)友長と日向半兵衛政成(ひなたはんびょうえまさなり)の二人が存在した。まず長野友長（『柳営補任』は諱を友秀とし、諸書でも友秀としているものが多いが、本稿では友長で統一する）であるが、彼は伊勢国司北畠氏の庶流で、慶長八年に山田奉行に就任したといわれる。[15] また日向政成は慶長九年（『柳営補任』は慶長八年とする）、長野と同様近江国山中の代官から山田奉行に転じたという。[16] 江戸幕府が開かれてからほどなく、あいついで二人の山田奉行が任命されたことになる。長野友長の任命後、長野は度会郡有滝村に屋敷を構え、水軍の基地とし、ついで軍船二艘を大坂より、関船二艘や荷船を四日市から回漕して、伊勢湾の海上防備に充てたと橋本石洲氏は記しているが、[17] 史料的に確証は得られないものの、伊勢湾口警備を目的に山田奉行が配置されたことは十分首肯できる。あわせて多くの人びとの崇敬を集めていた神宮の監視の役割を持ったものと思われる。

さて高木昭作氏もあげておられるが、長野・日向の両名が奥印した文書が残されている。

ゆつり渡す護摩堂、今日より世古坊と申候事

一、上部善蔵殿より買徳之屋敷

但、是ハ幡庄右衛門方へわたる

一、湯之口之畠

（以下品名省略）

以上合廿五色也

慶長八年癸卯五月吉日

世古坊
政円（花押影）

手ふるい申候て判まへことくなり不申候

長内蔵丞（印影）

日半兵へ（印影）

（『三重県史　資料編近世2』九三三〜九三四頁）

世古坊政円が、屋敷や畠・家財道具を譲り渡す証文に、両名が署名・捺印したもので、この証文の効力を保証した

形式となっている。神宮領の住民が、証文に対して公的な裏付けを求めた結果と思われるが、長野・日向が神宮領を管轄下に収めている証拠ともなろう。但し、慶長八年五月の年号があるものの、両名が奥印を加えたのがこの年月であるか否かは確定できない。譲渡された側が、後になって保証を求めた可能性があるからである。両名の山田奉行就任を慶長八年十一月から翌年正月とする説[18]もあるので、八年五月時に奉行の職にあったとするのはやや早い気もする。しかし両名が連名で文書に現れるのは、この文書が最初とみられる。

次に慶長九年五月三日付長野・日向両名の連判で、内宮領中村・楠部村・鹿海村の年寄に宛てて、内宮神路山で用木を伐採することを禁ずるという徳川家康の命令を伝えた文書を橋本石洲氏が紹介している[19]。この内容からは、神領の村同士による山林の用益権をめぐる争いに、長野・日向両名は訴えを受理したものの直接裁いたのではなく、家康の「御諚」を伝えていることがわかる。初期の奉行は、幕府領以外の争論の裁許について、家康の指図を仰いだものと思われる。

さらに内宮領の村での争いについて、慶光院文書に注目すべき長野の書状がある。

已上

急度申入候、上二郷両内(領)ニて楠辺(部)村之者、作毛草ニ苅添候を見付、とらゑ置候処ニ、三郷ゟ上二郷之者四人めしとり被置之由注進候、上之郷自然理不尽之働ニ候共、此方へ被届候ハヽ、存分可申付処ニ、我まゝなる被仕様、公儀をかろしめられ候段無勿躰候、併訴口を聞申事候之間、不実候若必定ニ候ハヽ、此衆不届候存分、何も可為右同前候、四人之者とらゑ候者共召連、年寄衆早々可被上候、恐々謹言

七月廿六日　長野内蔵允

友秀（花押）

追而、半兵(日向政成)他行ニ候間、書中同前ニ候、い上

「(ウワ書)楠部村

中村

鹿海村

三郷年寄中」

(『三重県史　資料編中世1(下)』九四三頁)

この書状では、内宮鳥居前町(上二郷)の領域内で楠部村(内宮領在方)の者が草を刈るついでに作物も刈り取ったため、この者を上二郷側が捕らえたところ、楠部村・中村・鹿海村の三郷の者が対抗して上二郷の住民四人を召捕った事件のことが記されている。長野は、上二郷が理不尽に楠部村民を捕らえたのなら、三郷から長野の方へ報せてくれれば存分に申し付けるところだが、四人を人質に取るのはわがままなやり方で、公儀を軽視したことになるといって、四人を人質に取った三郷の者を召連れて、三郷年寄衆に来るよう命じている。この時、長野はどこにいたのか明確ではないが、年寄衆に「可被上候」といっているので、伏見にいた可能性が高く、また追而書に日向半兵衛は他行していると述べている。本来なら長野・日向でこの事件の処理をすべきものであったとみることができる。

右の書状と関連して同じ慶光院文書に、長野から慶光院宛七月二十六日付消息が現存する。(20)これには、上二郷側が草と一緒に作物も刈り取った楠部村の者を捕らえたのはもっともであるが、この程度のことはどこの在所でも起ることであり、楠部から詫びを入れさせて捕らえた者に納得させるように意見をするのがよかろうと記されている。さらに、三郷側が上二郷の四人を人質に取ったのはわがままな仕方であるが、公儀のことを考えて事を荒立てない方針は神妙である。しかし長野・日向に宇治方面へ来てほしいとの要望には、この程度の事件では暇をもらいがたいので応じられない。慶光院の仲裁で決着しない場合には、関係者と年寄衆をのぼらせるようにと申し入れている。すなわち

この事件は、慶光院の要望により、長野・日向が出張して裁くほどのことではないので、慶光院の仲裁が不調の際は、関係者を長野のもとに送るように言っているのである。

またこの消息の尚々書に、「はんひやう殿ハ御けんちニ三かわへ御くたりニて候」とあり、日向半兵衛は検地のため三河国へ行っていると記され、前掲文書の「半兵他行」が三河国検地のための出張とわかる。日向政成が三河国宝飯郡の検地に関与したのは慶長九年とされる(21)。

これらの長野書状が慶長九年のものと判断できる史料が、やはり慶光院文書に存在する。七月四日付で長野から慶光院に宛てられた消息(22)で、神宮の遷宮のための山入りを急ぐように、米金を受け取るなら早くした方がよいということを申し入れたものである。急がせている理由は、「はんひやう殿ちか〳〵ニ三かわへ御けんちニ御こしの事ニ候」と記し、日向半兵衛が三河国検地に近々出張するためで、日向の留守に米金を渡すことは難しいと述べている。さらに消息の後半で、下三郷（楠部村・中村・鹿海村）へ一日に書状を出したが返事がなく、その後争いはないかと記しているところから、前述の上二郷と下三郷の争いについて様子を聞いているものと考えられる。

この事件は六月頃起ったらしく、長野らは慶光院から事件を知らされたとみられ、この段階では七月二十日頃日向は三河へ、一方長野は宇治方面へ出張するつもりであった。しかし書状のやりとりで出張はしないことにしたようである。文中の遷宮に関する山入り（遷宮用材の伐採）や米金の支給については、慶光院文書に関連文書も多く、慶長十四年の式年遷宮に向けた準備の動きで、慶長九年とみてよい。従ってこれら七月の三通は、慶長九年に比定できる。

以上慶長九年七月の三通から、長野と日向は共同で神宮領内の争いごとの解決に助言したり、あるいは裁許する権限（家康に取次ぐ程度かもしれない）を有していたと考えられ、また遷宮に関することも担当していた。しかし慶長九年に日向政成は三河国検地に出張しており、単に伊勢国や神宮のみに関与していただけではなく、日向は代官頭大久保長安の配下としても活動していたようである。[23]

次に慶長十年に比定できる十一月二十二日付長野・日向の両名から山田三方衆に宛てた書状[24]に、山田の御師間での諸国旦那職に関する出入は、先規の通りを式目にして三方衆が連判し、両名に提出し、以後道者をめぐる出入はその式目に従うよう指示している。これを受けた山田三方衆は、慶長十年十二月吉日付で日向・長野両名に宛てて「御師式目」を提出、これを承認する意味で紙背に両名の署名に花押を加えている。[25] このように自治を認められた山田三方衆に対しても、幕府の統制を強化しようと努めたと考えられる。

また慶長九年からは、同十四年に行なわれる式年遷宮の準備が始まり、用材の確保や資金の手当に関する史料が多く見られる。[26] この中には長野・日向両名連名のものや、長野のみのものもあるが、両名が遷宮事業の実務に深く関与していたことが知られる。古代・中世では国家事業として行なわれてきた式年遷宮が、戦国時代に中断を余儀なくされ、その後慶光院の勧進、織田信長や豊臣秀吉の財政的援助で再興された。江戸幕府が開かれると、この式年遷宮を豊臣秀頼ではなく、徳川家康が主導して実施しなければ、徳川政権の存在が霞んでしまうことになる。そこで家康は全面的に資金その他で支援することにしたのであろう。その実務は山田奉行が担当するのが当然であり、むしろこの遷宮を実現するために日向政成を山田奉行に加え、奉行を二人役にして強化したのではなかろうか。

これまでは神宮や神宮領に関しての史料を取り上げたが、慶長十年には伊勢国内の他領主へ日向が働きかけをしたことが認められる史料を掲げる。

其方両人事、日向半兵衛殿御理ニ付て、町並の諸役令免許候、可有其心得候也

慶長十年

九月十九日　　　　　　　　　　兵部

重勝　判

松崎与右衛門殿
村田孫兵衛殿

（『三重県史　資料編近世1』六三八頁）

この文書は、松坂城主古田重勝が松崎・村田両名に町並諸役を免除した内容であるが、免除に際しては日向政成からの申し入れがあったためで、山田奉行が神宮領以外の地域の領主に影響力を及ぼしたことがわかる早い時期のものである。これをもって日向が国奉行であったと判断するのは早計と思われるが、注目すべき史料といえる。他領に関連した史料をもう一通掲げる。

追而、法印者御肝煎中之書中ニ難申候、可有其心得候、以上

井水之義、法印御談合申、何れも御老衆御寄合申候所ニ而双方之様子懇頃ニ申上候処ニ、大久保村へ引候て、余水ハ水沢へ取候様ニと被仰候間、我等申様ニハ、左様ニ候ハヽ、以来迄中事はて申間敷と申候へハ、尤ニ候間、水沢へハ一切遣間敷と被仰、其通ニ相定候、丹後殿（土方雄氏）へ両人ゟ届之状遣候間、其方者を半兵衛・我等之者ニ被成、持せ被遣、則駿河へ帰申由ニ而返事を取、乍御太儀早々持せ可被下候、又路次石（ママ）之事忝候、恐惶謹言

長野内蔵丞

六月二日

佐野内膳殿
人々御中

（『三重県史　資料編近世1』五三二頁）

右の書状は、長野友長から伊勢亀山藩（藩主関一政）家老佐野内膳に宛てられたもので、亀山藩領大久保村と菰野藩（藩主土方雄氏）領水沢（すいざわ）村との井水争論の裁許に関する内容である。この両村の争論解決には双方の領主が関与するが、両藩の間で決着せず、長野・日向を介して家康（駿河）に判断を仰ぐことになったようである。駿府の年寄衆の寄

合で長野が争論の詳細を述べたところ、井水は大久保村が先に引き、余った水を水沢村が取るようにとの仰せだった。しかしこれではまた争論が再発して果てしなく続くことになると長野から説明すると、水沢へは一切水をやらない、という結果になったと記されている。この争論に長野が深く関与し、むしろ大久保村を勝利させるような発言をしたとみられる。現地の様子を長野が知っていて、自らも大久保村側に理があると考えていたものと思われる。

そして書状後半は、その裁許を伝える方法を記しているが、その方法とは、菰野藩主土方雄氏には両名(長野・日向)から裁許の結果を書面にし、佐野内膳の家臣を日向半兵衛と長野の使者ということにしてその書面を菰野へ持参させること、その使者には駿河へ帰るからすぐに返書(請書になろう)をくれるようにと言わせ、その返書を取り長野のところまで届けてくれるように、というものである。菰野藩へは長野・日向連名で裁許結果を書面で使者が持参するが、その使者は必ずしも両名の配下の者とは限らず、近辺の者を使者に仕立てた場合もあることがわかり興味深い。一方亀山藩側には、掲出した佐野宛の長野書状だけで済まされたようである。この長野書状は、関一政が亀山から伯耆黒坂へ転封になる慶長十五年以前、文中に駿河が出てくるので家康が駿府に移る慶長十二年以降のものとなる。慶長十年代に国奉行が置かれたとすると、本文書は両名が確実に国奉行であったことを証する史料ともなる。

以上述べたように、長野友長が山田奉行に慶長八年就任した際は、伊勢国出身の長野が地理などに明るいため、宇治・山田の庶政に関する職務を任され、神宮の警備をする一方で監視もし、あわせて海上警備も担当したのではないかと考えられる。慶長九年からは、同十四年の式年遷宮という国家的行事を徳川家康の全面的支援のもと準備が始まるため、代官頭大久保長安の影響下にあったとみられる日向政成が山田奉行に加えられたと考えられる。

両名の発給文書等を見ると、多くは神宮や神宮領内に関するもので、この方面では長野が主に動いており、遷宮費用など財務に関することになると長野・日向の連名で処理されているものが多いように見受けられる。すなわち幕府側の財政に関係する案件には日向と共同で仕事をしていたとみられる。それが慶長十年代になると、宇治・山田方面だけでなく、伊勢国内の藩領に属する争論にも関与するとともに、日向は慶長九年の三河国検地の実施、同十八年大久保長安死後甲斐国の行政に島田直時とともに当たり[27]、広域で活動していることが認められる。長野・日向は慶長十年代には国奉行の性格を有しているといってよいが、伊勢国関係の実務は長野が主に担当、それを補佐したのが日向であったようで、また幕府財政に関わること（主に歳出）は日向に権限があったのではないかと思われる。

日向は慶長十八年から甲斐国の行政も担当、慶長九年には三河国検地にも関与していて、伊勢国以外での活動も認められるので、国奉行は従来いわれている特定の国だけを担当したのではなく、さらに広範囲かつ機動的に活動していた者も存在したと考えた方がよいように思える。また史料から、日向は勿論、長野も神宮近辺に常駐していたとはみられず、家康の膝下（伏見や駿府）に居を構え、必要に応じて伊勢国へ出張してきたものと思われる。

ところで長野・日向両名は、前掲第1表では元和初期まで山田奉行に在職していた（『柳営補任』によると長野は元和三年〈一六一七〉まで、日向は慶長十三年までとするが、日向の退任時期は早すぎる）ことになっているが、退任時期の正確なところは明確ではない。両名が元和初期に神宮領村落間の争論に関わっていることが明らかな史料がある。それは朝熊川と宇治川が合流する付近の漁場について、内宮領朝熊村と同領鹿海村とが争った際のもので、元和五年十月四日付で朝熊・一宇田両村から山田奉行に宛てて近年の事情を説明したものである。長野・日向が関与したことがわかる部分を掲出する。

（前略）

一、辰（元和二年）之霜月ニ内蔵允（長野友長）様津ニ被成御座、朝熊之年寄共被召候条、罷出右之様子申上候へハ、御下代衆江被仰付候者、菟角新儀成事ハ少も不罷成候間、川領内をも被見分、其上憐（隣）郷之年寄共之口を聞届、如前世之可申付由被仰

付候御事

一、巳ノ三月(元和三年)ニ御下代衆憐(隣)郷之年寄を被召出、落合之儀せんき(詮議)を被成御尋問候処ニ、鹿海村ゟ彼落合江罷出魚取候事ハ無御座候由、堅墨付を以被申上候御事

一、御下代衆御意ニ、せんき(先規)より彼落合江鹿海村ゟ罷出魚取申儀無御座旨、憐(隣)郷之年寄共以墨付を申上候うへは、鹿海村之申分少も有間敷候而手を引候へと被仰付候へ共、鹿海村ニ合点不仕候而、此上者江戸江罷下内蔵允様・半兵衛様(日向政成)江可得御意旨申上候へハ、左候ハヽ、御状相添可被下旨被仰下候間、御下代衆之御状を申請罷下申候、其時江戸江被遣候御状之御下書を懇望仕候へハ、則被下候而今ニ所持仕候御事

一、同巳ノ(元和三年)霜月十九日之夜、彼落合朝熊領内江鹿海村ゟあミを立申候所ニ、朝熊村ゟ罷出取申而、則其月之末ニ双方被召出御穿鑿被成候処ニ、鹿海村ゟ申上候者、あミ返し申候様ニ被仰付被下候へと申上候処ニ、内蔵允様之御意ニ、朝熊領江あミたて申候て被取候事ハ無御存由、御意にて其儘相究罷立申候御事

(後略)

(『三重県史　資料編近世3(下)』三六三～三六四頁)

これによると、漁場争いにつき津に滞在していた長野友長に元和二年十一月朝熊村年寄たちが呼ばれ、事情を説明したところ、長野は下代衆に新儀の事は認めない方針で臨むよう命じた。そこで下代たちは元和三年三月に隣郷の年寄を呼んで、鹿海村が今までに魚を獲ったことはなかった旨の証文を取り、鹿海村へは手を引くよう命じたが、鹿海村側は承服しなかった。それどころか江戸へ行って長野友長・日向政成へ訴え出ると言い出したので、下代は長野・日向への紹介状を書いてやると言って書状を認めて江戸へ持参させた。江戸出訴の件は実際なされたのかは不分明であるが、同じ三年十一月十九日の夜鹿海村は朝熊村に属する川へ網を立てたため、朝熊村側がこの網を取り除いた。そこでまた争いが生じて同じ十一月末に朝熊・鹿海両村の者が呼ばれて審理がなされた際、鹿海側が網を返却してほ

しいと願ったところ、長野友長は網が朝熊側に取られたことを知らなかったが、長野はそのまま（朝熊側が網を取ったまま）にすることで決着させたということである。

このことから元和二年十一月に長野は伊勢国津にいてこの争いの解決をしようとしたこと、実際現地では奉行の下代が奉行の指示で活動していたこと、そして元和三年三月頃には長野・日向は江戸にいたことが知られる。両名が元和三年当時山田奉行であったと現地では認識されていたことがわかるが、日向は甲斐国の行政を担当していたため、山田奉行の仕事からは離れていたかもしれないのである。

なおこの争いに関して、元和四年十一月十五日付で朝熊・一宇田より奉行宛の言上書[28]があり、そこには朝熊村が取った鹿海村の網を返却するよう奉行から書状が来たので困惑している。なぜなら先の奉行長野友長の前に双方召出されて穿鑿があり、網は返さないことで決着しているからであると記している。つまり前掲史料（元和五年十月四日付）の事情説明には記されなかった点が書かれている。要するに奉行が交替したため、元和四年十一月に新奉行から網を鹿海村に返すよう朝熊村に命じてきたことがあったのである。このことから長野は、元和四年十一月には奉行を退任していることが明らかとなる。なお長野は、元和四年三月二日付で諸国舟奉行衆中に宛て、松坂居住の角屋七郎次郎は先年から朱印船に乗っていて、昨元和三年伏見で継目の朱印を頂戴しているので、諸国のどこの浦・湊に着船しても諸役を免除するよう依頼した文書[29]を発給している。このことから長野は元和四年三月初旬までは奉行の地位にあったことが知られる。

一方、日向政成は元和三年まで国奉行（山田奉行の職も含む）であったようであるが、慶長十八年から甲斐国も担当し、『寛政重修諸家譜』によると元和四年甲斐国で千石余の加増をうけ、翌五年には駿河大納言忠長（当時は国千代。三代将軍家光の弟）の家臣に編入されているため、甲斐国の方に重心が移っている。すでに元和三年には甲斐国の行政担当専任となっているので、山田奉行の職からは離れたものと思われる。

三　元和期の山田奉行

前掲第1表から、元和期の山田奉行は水谷九左衛門光勝と山岡図書頭景以の二人が在職していた。水谷は日向政成の後任として元和三年に、山岡は長野友長の後任として元和四年にそれぞれ着任したとみられ、奉行は二人体制が継続されたが、ともに元和八年に離職した。(30)

さて水谷光勝については、第1表の長野友長の下代衆の中にも名前が見えるとともに、慶長十七年五月十一日付徳川家康より大工頭中井大和守正清に宛てられた尾張名古屋城の作事奉行名を書きあげた黒印状(31)にも、大久保石見守長安・小堀遠江守正一・村上三右衛門吉正・長野内蔵允友長・日向半兵衛政成・原田右衛門成氏・寺西藤左衛門・藤田民部忠次・水谷九左衛門光勝を作事奉行としていて、水谷の名が出てくる。名古屋城作事奉行衆九人のうち、大久保石見守から日向半兵衛までの五人は、前掲第2表にも名が載る国奉行である。彼らと名を連ねていることは、水谷も国奉行と同様の働きをしたことを推測させる。すでに筆者は、水谷光勝を四日市代官から国奉行になった人物と推定したことがある。(32)

水谷の活動を拙稿によってまとめると次のようになる。水谷光勝は伊勢国三重郡塩浜村の出身といわれ、慶長元年頃に徳川家康領であった三重郡四日市場・羽津村の代官として史料上に現れる。慶長五年関ヶ原の戦い後北伊勢五郡（桑名・員弁・朝明・三重・鈴鹿の五郡）に河曲郡を加えた六郡の代官になったともいわれ、従前より大きな権限を有した代官になったと考えられる。慶長十年前後には四日市代官として四日市陣屋に居住し、尾張国米野村の年貢についても徴収権を持つなど、国奉行的な性格を有していったとみられる。同十七年に長野友長・日向政成らとともに名古屋城作事奉行にも指名されているので、長野・日向は伊勢国の南の国奉行、水谷は伊勢国の北を担当する国奉行と考えてみた。

そして水谷は元和三年四日市代官に山田奉行を兼任することになったが、依然四日市に居住しており、同五年には神戸藩（藩主一柳直盛）と同藩領民との間で、年貢等の負担軽減をめぐる争いが起った際調停に乗り出していて、なお国奉行的な役割も持っているので、元和三年山田奉行兼任から元和八年四日市代官と山田奉行の両職を辞する間は、伊勢国一国の国奉行的存在になったと推測した。

以上の通りであるが、問題は慶長十年頃から水谷光勝は四日市代官ながら国奉行的性格を有していて、長野友長・日向政成が国奉行になると、伊勢国を南北に分けて分掌したのではないか、という推測の部分である。それは前節で掲出した慶長十二年から十五年のものと考えられる六月二日付長野内蔵丞より佐野内膳宛の書状を考慮に入れていなかった点である。この長野の書状は、伊勢亀山藩領と菰野藩領の村同士の井水争論の裁許を通知した内容であるが、場所が鈴鹿郡と三重郡の郡境付近（大久保村と水沢村）であり、地理的には北伊勢に属する地域である。筆者の推論通り水谷光勝が北伊勢担当の国奉行であるとするなら、この井水争論は水谷が担当していてもよさそうであるが、長野と日向が関与している。この点から伊勢国の国奉行は長野・日向の二人で、水谷は慶長年中はあくまでも四日市代官で、尾張国についても事柄によっては担当していて、一般の代官よりは権限が大きい性格を有していたものと考えておきたい。

なお水谷は、長野友長の下代であったという説について、水谷が山田奉行兼任まで南伊勢の文書に名前を見出すことができないので、否定的に捉えてよいと思う。ただ長野の指揮のもと北伊勢で幕領から年貢の徴収、あるいは人夫の徴発等に従事していたとみるならば、それは長野の下代といえるかもしれないが、水谷は長野が伊勢国を担当する以前からの代官で、家康直属の家臣と看做せるので、やはり下代と見るのは正しくないと思われる。

さて水谷光勝は四日市代官ながら、元和三年山田奉行を兼任することになった。それは日向政成が甲斐国を慶長十八年から担当するようになり、次第に伊勢国の方に手が回りかねてきた結果、水谷が日向の後任になったとみられる。日向・水谷の仕事引継ぎに関してと思われる史料がある。

預御書中候、殊ニ名物うすに弐枚一入忝存候、然者、至今無事ニ御座候由、目出珍重ニ存候、我等無他事、今度御前相済帰参申候、可御心安候、一度懸御目咄し申度候、七郎次郎(角屋)殿早々御尋候、忝存候、用所之儀互ニ可申通候、九左衛門(水谷光勝カ)殿切々御寄合之由、弥其通肝要ニ存候、急候間、先々早々申入候、恐惶謹言

十一月八日　　日半兵衛
其(ママ)(花押影)

角屋七郎左衛門様

(『三重県史　資料編中世2』「別冊　伊勢神宮所蔵文書補遺」一七六〜一七七頁)

右は角屋の記録に所収された写し文書ではあるが、日向政成が江戸から伊勢へ帰った時のものらしく、用事については互に連絡を取り合おうと述べ、九左衛門と時々寄合をしている由、このことは肝要だと記している。この「九左衛門」は殿が付けられているので、三重県史の推定通り水谷光勝とみてよかろうと思う。角屋が水谷と時々会っていることは、水谷が南伊勢のことについても関与している証拠となろうが、恐らくこの文書は元和三年とみられ、水谷が山田奉行を兼任したため、一時山田あたりに来た日向が、水谷と引継ぎをした頃のものではなかろうか。

水谷が山田奉行を兼任したのは元和三年であるが、何月か明確ではない。しかし元和三年九月から十月にかけて、長野友長と水谷がそれぞれ、内宮宇治橋と風宮橋の造替に関して慶光院周清に書状を発している。[33] 従って三年九月な

いし十月には水谷は山田奉行の職にあったことが知られる。その後長野の名は見えなくなるが、水谷は元和五年二月の宇治橋完成までの間に、慶光院と書状を往復していることが『大日本史料』第十二編之三十からわかる。その中に水谷が四日市から発信した書状[34]が二通あり、慶光院からも四日市の水谷に宛てた書状[35]があって、いずれも元和四年のものである。水谷は山田に常駐したのではなく、四日市陣屋に居住したまま山田奉行の職を務め、必要に応じて宇治・山田へ出張してきたのである。

そもそも内宮宇治橋と風宮橋の造替については、長野友長が慶光院に対し、上方各地で幕府による普請や建築が実施されている機会に、両橋も造替を願い出るよう強く勧めて、慶光院が幕府に申請して認められたものである[36]。造替が認められたのは申請してまもなくの元和三年九月末頃と推測され、早速水谷光勝が内宮へ出張して前回の架橋の様子を聞いたり大工衆に指示をし、そして材木の手配をしている[37]。

従って水谷は、内宮宇治橋と風宮橋の造替のために山田奉行を兼任することになったと考えてよかろう。当時甲斐の行政も担当していた日向が伊勢国の方に十分力を注ぐことができなくなっていたので、北伊勢の代官水谷と交代させたものと思われる。また長野も折から高槻城の修築奉行の仕事も入ってきたところから、伊勢の方が手薄になってきたこともあろう。結局長野は伊勢に出張することなく元和四年中に山岡景以と山田奉行を交代している。

水谷は日向政成の後任で、四日市代官のまま山田奉行を兼任して両橋の造替に関わることになり、幕府の事業としての造替を成し遂げることになる。その点で費用等についても水谷の裁量が大幅に認められていたものと考えられるが、「このたひふしミにてないくううぢはしのぶきやう九さへもん、われ〳〵りやうにんへ御申つけなされ候[38]」とあるように、元和三年十月下旬に水谷九左衛門光勝と小浜弥十郎守隆の両名が宇治橋造替の奉行に命じられていることが知られ、すでに水谷が造替の手配をしているなか、小浜が造替奉行に追加任命されたとみられる。小浜は現地で細部の指揮に当たったのではないかと思われ、水谷は四日市で指示を出していたとみられ、水谷は日向政成の国奉行的な性格も引き継いだと考えてよいように思われる。

ところで内宮の宇治橋・風宮橋が何故重要視されたのであろうか。当時式年遷宮で造替されるのは内・外宮の正殿およびその周辺の施設で、宇治橋は含まれていない。そもそも宇治橋自体が古代にはなく、中世になって架けられたもので、参宮者に便利なように勧進によって架けられている。

江戸時代に入ると慶長十一年に宇治橋が架けなおされたが、この事業は豊臣秀頼が行なっている。慶長九年から準備が始まっているが[39]、式年遷宮は幕府が費用を出すことにしたため、豊臣家は式年遷宮より前に宇治橋を架けて、存在感を示そうとしたのであろう。豊臣氏滅亡後に宇治橋等の造替がなされることになった際、幕府は豊臣氏の架橋の事実を消し去ろうとして、橋の造替を実施したのではないかと思われる。その実務を担当する者として水谷光勝が山田奉行に任命されたのではないだろうか。

造替には当然費用がかかるため、この支出に関係するには単なる代官では難しいと思われるので、国奉行の立場も付与されたと考えられる。慶長年中から四日市代官として活動し、さらに尾張国の事に関しても一部担当するなど、広範囲に活躍をしていた水谷が、地理的な面も考慮すれば最適任者であったのであろう。水谷は山田奉行を兼任することで神宮関係も管掌し、伊勢一国を管轄下に置くことができたものと考えられる。

さて元和年間にはもう一人の山田奉行がいた。山岡景以であるが、元和四年に就任しているので、長野友長の後任である。山岡家は中世に近江国勢多付近に勢力を張り、三井寺とも深い関係にあった。景以は、関ヶ原の戦いの前に伊勢国に派遣され、戦後は伊勢国の西軍方の城を接収するなどの活動をした山岡道阿弥(景友)の養子となった人で、『寛政重修諸家譜』によれば山田奉行に就任した記事はない[40]。しかし山岡景以が奉行であったことを証する文書は若干ある。

覚

江州蒲生郡
一、高九百八拾七石四斗三升三合　三十坪村
同郡
一、高拾壱石四斗弐升　田中村ノ内
同郡
一、高壱石壱斗四升七合　宮井村之内

高合千石

右是者渡辺孫左衛門殿（久勝）勢州知行之替地ニ而候、当未年より可被相渡候、以上

元和五年己未

八月十四日

伊丹喜之助（康勝）印

松平右衛門佐（正綱）印

山岡図書殿

猪飼太郎左衛門殿（光治）

（『三重県史　資料編近世1』四八一頁）

山岡が登場する文書の初見であるが[41]、元和五年和歌山に徳川頼宣が転封され、紀伊国および伊勢国約十八万石、あわせて五十五万五千石を領することになり、伊勢国内の知行割に変動があった際の文書である。今まで伊勢国内に千石の知行地があった旗本渡辺孫左衛門は、近江国蒲生郡へ知行地を移されることになり、山岡と近江の代官猪飼光治に対し、幕府勘定頭松平正綱・伊丹康勝より替地を引き渡すよう指示した内容である。山岡が伊勢の知行地を受け取り、猪飼が近江の知行地を引き渡すことになろう。知行地を与えられた者へその知行地を引き渡す任務も、備中国の国奉行であった小堀政一を例に、国奉行の仕事の一つであったと高木昭作氏は述べている[42]。

山岡は渡辺の知行地を受け取り、新領主（紀州藩主徳川頼宣ないしは津藩主藤堂高虎のどちらかと思われる）に引き渡す役目を果すことになるので、この点では山岡も国奉行とみてもよいのかもしれない。しかし山岡の発給文書は殆ど見ることができないので、国奉行であったかは判断がつかない。

ここで唯一、山岡と水谷が連名している史料があるので、その一部をあげてみる。

乍恐申上候

一、川崎地下屋敷御座候、其年貢慶長六年かのとの丑の年迄村田次郎右衛門存生ニ而、地下の用に被遣候、ミつのへ（慶長七年）寅の年以来八年貢も過分御座候を年寄中取こみ、地下の用に不被遣候事

（以下四条省略）

元和五年八月吉日　川崎地下中

山岡図書様

水谷九左衛門様

右之条々被分聞召、地下屋敷の年貢地下中の用ニ遣候へ者（ママ）、於被仰付被下候者難有可奉存候、以上

右返答仕、穿鑿の刻可罷出候、以上

元和五未

八月廿六日　山岡図書頭

水谷九左衛門

勢州川崎

年寄中

（『三重県史　資料編近世2』九三六～九三七頁）

これは山田の河崎町の人びとが、屋敷にかかる年貢は従来町のために使用されていたが、最近は町の年寄たちが取り込んでしまっているので、町のために使うよう命じてほしいと山田奉行の山岡・水谷に訴えたものである。これに両名は奥書し、河崎の年寄に対し返答書を出すことと、審理の際には出廷するよう命じている。前掲の山岡・猪飼宛の文書とほぼ同時期であるが、こちらは山田の町方からの訴えを取り上げているものである。

この文書から二人は山田奉行として山田の町内での揉め事を裁いたことがわかる。ただ両名が同時に出てくる文書はこれだけである。従って水谷・山岡の活動の実態は十分にはわからないのが現状である。

最後に、元和期末に安藤弥兵衛が山田奉行の目代を勤めたことを橋本石洲氏が指摘している点について述べておく。橋本氏は、元和八年十月に水谷光勝が病気で免職、同年十一月には山岡景以が依願免職となって山田奉行が空席となったため、幕府は四日市代官安藤弥兵衛を元和九年正月から翌寛永元年正月まで山田奉行の目代に命じたと記している。(43) そこで安藤弥兵衛を『寛政重修諸家譜』で見ると次のようにある。

> 天正十八年より東照宮につかへたてまつり、後佐渡国におもむき、あるひは三河国三嶋の御代官となり、後伊勢国山田の奉行を勤む。寛永四年(後略)
>
> （『新訂　寛政重修諸家譜』第十七、一九一頁）

これによると年代は明確に記されていないが、寛永四年より前に山田の奉行を勤めたとある。従来安藤弥兵衛次吉が山田奉行であったと記したものはなく、わずかに橋本氏が奉行の目代を勤めたと記すのみで、歴代奉行の中には含めていない。この安藤次吉は四日市代官であったことは間違いないが、山田奉行と証する史料がないのである。しかし唯一名前が出てくる史料がある。それは寛永期に山田奉行を勤めた岡田将監善同が四月五日付で内・外宮の両作所宛に出した書状で、寛永二年のものと推定できる(岡田はまだ山田奉行とはなっていない時期)が、来るべき寛永六年の式年遷宮にむけての準備が始まり、用材の伐採についての神事の費用として、幕府の米を伊勢に回す際のことが記さ

れている。その文中に、

四千石ハ河崎まで相届可渡と申儀ニ候、此内弐千石ハ安藤弥兵衛、弐千石美濃之代官前ゟ渡分ニ候、何も亥ノ年(元和九年)古米可渡よしニ候へ共、此度之弐千石美濃ゟ渡候分ハ、子ノ米(寛永元年)をさしかへ候て可相渡との儀も拙者御馳走ニ申事ニ候

（『三重県史　資料編近世2』九四〇～九四一頁）

とあり、必要な米四千石のうち二千石を安藤弥兵衛より渡し、残る二千石を岡田が奉行をしている美濃の年貢米より渡す予定にしているが、ともに古米であるので、美濃の分は岡田の取計いで新米に引き替えて渡すようにすると申し入れているのである。また同じ史料のあとの方には「四日市安藤弥兵衛」と出てくるので、安藤次吉は四日市代官で、式年遷宮用の米の引渡しに関与していたことがわかる。

この点で神宮と接点があり、これを安藤家では山田奉行を勤めたと解釈し、山田側では目代と記録したのではなかろうか。なお追究すべき問題である。

四　寛永期山田奉行の展望

寛永期の山田奉行中川忠勝(ただかつ)・岡田善同(よしあつ)・花房幸次(よしつぐ)・石川政次(まさつぐ)の四人[44]、それぞれ検討を加えるつもりであったが、予定紙数を超えてきたので、ここでは『三重県史　資料編近世1』と『同近世2』所収の史料を中心に、わかる範囲で問題点などを指摘するにとどめる。

まず元和八年に水谷光勝と山岡景以があいついで山田奉行（国奉行的性格を持っていた）を辞すると、奉行が空席となった。ところが宇治・山田の会合衆（町の自治に携わった年寄衆）から幕府に対し、裁判や処罰をするについて会合衆

では力が及ばないので、早く奉行を派遣してほしいと願った。これに対し幕府年寄衆は、近いうちに代官を派遣するので、それまでの当面の対処方法を指示し、寛永元年に中川忠勝を山田奉行に任じた。

このことから、町の自治権を有していた会合も、この頃では山田奉行がいないと行政面で困難をきたすこともあったようで、殊に重罪人に対する死罪を会合では執行できなかったと考えられる。会合の年寄たちは神宮の祠官でもあり、神領内で死刑を執行すると穢れが発生することとも関係するのであろう。そこで重い処罰は武家にやらせようとの思惑が会合側にあったとみられ、自治権に制約を受けることを承知で奉行の任命を願ったと思われる。

会合側の希望で幕府から派遣された中川忠勝は、寛永六年山田で死去しているので、従来の奉行よりは現地に滞在した期間が長かったと思われるが、中川の後任で寛永七年に山田奉行に就任した岡田善同は、美濃の奉行が主たる任務であったため、伊勢へ来ることはさほどなかったと思われる。そして岡田は寛永八年に山田奉行を辞し、同年代って花房幸次が山田奉行に就任する。

花房幸次は『柳営補任』によると勢州白子（しろこ）船手を兼ね、水主四十人を支配、山田奉行所に与力六騎・同心二十人が附属されたと記されていることなどから、伊勢湾口の警備にも力を注ぐようになったとみられる。与力・同心が附属するようになったということは、常置の奉行所が設置されたことを意味しよう。常置の奉行所建設は寛永十二年とされ、設置場所は神領内ではなく、神領に隣接する幕領度会郡小林村であった。この奉行所は幕末まで移動することがなかったので、江戸時代のいわゆる山田奉行は、この寛永十二年常設の奉行所建設からといえよう。

伊勢湾口の警備の問題については、『柳営補任』によると、花房の前任者中川忠勝が「白子御船手」より山田奉行に転任したとあり、また花房の後任石川政次も「御船手」から山田奉行に転じたとある。これらの記事が信頼できるなら、寛永期の奉行は船手、すなわち水軍との関係が深い人物であったといえ、また中川忠勝の跡取り光重の妻は、船手頭として著名な向井将監忠勝の娘であったので、中川忠勝と向井忠勝の間が親密であった可能性が高い。

すでに長野友長が山田奉行に任命された頃、海上警備の役も持ったと述べたが、本格的に伊勢湾海上を幕府が直接警備に乗り出すのは寛永期と思われる。寛永期には伊勢湾口をめぐって大きな変動があった。まず伊勢湾の入口を押える鳥羽藩の九鬼氏は、戦国時代水軍を率いて志摩国を支配下に収め、その水軍は熊野水軍とも呼ばれた有力な水軍であった。この九鬼氏に委ねれば伊勢湾口の警備は足りたと思えるが、九鬼氏の家督相続騒動を機会に幕府は九鬼氏を寛永十年、摂津三田藩と丹波綾部藩の二つに分けて転封を命じ、水軍力も奪ってしまう。

九鬼氏のあとに譜代大名の内藤忠重を入れるが、内藤氏は直接水軍に関係した家ではなかったとみられるので、九鬼氏の水軍関係の者を雇い入れるなどして鳥羽湊の警備を担当したものとみられる。そのため山田奉行に伊勢湾口警備の役割を担わせる必要が出てきたと思われる。中川忠勝が水軍に関係した人物であるらしいので、幕府としてはまだ九鬼氏が志摩国を支配していた時から、伊勢湾口の支配を九鬼氏から取り上げるつもりでいたものとも思える。

さて伊勢湾口の警備に重要度が高まるのは、寛永十年代に鎖国を段階的に行ない、寛永十六年にポルトガル船の来航を禁じた点にある。翌十七年マカオからポルトガル使節が貿易再開を依頼するために長崎に来たのを捕え、処刑してしまうという事件が発生、ポルトガル側は日本攻撃を計画したが力不足で果すことはできなかった。また幕府もポルトガルの来攻に備え、海岸を領地に含む諸藩に警戒を命じ、厳戒体制をとって海防に努めている。この厳戒体制は十年程続くため、寛永末から正保年中にかけては伊勢湾口も警戒を厳重にしたと推測され、これが山田奉行就任者が船手経験者であるとか、水主の配置に関係している要因と思われる。

花房幸次は奉行就任の二年程あと寛永十年に船手の役を任され、度会郡有滝村をはじめ、神領近辺の幕領を三千石加増されている。この加増地は幸次の子幸昌には相続されず幕領に戻されることから、奉行所附属の水主の俸禄を支給するための土地とみられるのである。

最後に国奉行であった山田奉行の性格はどうなったのであろうか。国奉行は対豊臣政策と考えられるので、元和元年豊臣氏滅亡後は不要になろう。しかし従前と同じように広域の支配にかかわっているので、元和期までは引き続き国奉行的な性格を残していたと考えられる。ところが寛永期になると、幕府の行政・司法制度も整備され、国奉行のような役人は不必要となる。伊勢国でも裁許例を見ると、寛永十年代に入った裁許状は江戸の年寄や勘定方の役人の署名となるので、国奉行的な役人はすでに廃止されていたとみてよい。

以上寛永期には、山田奉行所が建設されて常駐の奉行（ただし江戸との往復は行なう）が任命されたこと、伊勢湾口の警備を幕府の手で行なうために山田奉行にその任務が追加されたこと、常駐の奉行の任命と幕府制度の整備とともに、広域の行政にかかわる任務が解消されたこと、これらが問題点として指摘できるとともに、江戸時代のいわゆる山田奉行は寛永十二年の山田奉行所建設によって成立し、花房幸次が初代の山田奉行といってもよいのではないかと考えられる。

おわりに

慶長・元和期の山田奉行就任者について検討してきたが、この時期の奉行である長野友長・日向政成・水谷光勝・山岡景以は、宇治・山田の住民の訴訟を受けたり、神宮の式年遷宮やその他の造営に関与していたことが史料上確認できた。また伊勢国内の訴訟事にも関与した史料もあることから、従来言われてきたように慶長十年代には国奉行といってもよい。

当初山田奉行を置いた理由は、天正十三年の神宮式年遷宮を豊臣政権が成し遂げたため、二十年後の慶長の遷宮は幕府が担当しようと考え、神宮とのパイプ役としての奉行が必要だったのであろう。また単にパイプ役ではなく、豊臣秀頼が遷宮に介入してこないように神宮側を監視する必要もあったであろうし、諸国から多くの参宮客が集まる地域の治安維持を担当することも職掌であったとみられ、あわせて伊勢湾の警備の意味もあったかと思われる。

慶長九年から式年遷宮の行事が始まるため、日向政成が山田奉行に加わったと思われるが、日向は同年三河国の検地奉行も務めるなど、広範囲に活動しており、当時代官頭であった大久保長安に近い人物とみられる。そのため、山田奉行も宇治・山田に常駐したのではなく、普段は家康の近くにいたようで、伏見や駿府などから必要に応じて伊勢へ出張してきたとみられ、山田には下代を置いて事務に当たらせていた。長野友長は伊勢国の事情に明るかったらしく、それが買われて最初の山田奉行に任じられたとみられるが、長野も日向が相役となると家康の許にいたのではないかとみられる。

慶長十年代になると、豊臣氏の所領のある国や、豊臣氏に関係の深い国に国奉行が置かれることになるが、長野・日向も家康の近くにいたこと、そのうえ伊勢国にも豊臣領があったことから二人とも国奉行になったと思われる。これによって神宮地域だけでなく。伊勢一国を管轄下に収めるようになったと考えられる。しかし伊勢国の国奉行の役割がどのようなものであったのか、十分な史料がないので、今後は国奉行の性格を考えていく必要がある。それによって慶長期の国奉行の位置づけを問い直すことができよう。

元和期の奉行水谷光勝・山岡景以も、豊臣氏滅亡後に就任したものの、国奉行の性格を持っていたとみられる。水谷は関ヶ原の戦いより前から四日市付近の徳川家康領の代官だったようで、その後も四日市代官として次第に大きな権限を持つようになり、名古屋城の作事奉行も務めるなど、広域にわたっての活動がみられ、国奉行といってもよいように思われるが、慶長十年代は長野・日向が国奉行で、水谷はその指揮下にあったとみられる。水谷は元和三年内宮宇治橋等の造替を幕府によって行なうことが決まるとすぐに造替関係の仕事に着手している。これが山田奉行に任命された証拠ともなろうが、四日市代官が山田奉行を兼ね、今まで国奉行的な仕事をしたこともあり、国奉行日向政成の後任でもあったため、自然と国奉行の性格を持つことになったと思われる。

宇治橋等の造替は、慶長十四年式年遷宮に先立って豊臣秀頼が架橋しているため、元和期は豊臣氏の事績を消し去る目的で、架橋から十年余で造替に踏み切ったのではないかと考えられる。造替は表向き慶光院から請願しているが、長野友長が慶光院に早く請願するよう申し入れているので、山田奉行側の意向が強く働いたものであろう。

もう一人の奉行山岡景以については、史料も少ないところから、今後史料蒐集に努める必要がある。また元和期の国奉行の性格についても慶長期とは変化している可能性があるので、再検討すべき点である。

寛永期については展望を示したが、伊勢湾警備のための水軍の整備・強化をめざす幕府の思惑、そして鎖国体制に入る際の海防問題も考えていく必要があること、さらに幕府の諸制度の整備によって国奉行が不要となり、常設の山田奉行所に常駐の奉行が置かれることによって、江戸時代のいわゆる山田奉行が成立したものと考えられる。

以上十分な掘り下げには至らなかったが、初期の山田奉行について述べた。本稿を記すにあたって、『三重県史資料編』の中世・近世に多くの関係史料が採録されているため大いに助けられた。なおこれら史料の分析を深化させていく必要があることも付言しておく。

註

（1）江戸幕府は山田奉行を、「ようだぶぎょう」と呼んでいたようである。山田奉行就任者の経歴を『寛政重修諸家譜』

で見ると、山田に「やうた」とふり仮名をふったものがある。また天保十一年（一八四〇）五月に、紀州藩の田丸領では、山田奉行の読み方を調査し、山田では「やまだぶぎょう」と呼んでいることを紀州藩に報告しているが、なぜか藩からは、同年十月に、田丸領の村々に対して「ようだぶぎょう」と言うように触れている。このことは、神宮文庫所蔵の紀州藩田丸領山神組大庄屋中村大蔵家文書「萬歳留」に記録されている。「萬歳留」該当部分は『玉城町史　近世史料集第五巻（萬歳留第四集）』（平成二十一年刊）の十八（五七～五九頁）と四十七（七七頁）を参照されたい。

　そもそも山田は、古くは「ようだ」といわれていたが、江戸時代に入って「やまだ」と一般に称されるようになったと思われる。しかし幕府では、初期の設置時期の呼び方である「ようだ」を最後まで公式名称としたのであろう。

（2）この時期についての研究史を含めた最新の研究に、林晃弘「寺社修造にみる関ヶ原合戦後の豊臣家と家康」（『日本歴史』第七九九号、平成二十六年）がある。

（3）『宇治山田市史　上巻』（昭和四年刊）一五二頁以下。

（4）松島博「山田奉行の創設及その神宮との関係（上）（下）」（『皇学』第六巻第一号・第二号、神宮皇学館館友会、昭和十三年）。

（5）橋本石洲『伊勢山田奉行沿革史』（雲夢園、昭和五十二年刊）。橋本石洲氏の本名は橋本隆介で、石洲は号。

（6）『御薗村誌』（平成元年刊）一八九頁以下。

（7）『伊勢市史　第三巻近世編』（平成二十五年刊）八〇頁以下。

（8）『大日本近世史料　柳営補任　第五』（東京大学史料編纂所編、東京大学出版会、昭和四十年刊）一三四～一三五頁。但し、『柳営補任』は就任期間等に明らかな誤りがある。

（9）『宇治山田市史　上巻』一五七頁。同書では、山田奉行の職掌を、「古今雑誌抄録」によっている。なお、『国史大辞典』第一四巻（吉川弘文館、平成五年刊）「山田奉行」の項は、上野が執筆したが、職掌は右同様に記した。

(10) 高木昭作『日本近世国家史の研究』（岩波書店、平成二年刊）「第Ⅲ章　幕藩初期の国奉行制」（初出は『歴史学研究』第四三一号〈昭和五十一年〉所載の「幕藩初期の国奉行制について」）。

(11) 摂河泉の三か国は、豊臣秀頼の直轄領、豊臣家臣団の知行地、寺社領が混在していたと考えられるが、徳川幕府からみればこの三か国は豊臣秀頼領となり、非領国地域とは言い難い。逆に領国地域とは、国持大名の領地を指すからである。ところが豊臣政権（公儀）が当時幕府と併存していたとみるならば、政権の直轄領とその多くの家臣団知行地などが存在している国は、非領国地域とみることができる。

(12) 片桐且元については曽根勇二氏が、『片桐且元』（人物叢書、吉川弘文館、平成十三年刊）において、国奉行の立場である且元に関しても述べられている。

(13) 『四日市市史　第八巻史料編近世1』（平成三年刊）の「総合解説」（八三一～八三四頁）。または『三重県史　資料編近世1』（平成五年刊）所収の「桑名御領分村絵図抜粋」（五四七～五四八頁）。

(14) 『三重県史　資料編近世1』四八二頁所載の「徳川家康年貢皆済状写」は、伊勢国の慶長五年から同十四年まで十か年分の年貢が皆済されたことを、慶長十六年に徳川家康から篠山資友に伝えたものである。この点から、慶長十六年頃伊勢国の徳川領は、家康領から将軍秀忠領に編入されたと、大野瑞男氏は『江戸幕府財政史論』（吉川弘文館、平成八年刊）四一四頁で述べられている。

(15) 『武徳編年集成』巻五十、慶長八年是年条に、「北畠ノ庶流長野内蔵助勢州山田奉行トナル」（昭和五十一年刊行の名著出版縮刷復刻版では下巻六二頁）とある。

(16) 前掲橋本註（5）四七頁。また『新訂寛政重修諸家譜』日向政成の譜（第四、一七八～一七九頁）には、「慶長七年伊勢、近江、甲斐国の郡代をつとむ」との記載がある。
(17) 前掲橋本註(5)四四頁。
(18) 同右、四四・四七頁。
(19) 同右、四八頁。この連判状の原本・写本とも実見はしていない。翻刻文には橋本氏の誤読があるように思える。
(20) 『三重県史　資料編中世1(下)』(平成十一年刊、以下『県史中世1下』と略す)九〇〇〜九〇一頁。
(21) 前掲曽根註(12)一三二頁の表五。
(22) 『県史中世1下』九二五〜九二六頁。
(23) 前掲曽根註(12)一三三〜一三六頁に、日向と大久保長安との関係を示唆する内容が記されているのを参考にした。
(24) 『県史中世1下』三四三頁。
(25) 『同右』三四一〜三四二頁。
(26) 『同右』二一六〜二三四頁、九〇三〜九二三頁。
(27) 『甲府市史　通史編第二巻近世』(平成四年刊)一〇二頁。該当箇所の執筆者は村上直氏。なお甲府城奉行日向半兵衛・嶋田清左衛門連署状が『甲府市史　史料編第二巻近世Ⅰ』(昭和六十二年刊)の六〇頁に採録されている。
(28) 『三重県史　資料編中世2』(平成十七年刊)五三七頁。
(29) 『同右』の別冊「伊勢神宮所蔵文書補遺」一七五頁。
(30) 『柳営補任』では、山岡は長野の後任で元和三年に就任、同八年まで在職。水谷は山岡に加えて元和四年就任、離職の記事はない。
(31) ここでは藤田恒春『小堀遠江守正一発給文書の研究』(東京堂出版、平成二十四年刊)六五〜六六頁によった。

(32) 拙稿「近世初期伊勢国四日市代官について」(『四日市市史研究』第一五号、平成十四年)。

(33) 『大日本史料』第十二編三十、一～三頁「慶光院文書」のうち、九月二日付周清上人宛長野内蔵允書状と、十月九日付周清上人宛水谷九左衛門書状が採録されている。

(34) 『同右』一〇～一一頁。

(35) 『同右』八頁。

(36) 註(33)にあげた九月二日付長野内蔵允書状。この書状中長野は、「いまおほせ上られ候ハすハまかりなるましきとそんし候、なにとて御ゆたん候や」と記して慶光院に申請することを強く求めていることがわかる。長野は高槻城修築の奉行を命ぜられていたことも知られ、内宮の両橋が造替となれば、長野も伊勢に派遣されるであろうと期待しているのである。

(37) 註(33)にあげた十月九日付水谷九左衛門書状。

(38) 『大日本史料』第十二編三十、四頁所収の、(元和三年)十月二十九日付内宮上人宛小浜弥十郎守隆書状。

(39) 豊臣氏による宇治橋の造営に関しては、『県史中世1下』九三一～九三七頁の「慶光院文書」から知られる。

(40) 『新訂寛政重修諸家譜』第十七、三六一頁。

(41) 本文掲出史料と同日に、替地を指示した同様の文書が、『三重県史　資料編近世1』四七八～四七九頁に採録されているが、宛名は山岡と深尾甚六となっている。

(42) 前掲高木註(10)六七～七一頁。

(43) 前掲橋本註(5)五一～五二頁。

(44) 四人とも『新訂寛政重修諸家譜』に収録されているので、その頁数を記しておく。中川忠勝(第八、二二四～二二五頁）・岡田善同（第六、一八頁）・花房幸次（第二、二〇七頁）・石川政次（第三、二三〜二四頁）であるが、就任の年号などの記事に誤りもある。

日本の開国と伊勢湾の海防強化

松尾　晋一

はじめに

一八世紀後半以降、異国船問題は幕府の対外政策に影響を与え、その後全国各地で海防が強化されていった。その過程や実態については、江戸湾や長崎・北方・大坂湾といった地域を中心に、対外的危機意識の高まりや幕府対外政策との関わりから分析され、多くの研究蓄積がある。(1)

本稿では伊勢湾の海防強化(2)が何を要因に、いつ見られたのか、この点について文久期までを対象に分析する。関連する先行研究として、原剛「伊勢神宮の防衛―幕末から大東亜戦争まで」(3)、岩下哲典「幕末名古屋藩の海防と藩主慶勝―藩主の主導による海防整備の実態―」(4)といった成果などがあり、(5)寛政期以降、各大名家が幕府の指示に従い領内の海防体制を構築していくが、幕政レベルでは天保期より神宮の警衛が考慮されはじめ、ペリーの来航、プチャーチンの大坂湾来航を契機に防衛策が講じられたこと、しかし江戸湾および大坂湾の防衛対策などに追われ、伊勢湾には手がまわらず、恒常的な警備体制の構築が具体化するのは文久期に入ってからであったこと、が明らかになっている。

ただ、未だ事実確認を含む実態の把握が必要な状況にあり、特に当時の政治状況との関係なども考慮に入れて考察すべき段階だと理解しており[6]、以下の点に留意して考察していく。

①伊勢湾に面する領地を持つ大名には、伊勢湾の内と外という意識があったのか、そしてそれをふまえた海防意識の有無。

②先行研究でも明らかにされているが、幕府は尾張徳川家に京都守護を任せ、領地に東海道が通る大名家は海防以上に政治的に重要視しなければならない課題を抱えた。また、紀州徳川家のように伊勢湾以上に海防への意識を高く持つ必要のある領地を抱えた大名家の存在もあった[7]。つまり伊勢湾に面した領地を持つ大名家のなかには、地理的条件から、伊勢湾への関心が政治上での最優先になりえない事情を持つところもあった。

③伊勢湾の防衛上重要視されていくのが神宮だが、朝幕関係をふまえた幕政との関係。

これらをふまえて、一、開国以前の海防強化と伊勢湾では、尾張徳川家・亀山石川家を事例として伊勢湾に面した領地を持つ大名家の開国以前における海防策を確認し、二、開国と新たな課題では、幕藩間での神宮警衛に関する意識の差を明らかにする。そして三、日米修好通商条約の影響では、朝廷が神宮警衛を課題化していった事実を、四、五ヵ国修好通商条約の影響では、朝幕関係のなかで伊勢神宮の見直しがなされる過程を考察する。そして五、攘夷決行と伊勢・志摩警備体制では、朝廷がイニシアチブを発揮するかたちで警備体制を構築したことを解明し、ここに至る意義を考えてみたい。

一　開国以前の海防強化と伊勢湾

蝦夷地におけるロシア船の来航、そして通商要求から海防の必要性が高まる寛政三年（一七九一）九月、幕府は大名家へ異国船取扱令を出し、翌年一一月には海防書の提出を求めた。[8] ここで対象にしている伊勢湾に面した領地を持つ大名家も、類に漏れず幕府の指示に従って提出した。

尾張徳川家の場合、寛政四年閏二月に異国船が万一領内に来航した場合を想定して、知多郡師崎辺りに兵を出し、状況によっては大筒や火矢を用いることを決めた。しかしこの前提には、「御領分の儀内海の事に付、異国船漂流の儀、先づはこれなき事に候得共」といった意識があった。[9] 同五年には、海防報告書が作成され、[10] 同六年にかけて軍制改革を進めている。[11] だが、尾張徳川家の意識は決して伊勢湾に向いていたわけではなく、一〇月に、異変があった際、「公儀御用之為」、京・大坂へ派遣する兵の規模が示されたことからもわかるように、西に向いていた。

尾張徳川家が海防に力を入れていくのは、弘化三年（一八四六）に異国船が領内に来航した際対応できず、幕府から叱責されて以降のことである。嘉永三年（一八五〇）には西洋砲術指南役が命じられ、知多半島の台場設置場所が選定された。そして翌年、藩主慶恕が初入国した時に、水軍演習が行われている。岩下哲典によれば、「渥美半島を含め、吉田以西をその範囲とし、それら他領への出兵や、見分の上台場築造の世話を行い、美濃の幕領や大名、旗本に対しても塩硝の浪費抑制を申し入れるようにと、名古屋藩が、東海・濃尾における海防の主導的役割を果たすことを主張している」。[12] ペリー来航以前にこうした意識を持っていたことに、ここでは留意しておきたい。

つぎに伊勢湾の西側に位置する若松浦を領していた亀山石川家をみていく。この亀山石川家は海防書を寛政五年に幕府へ届けた。その書付の文頭には、「今般被仰出候異国船漂流之節手当之儀、私領分伊勢国若松村之儀者、城下ゟ里数四里半隔、至而入海之儀ニ付前々ゟ異国船漂着之儀者不承持候得共」と書いて、有事対応を記している。[13] 地理的条件から緊張感もなく、海に面している領地が少ないこともあるが、つぎのような規模で備えた。

今般被　仰出候異国船漂流之節手当之儀左ニ申上候、

先手弓鉄炮組
物頭三騎
目付兼
郡奉行壱騎
使者兼
目付壱騎
馬廻之者
拾人
内大筒打
弐人
筆談役之者
医師弐人
本道
外科

小役人弐人
徒目付弐人
貝太鼓役弐人
徒士拾人
　足軽四拾五人
　　但小頭共
大筒貝太鼓掛り幷小荷駄才領之者
　拾人

右之通早速差出、尤忌服之者込ニ而看板股引陣笠相用、様子次第ニ而猶又物頭給人等人数相増差出候手当仕置候事、

　右之通御座候、以上、
正月九日　　　御名
〆

幕府の要請に応じて示したものだが、九〇人弱では実際に何もできない規模としかいえない。これに変化がみられるのは、嘉永六年のことである。四〇〇人あまりに増員され、鉄砲の数も三〇から倍の六〇になっていて、数字上強化されたことが確認できる(14)。これはペリー来航によるが、有事への対応が格段に改善されたと評価すべき変化と言えよう(15)。

さて、津の藤堂家の場合、天保一三年(一八四二)に幕府から神宮の警衛が命じられ、弘化四年に志摩沿岸の測量を

行い、警衛の方策を立てている。嘉永二年には砲工廠を新設して、洋式砲を二〇門鋳造し、乙部村の火薬製造所で製造しており、軍備増強に着手している。[17]
　こうした事例をみていくと、伊勢湾に面した領地を持つ大名家の海防意識は地理的条件から高くなかった。そして大名家の動きは、何かを契機に連動したものではなく、あくまで各大名家の判断に寄るところが大きかった。従って、隣接する大名家の存在を視野に入れつつも現実の対応ができるような協議などといった動きは確認できないのである。

二　開国と新たな課題

　嘉永六年(一八五三)六月、ペリー艦隊が浦賀に来航した。ペリー一行は久里浜に上陸してフィルモア大統領の親書を浦賀奉行戸田氏栄・井戸弘道に渡して開国を求めたが、これ以降、ここで対象としている伊勢湾に面した領地を持つ諸大名家なども動きをみせる。
　同年六月、尾張徳川家の慶恕は、異国船の来航があった時、特に京都および神宮警衛のために在藩すべきではないかと老中阿部正弘に申し出ている。[18]同年九月一三日には、神宮祠官足代権太夫が、神宮警衛が不備であることを藤堂家の松浦武四郎に伝えるといった動きもあった。その後、嘉永七年一月、徳川慶恕は徳川斉昭へ書状を送り、神宮警衛が薄弱であることを伝え、津藤堂家の高猷を在城させて神宮警衛の任に当たらせるべきではないかと意見している。[19]
　同年には京都でも動きがあり、二月一三日、坊城俊明は京都所司代脇坂淡路守安宅へ、「萬一京地最寄之海岸へ不意ニ入船」した場合の備えを問い合わせたが回答がないことを確認している。[20] これを受けて同年七月一八日、京都所司代脇坂安宅から幕府に対して京都警衛および神宮警衛に関する叡慮を伝えて指揮を願っている。これが功を奏したのか、はたまた同年九月一八日にプチャーチンが乗ったロシア軍艦ディアナ号が大坂湾天保山沖に現れたからか、同年一一月一九日、幕府は勘定奉行石河政平・目付大久保忠寛に大坂近海および伊勢海岸の見分を命じた。[21] そして安政二年（一八五五）二月一〇日、両名等が伊勢海岸を検分した。[22]

この間、紀州徳川家領の伊勢国田曽浦に清国船が碇泊する事件が起こり、紀州徳川家の田丸城代久野兵右衛門をはじめ、鳥羽稲垣家・津藤堂家・久居藤堂家・菰野土方家といったところから派兵がみられた。[23] これにより田丸領では台場が設けられるが、[24] 同月一九日、藤堂高猷は幕府へ神宮警衛に関するつぎのような意見を提出している。[25]

近来異国船毎々渡来仕候ニ付、江戸近海ハ勿論京都辺モ追々御警衛被仰出候得共、宇治山田　神廟之儀モ内海トハ乍申大洋ヨリ聊相隔候事故、巨艦往来モ自由ニ出来致候間、異船参入申間敷モノニモ無之、昨年大坂安治川口等之儀考究仕候テハ甚不安之様奉存候、既ニ天保之度改而宇治山田辺之海防被仰渡候ニ付、人数等急速ニ出張相成候様致置候得共、防禦筋之儀者未タ聢ト致候見留モ無之候事ニ付、何卒御厳備相整候様願敷奉存候差越候儀ニハ御座候得共、場所ニ寄御手数相掛候而已ニテ御実備ニ不相成候儀モ可有御座、内海エノ咽喉鳥羽城下辺島々之内要害之地ヲ御撰公辺御用地ニ御引揚、右場所へ御台場御取立大砲等御据置ニ相成候得者御手厚之様奉存候、扨又是迄志摩国総海岸場広之儀ニ付、異船渡来致候節ハ稲垣摂津守（長明）ヨリ援兵差出呉候様兼而頼ヲ受候、就而者僅一艘潮掛致候迚、先方ヨリ為知越候得者捨置候儀モ難相成、其度々人数差出候様相成候而者無用之失費不少、遂ニ者疲弊之場ニモ至リ可申実以当惑之次第ニ御座候、已来ハ軍艦数艘渡来ニテ上陸等モ可致程之儀ニ候得者人数差出可申候得共志摩国之儀者僻地ニモ有之候間、漂流難破船等者着岸之程モ難計候得共、先者上陸致儀モ有御座間敷候、何レ事ヲ含ミ渡来致候節者直ニ内海へ乗入可申奉存候ニ付、前文之通咽喉之地へ御手当被　仰付候ハ、神廟御警衛向者格別御手厚ニ相成可申、此度勢州海岸見分ニ御役人方被遣候得者御考之一助ニモ可相成哉ト此段中上候、元来志摩国へ援兵之儀者摂津守ヨリ之頼ニ有之、神廟警衛ニ至而者如前条天保之度公辺ヨリ被仰付候事故、隣領旁弥咽喉之地へ御台場御取立相成候得者、私一手持ニ被仰付候様仕度左候得者精誠手当申付候間、此段偏奉願候、以上、

二月十九日　　　　　　　　藤堂和泉守

伊勢湾は内海であっても異国船が来航することもあり得るとして、天保期に派兵体制を調えたものの、「防禦筋之儀」は未だ十分な備えがなされていない現状を憂いてることがこれから確認できる。こうした認識に至ったのは、文中にある「昨年大坂安治川口等之儀」、すなわちプチャーチンの乗るロシア軍船ディアナ号が天保山沖に現れたことによる。そのため、鳥羽城下の島々の内で要害を設けるところを撰び幕領にして台場を設け、そこに大砲を設置する案を提案した。そして志摩国への援兵は以前より稲垣長明から依頼されていることだし、天保期には神宮の警衛を幕府から命ぜられているので、台場を設けた暁には「私一手持」、つまり藤堂家単独でその任をはたしたいとしている。

ペリー来航およびプチャーチンの来航によって幕府が警戒すべき対象地は拡大したが、安政期以降、京都・大坂湾の強化が江戸湾との関係のなかで取り組まれた[26]。こうした動きのなかで、藤堂高猷は神宮警衛を幕府へ進言する動きをみせた。そして六月になると、山田奉行山口直信が神宮自体の守衛だけでも強化しようとする動きをみせるが[27]、幕府と現地レベルでは神宮自体への意識に差があった。それを裏付けるように、幕府はこうした現地からの働きに呼応する動きをみせなかったのである。

三　日米修好通商条約の影響

幕政レベルで新たな動きがみられるのは、日米修好通商条約締結への流れのなかであり、孝明天皇の勅許を得るために堀田正睦が上京した時であった。

神宮警衛に関する安政五年（一八五八）三月の神宮大宮司河辺長量書翰が、四月三日に内覧されて堀田正睦に伝えられる。この書翰は、前年一〇月のハリスの登城とそこでの要求をふまえたものだったが[28]、具体的な内容はつぎのようなものである[29]。

近年外夷屢渡来、辱モ深被為悩宸襟莫拘国体四海清平之御祈度々被為仰出奉抽懇禱之処、去歳亜墨利加使節登城奉拝謁、将軍家呈国書候由頃、聞巷説互市場ヲ数个所ニ開キ加之教法所ヲ建ム事ヲ冀フト、其儀萬一御許容ニモ相成候ハヽ、実ニ国家之御大事、神道之興廃此一挙ニ可有御座旨、深懼悲嘆仕候、仍之奉願上度条々如左、

一、異教之儀ハ、享禄・天文之頃始テ豊後国ニ渡来、大友宗麟コレヲ信シ、神社ヲ破壊スルニ至ル、織田右府モ又一旦コレニ惑ハサレ、南蛮寺ヲ京師四条坊門ニ造立シ、其毒既ニ畿内諸国ニ及フトイヘトモ、織田氏末年ニ至リ始テ国ヲ奪ヒ人民ヲ蠱惑スルノ邪教ナルヲ悟リ、コレヲ廃セント欲スレトモ、其頃大小名以下庶民多クコレニ帰シ、不可止ノ勢ニテ如何トモナシカタク、空シク年月ヲ過ス内ニ終ニ明智光秀ノ為ニ亡ヒタリ、其後豊太閤兵馬ノ権ヲトリ、其徒ノ奸ヲ照サレ、終ニ天正十三年南蛮寺ヲ亡シ、彼ノ邪教ヲ放逐セラレタリ、然レトモ其余党悉ク滅スル事アタハス、諸国ニ散在セシヲ元和以降マスマス厳禁ヲ加ヘラレ、遂ニ異教之根ヲ断チ万民永ク蠱毒ヲ免レ太平ノ恩沢ニ浴スル事ハ、全ク当時天朝ノ聖明ト関東之御英断ニ寄ル所也、然ルニ今亜墨利

加教法所建之初ハ拝礼所ナト、相唱、彼異族而已拝礼致シ、皇国ノ人民ヘハ決而弘法イタス間敷旨可申立哉ニモ可有之候得共、元来教法ヲ以テ愚民ヲ懐ケ、終ニ其国ヲ奪候由承及候間、此度之儀乍恐朝廷之御安危、神道之興廃、此一挙ニ可有御座候歟、誠以神慮恐入候次第何分被為在御拒絶、マスマス神道之興隆伏テ奉願上度奉存候御事、

一、亜墨利加使節相願候開港所之儀、皇都接近之要津、其外十余个所御開港相願候由、神地之儀ハ、志摩国鳥羽港ヨリ纔三里ヲ隔水陸常ニ往来之地ニ候得ハ、自然鳥羽港幷神地近海御開港等ニ相成、不潔・汚穢之醜虜神地近境経回仕候様相成候テハ、神慮不可快然恐入奉存候、乍恐此儀深被為在御評議候様奉願上度候御事、

一、神地之儀ハ東南北三面沿海之地ニシテ、就中東南ハ則大洋ニテ夷船常ニ往来仕候得ハ、尊神御鎮座之地何分海岸厳重之御備御警衛無之候テハ、神慮無勿体次第ト一同恐懼仕候間、何卒厳重御警衛之儀被為仰出候様奉願上候御事、

右之条々深被為遂御評議被為在叡断候ハヽ、万民永ク浴無為之化神明瞑瞰可無疑候歟、然則弥無拘国体四海清平之御儀ト奉存候御事、

午三月　　　　　　　　　　　大宮司

これによると、まずキリスト教を禁教にしたのは「当時天朝ノ聖明ト関東之御英断ニ寄ル」と大宮司は理解しているが、今回問題にしたのはアメリカが居留地に礼拝所を設けることを求めてきたことにあった。日本人に教えを弘めないといっても、元来愚民を手なづけ、国を奪うものとしてのキリスト教イメージがあり、このことは「朝廷之御安危、神道之興廃」に繋がるというのである。そして、アメリカは京に近い港のほか、一〇ヵ所近くの開港地を幕府に求めたが、伊勢は鳥羽港よりわずかに三里程の距離にあって開港して「不潔・汚穢之醜虜」が滞在したり、徘徊した

りしたら神慮に宜しくないので、朝廷で評議いただいて、幕府へも意見してもらいたい。また、伊勢は東南北の三面が海であって異国船の来航もあるので、神慮のためにも厳重な警衛を命じるよう幕府へ願ってほしい、と書いている。

その後四月三日に参内した堀田正睦は、アメリカとの条約について孝明天皇より勅諭を受ける。これは御三家以下の意見も聞き、再度言上するように、という内容であった。同月二〇日、江戸に着くものの、二三日には堀田に代わって井伊直弼が大老に就任し、勅許に関しては二五日に御三家以下へ意見を求めた。

六月二一日になって、京都は松平頼胤（讃岐高松）・松平定安（出雲松江）・松平猷（伊勢桑名）、大坂は松平慶徳（因幡鳥取）・松平慶政（備前岡山）・松平豊信（土佐高知）、摂津兵庫は松平慶親（長門萩）、和泉堺は立花鑑寛（筑後柳河）がそれぞれ警備を命じられ、そして藤堂高猷（伊勢津）が「京都口々援兵心得、神宮守衛」を担うことになった[30]。これは京都以外の大坂・兵庫・江戸沿岸の警備体制の再編と関係したもので、神宮警衛もこれらとの関係でとらえられる場所であったことになる[31]。しかし、藤堂高猷の役目をふまえると、京都を幕府は重視しており、伊勢湾をこの段階ではさほど意識していない点は注目すべきである。

大宮司は朝廷を利用して神宮警衛の強化を狙ったが、朝廷にとっては京都の警衛が重要で、それに答える対応を幕府もここに示した。大宮司にとってみると朝廷を介して幕府へ考えが通じたわけだが、従来と変わりないものであって効果を得たわけではなかったのである。

安政五年八月一〇日、鳥羽稲垣家の家老稲垣主馬との間で、神宮祠官等と外国船が鳥羽に入り合戦に及んだ場合、伊雑宮の御神体を内宮へ奉遷することを相議している[32]。現地レベルでは、異国人の穢だけではなく、軍事衝突も想定した有事と捉えていたことをこれで確認できるが、だからこそ厳重な伊勢・志摩の警備を山田奉行や朝廷を通じて幕府に求めていたのである。

こうした考えを朝廷がどれほど共有していたか、この点を確認することはできないが、安政五年一二月三〇日、老中間部詮勝が参内して帰府の暇を賜った際、関白九条尚忠から、神宮・京都近海の海防に関しても諭されている(33)。不十分との意識は朝廷内である程度定着していて、幕府に求めるべきものと考えられていたことは、こうしたことから理解できる(34)。

四　五ヵ国修好通商条約の影響

大宮司などは、その後もこの件で動いていく。安政六年(一八五九)一二月二九日、広橋前大納言に対して、つぎのような言上をしている(35)。

今般西洋五箇国貿易之規則被執定候之条、右五个国夷人皇国旅行可有之趣、仰伊勢両宮者汚穢厳禁之御土地剰夷人情実難量歟、自然不慮之恐、殆不少候、且内宮別宮滝原宮司並伊雑宮等者、自本宮遥相隔之宮、誠ニ是亦非常之懼最不少候、因茲往古被為附進候神郡数个所之中、神三郡(36)・志摩一国者夷人等於立入者可為神慮快然兼、亦先達被為仰上候、太神宮守衛海岸防禦被全修等懇篤被為成進候者、弥神明之霊瞻無窮誠視界清平之鴻基益宝祚延長武運悠久之御祈禱不可過之、仍祠官等一同懇願仕候御事、

大宮司
内宮一禰宜
禰宜中
外宮一禰宜

これは、今回の五ヵ国条約で、幕府が外国人の旅行を認めたことで神三郡・志摩国に異国人が立ち入ることを懸念しての意見書だが、外国人を不浄な者と捉えている。神三郡・志摩一国を清浄な地と捉えることを確認できるのはこれ以後だが、その後もこの地が穢れることへの懸念を言い続ける。

文久元年（一八六一）七月、イギリス船による長崎・箱館航路の測量問題で再び幕府に対してこの手の意見が出されることになる。四日に幕府はイギリスの要望を許すが、[37]最初に動いたのは津藤堂家であった。六日老中安藤信正に対して、「右海路測量之儀ニ付テハ、無論伊勢海へ乗込申間敷ト奉存候、萬一右内海へ乗込候儀ニテハ、神廟モ有之候間、右之地相穢候様之儀有之候テハ恐入候次第ニ付、志州海口ヨリ内へハ乗入不申候様御取扱被成下度」との意見を出している。[38]そして八月には、神宮大宮司などが鳥羽浦へ寄港することを稲垣長明に命じられたことを知って、[39]安政期と同様のことを懸念して意見書を朝廷へ出した。[40]

このうちのひとつ内宮一禰宜、禰宜中惣代薗田伯耆の意見書には、「自然上陸之上、異人等遊歩之余太神宮幷志摩国伊雑宮等之宮域へ於立入ハ、汚穢厳禁ノ御敷地、就中大洋ヨリ二見浦等へ著岸之程モ難計然候テハ、直ニ神地ニ侵入之儀、別而驕強之異類非常之恐不少奉存候、尤去安政六年神三郡幷志摩国へハ不立入様御願申上御沙汰奉待罷在候処、今以御沙汰無御座、異人等情実難量、萬一不意ニ参入仕候テハ、汚穢及神領内非常之恐不少微力之祠官等誠以心痛仕候」とあり、安政六年の意見書で求めた神三郡と志摩国へ異国人が立ち入らないように命じて欲しいという要請に何の反応もなかったことがこれから確認できる。今回の場合は、京都所司代酒井忠義などを通じて老中に確認された。老中から京都所司代宛は八月一九日付で、つぎのものであった。[41]

禰宜中

去ル十一日之御状致拝見候、然ハ今度英国ヨリ測量之儀申立之趣、従神宮言上之儀有之、初テ被聞食御驚候、神宮之儀ハ兼テ被仰立モ被為在候儀故、於当地御助才無之儀トハ被思食候得共、自然神三郡・志摩国等へ立入候テハ、被対神宮御尊神之御廉モ不相立被為恐入候御訳ニテ、皇国御瑕瑾ニモ可相成儀、必神三郡・志摩国等へ異人共不立入様、猶又堅固ニ其役々へモ申渡相心得候様被遊度候旨、早々当地へ申達、於当地御承知取計方被聞食度思食候旨被仰出候間、早々取計候様関白殿被命候段、伝奏衆ヨリ被申越被相達候書付両通幷両卿書翰共御差越、委細御申越候趣致承知候、段々御沙汰之趣、乍恐御尤之御儀ニ奉存候、今度英国ヨリ測量之儀願立候ハ、神奈川ヨリ長崎・箱館へ之海路暗礁等多ク、是迄度々及破船難儀致シ候旨申立候儀之処、御国ニ於テモ追々大船出来航海致シ候事故、巨細ニ測量不行届候ハテハ差支候而已ナラス、人命ニモ拘リ候儀ニ付、無余儀御差許相成候得共、素ヨリ彼国一手ニテ測量致シ候訳ニモ無御座候間、其筋々役々之者、右船へ為乗組取締筋ヲモ相心得兼テ御沙汰御座候、神三郡・志摩国ハ勿論、其外不都合之場所へハ、決シテ異人上陸等不為致様可取計旨、右段々之者へ堅ク申付差遣候儀ニ御座候、此度御沙汰之趣ハ、猶又其筋役々へモ厚ク申渡相心得罷在候儀ニ御座候間、何卒被為安叡慮被下候様仕度奉願候、右之趣宜関白殿へ御申上候様ニト存候、此段申進候、以上、

八月十九日　　　　老中連署

所司代宛

老中から京都所司代へ、まず神宮よりのこういった言上があることをはじめて知ったとあるから、これまでの神宮の取り組みが何も意味を持たなかったことがわかる。また、藤堂家から老中安藤信正への意見がまともに取り扱われなかったこともこれは証明する。

さて、老中としての方針だが、神三郡・志摩国などへ異国人が立ち入っては、神宮御尊神の御廉が立たないというのだから、神域が犯されるといった理解をしており、「皇国御瑕瑾」にもなるとみていた。そのため、必ず神三郡・

志摩国などへ異国人が立ち入らないようにするし、それぞれの役を担う者たちに警備を厳重にするよう命じると伝えている。幕府からは、武家伝奏、そして関白九条忠尚へと幕府の意向が伝えられることがこれで確認できるが、神宮からすると、朝廷ルートでようやく危惧する事案の対応が整ったことになる。

五　攘夷決行と伊勢・志摩警備体制

文久二年（一八六二）五月以降幕閣の陣容も大幅に変更され、同年一二月には将軍家茂が上洛することが決まった。家茂上洛に先だって、後見職一橋慶喜・政事総裁職松平春嶽・「御用部屋入り」山内容堂・京都守護職松平容保らは、正月までに京都入りしていた。

この時期の朝幕間の論点はひとつに攘夷決行という問題があったが、長州系の攘夷論勢力であった久坂玄瑞などは関白鷹司輔熙のところへ行き、攘夷期限の決定を強硬に申し入れ、三条西季知ら一三卿も同様に申し入れている。鷹司は三条実美らを一橋慶喜のもとへ派遣し、期限回答を迫っており、将軍滞京一〇日、帰京後二〇日をもって期限とするとの回答を得ている。これをふまえて孝明天皇は、二月一八日に前名古屋藩主徳川慶勝・大将軍後見職徳川慶喜・徳島藩主蜂須賀斉裕・政事総裁職松平慶永・京都守護職松平容保・津山藩主松平慶倫・鳥取藩主池田慶徳・徳島藩世子蜂須賀茂韶・福岡藩主黒田斉溥・前宇和島藩主伊達宗城・米沢藩主上杉斉憲・前高知藩主山内豊信・熊本藩主細川慶順・松江藩主松平定安・萩藩世子毛利定広・久保田藩主佐竹義堯・広島藩主浅野茂長・岡藩主中川久昭・府中（長府）藩主毛利元周・岡山藩支藩（鴨方）主池田政詮・島原藩主松平忠和が参内した時に、関白鷹司輔熙を介して攘夷決行を申し渡した。(42)

注目したいのは、この時神宮警衛および隠岐・対馬両島の警備の方略について意見を求めていることである。神宮の警衛を重要視しているわけだが、裏を返せば現状への不安があったということになろう。同月二三日になると、関白鷹司輔熙・左大臣一条忠香・右大臣徳大寺公純以下議奏・武家伝奏等を召して、神宮警衛監督のため、親王もしくは大臣派遣、そして親兵を設置できないかと意見を求めている。[43] すなわち朝廷側は、攘夷決行との関係のなかで神宮警衛を重要視していることを幕府に示すと共に、直接関与する姿勢をここに示した。

これらの要請に対して前者は認められ、二八日には衛門督柳原光愛に神宮宣命使を、侍従橋本実梁に同次官を命じて、神宮警衛の監督をさせているが、[44] 従前とは異なる命令系統での動きがここで見られたわけで、幕藩関係の変容が神宮警衛から理解できるのである。

さてこうした動きのなかで、三月一日藤堂高猷が神宮警衛のために京都を離れることになり、翌々日には前名古屋藩主徳川慶勝が神宮警衛と領海守備のため、帰藩を奏請した。[45] 慶勝の動きは神宮と伊雑宮の警衛を命じられたことによるが、山田奉行から神宮と会合の者たちにこのことは伝えられ、その後尾張家は陣屋等を設けるなどした。[46] ただ、慶勝の意見は斥けられ滞京することになるが、三月一〇日には、柳原光愛・橋本実梁が、神宮の宮崎文庫で藤堂高猷・山田奉行秋山正光等と会し、神宮警衛に関して協議している。そして二四日には、幕府が稲垣長明の大坂加番を免じて、神宮警衛にあたらせることにした。[47] これ以降藤堂家の藩主もしくは世子が伊勢に赴いており、恒常的に神宮、そして伊勢・志摩沿岸を警備する体制がとられるようになった。

こうした動きは、将軍家茂が四月二〇日に攘夷の期限を五月一〇日と示す以前にみられたわけだが、幕府の動きは朝廷側の動きに呼応したものだったと捉えられよう。公武合体という時代的な流れを象徴するような動きがここにみられたのである。[48]

おわりに

ここで対象としてきた伊勢湾に面した領地を持つ大名家は、全国の大名家と同様に幕府の海防政策の展開のなかで領国の体制を構築していった。しかし、神宮の存在が開国以後の対外関係および朝幕関係の変化のなかで位置づけ直されることで、伊勢・志摩警備体制が構築され、それに組み込まれる大名家の存在もあった。こうした動きは朝廷の政治への影響力が増したことと大きく関係するわけで、他地域とは異なる海防強化への経緯がこの地域にはみられたのである。

註

（1）原剛『幕末海防史の研究―全国的にみた日本の海防態勢』（名著出版、一九八八年）。針谷武志「安政―文久期の京都・大坂湾警衛問題について―」（明治維新史学会編『明治維新と西洋国際社会』吉川弘文館、一九九九年）。藤田覚『幕藩制国家の政治史的研究―天保期の秩序・軍事・外交』（校倉書房、一九八七年）。同『近世後期政治史と対外関係』（東京大学出版会、二〇〇五年）。上白石実『幕末の海防戦略』（吉川弘文館、二〇一一年）ほか。

（2）史料用語として、「伊勢警衛」「伊勢守衛」「神廟警衛」などの使用が確認できる。対象や範囲は使用者によって異なることがあるが、神宮を核として捉えていたことは間違いなく、本稿では「神宮警衛」で統一して表現する。

（3）原剛「伊勢神宮の防衛―幕末から大東亜戦争まで」（『軍事史学』二三―二、一九八七年。後に原前掲註（1）に所収）。

（4）岩下哲典「幕末名古屋藩の海防と藩主慶勝―藩主の主導による海防整備の実態―」（『青山学院大学文学部紀要』三

三、青山学院大学、一九九二年)。

(5) ほかに櫻井芳昭「黒船来航と尾張の村」(『郷土文化』四七―三、名古屋郷土文化会、一九九三年)。『三重県史　資料編　近世4(下)』(三重県、一九九九年)二二七頁など。『愛知県史　資料編21　領主1近世7』(愛知県、二〇一四年)にも殆ど関連史料は掲載されていない。

(6) 野村晋作「万延期の京都警衛―幕末期京都警衛の体制化とその変遷(二)―」(『京浜歴科研年報』二五、二〇一三年)。

(7) 『南紀徳川史』(名著出版、一九七一年復刻)。

(8) 針谷武志「近世後期の諸藩海防報告書と海防掛老中」(『学習院史学』二八、一九九〇年)。

(9) 『新修名古屋市史　第4巻』(名古屋市、一九九九年)二七二～二七三頁。

(10) 前掲針谷「近世後期の諸藩海防報告書と海防掛老中」。

(11) 前掲『新修名古屋市史　第4巻』二七三頁。

(12) 前掲岩下「幕末名古屋藩の海防と藩主慶勝」。

(13) 「寛政五丑年二月朔日　漂流之節御固御加勢一件」(亀山市立歴史博物館)。

(14) 前掲『三重県史　資料編　近世4(下)』二九四～二九五頁。

(15) ペリー来航以前の嘉永二年にも海防報告書命令が出されているが、当時の状況がどうであったというよりも、寛政五年の報告書と矛盾がないように取り繕った報告であったようであるので(前掲針谷武志「近世後期の諸藩海防報告書と海防掛老中」)、この時点までには藩側の対応に大きな変化が見られたとは考えられない。

(16) 安濃郡。現在の津市。

(17) 『津市史』(津市役所、一九五九年)。

(18)　こうした一方で、各江戸屋敷で江戸湾防備への対応もしている(「解説」『愛知県史　資料編21　領主1近世7』)。また、慶勝は、肥田孫左衛門に対して領国の警戒を怠らないように指示しており、「知多郡異船何時来候も難計、万一来船之節ハ一決断にて燃打可然」とあることから、伊勢湾への異国船の侵入を現実的に想定していたことが確認できる(「嘉永四年十一月肥田孫左衛門宛徳川慶勝書状写」同八四四頁)。

(19)　維新史料綱要データベース(東京大学史料編纂所)。

(20)　『孝明天皇紀　第二』(平安神宮、一九六七年)一八〇頁。

(21)　『大日本古文書　幕末外国関係文書　八』(東京大学出版会、一九七二年)二二六～二二七頁。

(22)　前掲維新史料綱要データベース。この頃、台場の設置なども計画される(『宇治山田市史　上巻』(国書刊行会、一九八八年)二〇九頁。

(23)　前掲『三重県史　資料編　近世4(下)』二九五～三〇二頁。

(24)　前掲原『幕末海防史の研究―全国的にみた日本の海防態勢』。

(25)　前掲維新史料綱要データベース。「旧津藩近世事蹟七」(東京大学史料編纂所)。

(26)　岸本覚「安政・文久期の政治改革と諸藩」(『講座明治維新第2巻　幕末政治と社会変動』有志舎、二〇一一年)。

(27)　註(1)参照。

(28)　石井孝『日本開国史』(吉川弘文館、一九七二年)ほか。安政四年一二月末には、アメリカとの通商条約締結を決断するに至った事情を朝廷に説明するために林復斎と津田正路が京都へ派遣された(家近良樹『幕末の朝廷』中央公論社、二〇〇七年、一九八頁)。

(29)　前掲『孝明天皇紀　第二』八四〇～八四二頁。関連史料として、前掲『三重県史　資料編　近世4(下)』一七七～一

八二頁。なおこの時の、祭主・大宮司、神宮、山田奉行、朝廷の関係については、塚本明「幕末異国人情報と伊勢神宮」(佐々木克編『明治維新の政治文化』思文閣出版、二〇〇五年)を参照されたい。

(30) 前掲『孝明天皇紀 第二』九三一頁。

(31) 安政五年六月二十一日「幕府、京都及大坂・兵庫・江戸沿海の警備を厳にせんが為、諸侯に各戍衛を命ず。乃ち、高松藩主松平頼胤・桑名藩主松平猷・松江藩主松平定安に新に京都警衛を命じ、津藩主藤堂高猷に同臨時出戍を命じ、頼胤・定安の各大坂海岸警備を免ず。高猷の神宮警衛故の如し。鳥取藩主池田慶徳・岡山藩主池田慶政・高知藩主山内豊信に大坂海岸警備を命じ慶徳の品川御殿山下台場、慶政の安房・上総各警備を免ず。柳河藩主立花鑑寛に堺の警備を命じ、其上総富津警備を免ず。萩藩主毛利慶親に兵庫警備を命じ、其相模警備を免ず。福井藩主松平慶永に神奈川・横浜、二本松藩主丹羽長富に富津各警備を命ず。彦根藩主井伊直弼・小浜藩主酒井忠義・郡山藩主柳沢保徳等の京都警衛、徳島藩主蜂須賀斉裕の大森・羽田、会津藩主松平容保・川越藩主松平直侯・忍藩主松平忠国・庄内藩主酒井忠発・松代藩主真田幸教の品川台場、熊本藩主細川斉護の相模、伊予松山藩主久松勝成の神奈川・横浜各警備、故の如し。熊本藩主細川斉護、外警に鑑み、江戸に於ける藩主急出馬の準備を講ぜしむ」(前掲維新史料綱要データベース)。

(32) 前掲維新史料要綱データベース。

(33) 前掲維新史料要綱データベース。

(34) 野村晋作「安政期の京都警衛—幕末期京都警衛の体制化とその変遷(一)—」(『立正史学』一一二、二〇一二年)。

(35) 『孝明天皇紀 第三』(平安神宮、一九六七年)三三六~三三七頁。同年六月には、山田奉行所へも同様の書取が出されたことが確認できる(「神三郡・志摩国へ異国人立入禁止再願書」前掲『三重県史 資料編 近世4(下)』一二三七頁)。

(36) 度会・多気・飯野の三郡。

(37)　横山伊徳「一九世紀日本近海測量について」（『地図と絵図の政治文化史』東京大学出版会、二〇〇一年）。
(38)　前掲『孝明天皇紀　第三』六六四頁。文久元年七月六日「津藩、神宮に近きを以て、英艦の伊勢湾測量を停止せん事を幕府に請ふ。尋で「九月十二日」鳥羽藩、亦請ふ所あり」（前掲維新史料綱要データベース）。
(39)　志摩城主。
(40)　前掲『孝明天皇紀　第三』六五九〜六六一頁。
(41)　前掲『孝明天皇紀　第三』六六三頁。
(42)　青山忠正『日本近世の歴史6　明治維新』（吉川弘文館、二〇一二年）九三頁。
(43)　前掲維新史料要綱データベース。これに対する意見は翌日みられる（『孝明天皇紀　第四』平安神宮、一九六八年、四〇五〜四一三頁）。
(44)　前掲維新史料要綱データベース。この後も、交替で神宮勅使の派遣が続く。島津久光はこれに反対で、三月一四日の言上に「神宮御守衛トシテ親王方被派遣候儀、尤不可然事、是ハ其近国之大名へ被命至当之事」とある（前掲『孝明天皇紀　第四』五〇四頁）。
(45)　二月の末にも帰国を願ったが、その時は京都警衛が整っていないことを理由に聞き入れられなかった（前掲『孝明天皇紀　第四』四二四頁）。八月一五日、朝廷は徳川茂徳に茂徳もしくは慶勝のどちらかが伊勢の警備につくことを命じた（前掲『三重県史　資料編　近世4（下）』二七九頁）。
(46)　前掲『三重県史　資料編　近世4（下）』二七五〜二八〇頁。『宇治山田市史　上巻』（国書刊行会、一九八八年）には文久二年とあるが、三年の間違いだと思われる。なお「会合」については、前掲塚本「幕末異国人情報と伊勢神宮」を参照されたい。

（47）　前掲維新史料要綱データベース。両名は同年九月一日に帰洛の報告をしているが、「尾州・藤堂・稲垣等御警衛向武備充実厳重之儀」を伝えている（前掲『孝明天皇紀　第四』四五四頁）。野村藩主戸田氏良、久居藩主藤堂高聴を含む五藩で神宮警衛に関わった（前掲『三重県史　資料編　近世４（下）』二二七頁）。

（48）　この時期における各藩の対応は、前掲『三重県史　資料編　近世４（下）』を参照されたい。

〔付記〕　本稿は、二〇一一～一三年度科学研究費補助事業（若手研究（Ｂ）研究課題番号２３７２０３２４）の「ロシア問題による江戸幕府対外政策の動揺と境界領域社会」の成果の一部である。

第三部　宇治・山田の御師と地域住民

近世前期における伊勢神宮外宮宮域支配と山田三方
――「宮中之定」をめぐって――

谷戸　佑紀

はじめに

近世の寺社参詣を扱った研究は、参詣の諸相と特徴を提示した新城常三氏の成果を一つの到達点として、以降も一定の蓄積がなされ、近年では、参詣者を受け入れる側からの視点を導入した青柳周一氏の成果を踏まえ、原淳一郎氏によって本格的な体系化が図られた。これを受けて、多様な切り口による新たな成果が続々と生みだされつつある。

このような状況の中で興味深いのは、「名所化」という現象に着目する視点である。これは、「名所」を「前代までの宗教的・歴史的・文化的伝統を継承しつつ、大量の参詣者を実際に招き寄せるだけの魅力と能力を備えた場所」とした上で、寺社の「名所化」を「寺社が中世後期から近世にかけての時期において、政治的・社会的な諸変化に適応するなかで生じた現象」と理解するものであり、寺社それ自体の変化を参詣との関係から読み解き、議論の俎上に載せた点で、従来の研究を大きく深化させるものであるといえる。

本稿は、右の視点を念頭に置きつつ、伊勢神宮外宮を対象として、同宮の宮域（境内）において参宮者（参詣者）の保護を主眼とした法規が制定されるまでの過程を浮き彫りにし、さらに、このような法規が整備されたことの意義について考察を行うものである。具体的には、寛永十八年に外宮宮域の支配をめぐって山田三方（外宮鳥居前町の住民組織）と外宮の一部の禰宜たちとの間で起こった争論を検討する。[6]この争論は、「宮守」と「宮人」との諍いから発展したもので、焦点となったのは、山田三方が作成し、外宮長官（檜垣常晨）に承認を迫った「宮中之定」（後述）と呼ばれる宮域支配に関する法規の諾否であった。

近世における伊勢神宮の宮域支配を対象とした研究は、部分的に扱われているに止まっているのが現状であり、[7]管見の限り、まとまったものとしては中西正幸氏の成果が挙げられるのみである。[8]同氏は、宮域に関する法規が整備されてゆく過程を検討することを通じて、制度面での拡充の様相を明らかにしており、今後の研究の立脚点となる成果であるといえる。

ここで注目されるのは、中西氏が、宮域支配をめぐって外宮と鳥居前町（山田）の住民とが対抗関係にあったことを指摘した上で、「宮中をめぐる諸法度の成立には、そのような宮域内外における両者の抗争と和解のあとを窺うことができる」とし、その事例の一つとして「宮中之定」の制定を挙げている点である。[9]これに関しては、瀧川政次郎氏が、山田三方と宇治会合の形成と展開を論じた研究の中で、山田三方の勢力の伸張として位置づけて以降、[10]同評価が支持され、中西氏は「山田三方が宮中干渉の挙にいでた初例」[11]とし、千枝大志氏も山田三方の「自治機能の拡大」[12]としている。

しかしながら、何故この時期に、何を目的として、どのような経緯を経て制定されたのか、といった諸事項については論じられておらず、その意義に関しても等閑に付されたままとなっている。瀧川氏や中西氏・千枝氏が提示した評価のように、この法規の制定が山田三方の動向と密接に関係するのであるならば、これらについて検討することは外宮宮域と鳥居前町住民との関わりのあり方を考える上での一助となろう。従って、本稿では、新たな法規が外宮宮域において成立する過程を、外宮と山田三方の動きに着目する視点から捉えることを目指したい。

一　近世前期の外宮宮域内の状況

本論に入る前に、外宮とその鳥居前町、そして、外宮宮域に関して整理しておく。外宮は、伊勢国度会郡山田（現　三重県伊勢市豊川町）に鎮座する伊勢神宮の正宮で、正式名称は豊受大神宮である（外宮は通称）。主祭神は、近接する内宮（外宮と同じく伊勢神宮の正宮。正式名称は皇大神宮）に祀られている天照大神の「御饌都神」と位置づけられ、広く崇敬を集める豊受大神である(13)。外宮の膝下に広がる山田は、中世以来、参宮者を迎える鳥居前町として発展し、寛永二十年（一六四三）三月の時点で戸数が八四三八家、人口が三〇九一〇人（五歳以上）であった(14)。また、御師の数は、承応二年（一六五三）八月の時点で三六五家であった(15)。この鳥居前町の支配は、江戸幕府から派遣された山田奉行の監督の下、二四の有力な御師家で構成される住民組織（山田三方）によって担われており、基本的には外宮が関与することはなかったとされる(16)。

宮域内の支配については、外宮長官（一禰宜）がその権限を握り、さらに、二禰宜〜十禰宜が協力する形で、社殿・草木の管理や祠官の統制などがなされていた。しかし、近世に入ると、山田三方が独自に制札（寛永四年正月二十日付(17)）を宮域内へ建てるなどの明白な介入を試みるようになり、山田奉行も制札（寛永十四年二月十八日付(18)）を建てるようになる。従って、本稿で対象とする時期においては、外宮長官による一元的な支配は動揺をきたしていたと考えられる。

とりわけ、この支配をめぐっては、参拝に訪れた参宮者への応対が案件として含まれていたことが重要である。そもそも古代においては、伊勢神宮は私幣が禁じられており、内宮・外宮ともに、その宮域は祠官たちが神を祭る「祭祀の場」であった。しかし、中世以降、減少した神領からの収入に代わる新たな財源の模索と伊勢信仰の普及・高まりによって、次第に諸国から参宮者が訪れるようになり、[19]多くの人々が祈りを捧げる「信仰の場」という性格を併せ持つようになる。この変化の端的な証左として、櫻井勝之進氏が指摘し、[20]岩間宏富氏が実態を明らかにした子良館の変化（宮域内の斎館である子良館で、祈禱や御祓の授与といった参宮者を対象とした活動が行われるようになる）を挙げることができよう。[21]また、近世になると、戦乱の終焉により、参宮に訪れる人々の範囲も拡大することとなり、寛永年間の末には、「ぬけまいり之子共」や「ぬけ参と相見へ候六十余之男幷わらんへ」といった人々の姿が確認できるようになる。[22]

つまり、宮域内に「信仰の場」としての性格が加わったことにより、外宮は、多数かつ多様な参宮者の存在を意識しなければならなくなったのであり、「祭祀の場」だけではなく、現出した「信仰の場」にも対処する必要に迫られたと考えられる。そして、この動向の一つの帰結として、特に法制面での整備が推し進められることとなったのが近世前期であったといえる。

例えば、外宮長官（檜垣常晨）は寛永十二年極月二十八日付で左のような「掟」を定め、[23]宮域内の制札としている。[24]

掟

一、諸国参宮人於宮中若口論有之時、宮人出合早無事之旨双方可申宥之事、付、諸宮守・宮人等対参宮人少茂不可致無礼事、

一、参宮人於宮中被忘置物在之者、宮人急度遂穿鑿、其主江可相渡事、

一、東者一之鳥居之橋・北者小宮之橋・西者藤社限、従豊川内江乗輿等昇入、乗馬牽通儀不可有之事、付、木

履・革草履不可着之事、

右之条々任古例弥堅相定之状如件、

寛永十二（ママ）乙寅年極月廿八日

外宮長官

家司大夫

一か条・二か条目は、参宮者同士や参宮者と宮守・宮人（後述）間のトラブル防止を目的とするものであり、三か条目は、参宮者が参拝を行う上での注意事項を提示している。つまり、宮域内の秩序が参宮者によって乱されることが無いように定められた法規であると理解することができる。

このように、外宮にとって参宮者への応対は、「祭祀の場」の秩序を参宮者が乱す可能性があるという点で重大な案件だったといえ、それは参宮者によって成り立つ鳥居前町に居住する御師以下の住民たちにとっても、参宮者に悪印象を与えるわけにはいかないという点で同様であった。従って、参宮者への応対が深く関わる宮域内支配を論点とした外宮と山田三方（鳥居前町の住民の利害を代表）との摩擦の発生は当然の事態だったといえよう。

次に、宮域内の「宮守」と「宮人」と呼ばれる人々に関して概説し、この争論の発端となった宮守と宮人との諍いの背景について指摘しておきたい。

宮守とは、宮域内の特定の場所（社殿など）に伺候し、その管理・警衛を行う者たちで、延宝六年（一六七八）四月の時点では、正宮（「大宮宮守」）など七か所に宮守が置かれていた[25]。ただし、元禄十年（一六九七）四月に成立した「外宮神宮法例」[26]には記載されておらず、職制上、非公式な存在であったと考えられる。この宮守を勤めたのは、鳥居前町の住民たちで、寛永年間以前においては、運上金を納入することで宮守に任命され、管理・警衛の報酬として、その伺候する社殿に納められた賽銭や初穂料を取得していたとされる[27]。

例えば、寛永二十年ごろに、岩戸に伺候していた宮守(岩戸宮守)は八人で、その運上金は二九〇両であった。なお、このようにして得られた運上金は、「御蔵入」として外宮長官のもとへ納められた。[28]

寛永年間以前における宮守たちの行状は悪質だったらしく、

一社に小板を廿斗つゝすへならへ、老若男女子共をつれ、二百四、五十人ほと宮中へ出入をそしたりける儀、其内に乞食の体成者おほかりけり、或ハ子をおふつ、或ハちのミ子をふところニいだきつ、或ハ手を引つ、又ハけいせいのようなるものも有、又ハはらミたるも有、

とあるように、伺候する社殿に賽銭を募る「小板」を据え並べ、また、乞食体の者、子ども連れの者、傾城のような者、妊婦、などといった様々な人々を自由に出入りさせていたとされる。さらに「若さかりのあらけなき大おとこハ、参宮人に悪口を云、あらけなくあたり、銭をむりにとりたる」といったように、参宮者に悪口を言い、強引に金銭を奪い取る者まであった。

宮人について述べる。宮人とは、宮引とも呼ばれ、前掲の「外宮神宮法例」には、

一、宮人、七十余家、

宮人と申者ハ、不断宮中に出入仕、諸国参宮人之案内を仕、代参を被頼候而、初穂を申請候、此宮人之内にて長官心望足者共を撰ひ、荷用・人長・昼番・十六人方と申役人に申付候事、

とある。彼らは、宮域内において、参宮者の案内や代参の請負を行い、その初穂料を取得していた者たちであり、なかには、外宮長官から任命されて荷用・人長・昼番・十六人方といった「諸神事之下役人」を勤める者もあった。彼らも、宮守と同じく鳥居居前町の住民であったと考えられ、寛文二年(一六六二)九月の時点では、「毎日数百人斗宮中江相詰申事に御座候」とあるように、数百人もの宮人が宮域内の各所に詰めていたとされる。[29][30]

右のように両者をみてゆくと、

①宮守は、伺候する社殿への賽銭・初穂料を収入としており、なかには、そのために参宮者に危害を及ぼす者まであった。

②宮人は、案内や代参の初穂料を収入としており、案内という形で参宮者と親しく接する立場にあった。

という実態が浮き彫りとなる。つまり、両者は、収入・職務ともに参宮者の存在を前提としており、創設時期は不明であるが[31]、少なくとも「信仰の場」が現出したことによって設置された職であると考えることができる。

しかしながら、宮守・宮人間の利害が必ずしも調整されていたわけではなく、両者の収入はともに参宮者からの初穂料であったため、この取得と参宮者への応対をめぐって、両者は競合する関係にあったといえる。

とりわけ、寛永十八年の前後は、寛永飢饉の兆候[32]により参宮者の数が減少しつつあったと推測され、翌寛永十九年には、「諸国より之御参宮人つねのとしの百分一ほともなきにより宮廻之道ハ草茂り垣もかへもなし」という様相を呈していた。さらに、上述したように宮守たちの行状も悪質なものとなっていたのであって、このような状況下によってもたらされた両者間に潜在する対立の顕在化が、次節で詳述する諍いの背景となったと考えられる。

二　宮守と宮人の諍いと宮域内の法規

寛永十八年（一六四一）三月二十一日、古殿宮守の岩戸屋弥一郎の子長次郎と宮人の扇館七郎兵衛が争った。外宮長官はこのことに「腹立」し、七郎兵衛と居合わせた者五人、そして、その親兄弟、計一四、五人を宮域内から追放した。

同月二十三日、宮人たち(宮人中)は外宮長官に次の内容の訴状を提出した。

①今月二十一日に、吉ノ三左衛門のもとから参宮者二〇人ばかりが参拝に訪れ、七郎兵衛が案内を行っていたところ、古殿地に居た長次郎が参宮者を押し留め、悪口を言い、からかった。

②七郎兵衛が①を聞き、「大切な参宮者に対し、粗暴に接するのは謂れ無いことだ」と述べると、長次郎が現れ、七郎兵衛の顔を平手で叩いた。其時、即座に争闘するところであったが、参宮者の案内をしている最中であったため、案内を最後まで遂げて、荷用に参宮者を引き合わせ、七郎兵衛が長次郎に叩かれた旨を届けた。

③同日の夕方に、長次郎が宿へ向かっていたところを七郎兵衛が発見し、争闘をしようと考えて追いかけたので、そこに居合わせた数人の宮人は、宮域内で軽率なことをさせてはいけないと思い、後から駆けつけて二人を引き離した。

④以上のような事情にもかかわらず、弥一郎・長次郎が偽って申し上げた「造意の由」との言葉を信じ、理不尽な処置を仰せ付けられたのは迷惑である。

右から、長次郎の参宮者に対する粗暴な言動が原因で、諍いが発生したことが窺われる。また、「七郎兵衛が争闘に及ぼうとした」との認識に基づいて、外宮長官が宮人を処罰したことが確認できる。

訴状を受けて、外宮長官は、「扇館七郎兵衛から岩戸屋弥一郎方へ謝罪して落着させるように」との裁定を行った。しかし、宮人たちは承知せず、同日、山田三方に訴状を提出するとともに、山田の町々の月行事へ宮守を糾弾するべき旨の廻文を出した。宮人たちは、宮守の肩を持つ外宮長官に反発し、鳥居前町の御師たちに訴えることで解決を試みたのである。

この山田三方への訴状には、近来の宮守による参宮者への粗暴な振舞い(悪口や乱暴、賽銭の無理強いなど)が書き上げられており、さらに、これが宮人ばかりではなく、御師たちにも関わる事柄であることが強調されていた。つまり、宮人たちは、宮域内での参宮者保護が徹底されていない事実を暴露し、宮域内支配が参宮者の保護と直接に関わることとして訴えることにより、御師たちを宮域内支配の問題へと引きこみ、彼らの圧力によって、外宮長官の裁定を覆すとともに、宮守たちの行状を是正しようと試みたのである。

さらに、宮人たちは、落着しなかった場合、上京して祭主に訴えることを決め、訴状を以て「祭主様江御状一通被遣被下候様ニ」との旨を大宮司へ願ったとされ、大宮司は祭主への具申を約し、宮人への支持を表明したとされる。しかしながら、外宮長官は、あくまで宮人は「長官之まゝニなる者共」であり、自身の命に従うべきであるとの旨を山田三方へ内々に申し入れ、裁定を変更するつもりはないという姿勢をとった。

以上の経過で注目されるのは、

A古殿宮守の岩戸屋弥一郎の子である長次郎が参宮者に対して危害を加えても、外宮長官は処罰を行わず、宮人のみが争闘に及ぼうとしたことを理由に処罰された。

B宮守は参宮者に対し、悪質な行為を繰り返していた。

という二点である。Aからは、外宮長官は、あくまで「祭祀の場」の秩序を維持することを第一としており、参宮者の保護は管掌外として認識していたことが窺われ、Bからは、そのような認識により、参宮者に危害を加えても外宮からは処罰がなされなかったことがわかる。

このように、この時点における参宮者に対する外宮の方針は、上述した寛永十二年極月二十八日付の「掟」の内容からも窺われるように、宮守・宮人へ一任するというものであって関知しないことを旨としており、宮域内における参宮者の保護は不完全な状態にあったのである。

四月十一日、山田三方は会合を開き、宮人たちから子細を聞いた上で、外宮長官へ「宮域内から追放した宮人を復帰させるように」と申し入れることを決定する。また、山田の月行事五〇余人が欣浄寺で相談を行い、十三か条から成る「宮中之定」を作成した。そして、同日の夕刻、山田三方は、河村勘兵衛を使者として外宮長官へ追放した宮人を復帰させ、「宮中之定」に裏書を行い承認するよう迫った。この「宮中之定」は次のようにあった。

宮中之定

一、宮山領内顚倒之外諸木を伐、土石を御掘採候義有之間敷事、
付、道之外之篠草御からせ有之間敷事、
一、参宮人之心さし之外の散銭貪取へからさる事、
付、白石持同前之事、
一、宮守参宮人にたいし悪口を云、又者すかり付義有之へからさる事、
一、にせ道者を仕色々致調略候義有之へからさる事、
一、大社・小社ニよらす、宮守烏帽子・素袍にて座ニ居、一切参宮人に立むかひ申間敷候、惣而少茂不礼ヶ間敷義有之間敷候、
一、外宮領内之外之者ニ宮御請させ有間敷事、
付、女を宮ニ置間敷事、
一、法体之者を礼物ニ而神前近ク参らせ候義有之間敷事、
一、神前にて灯明銭を取、又者帳ニ付候義有之間敷事、
一、岩戸之口にて関のことくニ銭を取、又灯明銭を押而取候義すへからさる事、

付、無理ニ植木をさせ候義有之間敷事、
一、宮中幷岩戸道ニ古来無之新宮・同小板置候義有之間敷事、
付、無理ニ宮廻りさせ候義有へからさる事、
一、道ニ注連をはり垣を仕、幣祓等を足本ニてふり、参宮人を通し不申候義有へからさる事、
一、宮中内御池ニきたなき物を捨置、又者大小便をむさと仕義有へからさる事、
一、火之用心悪敷仕義有へからさる事、
付、宮之外ニ小屋を作り飯を焼へからさる事、
右之十三ヶ条之趣不残於御合点者可為御神忠候、以上、

山田
三方判

寛永十八年卯月十一日

外宮
官長殿

山田三方が参宮者の保護と宮域内の引き締めを企図していることがわかる。それぞれを整理すると以下のようになる。一・七・十・十二・十三か条目は、宮域内の景観に関する内容であり、宮山の草木・土石の保護、僧体の者の排除、社殿・小板を新設することの禁止、清浄の維持、火災への注意などを通じて、宮域内の保全が目指されている。そして、二・三・四・五・八・九・十(付)・十一か条目は、参宮者に金銭などを要求したり、迷惑をかけたりするような行為が禁止されている。

いずれも参宮者へ悪印象を与える事柄が対象となっており、「宮中之定」が、参宮者の保護の徹底と、その「信仰

の場」としての宮域の保全を強く意識したものであることは明らかであろう。また、草木の管理や宮守の任命といった外宮長官の権限を制限する箇条が存在することも注目される。つまり、山田三方は宮守の行状の改善を目的として、宮域内の支配への干渉を試みたといえる。

翌十二日早朝、外宮長官は追放した宮人の復帰を許可したが、この宮人たちは、「宮中之定」を外宮長官が承認しなければ復帰しない旨を主張して抵抗した。しかし、山田三方が「かまハず早々罷出よ」と命じたため、宮人たちは十四日より宮域に復帰した。ただ、「長官江ハ一礼も不云」とあるように、外宮長官への不満が解消されることは無かったのである。

この「宮中之定」の諾否をめぐっては、外宮内で議論が巻き起こったとされる。外宮長官は承認するつもりであったが、他の禰宜たちに相談したところ、「是ハ末代神宮之きす」や「いや、是ハ長官一代之きず」といったように、この「宮中之定」を認めることによって、禰宜たちや外宮長官の名誉が損なわれるとの意見が出され、結果、一部の者たちの間で、「神宮之きずと云立、長官を流罪ニせんと云合、一代之悪き事を祭主江申上ン」ことが話し合われるという事態にまでなった。禰宜たちは、「宮中之定」の内容を妥当なものと認識していたが、宮域内の支配を山田三方から指図した先例は無いとして強く反発したのである。[33]

そして、十七日、[34]三禰宜（松木信彦）・五禰宜（松木全彦）・六禰宜（松木満彦）・七禰宜（檜垣常和）・八禰宜（松木集彦）・九禰宜（檜垣貞和）と権禰宜たちは、「宮中ノ掟ハ従祭主可有事成」と考え、[35]「三方よりの十三ヶ条ほんごニせん」ため、京都へ使者を派遣し、「三方ヨリ宮中之掟新義迷惑候間、掟被遊被下候様ニ」として、[36]祭主に新しく法規を定めてくれるよう願った。この際、三禰宜以下の禰宜たちは、祭主に「長官一代之悪行」を訴えたとされ、山田三方の「宮中之定」を承認する姿勢をとった外宮長官を処罰によって排除することすら試みられたのである。

すると、祭主から左に挙げた「宮中掟」が与えられた。

宮中掟

一、宮山領内顚倒之外伐採諸木、穿土石荒宮山事者、自古被載大科式目之条今以堅可令禁止者也、次宮道之外篠草一切為刈申間敷事、
一、於宮山殺生禁断之事弥可相守旧法事、
一、自往古相定宮地之内雖為寸地不可押領事、
一、至宮社・神木・御池・石地形等迄上古之風儀今更不可作改事、
一、僧尼・俗人に不寄法体之者、如古法　神前近不可有参入事、
一、宮中・同御池江物を捨不浄仕儀堅可制事、付、従先規相定殿舎之外小屋を作り、火を焼、酒食を拵、自由之働仕間敷事、
一、宮中諸役人幷宮守・宮人以下迄他所之者を不可成置、其上子良館居住女子之外宮社に女子を置間敷事、
一、神前ニ而帳を付、灯明銭を取、於宮中・岩戸辺従先規無之新宮を〔立〕(37)、板をかまへ、宮道に垣を作、曳注連、幣祓をふりかけ、参宮人を不可押留事、
一、於宮中宮守・宮人・白石持種々企謀略、悩参宮人散銭を貪取、剰対参宮人致狼藉之由前代未聞曲事沙汰之限候、向後堅可令停止事、

右之趣為　神慮候条於末代各堅可被相守此旨候、若違犯之輩於有之者早可被注進者也、仍如件、

寛永十八年四月廿七日　　祭主神祇権大副判

宮司

外宮
　禰宜中
同　権任中

「宮中掟」が山田三方の「宮中之定」を九か条に書き改めたものであることがわかる。祭主は、「宮中之定」を修正し、自身の名で新たに定めることで、参宮者の保護を徹底したいという山田三方の要望と、支配関係の先例を守ろうとする三禰宜以下の禰宜たちの要望との両立を図ったと考えられる。また、外宮長官の処罰に関しては何ら指示がなく、この「宮中掟」が「宮中之定」を書き改めただけの同趣旨の法規であることを勘案すると、祭主は外宮長官の姿勢を支持したと考えられる。

これを受けて、大宮司と長官以下の禰宜たちは、この法規を守る旨を奥書し、連判して祭主に提出した。ただ、山田三方の諾否は考慮されず、山田三方へ連絡されることは無かった。

以上を小括しておく。参宮者への応対をきっかけとして、宮守と宮人が諍いを起した。これに対する外宮長官の裁定を不服とした宮人たちは山田三方に訴状を提出した。訴えを受けて、山田三方は、「宮中之定」の承認を外宮長官に迫った。その内容は、参宮者の保護を主眼としており、従来の外宮の方針に転換を促すものであった。この法規に関しては、外宮長官は承認の姿勢をとったが、大多数の禰宜たちは、先例が無く彼らの名誉を損なうものとして反発した。そして、京都の祭主へ新たな法規の作成を願うとともに、外宮長官を訴えるという強硬な手段さえ試みられた。これを受けて、祭主から「宮中掟」が与えられた。山田三方の「宮中之定」は妥当なものと認識されたが、先例が無いとして禰宜たちの反発を招いたのである。そして、祭主が定めた「宮中掟」が正当な法規として期待された。しかしながら、この「宮中掟」は山田三方に知らされることはなかった。

三　宮域内の法規をめぐる対立とその決着

寛永十八年（一六四一）の五月に入ると、山田三方は外宮長官に、「拾三箇条之趣御合点候哉、左候者、三方次第との墨付可有」と、留保されていた「宮中之定」の諾否を訊ね、承認を迫った。外宮長官は返答に詰まり、「宮中之定」に反発する禰宜たちに相談したが、「我々は知らない」との返事が来たため、外宮長官は再度、禰宜たちに返答を求めた。すると、「祭主殿江連判之壱通指上候上ハ、墨付被成三方へ御渡候へとハ不被申候、乍去御分別次第」との返事が来た。つまり、祭主からの「宮中掟」を受け入れていることを理由に、「宮中之定」の承認に反対したのである。このため、外宮長官は「どのようにもするところではあるが、他の禰宜たちが無用と言っている」と山田三方に伝えた(38)。

五月十二日、山田三方は、河村勘兵衛を使いとして、反発する禰宜たちへ「長官ハ御合点候処、神宮衆之コタハリ殊勝ニ不存候、向後三方中絶可仕候、左様ニ相心得可申」旨を申し入れ、「宮中之定」を承認しないのは感心しないとして、彼らと絶交することを表明した。これに対し、禰宜たちから断りを行ったが、絶交が解かれることはなく、翌十三日には、山田三方から山田の町々へ「神宮拾三人江出入、其上売物仕間敷」と触が出された(39)。山田三方は、鳥居前町の住民に対しても、禰宜たちとの絶交を命じたのである(40)。この絶交は徹底されており、例えば、

一、五月十三日、八日市慶徳三郎左衛門酒を檜垣河内方よりかいニ遣候処、三郎左衛門被申候ハ、郷内よりうり申間敷候由申候、

とあるように(41)、慶徳三郎左衛門のところへ檜垣貞次方から酒を買いに行ったところ、販売を断られている。

十四日、六・九禰宜は大宮司に、

今度三方中より山田中上中十三人を不通仕、うり物以下迄相留られ候、殊ニ宮人以下まて右之内へ出入不仕様ニ申ふれ、又不礼をも仕候様ニとふれ申候へ者、何角無自由なる事ニ御座候者諸神事も難勤候間、左様ニ御心得被成候へと申、

として、神事を勤めがたい旨を申し入れた(42)。同日、大宮司は、「今度之義万事無自由候まゝ理りニ不及(43)」と返事をしている。一部の禰宜たちは、山田三方の絶交処置によって、神事への参加もままならないという状況に陥ったのである。

さらに、絶交された禰宜たちは、大宮司からの了承を得た上で、「三方企徒党、天下御法度之一味仕、神宮拾三人之者共江売物迄相留申候由(44)」を祭主へ訴えることに決した。これにより、外宮長官は山田三方へ「宮中之定」の諾否に関して「うら書すこし御待候へ」と、承認の延期を申し入れたとされる。この後、「宮中之定」の諾否は、外宮長官の子である四禰宜(檜垣貞晨)の「預り分」になったとされ、その結果、四禰宜が「宮中之定」に「うら書・判」をすることとなったとされる。

十五日、使者となった権禰宜の松木修理は、大宮司からの使者である川辺喜左衛門を伴って京都に向けて発足した。しかし、同日の夕方、久志本弥四郎から「何とて可有候間、先罷帰候へ」旨の書状が届いた。松木と川辺は、津に戻って逗留し、久志本による数度の説得を受けて、結局、京都に向かわずに引き返してしまう(45)。

実は、松木修理が京都へ向けて発足したことを知った山田三方は、十六日に「拾三人へ出入仕候共、売物仕候共心持次第」との旨を山田の町々に触れ直しており、町々からの絶交は形式上では解かれていたのである(46)。ただし、山田三方との関係が修復されたわけではなく、また、町々の住民の中にも絶交を継続する者があったため、禰宜たちを取

り巻く状況が改善したわけではなかった。

同月二十一日、山田三方は、

一、今度宮中作法之事、長官江申届候へとも不相済子細候ニ付、未町々江も申渡候義無之候、其内自然宮を請申度存候もの有之候者、三方より書出し之十三ヶ条之趣以来毛頭無相違可相守と存候て、其通能々心得候て宮を請可然候、相済次第ニ町々江急度可申渡候、末代少も十三ヶ条之通ハ猥ニさせ申間敷候、若以来者ゆるかせにも可成なと、頼ヲ仕候而ハ可為曲事候間、能々心得可然候、已上、

五月廿一日　　　　　　　　　　　　　　　　三方

として、宮守を勤仕するならば「宮中之定」を遵守するべき旨を町々に触れた。これは、山田三方が「京之九ヶ条之義、京ハ程遠く候間、定相背候ハん」[47]と、祭主が京都に居住しているため、祭主の「宮中掟」では、法規として効力がないと考えたからであるとされる。

「宮中物語」によれば、ここで言う「不相済子細」とは、「神宮衆祭主殿江又申さんとひしめける」という状況を指しているとされ、この触が祭主への訴訟を引き続き計画している禰宜たちの動きを牽制する狙いがあることは明らかであろう。また、「宮中掟」は町々に触れられておらず、「誰不聞」という有様であったとされる。つまり、山田三方は、宮守を勤める町々の住民に「宮中之定」を守らせることで、効力が疑わしい「宮中掟」の破棄と、既成事実化による「宮中之定」の発効を狙ったと考えられる。

二十三日、久志本弥四郎の使者である中野吉左衛門が絶交された禰宜たちのもとを訪ね、説得を行ったが効果はなく、二十四日には、再び松木修理が京都に向けて出発し、さらに、後日、権禰宜の檜垣三河と檜垣主馬も上京した[48]。

この檜垣三河と檜垣主馬は祭主へ同年六月五日付の訴状を提出している[49]。その内容は、山田三方の処置を「山田惣

中江以権威悉之触を廻し、禰宜・権任等を撥し万事買物迄とめ候、（中略）其上山田地下中下々之者迄に不儀を可働之旨申付候」とし、「天下御祈禱神事」の妨げと成る行為として非難するものであった。つまり、町々からの絶交が事実上、未だ継続しているとの認識のもと、この山田三方による無法な処置を訴えることによって、山田三方が「宮中之定」を強要しようとしている事実を祭主に知らせ、状況の好転を図ったといえよう。

同じく五日、外宮長官はすべての宮守たちに対し、次の法規を守るよう命じた。

宮中御掟御請中条々

一、宮山諸木ヲ剪、土石を掘採、宮山を荒し、篠草ヲ刈取等之義仕ましき事、
一、宮山にて弓ヲ射、鉄砲ヲ放幷殺生仕ましき事、
一、僧尼・俗人ニよらす法体之者ヲ古法のことく神前近ク参入させ申ましき事、
一、神前ニて帳ヲ付、灯明銭ヲ取申ましき事、付、岩戸ノ口にて関のことくニ銭を取、押テ灯明銭をとり、無理に植木ヲさせ候義仕ましき事、
一、宮中幷岩戸道ニて先規無之新宮ヲ立、小板ヲかまゆる義仕ましき事、
一、参宮人之心さしの外散銭貪取申ましき事、
一、参宮人ニ対し悪口ヲ云、又ハすかり付、狼藉成義ヲ仕ましき事、
一、にせ道者ヲ仕、種々ノ調略ヲ企義仕ましき事、
一、大宮・小宮ニよらす宮守烏帽子・素袍を着し、座ニ居て一切参宮人ニ立むかひ申ましく候、惣テ不礼かましき義を仕参宮人を悩ス義仕ましき事、
一、宮守他所之者ニ下請させ申ましく候、幷女を置申ましき事、

一、宮道ニ垣ヲ仕、注連ヲ曳、幣祓ヲ足本ニてふりかけ参人ヲ押留申ましき事、付、無理ニ宮廻させ候義仕ましき事、
一、宮中御池江不浄之物を捨、大小便ヲむさと仕ましき事、
一、先規より相定殿舎の外小屋ヲ作リ、火を焼酒食を拵、自由ノ働仕ましき事、
一、火之用心堅仕、宮守里江かへる時弥念を入、火を仕廻可申事、
一、宮守面々之宮之前ヲ掃、地寄麗（ママ）ニ可仕事、
　右十五ヶ条之通被仰付、慥ニ御請申候上者、自今以後自然相背候ハ何様之事曲事ニ成共可被仰付候、其時一言之異義も仕々御侘言も申上間敷候、仍為後日御請状如件、
六月五日

この法規が山田三方の「宮中之定」と祭主の「宮中掟」を踏まえたものであることがわかる。従って、外宮長官は、「宮中之定」の欠点（山田三方が定めた法規であるため、支配関係上、正当ではない）と、「宮中掟」の欠点（外宮から遠く離れた京都に居住する祭主が定めた法規であるため、効力が疑わしい）を克服するため、自らの手による法規の制定を試みたと考えられる。しかし、「宮中物語」によると、宮守たちは、四人が押印したのみで、その他は山田三方の「宮中之定」を支持し、連判を拒否したとされる。宮人に引き続き、宮守も外宮長官の命を聞かず、ここに外宮長官の定めた法規であっても、宮人・宮守に対しては拘束力を有さないことが明白となったといえる。思わぬ反発に遭った外宮長官は、「請宮もふちニ給たる宮もとりあけもなし給ハす、掟ノさたもなし」とあるように、宮守たちを処罰することはせず、その発効を諦めてしまったようである。

同月十六日、禰宜たちの訴訟を受けて京都の祭主から次のような外宮長官・二禰宜宛の書状が到来した。

態令申候、然者　宮中下知法度山田三方年寄共申付候儀自先規其例在之事候哉、弥被正旧法具可被申越候、次山田三方中方より禰宜・権任中各別撰出之由、是又如何様之子細候哉、其旨趣以墨付可承候、為其如此候、恐々謹言、

六月十四日　　友忠判

外宮

一禰宜殿へ

同

二禰宜殿へ

この書状で、祭主は外宮長官・二禰宜に、①「宮域内の法規を山田三方が定めた先例はあるのか、旧法を調べて報告しなさい」、②「一部の禰宜・権禰宜が町々から絶交されているが、その事情を説明しなさい」との指示を行っている。これに対し、外宮長官は、

一、御書中令拝見候、然者　宮中下知法度山田三方年寄中被申付候様ニ被仰越候、今度宮中之義三方より異見被申候段ハ如先書申達候、宮守とも我等申付候作法共相背候由我等ハ不存候而居候処ニ、従三方中より(ママ)被聞出、其趣を書立、此通於合点者可為神忠と被申越候間、右之紙面神宮中江相談申、宮中宮守作法之義任旧例我等申付候、其後従京都九ヶ条之掟被下候、御下知之上ハ無異儀領掌之書判仕上申候、将又、禰宜・権任之内各別ニ被撰出之義三方年寄中より此方へハ様子不被申聞候故、意趣分明不存候、委細ハ宮司殿江申入候、恐惶謹言、

六月廿日　　常晨

進上祭主殿

と返答し、二禰宜も、

一、尊書致拝見候、仍　宮中下知法度従山田三方年寄中被申付候様ニ蒙仰候、此頃宮守共対参宮人無作法之事有之由ニ付而、従三方中以書付長官江被申越候処ニ、則宮中之仕置長官より被申付候、次ニ三方中より禰宜・権任之内各別に被撰出候趣以墨付可申上候蒙仰候へとも、子細分明不存候間難申上候、此旨御披露所仰候、恐惶謹言、

六月廿一日　　　外宮二禰宜朝雄

沢地民部殿

とあるように、二十一日付の書状で同趣旨の答申を行っている。その内容をみると、両書状ともに、祭主の②の指示には明白に不明である旨を説明しているにもかかわらず、①に関しては、求められた先例には言及せず、その内容も要領を得たものではないことに気付く(50)。

とりわけ注目したいのは、祭主の①の指示に対して、「祭主から、「宮域内の法規は山田三方が申し付けるように」との命を受けた」と述べている点である。ここから、外宮長官・二禰宜ともに、祭主の書状に「弥被正旧法具可被申越候」とある文言を「旧法を改正し、報告するように」と解釈して回答を行ったことが判明する。

つまり、外宮長官・二禰宜は、山田三方の「宮中之定」を採用することを企図し、祭主の指示とすることで押し切る方法を選んだと考えられる。これは、これまでの曲折を踏まえると、鳥居前町の住民で構成される宮人・宮守に対しては、山田三方の定めた法規の方が拘束力を有するという判断に基づく処置であろう。そして、この後、祭主が異議を唱えるような動向はみられず、祭主は右の処置を認めたといえる。従って、ここに「宮中之定」は、宮域内の法規としての地位を獲得したと指摘できる。

これ以後、禰宜たちは、祭主への働きかけを続けたようであるが、祭主が動くことはなく、祭主は山田三方が五月十六日付で町々へ絶交を解くように触れていることを根拠に在京中の三人に下向を勧め、八月十日には松木修理が帰り、九月三日には、残りの檜垣三河と檜垣主馬も京都を後にした[51]。

さらに、十月に入り、不在であった山田奉行に石川政次が着任すると[52]、禰宜たちは訴訟を試み、十一月二十二日には山田奉行所へ訴状を提出している。その内容は、「山田惣中年寄共、次ニ月行事ニ至迄尓今□(虫損)堅一味仕候故、此上ニも又如何様之取存をかまへ、如何様之あたを心中ニさしはさみ居候哉らんも不存」という状況であるから、「向後無異ニ而山田居住仕、弥　天下泰平・国家安全之御祈禱無懈怠勤申候様」に仰せ付けて欲しいというものであった[53]。山田三方との絶交が継続していることを問題視していることがわかる。しかしながら、この訴えを山田奉行が取り上げることは無く、絶交は以降も続き、和解が成ったのは慶安五年(一六五二)七月六日のことであった[54]。

ここまでを小括しておく。山田三方は、再び「宮中之定」の承認を外宮長官に迫った。一部の禰宜たちは、祭主の「宮中掟」があることを理由として反対を表明する。対して山田三方は、絶交を宣言し、山田の町々へも同調を命じた。禰宜たちは、京都の祭主のもとへ再び訴えることを決し、使者を派遣する。これを受けて、山田三方は、町々へ絶交を解くように指示を行ったが、彼ら自身が態度を改めることは無かった。さらに、町々へ「宮中之定」を守るように触を廻し、既成事実化を試みた。このため、禰宜たちは、祭主に訴状を提出した。また、外宮長官は、自らの手による法規によって事態の収拾を模索したが、宮守たちの反発により断念することとなる。結局、山田三方の法規を採用することに決した外宮長官・二禰宜の意向と祭主の黙過によって、山田三方の「宮中之定」が宮域内の法規として、その地位を獲得することとなった。

おわりに

本稿では、寛永十八年に起きた外宮宮域支配をめぐる争論を対象に検討を行ってきた。最後に、明らかとなった内容と成立した法規の意義についてまとめておく。

外宮長官の宮域内支配が動揺するなか、参宮者層の拡大と当該期の参宮者数の減少、そして、宮守の行状の悪質化によって、宮守と宮人との対立が顕在化し、両者は諍いを起こした。この諍いにより、宮域内における参宮者の保護が不十分であることが露呈してしまう。このため、宮守と宮人との対立だったものが山田三方も巻き込んだ宮域内の支配を焦点とした争いへと発展することとなった。

宮域内の支配をめぐって山田三方と禰宜たちが対立を深めてゆく。前者は、参宮者の保護を実現するため強引に「宮中之定」の発効を求め、後者は、先例の堅守を望んだ。ここで争点となったのは、山田三方の、ひいては鳥居前町の影響力が宮域内に及ぶことの是非である。山田三方にとって、参宮者の保護を徹底するためには、これは不可欠なことであるといえ、禰宜たちとっては先例に反する避けたい事柄であった。禰宜たちは、山田三方からの要求に対して支配関係面での問題を理由として対抗を試みた。これにより、両者の対立を解消する意図のもと、祭主の「宮中掟」、そして、外宮長官の「宮中御掟御請申条々」がそれぞれ定められた。しかしながら、これらは鳥居前町の住民で構成される宮守・宮人たちに対しては拘束力に疑問が残るものであったため、発効に至ることはなかった。

右の結果、法規としての有効性を鑑みた外宮長官・二禰宜の判断と、祭主の黙過により「宮中之定」が法規として地位を得ることとなった。このことは、現出した「信仰の場」に対応する新たな法規の成立として評価でき、今後の制度・法規面での整備がなされる上での起点となったと考えられる。特に、山田三方の主導のもと、禰宜たちの主張する先例を押し切る形でこの法規が制定されたことは重大で、以後、「信仰の場」の保全を目的として、山田三方はこれらに関連した事柄に干渉を試みるようになるのである（承応二年九月に実施された横目の設置など）。

本稿の冒頭で触れた寺社の名所化の議論に関わっては、当事例から、①参詣者（参宮者）を受け入れる寺社内部の仕組みの整備、②その整備において門前町（鳥居前町）の住民たちが果たした役割、の二点にも目配りが必要であることを指摘できよう。

しかし、このような山田三方による干渉は、外宮の支配関係上、変則的な事態であったため、禰宜たちの間に根強い反発を残すこととなった。また、これ以降も、宮域内と参宮者をめぐる問題は止むことが無く、近世前期に限って例を挙げれば、承応年間・寛文年間、そして延宝年間に法規の再確認・再制定が実施されることとなる。特に、延宝年間のそれは、山田三方ではなく外宮長官松木満彦の名のもとに法規が定められており、外宮長官を頂点とした支配関係を再構築する試みとして位置づけられる。これらに関しては、山田奉行、そして内宮とその鳥居前町（宇治）の動向も踏まえ、他稿を期すこととしたい。

註

（1）新城常三『新稿　社寺参詣の社会経済史的研究』（塙書房、一九八二年）。
（2）青柳周一『富嶽旅百景—観光地域史の試み—』（角川書店、二〇〇二年）。
（3）原淳一郎『近世寺社参詣の研究』（思文閣出版、二〇〇七年）。
（4）西田かほる・青柳周一「地域のひろがりと宗教」（青柳周一・高埜利彦・西田かほる編『近世の宗教と社会1』所収、

吉川弘文館、二〇〇八年）。

（5）このような視点から検討を行った研究として、青柳周一「近世における寺社の名所化と存立構造―地域の交流関係の展開と維持―」（『日本史研究』五四七号、二〇〇八年）、同「近世の「観光地」における利益配分と旅行者管理体制―近江国下坂本村を事例に―」（『ヒストリア』二四一号、二〇一三年）、白井哲哉「近世鎌倉寺社の再興と名所化―十七世紀を中心に―」（前掲『近世の宗教と社会1』所収）などがある。

（6）この争論については、大西源一『大神宮史要』（平凡社、一九六〇年）で既に紹介されている。

（7）近年の成果として、山田三方の自治機能の問題から検討を行った千枝大志「宮中の粛正問題と近世三方家」（『伊勢市史　第三巻　近世編』所収、伊勢市、二〇一三年）が挙げられる。

（8）中西正幸「近世における神宮の制規（一）」（『神道宗教』一二〇号、一九八五年）。

（9）同右、五五頁。

（10）瀧川政次郎『山田三方並に宇治会合所に就いて』（神宮司庁、一九五〇年）、七一頁。

（11）中西前掲註（8）「近世における神宮の制規（一）」、五八頁。

（12）千枝前掲註（7）「宮中の粛正問題と近世三方家」、一九〇～一九一頁。

（13）阪本廣太郎『神宮祭祀概説』（神宮司庁、一九六五年）、三二一～三二三頁。

（14）大西源一『参宮の今昔』（神宮司庁教導部、一九五六年）、二三三頁。

（15）「三方会合記録」二巻、承応二年八月二十九日条（神宮文庫所蔵、図書番号一門三五五八号）。以下、本稿で使用する史料は、すべて神宮文庫の所蔵である。「三方会合記録」については、平井誠二「「御朱印師職古格」と山田三方―豊臣秀吉のキリシタン禁令をめぐって―」（『古文書学研究』二五号、一九八六年）を参照。

(16) 塚本明「山田奉行の裁許権」(『三重大史学』二号、二〇〇二年)。
(17) 前掲「三方会合記録」一巻、寛永四年正月条。
(18) 「外宮引付天正明暦」寛永十四年二月条(図書番号一門四一四四号)。当史料は、天正から明暦までの出来事や文書類を記した引付である。「松木氏之蔵書」との蔵書印が確認できることから、外宮禰宜家の松木家で伝わったものであると考えられる。
(19) 新城前掲註(1)『新稿　社寺参詣の社会経済史的研究』、九二〜九四頁・三七五〜四三二頁。
(20) 櫻井勝之進「大物忌」(『伊勢神宮の祖型と展開』、国書刊行会、一九九一年)、一九三頁。初出は、「大物忌について」(『社会と伝承』六巻五号、一九六二年)。
(21) 岩間宏富「中世における神宮物忌の活動について」(『神道史研究』四九巻三号、二〇〇一年)。なお、このような子良館の変化がいつ起きたかについては、市村高男氏の見解を目安としておきたい。同氏は、「中世都市研究会二〇〇六・三重大会」の全体討論において、伊勢神宮で多数の参宮者を受け入れる「態勢」が整ってくるのは天文年間であると指摘している(「全体討論『都市をつなぐ』」、伊藤裕偉・藤田達生編『都市をつなぐ―中世都市研究13―』、新人物往来社、二〇〇七年、二二一頁)。
(22) 「宮中物語」(図書番号一門一〇八〇七号)。当史料は、近世前期に外宮宮域内で起きた出来事をまとめた記録で、高宮守見物忌を勤仕し、寛文元年(一六六一)四月十八日に七十二歳で没した御巫清弘が書き留めたものである。多くの文書や法規を載せている点に特色がある。奥書によると、その清弘の孫にあたる清集の蔵書を西村高義が享保十九年七月八日付で書写した写本であるとされる。以下、断らない限り、当史料を出典とする。
(23) 前掲「外宮引付天正明暦」寛永十二年極月条収録。

(24)「皇継年序記」寛永十二年条（増補大神宮叢書20『二宮叢典』前篇所収、吉川弘文館、一〇二五頁）。
(25)「廿八箇条沙汰文」延宝六年四月条（図書番号一門七一二六号）。
(26)「外宮神宮法例」（図書番号一門二九八七号）。奥書によると、これは外宮権禰宜であった河崎延貞が、新たに着任した山田奉行（久永重高）へ提出する目的で、外宮の職制などについてまとめたものである。
(27) 寛永二十一年正月に山田奉行の指示を受けて、運上金制は廃止されている（前掲「宮中物語」）。
(28)「岩戸」とは、現在の高倉山古墳を指す。近世においては、この「岩戸」は天岩戸と見做され、多くの人々が参拝に訪れる場所であったとされる。詳しくは、佐古一冽「高倉山・天岩窟信仰について」（『瑞垣』一〇七号、一九七五年）を参照。
(29) 前掲「外宮神宮法例」。
(30)「宮人沙汰文」寛文二年九月条（図書番号一門三五五七号）。当史料は、寛文二年九月から十二月にかけて起きた「子良館神楽御供料」の賽銭の「口まへ取」をめぐる宮人と物忌父との争論についての記録である。
(31) 宮人に関しては、管見の限り「外宮子良館旧記」延徳四年（一四九二）五月十三日条にその姿が確認でき、この頃には既に存在していたものと考えられる（前掲『二宮叢典』前篇所収、九五八頁）。
(32) 寛永飢饉については、藤田覚「寛永飢饉と幕政」（『近世史料論の世界』所収、校倉書房、二〇一二年）を参照。初出は「寛永飢饉と幕政」（『歴史』四九・五〇号、一九八二・一九八三年）。
(33) 前掲「外宮引付天正明暦」寛永十八年四月条。
(34) 同右。
(35) 前掲「皇継年序記」寛永十八年条。

(36) 前掲「外宮引付天正明暦」寛永十八年四月条。

(37) 脱字が看取されたため、〔　〕の部分は「外宮引付天正明暦」（前掲）寛永十八年四月条に収録の「宮中掟」をもとに補った。

(38) 前掲「外宮引付天正明暦」寛永十八年五月条。

(39) 同右。

(40) 絶交された禰宜・権禰宜に関しては史料によって若干の異同がある。前掲「外宮引付天正明暦」では、松木信彦（四禰宜）・松木全彦（六禰宜）・松木満彦（七禰宜）・檜垣常和（八禰宜）・松木為彦（九禰宜。別名集彦）・檜垣内膳（常幸）・檜垣三河（貞光）・檜垣主馬（宣尚）・檜垣五郎兵衛（常内）・松木修理（盛彦）・松木主計（慶彦）・松木弥六郎（雅彦、別称長作）・檜垣河内（貞次。別称主馬）、の一三人としている。対して、前掲「宮中物語」では、絶交されたのは、松木信彦（三禰宜）・松木全彦（五禰宜）・松木満彦（六禰宜）・檜垣常和（七禰宜）・松木集彦（八禰宜）・檜垣貞和（九禰宜）・檜垣内膳・檜垣三河・檜垣主馬・檜垣五郎兵衛・松木修理・松木主計・松木長作・檜垣全左衛門（不詳）・檜垣作之丞（不詳）、の一五人とする。試みに、『外宮禰宜年表』（神宮司庁編『神宮典略　二宮禰宜年表』所収、臨川書店）をもとに、寛永十八年五月における禰宜の序列・補任を確認すると、「外宮引付天正明暦」の記述は誤っており「宮中物語」の記述が正しい。従って、絶交された禰宜・権禰宜も「宮中物語」が記す一五人の方が正確である可能性が高い。なお、同年十一月二十二日付で禰宜たちが山田奉行所へ提出した訴状には「山田惣中、舟江・川崎迄以権威悉触廻し禰宜六人・権任七、八人を擯し出し、万事之買物迄相留候」とある（前掲「外宮引付天正明暦」同年十一月条）。

(41) 「神宮引付」寛永十八年五月条（図書番号一門四一五〇の二号）。当史料は、寛永十四年から元禄二年までの記録で（枝番号一〜二二号）、外宮禰宜職を勤仕した檜垣貞和とその子の常方（常副）の日次記（一部）と考えられる。常方が禰宜に就任する寛文年間までのものは、貞和の手による日次記であると推定される。

(42)　前掲「神宮引付」寛永十八年五月条。
(43)　同右。
(44)　前掲「外宮引付天正明暦」寛永十八年五月条。
(45)　同右。
(46)　同右。
(47)　前掲「神宮引付」寛永十八年五月条。
(48)　前掲「外宮引付天正明暦」寛永十八年五月条。
(49)　同右、寛永十八年六月条。なお、この訴状においては、外宮三禰宜・五禰宜・六禰宜・七禰宜・八禰宜・九禰宜が名前を連ねている。
(50)　なお、祭主からの下問は山田三方に対しても行われており、山田三方は明瞭に回答している（前掲「神宮引付」寛永十八年六月条）。
(51)　前掲「外宮引付天正明暦」寛永十八年八月条。
(52)　山田奉行の花房幸次が寛永十八年四月十二日に没したため（『寛政重修諸家譜』巻九十、『新訂　寛政重修諸家譜』二、続群書類従完成会、二〇七頁）、山田奉行は不在となっていた。その後、

一、同年（寛永十八年）十月、石川八左衛門殿両宮御奉行ニ被為仰付候而御越也、（後略）

とあるように、十月に石川正次が山田奉行として赴任している（前掲「外宮引付天正明暦」寛永十八年十月条）。
(53)　前掲「外宮引付天正明暦」寛永十八年十一月条。
(54)　同右、慶安五年七月条。

［付記］　史料の閲覧・引用に際しては、神宮文庫の皆様に格別の御高配を賜わり、厚く御礼申し上げる。また、本稿は平成二十五年八月に開催された第十九回神社史料研究会サマーセミナーにおいて報告した内容をもとにしている。その際貴重な助言を頂戴した皆様に深甚の謝意を表す次第である。

本稿は第十一回徳川奨励賞（公益財団法人徳川記念財団）の成果の一部である。

神宮御師の祠官的側面
――丸岡宗大夫家を事例に――

山田　恭大

はじめに

伊勢神宮（以下神宮と表記）の門前町、宇治・山田には、神宮御師（以下御師と表記）と呼ばれる下級神職が居住していた。御師は、特定の檀家と師檀関係を結び、参宮者を宿泊させた。更に、御師の中には、内宮では、宇治会合、外宮では三方会合と呼ばれる自治組織を運営し、各町の統治権を有する者もいた。しかし、参宮者の宿泊、町内の自治は、宗教者としての御師が持つ一側面に過ぎない。御師は、大西源一氏が、[1][2]

伊勢の御師は、神宮より云えば、寄生的存在であり彼等は神宮を笠に着て私腹を営んでいた。しかしながら、一方からこれを見ると、彼等が日本全国の津々浦々に亙り、またあらゆる階級に亙って善く神宮の神徳を宣揚し、庶民の参宮の風をならしめた、大なる功績を無視してはならない。[3]

と述べているように、その伊勢信仰普及面の功績は大きく評価されている。その一方で、神宮と御師の関係については、「寄生的存在である」としている。

そこで、本稿では、師職家の者が神宮神職として勤仕する実態とその職の補任過程について分析する。そして、神宮祠官を勤める御師と神宮の関係について迫っていく。管見の限り、近世師職家の神宮勤仕に関する研究は中西正幸氏による研究(4)があるのみである。

本稿では、研究対象として外宮別宮の高宮御塩焼物忌職の丸岡宗大夫家を取り上げる。丸岡宗大夫家は、中世後期から家の文書を伝えており、師職家による神宮勤仕について検討していく好例であると考えるからである。そのため本稿の研究素材として丸岡家所蔵文書を使用する。丸岡家所蔵文書は丸岡家の子孫、丸岡正之氏が所蔵している史料群である。丸岡家所蔵文書は、伊勢市史編さん室による調査が行われ、史料目録が作成されている。本稿で紹介する文書番号はこの目録による。しかし、後掲「備忘雑抄」のように一部この目録に含まれないものもあるため、そのような文書については史料番号を付さない。また、丸岡家の家系について参照しやすいように拙稿の(5)「備忘雑抄」記載の家系を表形式に改め、表1として再掲する。本稿内の丸岡家の当主については表1を参照して頂きたい。なお、丸岡家の出自や師職としての経営は拙稿を参照されたい。

表1　丸岡家当主一覧

代数	名前	略　歴
初代	久次	通称丸岡宗大夫、終年不詳
二代	興尚	久次嗣、実権禰宜荒木田興嘉男、慶長三年終
三代	久貞	通称宗大夫、元和二年終
四代	政貞	久貞嗣、実釜谷正房男、寛永十二年終
五代	政守	通称宗大夫、寛文四年終
六代	正辰	通称宗大夫、延宝七年補高宮御塩焼物忌、宝永四年終

七代	久郷	通称宗大夫、元禄十五年補高宮御塩焼物忌、正徳元年終
八代	久氏	通称宗大夫、正徳二年補高宮御塩焼物忌、終年不詳
九代	久虜	久氏嗣、実加藤治郎兵衛男、高宮御塩焼物忌、叙六位、宝暦十年終
十代	彦敷	久虜嗣、実八一禰宜智彦次男、権禰宜、叙従五位、延享三年終
十一代	当久	彦敷嗣、実豊田勝武男、宝暦十三年補高宮御塩焼物忌、叙正六位、明和七年終
十二代	久和	当久嗣、安永七年補高宮御塩焼物忌帯宮掌大内人、叙正六位、安永九年終
十三代	正哉	久和嗣、実慶徳家義男、補高宮物忌帯宮掌大内人、叙六位、文化七年終
十四代	正孝	通称帯刀、補宮掌大内人
十五代	正善	通称久芽、安政四年補飯野郡司職、叙正六位明治九年終、寿四十二歳
十六代	茂太郎	

拙稿「外宮御師丸岡家の師職経営」所収の丸岡家家系を表形式にして再掲。

一　高宮御塩焼物忌について

本節では、まず今回事例に挙げる丸岡宗大夫家が勤める高宮とは何か、御塩焼物忌とは何かについて整理していくこととする。

高宮とは、現在「多賀宮（たかのみや）」と呼称されている外宮の四か所ある別宮の一つのことを指している。多賀宮は「豊受大神宮の南方に在りて、豊受大神の荒御魂を奉斎せる宮なり」(6)という性格の宮である。荒御魂（あらみたま）とは、『伊勢市史　第一

巻　古代編』に、

和魂・荒魂とは神の和・荒の二作用を神格化したものと考えられるが、天照大神の御魂については、「天照大神誨之曰、我之荒魂、不レ可レ近二皇后一、当レ居二御心広田国一」（「神功皇后紀」摂政元年二月条）とあり、それは「神風伊勢国之百伝度逢県之析鈴五十鈴宮所居神、名撞賢木厳之御魂天疎向津媛命焉」（「神功皇后摂政前紀」）とある如く、神聖で威力あるみたま、と考えられよう(7)。

とあるように神霊の神聖で威力ある側面を指す。外宮の場合は、本稿で対象にする高宮にこの荒御魂が祀られているのである。

そして、高宮は、「豊受大神宮第一の別宮にして、本宮に亜ぎて崇敬せらるる(8)」とあるように外宮の別宮の中でも最も崇敬される宮であった。

次に、御塩焼物忌という職についてである。物忌職全体について岩間宏富氏は、

古来より神宮には、禰宜、内人のほかに物忌が存在していた。（中略）外宮の『止由気宮儀式帳』には、大物忌・御炊物忌・御塩焼物忌・菅裁物忌・根倉物忌と別宮の高宮物忌六人の物忌とその物忌父が存在していた。古代から中世にかけて両宮の物忌の組織は大きく変化している(9)。

と指摘している。

また、『神宮典略』の「二十四　外宮職掌　別宮職　高宮職掌　雑任」では、

此宮の職掌は内人・物忌・同父の外に、近代、玉串内人・御塩焼物忌・守見などの名あり。物忌九人と云中に今も此職を勤むる事なるべし。（中略）

御塩焼物忌は、（中略）帳の物忌条に此物忌其稲乎春炊奉弖、御塩焼物忌焼備奉御塩云々、とあり。此は大宮の御塩御塩焼物忌も同じ状

なれど此宮の職なり。[10]としており、高宮の物忌（童女）とその父（童女の補佐役）とその外に、御塩焼・守見などの物忌がいたようである。また『止由気宮儀式帳』の記述から稲を炊き、塩を焼き供えることが職務であったと記している。しかし、これは飽くまで儀式帳の時代の職務であるので、丸岡家が勤仕していた時期の職務と相違があるかもしれない。

そこで、今度は丸岡家所蔵文書から近世の物忌職、特に高宮御塩焼物忌職について論じていく。

豊受皇太神宮職掌人秦正辰申請　庁裁事

請殊預御吹挙被執申　総官因準先例被補別宮高宮御塩焼物忌職状

右謹検按内当宮物忌職者以調進御饌勤仕諸祭為職役、是故撰有古来相続之伝脈且有信篤者被以補焉、寔是神宮之規範古今之通例也、伏帷正辰雖浅陋而欲拝温職、以励神事供奉、諸祭忠勤応被恩補誰謂非拠乎、望請被執申　総官因準先例被補高宮御塩焼物忌職、然則弥致天下泰平之祝祈、益専国家安全之梱禱矣、正辰謹解

延宝七年八月日[11]

職掌人秦正辰

右は丸岡家六代目、丸岡正辰の解状の写である。この款状は、延宝七年（一六七九）八月に正辰本人が神宮事務を司る政庁[12]に神宮祭主に高宮御塩焼物忌職への就任を推挙してもらいたいという上申を行っている文書である。丸岡家に残っているところを見ると本史料は、政庁に提出された写であろう。表1の記述によると、延宝七年に御塩焼物忌に補任されているためこの款状の写と合致する。この款状を見ると「当宮物忌職者以調進御饌勤仕諸祭為職役」と、この宮の物忌は御饌を調進し、諸祭に勤仕することが職務であるということがわかる。高宮御塩焼物忌職の職掌の第一は、各種の祭儀において御饌を供えることにあったようである。

表2　丸岡家高宮御塩焼物忌職一年間の勤仕一覧

月	日	参籠	神事
正	元		□饗神事
	同		御饌
	6	○	七種
	7		新蔬菜福煮御饌
	9	○	御膳清め
	10	○	御饌御饌
	11	○	御饌
	同		卯杖神事
	14	○	御竈木削
	15		御粥神事
	19	○	御膳清め
	20	○	御饌
	21		御饌
	29	○	御饌清め
	晦	○	御饌
2	朔		御饌
	同		初午神事
	9	○	御饌清め 祈年祭
	10	○	御饌
	11		御饌
	同		鍬山神事
	同		後日神事
	19	○	御饌清め

月	日	参籠	神事
5	朔		御饌
	3		御川神事
	4	○	草餅
	5		節供神事
	9	○	御膳清め
	10	○	御饌
	11		御饌
	19	○	御膳清め
	20	○	御饌
	21		御饌
	29	○	御膳清め
	晦	○	御饌
6	朔		御饌
	9	○	御膳清め
	10	○	御饌
	11		御饌
	15		榊木神事
	16	○	御火神事
	17		由気神事
	同		祭礼
	19	○	御膳清め
	20	○	御饌
	21		御饌
	29	○	御膳清め

月	日	参籠	神事
	9	○	節供神事
	同		御膳清め
	10	○	旦御饌
	15		榊木神事
	16	○	御火神事
	17		由貴神事
	19	○	御膳清め
	20	○	御饌
	21		御饌
	29		御膳清め
	晦	○	御饌
10	朔		御饌
	同		初午神事
	9	○	御膳清め
	10	○	御饌
	11		御饌
	19	○	御膳清め
	20	○	御饌
	21		御饌
	29	○	御膳清め
	晦	○	御饌
11	朔		御饌
	9	○	御膳清め
	10	○	御饌

月	日	参籠	内容
	20	○	御饌
	21		御饌
	29	○	御饌
	晦	○	御饌
3	朔		御饌
	2	○	草餅調
	3		節供神事
	9	○	御膳清め
	10	○	御饌
	11		同断
	19	○	御膳清め
	20	○	御饌
	21		御饌
	29	○	御膳清め
	晦	○	御饌
4	朔		御饌
	9	○	御膳清め
	10	○	御饌
	11		御饌
	13	○	矢祈
	14		御衣神事
	19	○	御膳清め
	20	○	御饌
	21		御饌
	29	○	御膳清め
	晦	○	御饌
	晦	○	御饌
7	朔		御饌
	9	○	御膳清め
	10	○	御饌
	11		御饌
	19	○	御膳清め
	20	○	御饌
	21		御饌
	29	○	御膳清め
	晦	○	御饌
8	朔		御饌
	9	○	御膳清め
	同		御饌
	10	○	御饌
	11		御饌
	15		榊木神事
	16	○	御火神事
	17		由気神事
	同		祭礼
	19	○	御膳清め
	20	○	御饌
	21		御饌
	29	○	御膳清め
	晦	○	御饌
9	朔		同断
	8	○	御餅調
	11		御饌
	19	○	御膳清め
	20	○	御饌
	21		御饌
	29	○	御膳清め
	晦	○	御饌
12	朔		御饌
	9	○	御膳清め
	10	○	御饌
	11		御饌
	15		榊木神事
	16	○	御火神事
	17		由貴神事
	同		祭礼
	19	○	御膳清め
	20	○	御饌
	21		御饌
	29	○	御膳清め
	晦	○	御饌
	夜		灯油神事

『丸岡家所蔵文書』二―一三「高宮勤仕之覚」をもとに作成。
史料中の日付に参籠と記載がある場合、○を付した。
表中の□は判読不能文字である。

また、丸岡家所蔵文書にある「高宮勤仕之覚[13]」という史料によって高宮御塩焼物忌職の一年間の神事勤仕を一覧したのが表2である。表2中の参籠は社殿に一定期間籠って、祈願することである。表2中のいくつかの神事を中西氏の研究[14]によって詳しくみていく。

表2正月七日の「新蔬菜福煮御饌」は、いわゆる七草粥のことで、

外宮については、往古の儀式帳に「以二七日一新蔬菜羹作奉、二所大神宮供奉御饌殿」とあり、中世初めの『二所年中行事』にも「外宮相二加朝御饌一供也」とみえれば、朝御饌に際して新蔬菜(若菜)の羹を大御神に供進したことが知られる。

と若菜の羹を供える儀式であったようである。

次に、正月十五日の、「御粥神事」は、「十五日早朝、御粥を炊いて神供とし、人々もまた食する」という儀式であり、また「外宮では早朝の御竈木の奉納につづいて、御粥を加えた朝御饌が祠官全員によって奉仕されてきた」とも説明しており、祠官全員で御饌を奉仕したようである。

次に、三月二日、五月四日、九月八日の「草餅調」である。この神事は節句行事の前日に行われている。中西氏の説明によると、「外宮儀式帳では「新草餅作奉」して、御饌殿にて二所大神宮にお供えしたあと、禰宜・内人・物忌が直会に預か」るということである。

最後に「御膳清め」だが、これは「御膳清」めと同義と思われる「御膳祓」の説明を引用しておく。御膳祓とは、「神膳御供に先だち祓串を以て神膳其の他を祓ひ、清めること[15]」で、御饌調進に先立ち神膳を清める神事であった。

また、表2を見ると、年間の神事中毎月約六回「御饌」の記載があり、普段の勤仕の中では御饌の調進が中心であったことがうかがえる。

以上を見ていくと、先の款状でも見た通り、高宮御塩焼物忌職は御饌調進に関わる神事を中心として奉仕を行っていたということが分かる。

本節の内容を小括すると、本宮別宮の高宮は別宮の中でも豊受大神の荒御魂を祀る宮で、四か所ある外宮の別宮の中でも最も重要な宮であった。

さらに、丸岡家所蔵文書の内容を検討すると、高宮御塩焼物忌職の中心はさまざまな祭祀を行うに当たって、御饌を調進することであった。さらに、「高宮勤仕之覚」より高宮御塩焼物忌職の神宮勤仕内容を検討すると、正月七日には、新蔬菜福煮御饌を供え、同じく十五日には、御粥を炊いて奉仕する。節句行事の前日には草餅を用意する。そのほか、神膳を清めるといった御饌調進に関連する奉仕を行うことが中心となっていた。

二　正辰補任前後の高宮御塩焼物忌職

前節では、丸岡家が勤めていた高宮御塩焼物忌職の勤仕内容について整理したが、丸岡家所蔵文書には御塩焼物忌に関する「職物」と呼ばれる権利書が残っている。この職物とは神宮祠官であった黒瀬益弘が「旧記勘例」[16]という史料の中で「式物トハ或ハ彼財ヲ譲リ得ノ証文或ハ彼財ヲ買得ノ証文也」と述べているように物忌職の権利の譲与或いは、買得の証拠となる証文である。この丸岡家所蔵の「職物」によって丸岡家六代正辰が高宮御塩焼物忌職に補任されるまでの権利の移動を追う。また、正辰が高宮御塩焼物忌職に補任される過程について神宮側の記録を使用し、見ていく。そして、高宮御塩焼物忌職の性格の変化について明らかにする。

表3は丸岡家所蔵文書中の職物を一覧化した表である。以下、表3から史料を引用する場合は、表中の史料№を使

用する。

表3　高宮御塩焼物忌職丸岡家以前の権利の移動

No.	年号月日	西暦	表題	内容	作成	宛名	権利の移動	備考	史料番号
1	慶長4・4・吉日	一五九九	預申候高野宮御職物之事	高宮職物を預かる。礼物は五両。一代限で一代過ぎれば譲り戻す。	石松与三次郎	木沢彦衛門殿	木沢→石松→木沢	端裏「高宮物忌譲証文」	3-106-14-1-5
2	寛永19・1・吉日	一六四二	なし	高宮職物一代預り。年貢は一年に付き、銀三十匁に申し定める。	藤松兵衛	木沢六大夫殿	木沢→藤→木沢		3-106-14-1-4
3	延宝3・5・3	一六七五	永代売渡シ申高宮式目之事	高宮職を金小判十両二分と羽書四匁で売渡す。	木沢久□	小田三郎兵衛殿	木沢→小田	端裏「右表書之通ニいかやうの六ケ敷儀両三人罷出埒明可進候」	3-106-14-1-3
4	延宝3・5・3	一六七五	永代譲り申高宮式目之事	高宮御塩焼物忌職を譲渡する。	木沢久大夫	小田三郎兵衛殿	木沢→小田	端裏「高宮譲状」	3-106-14-1-8
5	延宝6・11・吉日	一六七八	一札之事	一年に金一両一歩弐朱の金利で一代限り預かる。	藤与兵衛	小田三郎兵衛殿	小田→藤→小田	端裏「高宮物忌職請申候扣」	3-106-14-1-7
6	延宝7・2・吉日	一六七九	永代譲申高宮御塩焼職物事	高宮職物を御礼金二十両で譲渡する。	小田三郎兵衛	丸岡宗大夫様	小田→丸岡	端裏書「高宮譲請証」	3-106-14-1-2

7	（延宝7）未・2・6	一六七九カ	なし	高宮職物譲渡の祝金として金五両を受取り。	小田三郎兵衛	丸岡宗大夫様	小田→丸岡	端裏「高宮物忌譲証文」	3-106-14-1-6
8	（延宝7カ）9・6	一六七九カ	高宮前引金子請取	金子二十両を中間へ渡すため預かる。	石松与大夫	丸岡宗大夫様			3-106-14-1-1

『丸岡家所蔵文書』より作成。

〔史料1〕

（端裏書）
「高宮物忌譲証文」

預り申候高野宮御職物之事□□（切れ、以下同じ）

右之御職物ハ我等壱代預り申候□□為御礼物金五両相渡申候□（虫損）□□我等壱代之内ハ相違有間敷候□□我等壱代之已後者無相違此職物□□相渡可申候、其刻我等子孫中□□異儀申者有間敷候、為後日仍□□如件

慶長四年己亥卯月吉日　　石松与三次郎□□

宗□□

使与次郎□□

木沢彦衛門殿

参

史料1は、石松与三次郎という人物から木沢彦衛門へ宛てた証文である。この文書を見ると、高宮御塩焼物忌職を木沢から石松が一代の間、預かる。礼として金五両を木沢へ渡す。一代が過ぎればこの職物は返却する、つまり高宮御塩焼物忌職の権利を返却するということである。史料2・史料5もやはり一代を限りに職を貸し付けていた。その

代わりに礼として金銭を受け取っていたのである。史料2と史料5は一年預かるごとにいくらという取決めにして職務の権利を一時的に預け、代わりに金銭を徴収していた。ここから、この高宮御塩焼物忌職に勤仕すると相応の収入があったとも考えられる。

次に、史料3である。

〔史料3〕

(端裏書)「右表書之通ニいかやうの六ケ敷儀両三人罷出埒明可進候」

永代売渡シ申高宮式目之事

一、高宮御塩焼之役人之式目□持来り候処ニ今度急用之儀御座□金小判拾壱両弐分ト羽書四匁ニ永代□売渡し申所実正也、右之式目之□相添へ可進候へ共、先代ニ紛失仕無□若於此式目ニ何方ゟ何様之六ケ□来り候共、我等罷出相噯急度相渡□然ハ右之式目役人之賄ひ一ノ木藤□壱年ヲ三拾目宛之運上ニ而まかなわせ(ママ)□則此度彼与三兵衛へ引合渡し申候、永々□御知行可被成候、仍為後日売券状

売主　木沢久□

証拠人口入　中西□

延宝参乙卯年五月三日

同　藤田□

同　古川善□

宮後

小田三郎兵衛殿
参

同じく下端が切り取られているため、やや内容が取れない部分もあるが、この文書の主旨としては、木沢久（大夫か）が今まで持っていた「高宮御塩焼之役人之式目」（おそらく高宮御塩焼物忌職の職物を指すのであろう）を宮後町の小田三郎兵衛に売り渡していることである。つまり、高宮御塩焼物忌の権利は実際には職物を売却することによって移動していた。また、高宮御塩焼物忌職は別宮の神事を勤める役でありながら、売却が可能であったということである。この後、史料5によって藤与兵衛の手に一代限り御塩焼物忌職は移るが、再び小田のもとへ権利が戻り、史料6によって丸岡家のもとへ権利が移るのである。

〔史料6〕
（端裏書）「高宮譲請証」

永代譲申高宮御塩焼職物事
高宮御塩焼職物雖為我等持分、其方因懇望、永代譲申所実正明白也、此度古譲状相添進之候、為御礼金弐拾両慥ニ請取申候、然上ハ右之職物ニ而何方ゟ如何様之六ケ敷儀申出候共、我等罷出急度相曖可申候、為後日譲状如件

宮後
小田三郎兵衛（印）
（花押）

延宝七己未年二月吉日
使

丸岡宗大夫様　　　　　坂本佐右衛門

次に、この丸岡家の高宮御塩焼物忌職補任の経過を、神宮側の史料『満彦卿日次』[17]によりみていく(ア)～(キ)は筆者による。以下、本史料以降の( )や丸数字も同じ)。

(延宝七年七月)

一、十九日丸岡宗大夫高宮御塩焼職相望申ニ付、京へ遣ス

(ア)(第一節前掲の款状と同内容のため省略)

(イ)豊受太神宮神主　解申請　祭主　三位裁事

請殊因準先例以秦職掌人正辰被裁補別宮高宮御塩焼物忌職状

副進　　款状　一通

右得被正辰今月今日款状偁云々、所望申誰謂非拠乎、望請因準先例以彼正辰被裁補高宮御塩焼物忌職令専神事供奉諸祭忠勤致天下泰平国家安全之祝禱矣以　解

延宝七年七月日　　　　　大内人正六位度会神主氏種上

禰宜三位度会神主判

禰宜四位下

禰宜四位下

―――

―――

―――

禰宜正五位下

禰宜従五位下

(ウ)副状有

秦職掌人正辰申別宮高宮御塩焼物忌職之事

相副款状進覧之子細裁状ニ候、早速御調可為御神忠候、誠恐謹言

七月十九日　　　　外宮一禰宜

進上祭主三位殿政所　　　　満彦判

（八月一日）

丸岡宗大夫御塩焼職補任到来写

(エ)依請以件権禰宜度会正辰補任高宮御塩焼物忌職如件、宮司宜承知、因准先例令勤職掌、以下

延宝七年八月一日

祭主従三位行神祇大権大副大中臣朝臣

(オ)度会正辰物忌職補任相調し候間、今度指下候慥御請取可有之恐々謹言

くかし位料一包請取申候

赤尾内記

名判

八月朔日

外宮八禰宜殿
尚々任料一包請取申候

(カ)高宮御塩焼物忌職之補任壱通慥請取申候、頂戴目出度忝奉存下
延宝七年八月三日
御塩焼職
丸岡宗大夫
正辰判
外宮高宮政所大夫殿

(キ)
一札
就今度高宮御塩焼物忌職之補任相望申従、神宮五ヶ条之御定蒙仰急度御請申、神宮御下知相守可申候、然上者、御定之旨相背歟又者、於宮中不作法仕候ハヽ、神宮御僉儀之上如何様共可被仰付候、仍為後日一札如件
延宝七己未年八月廿七日
高宮御塩焼
丸岡宗大夫
正辰判
外宮 政所大夫殿

延宝七年(一六七九)七月十九日丸岡家を御塩焼物忌職に補任するため、外宮から京都にいる祭主へ使いを遣わした。そこで、(ア)丸岡家から外宮への款状、(イ)外宮から祭主への解状、(ウ)外宮長官から祭主への副状の三通を持参させた。(ア)は、第一節で載せた史料と同内容である。

次に、八月一日祭主からの(エ)補任状が到着している。この補任状は現物が丸岡家所蔵文書に収録されている。(18) (オ)祭主の家臣と思われる赤尾内記から外宮の禰宜に宛てた書状も同じく添えられている。

最後に、丸岡家から(カ)外宮政所に宛てた礼状と、(キ)神宮下知の五か条の定を守り、神役を務める旨の書状が書かれて

いる。㈐の文中で指す神宮五か条の定を認めた文書が、丸岡家所蔵文書に収録されている。

定

一、今度四所別宮物忌職補任頂戴之儀、令再興上之弥専敬慎諸神事無懈怠可勤之、高宮度会姓、土宮宮原姓、月読宮村主姓、風宮秦姓、此四姓任先例補任頂戴之者、一代可保之（秦姓者於者称秦氏之由古記分明神宮無姓也然則於秦姓者非此限）仮令雖為職物所持之輩又雖為補任頂戴者之子孫、於不頂戴補任固不可有保之事

一、頂戴於補任之上者、向後各可着風折布衣事

附三祭礼之節、玉串役一人任先例可着衣冠事

一、如近時無補任頂戴輩、不可預物忌之列事

一、物忌職物譲与他人之時者相断、于神宮可請下知事

一、物忌職不可有両所兼役事

右依庁裁所相定如件

外宮

宮政所

延宝七年□（虫損）未二月日弘房判[19]

この中でも重要なのは一条目である。その内容は、高宮を含む四か所の外宮別宮の物忌を補任することを再興した上は、先例に任せ、補任(状)を頂戴する。その者たちは、一代の間、その任につくこと。たとえ職物を持っている者でも、また、補任(状)を頂戴した者の子孫であっても、補任(状)を頂戴していない場合はその職についてはならない。補任(状)をもらっていないものは物忌になってはならない、ということである。そのほか、四条目、物忌職物を

他人に譲渡するときは神宮の許可を受けること。五条目、物忌職を兼役してはならない、も注目すべき点である。

これについて、「神宮典略二十四　外宮職掌　別宮職　高宮職掌　雑任」に、

そもそも別宮職は近代古法に違へる事多かり。大物忌父度会益弘の書子良祭奠式に、（中略）さるは近代俗人其職を買替て、私に其人をして職を勤めしめ、神宮の許容によらざる故に、二宮三宮をも其職を譲得て兼任などし、いと猥りになりしかば、延宝年中に此事を糺して、神宮より始めて券文のまにまに其職を許しつることなれば、古法に違へる事多かるなり。心得置べし。[20]

という記述がある通り、別宮物忌の中には、別宮の職をいくつも譲り受け、兼任するような輩もいたため、神宮側は、祭祀挙行を全うするために先の五か条の定を出し風紀を糺す狙いがあったのであろう。次に、同じく神宮の記録『神宮引付』[21]を見る。

（(い)の前条が延宝七年二月十五日であるためそれ以降か）

(い)一、宮後銭屋三郎兵衛所持之高宮物忌職物丸岡宗大夫□（虫損）望相叶被得譲也、礼金小判弐拾六両也

(ろ)一、丸岡宗大夫被得求候職物之事、銭屋三郎兵衛所持之時与兵衛と申者親与三大夫存生之内ゟ申置候とて一代かり職物之約束仕手形取申故六ケ敷申也、其故此度補任延引罷成申候、然所与兵衛七月十四日相果申候故、可為神罪、丸岡宗大夫補任相調神役被相勤

(は)一、九月七日丸岡宗大夫　高宮物忌入相調、前引金拾弐両中間中江被相渡御竃入有之也、（以下略）

(に)一、九月八日長官権禰宜中江丸岡宗大夫礼ニ被参候

(い)は前掲の表3史料6を丸岡家が譲り受けたことを指しているだろう。譲り主が銭屋となっているが、小田の家業が銭屋であったのだろうか。(ろ)の与兵衛は表3史料5の藤与兵衛と見てよいだろう。藤与兵衛が「かり職物」を持っ

ていたので、難癖をつけてきた。そのため、丸岡家の補任が遅れたが、七月十四日与兵衛が亡くなったので、無事丸岡家が補任された。(は)九月七日丸岡家の物忌加入が調い、金二〇両を仲間へ渡した。これは、表3史料8と合致する。(に)九月八日長官らの所へ丸岡家が御礼に行った。以上が、丸岡家が御塩焼物忌職に補任される全過程である。

これまでのことを小括しておこう。近世初頭丸岡家が補任される以前は、外宮御塩焼物忌職は、一代を限りに譲与して金銭を徴収したり、自由に売買が可能な職であった。外宮は別宮（高宮をはじめとする四か所の別宮）の祭祀を行う職が許可なく移動することを禁止し、職物を持つ者を一代限り、正式に補任し祭祀を怠慢なく行わせた。また、丸岡家について見ると、拙稿にて指摘したように丸岡家は異姓家出自の「師職」家であった。しかし、延宝七年の補任によって外宮別宮の高宮の祭祀を預かる「祠官」の性格を持つようになった。

三　『高宮物忌叙位免許記』から見る神宮と別宮物忌

前節で検討した通り、丸岡家は元々、異姓家出身の「師職」の家でありながら、高宮御塩焼物忌職の勤仕に預かり、神宮の「祠官」としての性格を帯びるようになった。それでは、神宮は、異姓家出身の「師職」を「祠官」とすることに対してどのように考えていたのであろうか。『高宮物忌叙位免許記』[22]という史料を用いて考えていく。『高宮物忌叙位免許記』は、「右叙位免許記檜垣長官　常倚卿家之以本　書写于時宝暦六年丙子四月之吉　度会久氏」と奥書にある通り、丸岡家八代目久氏が宝暦六年（一七五六）に長官日記[23]を書写したものである。本史料は、丸岡家を始めとする高宮の物忌たちが神宮に対して六位の叙位を願った一件について記録したものである。以下適宜史料を引用しつつ、経過を辿っていく。

宝暦四年三月十日、長官家へ高宮物忌の惣代落合権大夫と高向与三大夫がやってきて、次のような願書を提出した。

奉願口上

高宮物忌等奉申上候、年来先輩共より奉願候六位之儀、此節奉願候御事恐多奉存候得共、旧例も御座候儀ニ候得者、御吹挙被成下以御憐愍右願之通御許容被成下候者、難有忝可奉存候、此旨宜御披露奉頼候、以上

山田大路左大夫(印)
高向与三大夫(印)
丸岡宗大夫(印)
石松市大夫(印)
小倉庄兵衛(印)
中西清守(印)
福嶋右仲(印)
落合権大夫(印)

宝暦四甲戌年四月

外宮
政所大夫殿

以前から先輩の物忌が願ってきた六位叙位のことは、旧例もあるので、御推挙してほしいと願っている。家司代(24)の福嶋主税が出合い、この内容については「追而御沙汰可有之」と言った。四月二十一日惣代の喜早因幡・落合権大夫が再び長官家へ訪れるが、再び「追而御沙汰可有之」との回答であった。五月九日惣代として落合権大夫・丸岡宗大

夫が福嶋に呼寄せられ、今まで先輩物忌が六位を願った件について申し出た年月等を詳しく書き付けを提出するよう申し渡された。二人は明日中に提出すると言って退出した。翌十日惣代喜早因幡・落合権大夫が、願のあった日時を書き付けた勘例等を持参した。

勘申

高宮内人物忌叙位之例

長徳三年記文云、地主二見郷刀禰高宮御塩焼物忌従七位上月良部連福時

皇字沙汰文引用勘例云、延喜十四年四月廿七日高宮内人従八位上神主

外宮儀式帳云、高宮物忌無位神主種刀自女父無位神主夫献

右謹所勘申如件　　高宮

宝暦四年五月　　物忌等

という内容の勘例と以前六位を願った年月の書上を提出して来たので、福嶋が受け取り、後日結果を言い渡すと述べた。

それから一月経過して、(1)六月八日明日長官以外の禰宜・権禰宜たちに「神庫」で集会を行うと知らせた。三禰宜・四禰宜・六禰宜・権禰宜檜垣内記・久志本大蔵・河崎民部・政所文書　粟野外記・家司代末　福嶋主税が出席し、以下のような相談をした。

相談趣如左

高宮物忌共六位願書幷勘例指出候付先檜垣内記五月京使ニ罷上候節、祭主家雑掌中迄薄々物語致し候之処、雑掌中存寄者、物忌ニ而六位ニ叙し候事者例も無之、六ケ敷事故一代権禰宜ニ補し、六位ニ被叙候儀者、度会荒木田

両姓たる上ハ、子細も有間敷旨被申候、意(御脱カ)を以右之願之上致相談候処、①権禰宜者血脈連綿之者ならてハ、難補甚重キ事ニ候得者難致候、②公文抔(ママ)之内ニ度会荒木田両姓之者補宮掌大内人、被叙六位候例所見在之候得者、③此度右物忌共も宮掌大内人之正六位上ニ被補任被成下候様ニ内々相窺可然旨也、此段 伯様江茂御窺申上候処、御同心ニ御座候故右之趣ニ致決着、内記幷四禰宜殿より祭主家雑掌中迄御窺筈也、書状案奥ニ記之

檜垣内記が京に使として登ったとき、祭主藤波家の雑掌中の考えでは、物忌で六位に叙された者が無く、差し障りがある。一代権禰宜に補し、六位に叙せば、度会・荒木田両姓となるので、問題ないとのことである。この考えを踏まえて相談したところ、①しかし、権禰宜は、血脈連綿の者でなくては、補すことは難しい。②そこで「公文」などの中では、度会・荒木田両姓の者を「宮掌大内人」に補任し、六位に叙される例も有り、③今回物忌たちを「宮掌大内人」にし、正六位上に補任すればよい。このことは長官(史料中では伯様と表記)へ窺ったところ、納得されたので、③の内容で決着した。⑵祭主家への京使から松木四禰宜の所へ檜垣内記が帰ってきたとき、祭主家両雑掌中の書状を持ってきたので、心得として一覧するように、四禰宜が集会へ持参した。

御札致拝見候、然者別宮高宮物忌旧例茂在之候ニ付六位願申度由委細御紙面之趣致承知候、(中略)物忌職ニ而六位願之事者、難成様子ニ存候、夫故内宮之様ニ一代権禰宜被相願候者、指構茂有間鋪様ニ茂存候、併高宮者度会姓ニ而御座候間、一代権任ニ茂可被補儀与存候、残三所者異姓ニ而御座候間、決而権禰宜被補候儀相成申間敷候、左候へハ高宮斗(ママ)一代権任ニ被補候而、残三所若亦願之時者、如何様之儀ニ存候義、以後決而願茂無御座、何々指構茂無御座候者、高宮斗(ママ)一代権任ニ神宮一同ニ御願候者、可相成義と存候、夫共拙者共不勘之事ニ候間、先年此一代権任相願申訳者右三所之指構ニ而候哉、又者別々子細も有之候儀記、疾と貴様方ニ而御勘可有之候、其子細も有之候者様子承度候、尚追々可申承候、恐々謹言

六月二日

桑田勘解由　名乗判

水口伊織　　名乗判

松木四禰宜様

祭主家から四禰宜へ宛てた書状で「物忌職で、六位を願うことは成り難いことである。内宮の様に一代権禰宜を願うことは差し構いもないと思うが、しかし高宮は度会姓であるので、一代権任に補任してもよいと思う。残りの三か所の別宮は異姓なので、決して権禰宜に補任することはならない。高宮のみ一代権任に補任されて、残りの三所も願をした場合どうするつもりなのか、貴方の方でよくよく調べられたい」と回答があった。

これをうけて、六月十日檜垣内記から京都の祭主雑掌へ書状を遣わした。高宮のみ宮掌大内人、正六位上に補任した旧例もある。そのため、祭主の方でも許容してくれるよう神宮からも伺うが詳しくは四神主から述べる、との内容である。一方、(3)四禰宜が京都へ遣わした書状の内容は、以下の通りである。

（前略）

一、①高宮者度会姓ニ御座候へハ、一代権任被補候様ニ神宮一統御願申上候者、可相済様ニ思召被下候段被仰下承知仕候、当宮ニ権禰宜職血脈無之者補申事例も無御座候間、一統ニ御願申上候事難決候、依之神宮存寄之趣、宮掌大内人ニ而正六位上被成下候様ニ奉願候、公文抄ニ御補任之様ニ拝見申候、尤公文抄者両宮互引用荒木田と有之候処、当宮之御補任を正六位上宮掌大内人御補任被成下候様、一同御願申度奉存候

一、②此宮掌大内人之儀新規取立申事ニ而ハ無御座候、唯今迚茂何れ茂宮掌大内人職之御補任頂戴仕居申者共ニ而御座候間、此度度会姓之者斗（ママ）正六位上宮掌人大内人御補任頂戴仕候様ニ御願申上度奉存候、残三所之儀者異姓ニ申殊少之例も是迄書出し不申候得者、此上相願申候共、神宮同心難成候右之趣を以宜御取成被仰上被下候

恐惶謹言
猶々本書ニ申上候通（虫損）□御許容被成下候者、小折紙ニ而御願申上度候、乍内々下書方迄得御意候、以上
六月十日　松木四禰宜
卓彦判
水口伊織様
桑田勘解由様

公文抄所見
祭主下　大神宮司
正六位上荒木田神主常能
右人補任宮掌大内人安久闕替職如件、宮司宜承知因准先例、令勤職掌、宛行衣糧、以下
建長元年七月七日
祭主――――　御判
一、右荒木田神主と御座候、此度度会姓と被成下度候、尤右公文抄権禰宜職掌補任様条下外宮度会神主某と書替候、相見え申候、此書者両宮互ニ引用候書ニ而御座候
一、右御補任某闕替職と在之候、此度御補任被成下某闕如之節者、其趣御書替被下度候
一、宛行衣糧当時無之事ニ候、文言御除被下度候、尤公文初心抄ニ闕如之事衣糧之事相除候而、被補候様ニ相見え申候
四禰宜から祭主へ遣わした書状の内容で、

①高宮は、度会姓であるので、一代権任に補任されるように神宮一同で申し上げれば許可するとのことであるが、当宮の権禰宜職で、血脈の無い者を補任する事例も無く、神宮一同から願うことは決しがたい。このため、神宮の考えの宮掌大内人で正六位に叙してくれるように願う。もっとも「公文所初心抄」（後述）は両宮で引用している。

②宮掌大内人は新しく取り立てることではなく、今でも皆宮掌大内人の補任を頂戴しているものであるので、今回度会姓の者のみ正六位上宮掌大内人に補任してくれるように願いたく思っている。残る三所は異姓であるので、この後願を行っても神宮は同心しがたい。

とある。最後に、「公文所初心抄」を引用し、その根拠を説明している。

六月二十一日、祭主家雑掌中より檜垣内記宛の返答が届いた。先頃の「公文所初心抄」の宮掌大内人の旧例で神宮側が納得しているならば差し障りない。そのように「表向御願」をすること、という内容であった。

六月二十三日、神庫で再び集会をした。相談内容は、高宮六位願のことを「神宮一同ニ表向相願」うことで決着した。

六月二十四日、外宮長官から祭主家へ勘例の写や「公文所初心抄」の抜書を添えて物忌職にありながら、六位に叙すことを神宮一同にて決定した旨の書状を差し遣わした。また、福嶋から大宮司家へ物忌六位の件は宮掌大内人で六位に叙すことは「公文所初心抄」に所見があるので、神宮から祭主家へ表向き願いをするという旨を申し入れ、許可された。

七月三日、神庫で集会を催す。高宮物忌六位のことを祭主へうかがったところ、承知の返書が届いたので、願の通りにすることに決定した。よって諸作法の庁裁の旨を認め、補任状が送られてきたら、物忌共へ渡し、その後、請書を取るように手順を決め、草按を認めた。

七月二十日、物忌惣代の落合権大夫がやって来て、京都から補任状が到来したので落合に渡した。補任状七通は一箱に入れ落合に預けた。

八月一日、堤帯刀・福嶋主税は、喜早因幡・落合権大夫・福嶋右仲・小倉庄兵衛・丸岡宗大夫・高向与三大夫・山田大路左大夫を呼寄せ、「六位御補任致出来候間可被致頂戴ニ司奉行宮奉行次第能被相調候様[25]」と申し渡し、補任状を渡した。

九月十二日には、惣代落合権大夫・丸岡宗大夫を呼び寄せ、久志本大蔵が対応し、庁裁の書付けを渡した。

十三日に高宮物忌惣代喜早因幡・丸岡宗大夫がやって来て、昨日仰せ渡された庁裁の受書を提出した。

以上が、この高宮物忌が六位を願った一件の概要である。論考が煩雑になったため、以下にもう一度経過を整理しておく。五月十日に惣代が長官家へ提出した勘例のように、これ以前に高宮物忌職では従七位以上に補任される者は無かった。

(1)そこで、先例を重視する祭主は、物忌を六位にすることに難色を示した。高宮物忌を一代権禰宜[26]に補任し、荒木田・度会姓になれば六位にすることは問題ないとした。しかし、外宮側としては、権禰宜は血脈連綿の者でなければ補任することは難しい。そこで、「祭主の発給する文書の雛形を収録した文書様式集[27]」である「公文所初心抄」の中から度会姓の者を「宮掌大内人」に補任し、六位に叙した例に注目し、高宮物忌たちを宮掌大内人に補任し、六位にするというロジックで正六位に補任してもらうように決着した。

(2)これに対し、祭主は、物忌職で六位となることは難しい。内宮のように一代権禰宜にしてもよい。しかし、高宮は度会姓[28]であるので、一代権任[29]にしてはどうだろうか、としている。ただ残りの三か所の別宮が同様に願を行わないかという懸念も示している。

(3)これに対し、四神主は祭主に①権禰宜職で血脈の無い者を補任することはできない。神宮の考えは宮掌大内人[30]で正六位にしてほしい。②宮掌大内人は新規の取立てでは無く、以前から補任されている(という名目な)ので、今回度会姓である高宮の物忌のみ六位にしてほしい、とのことであった。

ここから、丸岡家の補任された御塩焼物忌職を含む高宮物忌に対する神宮側の認識は、以下のようである。

1高宮物忌職は権禰宜では無い。飽くまで権禰宜は血脈連綿の者のみしか就くことができない。

2高宮物忌職を勤める者は、異姓の出自でありながら、職を勤める間は、度会姓を名乗ることが出来る。

3度会姓であることと宮掌大内人であることを根拠に、先例を引用し、六位に叙任することにした。

六位に叙されることは、喜早清在の『毎事問』[31]に「無位ノ人権禰宜ヲ望ム時ニ、祭主家ヨリ権禰宜正六位上ト云補任ヲ下サル、其後即チ正六位上ナルヲ以テ五位ヲ申スナリ」とあるように無位の権禰宜はまず、正六位に補任され、その後五位を申請するというように官位上は権禰宜と同格であると見てよいだろう。

結論を述べると、丸岡家の高宮御塩焼物忌職を含む別宮の物忌職に対して、神宮は飽くまで、血脈のある者でなければ、権禰宜とすることはしなかった。しかし、高宮の物忌を勤める者は職についている場合のみ度会姓を名乗ることができたため、先例を重視する神宮は、度会姓であり、且つ宮掌大内人で六位に補任された先例を「公文所初心抄」という記録から見つけ出し、これを方便に、権禰宜と官位上同格である正六位に補任した。神宮側も異姓の出自の者を権禰宜とすることはできなかったが、高宮の物忌職は、度会姓であることと、宮掌大内人であるという別の論理を用いることで神宮の「祠官」の一部として組み込んでいたということである。おそらく、神宮側としては、血脈の確かな者しか権禰宜とすることは出来ないが、別宮の祭祀を預かる職であるため、このような辻褄合わせをして血脈の無い者でも祭祀の一部を担わせていたのであろう。

四　高宮御塩焼物忌職の補任方法

第二節で検討したように近世初頭には、神宮に断り無く自由に移動していた高宮御塩焼物忌職が神宮の整備により、神宮によって補任されるようになった。では、祠官が申請してから補任までの過程はどのような順序を辿っていたのか。『高宮物忌職諸事引留』[32]という史料から丸岡家十二代目久和の補任を例にみていく。

最初の日付は分からないが、安永七年（一七七八）正月頃「高宮物忌仲間家々自身裏付上下ニ而廻り申候、私家職御塩焼物忌相勤申度候、此段仲間江申上候」と高宮物忌職を勤める物忌仲間[33]へ高宮御塩焼物忌職が私の家の家職であると主張し、勤めてもよいか相談をする。仲間から自由にしてよいと許可があったため、

一、長官家へ参、政所大夫殿江懸御目度旨申入出合被申候ハヽ、私持分先祖之通高宮御塩焼物忌職相勤申度候、

宜御披露頼入候旨申入願書差出候

と外宮長官に補任を依頼し、その後仲間へ向けて高宮御塩焼物忌職就任の願書を差し上げている。

安永七年正月二十六日付で、祭主の配下と思われる政所代に、前代当久の闕替として家職を勤めたいと願書を提出している。また、長官家にも参り、政所大夫へも同様の願書を提出した。以下がその内容である。

奉願上口上　長官様政所と同日差出候也

高宮御塩焼物忌当久闕替職私相勤申度御願奉申上候、家職之儀ニ茂御座候間、早速御許容被成下候者難有可奉存候、此段御願奉申上候、以上

安永七戊戌年正月廿六日
丸岡宗大夫
久和印判
御物官様御家[34]
御政所代殿

次に、麻の裃を着用し、「内山八郎大夫殿引留を以」と物忌仲間の内山八郎大夫の記録を参考に一禰宜以外の禰宜たちに、同様挨拶に回っている。

一、一両日中ニ政所より呼ニ参候而宿館江参候、政所大夫殿出合被申、其元先達頼被申候物忌職之義別条無之候、近日款状相認差出候様ニ被申渡忝存候由返事仕帰ル也

挨拶に回った二、三日後に外宮長官政所から呼び出しがあった。そこで、政所へ向かうと、物忌補任の願が「別条」が無いため、近日中に款状を認め差し出すように申し渡された。

二月十一日
一、六神主殿江参候而款状之義御認被下候様ニ頼置中候帰り

二月十一日には、六神主[35]の所へ行き、款状を認めてくれるように頼んでおいた。また禰宜たちのところへ礼に参った。二月十二日、六神主から呼び出しがあり、款状が到来したので、「款状筥」なる物を六神主から借用し、長官家に行き、款状を提出した。解状の作成も政所へ頼んだ後、帰った。二月十三日、政所から解状が到来したことを伝えられたので、款状と解状を取りに長官家に行き、判をもらい、その後禰宜たちを回って判をもらっていった。禰宜たちから判をもらうと政所へ行き政印[36]をもらうよう頼み、帰った。

十八日

一、政所より款状箱請取、直ニ長官家へ参、京都へ之御□(虫損)状受取、夫ゟ松木六神主殿へ款状箱(ママ)持参致し、京都へ御登セ可被下旨頼、尤此方ゟ飛脚ニ而登セ申筈之処、間違有之候而ハ六ケ敷故御頼申上候、其節任料白銀拾五匁両替や包ニ致させ六神主殿へ相渡し申候京都へ行也

十八日、政所から款状筥を受け取り、直ぐに長官家へ行き、京都への口上書を受け取り、松木六神主へ款状筥を持参し、京都へ登ってくれるように頼んだ。丸岡から飛脚を出す予定であったが、間違いがあってはよくないので、六神主へ頼んだ。その時任料を白銀一五匁を両替屋で包にして、六神主へ渡し、京都へいってもらった。

二十六日には補任状が到来し、受取証文を持参した。「款状箱受取長官家江参、口上ニ者京都ゟ御補任到来仕、則御封印六神主様御切被成候由申入、箱相渡し申候、祭主様之御返簡長官様へ留り申候」とその款状を長官家へ持参し、封を六神主が切ったことを言って箱を渡した。祭主からの返簡は長官の所で保管された。

口上書文言如左

此度御補任頂戴仕難有仕合奉存候、(杉原二ツ切ニ認)幾久御神役相勤申候様御祈禱被成可被下候、為御初穂金百疋進上仕候、宜奉願上候、已上

丸岡宗大夫

月日

松木六神主様(以上抹消)

と、礼として金一〇〇疋を松木六神主へ進上したようである。この口上書の写は、何故か本史料では抹消線が引かれている。さらに司家への任料として同様に、白銀一五匁を両替屋で包にさせた。それを、丸岡は、杉原包にして切熨斗を添えて渡した。

「司奉行相済之上長官家へ行」と司奉行の所に行き、何らかの手続きを済ませた。その後、政所大夫殿へ司奉行の所が済んだので、宮奉行に行くことをお願いした。

一、六神主殿へ行、前ニ下書出ル請書差出ス、宮掌も続而御願申上度と願書下書被下候様ニ申、尤御竈入仕候上御願申上候様ニ存居申旨申候

と再び六神主のところへ行き、補任頂戴についての請書を差出した。また、前節で触れた宮掌大内人も続けてお願いしたいと願書を認めてもらえるように願っている。もっとも、高宮御塩焼物忌職の「御竈入」が済んでからと思っていると伝えている。その後、「長官家へ行、宮奉行済判取之廻ル」と宮奉行に「済判」を取りに廻っている。次に物忌中へ家来が裏附裃で「来ル六日御竈入仕候、乍御苦労御参勤可被下候」との内容の三月三日付書状（丸岡宗大夫差出）を廻しに行った。宮入に際して丸岡家から白米と糀を高宮へ遣わした。御竈入の費用として、海老・酒二升・銭二〇〇文・羽書一匁などを荷として宮入前日に遣わした。白米・美濃紙・麻・御座といった祓具も用意した。更に、膳を宮入の後に家々に配ることとした。早朝高宮へ物忌たちの饗応を家来が配った。羽書一匁ずつ・提重一組・酒二升、肴を重箱へ入れて、御竈入が済んだ後、四所別宮の荷屋寄合で酒の振る舞いをした。

父子の職を相続した人は前引料金五両がかかり、他に振舞料金三歩と二匁、当日の土産として羽書五〇匁がかかる。これらは当日高宮へ持参した。三月六日竈入りが済み、高宮御塩焼物忌職としての就任は完了した。この後、先述の通り六位・宮掌大内人の申請に関する記述もあるが、御塩焼物忌職の申請手順と大きく変わらないため、割愛する。

以上の経過を整理すると、久和は物忌仲間へ加入の許可を取る。長官家政所・祭主へ補任の許可を願う。祭主からの返答を受け取り、六神主へ款状の作成を依頼。長官家へ一度提出し、解状と款状に禰宜たちから判をもらう。再び

長官家へ行き政印をもらい、祭主のいる京都へ送る。その後六神主へ礼金を渡し、司奉行・宮奉行と手続きを経て「竈入」となった。竈入に際しては、さまざまな荷を高宮へ送り、物忌仲間を饗応した。また、前引料として、五両が必要となった。

ここから、高宮御塩焼物忌職就任の申請に際しても物忌仲間・禰宜・長官・祭主と段階的な事務手続が必要であったことが分かる。

また、久和が「私家職御塩焼物忌相勤申度候」と表現していることから、延宝六年段階で、一代限りで勤仕する臨時的な職務であった高宮御塩焼物忌職は、次第に前代が「闕替」すると世襲していく職に変化していった。しかし、代替わりした者が就任する場合は、新たに補任される形式をとっていった。

おわりに

高宮は外宮別宮の中でも豊受大神の荒御霊を祀る重要な宮であった。高宮には物忌・物忌父の外に御塩焼・守見などの物忌がいた。そして、御塩焼物忌の職掌は丸岡家所蔵文書によるとその中の一つ御饌を調進し、諸祭に勤仕することであった。実際の勤仕内容は、「新蔬菜福煮」や節句行事のときの草餅調進、調進する神の膳を清める「御膳清め」といったものを挙げることができる。

しかし、近世初頭、外宮御塩焼物忌職は、他人への貸与や、売渡が自由にできる職へとなってしまっていた。そこで、外宮は高宮を始めとする別宮の祭祀を行う者が神宮の許可なく交替してしまわないように延宝七年(一六七九)「職物」を持つ者を一代限り正式に物忌に補任した。ここで、丸岡家は異姓家出自の「師職」でありながら、「祠官」

の性格を持つこととなった。

宝暦四年（一七五四）の高宮物忌たちが六位を願った一件を検討してみると、神宮は、物忌たちを血脈が無いとして飽くまで権禰宜とすることはしなかったが、高宮を勤める限り度会姓であること、「公文所初心抄」に宮掌大内人が六位に補任されていることを根拠に権禰宜と官位上同格な六位に補任した。神宮は、物忌を別宮の祭祀を預かるものとして「祠官」であるように辻褄合わせをした。はじめにで「師職」は「神宮より云えば、寄生的存在」と評価されると、述べたが、神宮側も辻褄合わせを行って「師職」に神宮の祭祀の一部を担わせていたのである。ただ、「祠官」として勤仕することによる金銭的関係性などはなかったのかという点については、今後の課題である。

高宮御塩焼物忌職はやがて家職化していくこととなり、この職を申請する上においては階層的な事務手続が必要であった。しかし、新たな就任者は形式上においては飽くまで新たに補任されるという形をとっていた。

註

（1）「御師」の職掌としては、①檀家との師檀関係を結び、参宮者の宿泊や配札行為を稼業とする。②三方会合や宇治会合の構成員や町年寄として町内自治運営を行う。③神宮の役職を担い、祭祀に奉仕する。の三点が挙げられる。そこで、「御師」の中でも特に、①を行い、生計を営む者については「師職」と表記し、③の神宮祭祀を行う者のことを特に「祠官」と表記する。

（2）御師による宗教的行為は、主に以下の三点が挙げられる。
①私幣禁断を原則とする神宮において参宮者の祈願の仲介役として御師の邸宅で神楽を奉納する。
②祈禱した御祓大麻を全国の檀家に対して頒布すること。

③神宮の職掌を勤仕し、祭祀に携わること。
これまでの御師研究は主に、②の活動を中心に進められてきた。代表的なものに久田松和則『伊勢御師と檀那—伊勢信仰の開拓者たち—』（弘文堂、二〇〇四年）が挙げられる。

（3）大西源一『大神宮史要』（平凡社、一九六〇年）。
（4）中西正幸『伊勢の宮人』（国書刊行会、一九九八年）、同じく『神宮祭祀の研究』（国書刊行会、二〇〇七年）。
（5）拙稿「外宮御師丸岡家の師職経営」（『皇學館論叢』四六巻一号、皇學館大學人文學會、二〇一三年）。
（6）神宮司庁編『神宮要綱』（神宮司庁、一九二八年）。
（7）『伊勢市史　第一巻　古代編』（伊勢市、二〇一一年）。
（8）註（6）に同じ。
（9）岩間宏富「中世における神宮物忌の活動について」（『神道史研究』四九巻三号、神道史学会、二〇〇一年）。
（10）薗田守良『大神宮叢書　神宮典略　中編』（内外書籍、一九三二年）。
（11）『丸岡家所蔵文書目録』二—八。
（12）前掲『神宮要綱』では政庁を以下のように説明している。「中世以来神領の退転と共に神宮司の行政振はざるに至り、神宮長官の権能増大し、宮中に政庁を設け、その被官として政所・公文所・家司・宮奉行等多数の職員を置きて神宮一切の事務を管掌」した。
（13）『丸岡家所蔵文書目録』二—一三。
（14）中西前掲註（4）『神宮祭祀の研究』の「三、諸祭・行事」を参照。以下の神事の説明は、特に注記の無い引用については本書によることとする。

(15)『神道大辞典』(臨川書店、一九三七年)。
(16) 神宮文庫所蔵　一門三二九〇。
(17) 神宮文庫所蔵　一門四三四三(写真版　一門一五九一三)。
(18)『丸岡家所蔵文書目録』四―二四〇。
(19)『丸岡家所蔵文書目録』二―七。
(20) 註(10)に同じ。
(21) 神宮文庫所蔵　一門四一五〇。
(22)『丸岡家所蔵文書目録』一―一―四六。
(23) 長官とは、両宮毎に一〇人いる禰宜の中でも、最高位の一禰宜のこと。その一禰宜の公務記録のことを「長官日記」又は、「神宮編年記」と呼ぶ。詳細は、神宮史料輪読会「資料紹介『神宮編年記』(内宮長官日記)」(『皇學館大學　神道研究所紀要』一六輯、二〇〇〇年)参照。
(24) 前掲『神宮要綱』に「家司　宮庁の雑事を掌ル」と書かれている。史料内容から長官家の職員であることは間違いないが、この家司と同じ職かは分からない。
(25) 司奉行については不明であるが、宮奉行については、『宇治山田市史』(宇治山田市役所、一九二九年)は、『毎事問』を引いて「二宮ノ宮奉行ト云フ者、其名同フシテ今ノ職役大ニ異ナリ。外宮ハ宮域ノ中ノ地方ヲ司ドリ、宮中ノ諸役人ノ無作法ヲ正シ、上使以下権門・勢家人参詣アル時ニ先導スルナリ」とあるように宮域内の監視を行う職であった。
(26) 中西前掲註(4)『伊勢の宮人』では、一九四頁に内宮風日祈宮の内人職の例を出し、一代限り荒木田姓を名乗ることを許され、正六位上に叙せられる者のことを一代権禰宜と称するとしている。後述する外宮の対応は、物忌を飽くまで権禰宜とはしないことであるので、外宮と内宮とでは物忌に対する扱いが違っている。
(27) 三重県『三重県史　資料編　中世編1(上)』、「解説と史料解題　三　公文所初心抄」。
(28) 高宮が度会姓であることは先に引用した『旧記勘例』に「神宮三旬番文ニハ往昔ヨリ高宮物忌ハ度会姓ヲ記シ、(中略)案スルニ上古ハ右ノ姓ノ輩補任セラレシニ乱世ノ時節ヨリ其氏族モ絶テ誰ニテモ勤メシメ、番文ニハ以前ノ如ク其姓ヲ書来レリト見タリ」とあることや、『丸岡家所蔵文書』祭主下文(『丸岡家所蔵文書目録』四―二四〇)に「度会正辰」と書かれていることからも分かる。異姓でありながら高宮の物忌職を勤めている家はその期間に限り度会姓を名乗ることが出来た。
(29) 一代権任とは、「単称の権禰宜家より出でて異姓を継ぐに、町年寄としては改姓して師職などを営むが、表向では依然として旧姓を称して叙爵をも為し、而もそれが自分一代に限られて居るものを云ふ」(前掲『宇治山田市史』)とされるが、八代目久氏は権禰宜家出身ではないため、一種の方便的措置ともとれる。
(30) 喜早清在『毎事問』(『神宮随筆大成』、一九七〇年)の中では、この「宮掌大内人」を「其職役詳ニシ難シ、毎月分番宿直シ、又三節ノ祭ノ雑事ヲ禰宜ニ副テ奉仕シ、又幣使御参ノ時斎部ノ置ク所ノ幣帛ヲ内院ニ持奉ル類ノ勤ノ如クニ旧記ニ見エタリ」と説明している。
(31) 神宮司庁『大神宮叢書　神宮随筆大成　前編』(西濃印刷、一九四二年)。
(32) 『丸岡家所蔵文書目録』一―一―四五。
(33) 同史料中にて「物忌仲間」として、喜早因幡・落合権大夫・福島図書・内山八郎大夫・榎倉右京・山田大路左大夫・高向松大夫・福村主殿・小倉庄兵衛(抹消)・山田大路□□(虫損)の名前が挙げられている。
(34) 「惣官」とは神宮祭主のこと(前掲註(6)『神宮要綱』)。

（35）六禰宜のことを指す。このときの六禰宜は松木家の人物であり、丸岡家は、寛保元年（一七四一）に松木家から十代目彦敷を養子にもらっており、元々懇意であったのではないだろうか（『丸岡家所蔵文書』三―一〇六―一四―三三）。

（36）政庁の公式文書であることを示す印のこと（前掲註（6）『神宮要綱』）。

（37）前長官交代において御政印と共に御竃を継受する慣例があった（中西前掲註（4）『神宮祭祀の研究』）。これと同じように御饌を調進するための竃を受け継ぐ儀式ではないかと考えられる。

近世伊勢神宮領氏神社の遷宮と村内組織
――松下村加木牛頭天王宮を事例として――

日比敏明

はじめに

本稿で扱う松下村は、近世では伊勢国度会郡松下村、現在の伊勢市二見町松下に当たり、伊勢神宮の神領（内宮領）として古くから位置づけられていた。この松下村には氏神社として、加木牛頭天王宮（現在の松下神社）が祀られており、遷宮が行なわれていたことが記録されている。しかし残念ながらこの遷宮に関する史料は江戸時代のものしか松下に残されておらず、それ以前のことについては全くわからない。したがって本稿では近世の加木牛頭天王宮遷宮について考察していく。

さて近世の神宮領については十分研究されていないが、これまでの研究成果をあげてみると、深澤鏸吉氏の「伊勢神宮神領の研究」(1)では、神領全体の沿革が述べられており、大西源一氏の「伊勢神郡の北堺下樋小川及び儀部川」(2)においては神領と国領の堺について研究されている。しかし神領内部の構造には触れられてはいない。また玉村禎祥氏が「伊勢神宮神領の研究略史」(3)でこれまでの研究成果をまとめている。近世期の神宮領の構造を研究したものには、中田四朗氏の「近世における神宮領内の村落構造―伊勢国二見郷江村―」(4)などがあるが、そのどれにおいてもこれから述べようとする松下村については触れられていない。

そこで松下所蔵の史料を中心に、加木牛頭天王宮遷宮の様子及びそれにかかわる村人たち、そして村内の構造を考察し、そしてこの加木牛頭天王宮がどうして伊勢神宮同様式年遷宮を行なっていたのか、神宮との関係また松下村と周辺の村々との関係をも考慮し、同宮遷宮の意義を明らかにしたい。

なお本稿で使用する史料は、特に断わらない限り、松下区会所所蔵文書である。

一　加木牛頭天王宮の遷宮

1　加木牛頭天王宮縁起

松下村氏神社である加木牛頭天王宮の縁起に、神事等の際に加木牛頭天王に捧げられた元和六年(一六二〇)写しの「牛頭天王儀軌」(5)が現存する。その内容は、以下のようなものである。

豊饒国に牛頭天王という太子がいた。太子が位につき、皇后を探しに龍宮城へ向う道すがら、一夜の宿を裕福な巨丹に乞うたが、巨丹に拒まれた。しかし、慈悲深い貧しい蘇民に助けられ粟の飯を御馳走され、慈悲心があれば富貴になれる牛玉という玉を蘇民に与えた。そして龍宮に至ってめでたく皇后をめとり、皇后の情が深いので八年間龍宮に逗留し、八人の王子に恵まれて帰国の途についた。蘇民も、お帰りの天王を今度はしっかりとおもてなししようと、牛玉に願って大変な財宝を手にしてお待ちした。天王がやがて御幸になり、蘇民は手を尽くして接待した。天王はかつての巨丹の仕打ちを口惜しく思い巨丹の様子を家来に見に行かせると、巨丹は天王に攻められるという心配から、千人の僧に大般若経を転経させた。天王は家来から、攻め入る隙のないことを聞かされたが、じっと考えられ、僧の一人が経読に飽きて六文字読み落としたからそこに穴があるはずだと仰せられた。その穴から攻めて巨丹を攻め滅ぼした。又牛頭天王は宣旨で、蘇民の子孫は自分たちに重恩ある者だから、今後蘇民の子孫の福寿増長を保護していかなければならない、といわれた。

この加木牛頭天王宮は、『二見町史』によると現在の松下神社のことで、もともと加木牛頭天王社・御船社・松下社・晴明の森・蘇民の森などとも称したという。また、ここには最初、延喜式内社である内宮摂社神前神社が祀られていたという説や、同じく延喜式内社である御船神社が祀られていたという説、そして往古、安倍晴明が勧請した神社であるとする説がある。しかしいずれにせよ、この松下村の氏神社である加木牛頭天王宮は、非常に古い伝承のある神社であることは確かである。

2　遷宮日程

近世の加木牛頭天王宮遷宮を松下区会所文書で確認すると、明暦元年（一六五五）、元禄六年（一六九三）、正徳三年（一七一三）、享保十八年（一七三三）、宝暦三年（一七五三）、安永二年（一七七三）、寛政五年（一七九三）、文化十年（一八一三）、天保四年（一八三三）、嘉永六年（一八五三）と、ほぼ二十一年おきに行なわれたことがわかる。しかしながら正徳より前の史料には、その模様が詳しく記されていないので、正徳以後嘉永まで八回の遷宮についてその模様をみていきたい。

まずその遷宮の日程であるが、始まるのがおよそ八、九月であり、完成し殿付を行なうのが十一月二十二日頃である。したがって約三〜四ケ月で遷宮が行なわれていたことがわかる。

次に嘉永六年の「加木牛頭天王造替幷殿附帳」をもとに遷宮の詳細をみていきたい。これによると遷宮が、八月五日に始まり十一月二十五日にすべてが終了している。しかしながら八月五日以前にも、すでに山田奉行所へ造替を願い出ていることが記されている。また他の場合においても、遷宮の際は奉行所へその旨を願い出ている。では史料をもとに日を追って遷宮の様子をみていく。


八月五日、結衆仲間から銭を集め、宮造に追々取り掛かることを告げた。

八月十日、組頭を寺に招き、氏神社造替につき明後十二日に材木伐初めを行なうことを申し渡した。

八月十二日、材木伐初めのところ、この日は雨天で十四日へ延期。

八月十四日、材木伐初め。

八月十五日、木伐普請。木寄せ等も行なった。夕方より寺にて神酒を地下中に振舞った。但し、別火人は道普請を行なった。

八月晦日、集会。木取割合の儀、材木棟梁の儀を相談。

九月六日、釿始め。宮作事をし、御はけ立をする。年寄全員、禰宜、大工は、池村甚兵衛方で慣例の通一汁三菜の振舞をうける。寺にて地下中各戸から集銭した。

九月十七日、鹿海村より書面到来。山田奉行所へ願の儀を二十八日に行なうことを返事する。

九月二十八日、奉行所と宇治会合所へ造替の願書に絵図面を添え出願。当番中西九右衛門は奉行所へ出願の帰り河崎町仁助方へ立ち寄り、見分の時の魚等の用意を依頼。

十月四日、宇治会合所より差紙到来。当番山崎孫兵衛、月行事悦次、人足三人、河崎魚屋仁助方へ行き、青物・菓子、その他入用の物を調達。天王社より踊場まで掃除。

十月五日、宇治会合所より、見分のため来村。

十月七日、大領普請。別火人は道普請。

十月八日、造営に取り掛かる。

十月九日、宇治会合所へ当番池村甚兵衛・中西九右衛門が行き、慶光院・山本大夫より先年の通り道具を借りること、また楠部村の榊原瀧見へ神遷の節来村のことを依頼、借り物のことを通知した。

十月十八日、当番中世古太平は、慶光院・山本大夫へ、氏神造替につき書附をもって、道具借用と、楠部村榊原瀧見の神遷時来村を出願。

十月十九日、当番松葉五兵衛は、山田中世古町志毛井方へ道具借用を出願。

十月二十一日、当番池村甚兵衛・中西九右衛門は、鹿海村の氏神造替につき、作事見舞に行く。

十月二十二日、明日の天王里中普請を村中へ触れる。

十月二十三日、天王里中普請、薪伐、かまどぬり、村中に借り物をする。

十一月一日、志摩国安楽嶋村から苫百五十枚借用。当番池村甚兵衛・中世古太平・月行事藤右衛門・供壱人が、朝熊村地下・両鹿海村地下・同禰宜磯嶋平内・三津村松大夫・江村地下に対し、作事見舞に四日に来村を出願。村中本役へ白餅米七升ずつ、半役は三升五合ずつの負担を求める旨触れる。

十一月四日、壱老方に酒をつくり置く。作事見舞あり。[6]膳部一汁三菜、酒三献あり。堤長門の使者は別席にし、その他は同席であった。月行事は早朝より参り、給仕人二人は裏附上下にて勤め、壱老は裏附上下にて相伴、弐老は挨拶し、大工は袴羽織にて相伴。

十一月五日、月行事が村中へ借り物をした。

十一月六日、当番中西九右衛門が鹿海村へ、神遷殿付の相談と太鼓樽借用の約束に行く。夜集会で相談の上、明日七日昼より村中普請を行なうことを触れる。

十一月七日、二十日神遷、二十二日殿付を村中に触れる。昼より村中普請。村から天王社までの道路改修を行なう。夜集会。大工善兵衛を寺に招き、明日の御殿御宮へ移すにつき仕組等完成させ、十三日に会合所へ出来方見分を出願するので、それまでに社殿・門・瑞籬・鳥居二組など完成するよう申しつけた。三津村禰宜松大夫方へ明日八日、土公納においで下さるよう申し入れた。

十一月八日、天王社惣普請。

十一月九日、当所寺方より見舞。

十一月十日、人足五人、大工の手伝い。

十一月十一日、人足三人、大工の手伝い。

十一月十二日、人足五人、大工の手伝い。安楽嶋村より苫百五十枚届く。夜集会。宮作諸々の取り決めの相談。

十一月十三日、人足六人と月行事壱人、瑞籬内の土を少し取り除き、地つき宮中普請する。会合所へ完成の旨申し出る。明後日の見分のため、魚屋仁助、蕎麦屋方へ立ち寄り、明日来てくれるよう依頼。また楠部村榊原瀧見へ立ち寄り、神遷の時に来てくれるよう願った。そして村中へ明日は天王平立清砂持であると触れる。餅米八合ずつ追加徴収する。

十一月十四日、平立清砂持。見分を受けるための買物に、当番中西九右衛門・月行事儀右衛門・人足二人が行く。見分時の入用道具を借りる。蕎麦打人・魚屋仁助、七ツ時分に参り魚類を料理する。

十一月十五日、会合所の出来方見分。

十一月十六日、当番中世古太平、会合所へ見分の礼に参る。当番松葉五兵衛、下宿にて会合所衆に見分の礼をする。村中普請、四郷と濱之郷使者座・氏子座とも座鋪を拵える。村中に触れてあった白餅米本役七升八合ずつ、半役三升九合ずつを、禰宜池村甚兵衛・当屋坂野太郎左衛門両家にて年寄・月行事が受け取る。本家三十二軒、半役三十六軒、本家に直し五十軒、米高三石九斗を半分ずつ両家に預けおく。

十一月十七日、年寄・月行事・結衆の女壱人ずつ、並に無役の女たち、早朝より米を浙ぐ。人足九人が拵え残りの座敷、道具を借り調えて拵える。久世戸川上源十郎より寄附の手水鉢届く。村中普請、南出口鳥居、山之神鳥居とも二組建てる。年寄・月行事神遷殿付の役割を決め、宇治・山田借り物、殿付の買物など書附を取り調べる。

十一月十八日、餅つき。

十一月十九日、月行事、人足十人ふくろ尻井戸桔槹拵え、年寄・若衆・大夫休足場、料理場、雪隠等拵え、古手水鉢を大鳥居の右方へ据え、手拭掛を建てる。当番松葉五兵衛、月行事壱人、人足四人、殿付買物に河崎へ行く。魚屋仁助方へ神遷入用掛魚弐掛、明二十日に持参方依頼。当番山崎孫兵衛、人足一人、山田堤長門へ殿付の使に行く。当番中西九右衛門、人足二人、鹿海村にて太鼓樽を借り、楠部村榊原瀧見へ明二十日神遷の節来村を依頼。久世戸川上にて糀味噌を買う。当番中世古太平、人足四人、宇治山本大夫・慶光院へ二十三日殿付の使に行き、かつ借り物をする。若衆村々へ殿付の使に行く。

十一月二十日、神遷。

十一月二十一日、明日二十二日、殿付祝儀の用意、村中借り物。

十一月二十二日、殿付の祝の儀。

十一月二十三日、すさがしといって村中煙を立てず。村中へ借り物返却。男女残らず当歳の子まで二ツ切丸餅一重ずつ、配布。借り物をした他所の人たちへ丸餅を贈って返礼する。

十一月二十四日、村中普請。

十一月二十五日、宮作滞りなく済んだと村中へ触れる。大工宮へ召連れ古殿を休める。

以上の日程により、嘉永六年の氏神社遷宮は執り行なわれた。この日程より遷宮の様子を推察すると、遷宮の重要な儀式として、材木伐初めにはじまり、釿始めがあり、宇治会合の見分、天王社惣普請、清砂持普請、出来方見分、餅つき、神遷、殿付という一連のつながりがある。これは遷宮が前例をもとに執り行なわれるからであり、一つ一つが重要な祭儀であったのである。そしてどの遷宮の時にも村中を普請している。これは村中をきれいにして神様を迎えるという意味と、さらには村中の老朽化した所を一度にすべて改修するという意味も含まれていたのであろう。

3 諸祭儀と村人

次に諸祭儀の模様と村人の様子についてみていきたい。村内の組織については第二節で述べるが、ここでは村の人々が遷宮にどのようにかかわっていたのかを、前項同様、嘉永六年（一八五三）の史料を中心に考察していきたい。

⑴材木伐初め

一、同十二日村中御材木伐諸稼留、御日待天王社江年寄不レ残参り、御神前江御酒洗米を供へ拝礼相済、宮山ニ而五尺七寸廻り之檜伐初申候、

（嘉永六年「加木牛頭天王造替幷殿附帳」八月十二日条）

とあるように、材木伐初め（嘉永六年八月十二日は雨天で、実際は同十四日に延期）は、当日村中仕事を休み、天王社にて拝礼、その後、宮山へ行き五尺七寸廻りの檜一本を伐った。この伐初めが終わると、「夕方寺ニ而御神酒地下中戴申候」（同前史料）とあるように神酒を村人全員で飲み、すべて終了する。この材木伐初めにおいては、「先例之通禅棟

院ニ而五尺弐寸廻り檜壱本定山ニ而買伐申候」（同前史料）とあるように、禅棟院の持山から檜を一本買うことが慣例となっていた。この慣例はいつの頃からのものかは定かではないが、享保十八年（一七三三）の「御宮作之牒」に「一、檜壱本四尺九寸廻り　代金壱両弐歩　禅棟院」とあり、これ以前のものには見られないので、享保期頃からの慣例であろう。またこの慣例は、禅棟院が慶光院支配下の寺院であったこととも関係するのであろうか。[7]

⑵釿始め

一、釿始大工当村善兵衛（中略）、右善兵衛袴着致二着用一御棟江御神酒御洗米供へ致二拝礼一、御祝儀相済申候、（中略）夫ゟ年寄大工同道ニ而天王社ニ行、御殿之間寸無二間違一様為レ致二見分一候事、

一、同日年寄不レ残、禰宜・大工、池村甚兵衛方ニ而例之通一汁三菜之振舞有レ之、（後略）

（嘉永六年「加木牛頭天王造替幷殿附帳」九月六日条）

とあるように釿始めの儀は、大工が袴を着用し御棟へ供え物をして拝礼、その後年寄とともに天王社へ行き、社殿の間寸をはかっている。さらに池村甚兵衛方で振舞があった。振舞を行なった池村甚兵衛は、同史料によると「当年禰宜池村甚兵衛相当候」とあり、また「加木牛頭天王宮奉遷次第行事」（同史料に収録）の中にも、「御行障副躬（スケチカ）当村禰宜役池村甚兵衛」とあり、嘉永六年の年寄の中にも池村甚兵衛の名がみられる。このことから、釿始めの時に振舞を行なうのが禰宜の役目であり、その禰宜は村役の中から決められたことがわかる。

⑶御見分・出来御見分

氏神社造替を行なう前に、その旨を告げる願書と絵図を、そして完成後には、完成したことを知らせる書状を山田奉行所に提出、また松下村は宇治会合支配の神領の村であったため、宇治会合所へも書類を出す必要があった。[8]

御見分・出来御見分の両日には、奉行所・会合所それぞれより役人が参り、宮の見分を行ない、その後、饗膳がな

された。正徳期（一七一一〜一六）頃の加木牛頭天王宮造替の史料にも、奉行所・会合所の両所の名がみられることから、少なくとも正徳期以降は、造替に関する山田奉行所と宇治会合所の権限は同等のものであったといえよう。しかしながら、寛政五年（一七九三）「加木牛頭天王宮造替帳」の御見分・出来御見分に関する記事には、奉行所のみ書かれていて、会合所に関する記事がみられないことは興味深いことである。(9)

また、後日、奉行所と会合所へそれぞれ年寄が、御見分・出来御見分の御礼に行っている。さらに造替を行なう前に役所へ提出する願書と絵図のうち、特に絵図は役所において厳しい審査をうけ、間違いがあるならば書き直しを命じられることもあった。

此度差上申候絵図、御役所ニ而宝暦三癸酉年差上申候絵図ニ而御引合被レ成、先年差上候絵図と違有レ之候間、随分相違無レ之様ニ可二認上一候由被レ申候、（安永二年「御宮作帳」九月廿五日条）

これは、安永二年（一七七三）に行なわれた造替の時の記事で、役所（山田奉行所・宇治会合所のどちらなのか明確ではない）において絵図を前回のものと比べ、間違いがあったので書き直せと命じられている。これに対し松下村では、「宝暦三年之通ニ仕直し候絵図、役人殿迄持参（後略）」（同史料九月廿七日条）というように、新しく書き改めて提出している。したがって新しく造る社殿その他は、前の通り同じものを造ることが前提となっていることがわかる。

⑷天王社惣普請

一、天王社前ニ而村中垢離を取、昼ゟ新殿を宮江昇行申候、尤新殿之棟木之両方江布壱反ツヽ、合して二反懸引申候、先江村之禰宜素襖・烏帽子ニ而清メ行、年寄者素襖・烏帽子或者麻上下、若衆ハ羽織袴ニ而相勤申候、但此度者年寄麻上下ニ而相勤申候事、

一、新殿・古殿江神酒洗米供へ申候而、右造酒宮ニ而村中戴申候、

（嘉永六年「加木牛頭天王造替幷殿附帳」十一月八日条）

このように天王社惣普請は、村人全員が天王社前で潔斎を行ない新殿を宮へ昇行く。その後、新殿・古殿へ供えた神酒は、宮で村人に振舞われた。また惣普請を行なう時には、三津村の禰宜が来ることになっていることが、同じ史料の次の部分よりわかる。

三津村禰宜松大夫早朝被二相越一、惣座ニ而一汁弐菜湯漬を出し、夫よりたち物被レ致宮江参り土公納被レ致候事、

(5)清砂持普請

宝暦三年（一七五三）・安永二年（一七七三）・寛政五年（一七九三）、文化十年（一八一三）・天保四年（一八三三）・嘉永六年（一八五三）の加木牛頭天王宮の「造替帳」には、「村中平立清砂持普請」とあるだけで詳しい内容まではわからない。しかし、神宮の式年遷宮の際、新社殿付近に白い石を神領民が並べ置く「御白石持ち」行事があるのと同様、新しい社殿周囲に清めの砂を村人が敷きつめる行事と思われる。

(6)餅つき

一、十八日餅搗、昨日浙し置候米、池村甚兵衛・坂野太郎左衛門両家ニ而半分ツヽ、搗申候也、尤餅蒸等之儀者無役之者ニ申付候、右餅搗之義者年寄月行事、本役之若衆弐人共両家江分り搗申候、働女之儀年寄月行事結衆之女出合申候事、

（嘉永六年「加木牛頭天王造替幷殿附帳」十一月十八日条）

とあり、加木牛頭天王宮遷宮の際に新殿へ供える餅は、年寄・月行事・若衆らによって用意される。二軒の家でそれぞれ餅をつくるわけであるが、これは餅の量が多いためである。参考までに同史料に餅の量は、

一、槌打蒔餅　百五拾計五文取位ニ切

一、長餅拾八枚

一、壱升餅三十
一、三合飯三十

とあり、これをみると、餅だけではなく飯も同じ時に用意する。またこの二軒の家のうち一軒は禰宜役であり、もう一軒の坂野太郎左衛門は、「御鏡一面　伴寛　当屋役坂野太郎左衛門」(10)とあるように、この時の当屋役であったことがわかる。この餅つきに出た人々には、

右搗仕舞壱老方ニ搗置有」之候、造酒出合之人数呑申候、丼弐ツ切丸餅壱重ツ、今日出合申候人数江戴セ申候、

（同史料嘉永六年十一月十八日条）

というように酒が振舞われ、そして丸餅を一重ずつ戴いて帰った。

⑺神遷

神遷の模様を、嘉永六年前掲史料によって時間を追っていくと、次のようになる。

十一月二十日早朝、若衆が禰宜甚兵衛方にて槌打神遷の用意。地下人・隠居衆は壱老方にて大根切煮染物などを作る。年寄は禰宜甚兵衛方にて餝物供物等の用意。神遷用物の御神戸帳は、白絹四尺二ツ切、二尺ずつ二幅に縫合わせ、檜を丸に削った物を上にしてこれに結付ける。絹垣布は見合に切り、四布に縫合せ棟四本に結付ける。行障布も見合に切り、棟の横木の中程に結付ける。

七ツ時、槌打大工は素襖烏帽子、幣大工・年寄は麻上下、その他助役二人とともに御棟の上の布縄を曳く。

九ツ時、楠部村神遷禰宜が来て、当村禰宜方で湯潔斎をする。古殿の神宝を内見し、その後、神遷の神宝を洗い清める。湯立神楽を行なう。二見神楽禰宜湯立の神事を行なう。

夜四ツ時、御神遷。御神遷の次第。第一　手水同祓、第二　河原祓、第三　神樋代船代御神宝清、第四　洗清、第

五 古殿御扉開、第六 祝詞、第七 神財奉納、第八 奉遷、第九 御幣、第十 祝詞、第十一 御扉閉、第十二 福種、第十三 御湯献、第十四 御備物、第十五 御酒頂戴。

このように神遷が行なわれた。ここでも村人全員によって神事が執行されているが、二見神楽禰宜・楠部村神遷禰宜といった松下村以外の人々も関係してくることは、注目すべきであろう。

⑻殿付

諸祭儀がすべて終わり最後に殿付となるのであるが、史料が乏しいためその模様を明らかにすることは難しい。嘉永六年「加木牛頭天王造替幷殿附帳」などをみると、境内に御使者座鋪・四郷座鋪・濱之郷座鋪・樽入氏子座鋪などの座敷を設け、近隣の村々の年寄などを招き、振舞をしている。これは、新しい御宮ができたことを近隣の村々に知らせるとともに、完成したことを全員で祝うことにこの殿付の目的があったのであろう。

小　括

これまで述べてきたことから、松下村の氏神加木牛頭天王宮遷宮においては、厳密ではないがほぼ日程が定まっていたといえる。これは前例をもとに遷宮を行なったためであり、

仲間集銭之節、宮造帳面を出し相談致し、追々取掛り候事、（嘉永六年「加木牛頭天王造替幷殿附帳」九月六日条）

とあることからもそれがうかがえる。そして遷宮に伴う諸祭儀についても、同様に前例をもとにして行なったであろうことがわかる。また諸祭儀以外にも、遷宮に伴い普請を主としてさまざまなことが行なわれている。

村中普請天王様ゟ道橋掃除、井戸掘り、（天保四年「加木牛頭天王宮造替帳」十一月十八日条）

天王里中普請ニ而東之郷薪伐、江之郷竈塗致し申候、（嘉永六年「加木牛頭天王造替幷殿附帳」十月二十三日条）

村中普請村ゟ天王社迄道直し候事、
村中普請ニ而宮へ参り、四郷・濱之郷使者座氏子座共座鋪拵へ仕候、先達而村中江触置候杭縄持参致し、（同前史料十一月七日条）

（同前史料十一月十六日条）

このように、遷宮に伴い遷宮のための普請はもちろん、その他の場所つまり道や橋といった所も普請を行なっている。これは、二十一年に一度の遷宮をきっかけとして、村中の老朽化したところを直したとも考えられる。またこの遷宮が村人全員の手によって行なわれたこととして、普請だけでなく、

一、同日村中江白餅米七升ツヽ、半役者三升五合ツ、掛り候由、郷使を以相触申候事、（同前史料十一月一日条）

というように、村中から餅米を集めており、その餅米をつき神前への供え物などとした。

そして、殿付まですべて終了した後、餅は、

一、同日村中男女不㆑残当歳子迄弐ツ切丸餅壱重ツ、戴セ申候、尚又他所借物致し候方江丸餅返礼致し候、（同前史料十一月二十三日条）

というように、村中へ配ったり借り物の御礼として分けられた。このようなところからも、遷宮が近隣の村人の協力も得ながら、松下村全村あげて行なわれたことがわかる。

なお、慶光院・二見神楽禰宜など松下村以外の禰宜や、近隣の村々の年寄が松下村氏神社の遷宮に参加するということは、注目すべき点であるが、それは、この遷宮がかなり大がかりなものであったのか、あるいはその遷宮および神社に対して一種の権威づけを行なったものかと思われる。

また、会合所へも遷宮の願いを出していることから、松下村は宇治会合の支配下にあったが、基本的にこの遷宮は松下村内の神事であり、遷宮を行なうことによって、第一に、社殿等の建築物をはじめ祭祀の形態を原初の姿のまま

後世に伝えること、第二に、遷宮という神事を村人全員で行なうことにより、村内の団結を一層深めることを目的としたのではないだろうか。

いずれにせよ、加木牛頭天王宮の遷宮が松下村において、一大神事であったことは間違いない。

二　松下村内の組織

1　結衆

松下村の諸行事は、年寄衆と呼ばれる人たちによって執り行なわれていた。また、松下村には他に結衆・当屋・若衆・隠居衆・月行事・中老と呼ばれる人々のいたことが「加木牛頭天王宮造替帳」などの史料からわかる。ここでは、それらの人々の職制などを、松下村に残されている文書を中心に考察していく。

まず結衆であるが、松下村において、結衆が神事に重要な役割を占めていたことは、前節の氏神加木牛頭天王宮の遷宮からみてもわかる。そもそも結衆とはどういうものであったかをここではみていきたい。

文化十年（一八一三）「奉二問上一口上書」に収められている「乍レ恐奉二問上一口上書」には、

一、当村結衆之儀者其家々江生れ候者ニ無二御座一候而者、結衆役ハ不二申及一年寄役迚も勤り不レ申候、

と書かれていることから、結衆には決った家々に生まれた者がなり、またその家々の者でなければ結衆役にも年寄役にもなれないことがわかる。また新たに結衆に入るためには、寛政六年（一七九四）の「九月当屋帳」[11]によると、「一、結衆江入レ申仁者上米三石三斗五升仲間江差出シ可レ被レ申候」とある。近世の松下村の総戸数は六十九軒、天保期の村高が二百二十一石であり、単純計算すると一軒当たり持高三石二斗余りとなる。したがって結衆へ差し出す

米三石三斗五升を用意することができるのは裕福な農民であったであろう。

よって結衆には、松下村内の有力農民がその仲間に入っていたと考えられ、また結衆の取り決めにより、特別な地位を村内に確立しようとしたものと考えられる。一方、困窮して結衆から抜ける際は、天明二年（一七八二）の「九月当屋帳」に、「若シ身上不如意ニ付結衆除キ度仁者、当之番三年以前ゟ断可レ申候、右立米金之儀者古座中間相談之上勝手ニ可レ致候」とあるように、当屋役の当番にあたる三年以上前に断ることとし、先に上米として差し出した立米金は、古座仲間で相談して処分できることが決められている。

また寛政の頃のものと思われる文書には、「一、結衆の儀身上不如意ニ付断申仁ハいつ迄も休ニ致させ置、仮令半役無役ニ相成候共、結衆年寄筋目はけ不レ申候事」とあるように、家計困窮状態でも結衆から除外せず、いつ迄も休ませることとし、結衆の地位の固定化をはかっている。

次に結衆と当屋との関係をみてみる。当屋とは、肥後和男氏の『宮座の研究』(12)ですでに明らかにされているように、神事についてその舗設をなすものであり、約一年単位で順番に交代するものであるとされている。松下村の中にも当屋というものがあり、結衆との関係はどうであったのか問題になる。そこで当屋の人数をみてみよう。先の天明二年の「九月当屋帳」及び寛政六年「九月当屋帳」に当屋順番覚があり、天明二年当屋帳の「当屋順番覚」には、

一、庄大夫（丑ノ正月）

一、伝兵衛（寅ノ九月）
一、孫兵衛（同正月）

一、八左衛門（未ノ九月）
一、勘左衛門（同正月）

一、弁治（卯ノ九月）
一、五兵衛（同正月）

一、八郎大夫（申ノ九月）
一、覚助（同正月）

一、四郎左衛門（辰ノ九月）
一、京蔵（同正月）

一、太郎左衛門（酉ノ九月）
一、藤右衛門（同正月）

一、徳左衛門（巳ノ九月）
一、甚蔵（同正月）

一、徳大夫（戌ノ九月）
一、平五郎（同正月）

一、清治（午ノ九月）
一、八郎兵衛（同正月）

一、吉大夫（亥ノ九月）
一、六左衛門（同正月）

一、庄左衛門（子ノ九月）
一、紋五郎（同正月）

とあって、合計二十七人の名があげられている。また、寛政六年の当屋帳では、

一、（丑ノ九月）八右衛門
一、（同正月）五郎兵衛
一、（寅ノ九月）源大夫
一、（同正月）九郎兵衛

当屋順番覚

一、（寅ノ九月）庄大夫　寛政七乙卯年三月仲間江断申、聞届相休ミ申候、
一、（同正月）久太夫
一、（同正月）四郎左衛門
一、（同正月）伝兵衛
一、（卯九月）孫兵衛
一、（辰九月）五兵衛
一、（同正月）徳左衛門
一、（午ノ九月）甚兵衛
一、（同正月）八左衛門
一、（同正月）八郎太夫
一、（同正月）太郎左衛門
一、（同正月）徳太夫
一、（巳ノ九月）三右衛門
一、（同正月）若左衛門
一、（未九月）八郎兵衛
一、（申九月）勘左衛門
一、（酉ノ九月）太郎兵衛
一、（戌九月）平左衛門
一、（同正月）吉太夫
一、（同正月）八右衛門
一、（丑ノ九月）五郎兵衛
一、（寅ノ九月）九郎兵衛
一、（亥九月）六左衛門
一、（子九月）治左衛門
一、（丑正月）源太夫

とあり、合計二十五人であった。したがって当屋を勤めることができる人は二十五人前後であったと考えられる。また松下村の場合、二人一組で正月と九月に当屋役に就任、それぞれ一年間勤めたので、相役が途中で交代する方式をとっていたと思われる。

ところで、天明二年「九月当屋帳」に「結衆弐拾七軒」とあり、この家数は、天明二年の「当屋順番覚」の人数と一致する。また正徳四年（一七一四）の「九月当屋」によると、「当屋へ入申仁者上米三石三斗五升中間へ出し可レ申候」とあり、天明二年「九月当屋帳」、寛政六年「九月当屋帳」にも、「一、結衆江入レ申仁者上米三石三斗五升仲間江差出シ可レ被レ申候」とあることから、松下村においては結衆のみが当屋を勤めることができた。

さて結衆の仕事であるが、ここでは松下村氏神加木牛頭天王宮の神事を取り上げたい。寛政六年の当屋帳には、結

衆を休んでいる者についての規定があり、そこから、結衆の役割を類推できる。その規定は、

一、身上不如意ニ付仲間断申相休ミ候仁者、毎年両度御神事之節末座ニ而宮之膳居可レ申候、勿論迂宮之節者神役之末役相勤させ可レ申候、向後相応之身上ニ相成候ハは、其節仲間江相加江当屋相勤させ可レ申候、

（寛政六甲寅年九月吉祥日「九月当屋帳」）

とあるように、結衆を休んでいる者は、毎年二回の神事の際末席で饗膳を担当することになっていた。また遷宮の時も神役の末役を勤めることが決められ、家計を立て直した際は仲間に加え、当屋を勤めさせるようにしている。したがって当屋役は神事の際には神役を勤め、饗膳も受けた。遷宮の際には神役を勤める役割もあった。(13)

寛政六年の史料によると、病気等で結衆が勤められなくなり代わりの者を出した場合、その代わりの者は、毎年の神事の末座につくことはもちろん、遷宮の際も神役の末役を勤め、その後も病気等で勤められない場合はその代理の者を結衆へ入れ、当屋役も勤めさせることになっている。

また当屋役は、神事の際に当屋振舞を行なうことになっている。正徳四年四月に作られた「結衆中間定」には、次のようにある。

結衆中間定

一、当屋振舞田植共大小ニ不レ限、親類之内従弟迄ハ勝手ニ呼可レ申候、其外之人無用之事、

一、九月神事翌日札書之晩も呼人右同前、

一、配り餅・配り飯・田植赤飯配事、無用之事、

右之通堅ク可ニ相守一者也、

正徳二甲午年卯月日

結衆中間

これによると、当屋振舞や田植とも大小の規模に限らず、親類の内従弟までは自由に招くことができるが、その他の人は呼んではならないこと、九月神事と翌日の札書の晩の振舞に招く人も同前であること、配り餅・配り飯や田植時の赤飯配りも無用であることが定められている。すなわち当屋役には振舞が伴い、また九月神事にも振舞をする必要があったとみられる。そしてそれに加え、天明・寛政両度の「九月当屋帳」(14)の中にも当屋振舞について、当屋振舞は他の家を借りず、自分の家一軒で行なうことが記されている。

さらに神事の際の入用物、特に費用の負担も結衆の役目であった。神事の際の費用の調達方法であるが、天明二年「九月当屋帳」には、

　一、同日米計り年貢納之節、結衆弐拾七軒分ケ申候餅米搗キ精ケ白米壱斗ツ、、九月拾四軒、正月拾三軒計り可レ申
　候、尤休番之若衆改計酒出レ之、　（九月二十五日条）

とあるように結衆を二つに分け、九月に片方、正月にもう一方が餅をついたり白米を量ったりした。また九月十六日になされる「御札書惣村中餅振舞」については、天明二年「九月当屋帳」によると、

　右餅米之儀者黒米弐石五斗也、但シ年貢納之節弐石相渡シ、今五斗不足之所者弐斗五升ツ、、両当屋ゟ調可レ申
　候、若シ悪年ニ而年貢不納之節ハ、仲間ゟ買渡シ可レ申候、

とあるように、両当屋つまりその年の九月と正月の当番にあたっている当屋役が餅米の不足分を補い、またもしそれができない場合は結衆で米を買うことになっていた。さらにこの餅振舞は、両当屋と翌年九月の当屋の三軒で勤めることになっていた。

また氏神社の禰宜を勤めることも結衆の役目であったことが寛政八年「禰宜順番帳」よりわかる。

これらより、結衆は神事の奉仕を主な役割とし、その中でも特に中心となり世話をするのが当屋役と呼ばれる人であったと考えられる。

2 年寄

松下村内の村政等にたずさわっていたのが年寄と呼ばれる者たちであった。年寄は先にも述べたように結衆の中から選ばれ、また天明二年（一七八二）「九月当屋帳」に、「然上者中老ハ其通、若衆ハ段々順次第年寄役目相勤可レ申候」とあるように、年功序列によって役についたと考えられる。

またその年寄の人数であるが、寛政五年（一七九三）十一月二十三日、文化十年（一八一三）十一月二十三日、天保四年（一八三三）十一月二十三日の「牛頭天王宮奉遷殿付帳」及び、嘉永六年（一八五三）十一月二十日の「加木牛頭天王造替幷殿附帳」の最後に年寄の名が列挙されているのでその人数をあげてみると、寛政五年九人、文化十年十人、天保四年九人、嘉永六年六人とある。また寛政三年の「村内仕法立替下々之者共江申付之覚」にも最後に年寄の署名があり、そこには十人の名前があげられている。[15] したがって年寄の定数は十人であると考えてよいであろう。

年寄の職務であるが、寛政三年三月の「村内仕法立替下々之者共江申付之覚」には、

諸法度諸触軽キ事ハ年寄ゟ使ニ触させ候事、
公事訴訟其外諸願等之儀有レ之時ハ、其組内として得と相調、内證ニ而不二相済一事ハ組頭諸親類本人召連レ年寄へ可二願出一事、

とあり、諸法度・諸触書等は年寄によって村中へ触れられ、また公事訴訟や願い事は、まず年寄へ願い出るようにしていたことがわかる。

また別の年号不詳の史料によると、

一、諸普請地下狩等之節、上五人者惣座ニ相詰居可レ申事、

付、普請之節見廻り候而不出来之処ハ下年寄へ申付、年寄ゟ月行事江可ニ申付一事、

一、毎年結衆ゟ請取候袴料之儀、上五人配分可レ仕事、

一、正月十日、二月二日、霜月二日之儀、下五人ニ而調菜仕相伴可レ申事、

付、其節壱老私ニ諸親類と申呼振舞一切仕間敷事、

一、諸集会之儀上五人ニ而万事相極メ可レ申事、

付、所ニより下年寄江も申聞ケ候事、

とあるように、年寄の職務について定められている。これらによると、年寄の職務の一部として、

①諸法度・諸触等の村内への通達、②公事訴訟がおこりそうな時の調停役、③普請時の監督、④正月十日・二月二日・霜月二日には調菜し相伴すること、⑤諸集会の設定、

といったことがあげられる。またこれらの史料より、年寄は上年寄と下年寄に分けられていることがわかる。そして、上年寄の方が下年寄よりも権限が上であったと考えられ、上年寄は結衆より袴料を受領することができた。この上下の年寄は、「上五人」と出てくるところから、十名の年寄を半分にして、それぞれ上年寄・下年寄と分けていたものと考えられる。上下は何によって分けられたのか明確ではないが、年功か家柄のどちらかで分けたものと思われる。これら年寄の上席が一老(臈)と呼ばれたとみられる。年寄は一般村落の村役人に相当するが、庄屋・名主の如き呼称は使用されていないのが神宮領村方の特色である。

年寄の職務としてもう一つ重要なことに、神事に関することがあげられる。第一節で取り上げた加木牛頭天王宮遷

宮においても、年寄の役割は重要なものであった。遷宮の際に諸役を勤めており、嘉永六年の「加木牛頭天王造替幷殿附帳」の最後にある年寄の名前と、造替の模様を示すところにある名前とを比較してみると、当番として書かれている人々はすべて年寄の名にあてはまる。(16)

同様に天保四年の「牛頭天王宮奉遷殿付帳」の年寄名と同年の「加木牛頭天王宮造替帳」の当番名とを比較してみても一致することから、年寄の中で役割分担がされており、それぞれの年寄役が責任をもって執り行なっていたことがうかがえる。

したがって、年寄が松下村内の俗事や聖事に関することの両方にわたって、指導的な立場にあったといえる。

3 その他村落内組織

これまで結衆と年寄について考察してきたが、松下村内には、他に隠居衆・月行事・若衆・中老といった人々がいた。ここではそれらの人々について考察していきたい。

(1)隠居衆

嘉永六年の「加木牛頭天王造替幷殿附帳」の中に、「地下人大隠居迄壱老方ニ而大根切煮染物等色々拵へ」(十一月二十日条)とあるが、「大隠居衆」については他に記述がないため詳細はわからない。しかし、「隠居」とあることから推察すると、年寄・結衆といった村役を経験した者で、すでに第一線から退いた者たちであると考えられよう。

(2)月行事

松下所蔵の年未詳の文書には、
一、月行事之儀是迄之通四人ニ而地下諸勘定世話可レ仕事、

付、勘定之外集会ハ召加へ不ㇾ申候事、

とあり、月行事は四人で勤め、村の会計を担当していたことがうかがえる。したがって加木牛頭天王宮遷宮の際に年寄とともに買い物へ行っていることも納得がいく。つまり、神事などの村としての買い物の場合、下年寄が選んで買い、支払いは月行事が行なっていたのである。

月行事は、勘定の世話が主な役割であったが、他にも加木牛頭天王宮遷宮の際に重要な役割があった。それは、嘉永六年の「加木牛頭天王造替幷殿附帳」に、

一、同五日月行事を以村中夫〻江借物致し度旨為ㇾ申候事、（十一月五日条）

とあり、同じく十一月二十一日条に、

村方借物致し候、先達而買置候莚踊場江敷、年寄者出合ニ而月行事帳面を以夫〻江借物ニ参り、普請人踊場江持参致し、則年寄受取調子申候、右道具調候上、月行事世話致し宮江運送し、尤宮江月行事両人相越、道具受取可ㇾ申候事、

とあるように、神事の際に村中から諸道具を借りることであり、これも月行事の役割であった。

またその他にも月行事は神事の際に、

一、同十三日、人足六人月行事壱人瑞籬之内土少し取去、地古き宮中普請致し候事、（同前十一月十三日条）

一、同日、村中普請ニ而宮へ参り、四郷・濱之郷使者座、氏子座共座鋪拵へ仕候、（中略）座鋪拵へ年寄月行事出張差図致し可ㇾ申候事、（同前十一月十六日条）

一、同日、昼ゟ先達村中江触置候白餅米七升八合ツヽ、半役三升九合、禰宜池村甚兵衛・当屋坂野太郎左衛門両家ニ而年寄月行事請取、（同前十一月十六日条）

一、同日、年寄月行事神遷殿付役割致し、宇治山田借物殿付之買物等、書附取調子申候事、（同前十一月十七日条）

とあるように、勘定の世話だけでなく、年寄の補佐役といった役割をも持っていたことになる。

⑶若衆・中老

近世神宮領の若衆については、中田四朗氏の研究があり、簡潔にまとめられているので、長くなるが引用する。

若衆仲間なる年令集団は若衆組・若連中・若組・若者組などというのが一般的で、一定の若衆規定を遵守することを契るところから契約ともいう所もあり、若勢（関東）、壮健（群馬）、若中（京阪地方）、若手組（九州）などとも呼ばれ、特色あるものは二歳組というのがある。（中略）この若衆に仲間入りするには一定の年令（時には他村より養子などで入った時は超過したものもいたが）に達すると（一般に十五才）地方的慣習による厳粛な儀式を通過しなければならなかった。その儀式を額取の行事とし、村落共同体内において年行事中重要なものであった。額取の儀式は若衆に仲間入りした意識を明確にせしめるもので、その自覚は同時に共同体内に責任を持たしめられる。額取の儀式はと一般的な定義をし[17]、また若衆の位置づけを、

額取を終った青年は若衆仲間の構成員となり、最初は小若衆として長幼序の厳格な集団秩序の中に入る。それによって集団の規制に拘束され、若衆組の一員として行動が制約されたのである。（中略）

若衆は若衆頭によって統率され、若衆頭は村政運営上限界はあるが発言権をもち、自治共同体内の年寄になる段階でもあった。若衆頭は若衆に関する一切の書類を保管する責任があり、共同体の秩序保持のため年寄とたえず連繫を保った。

としている[18]。さらに年寄との関係として、

若衆の規定も年寄の認承を必要とし、年寄は最高機関であり、そこにおいて規定を作成したものが若衆によって

発効されたものも多く、すべて年寄の権限は若衆のそれに優先し若衆はいわば、年寄の権限の委嘱でもあった。
とある。(19)松下村においては、氏神遷宮の際に各村々へ殿付の使に若衆が使われたり、神遷の際の祓役を務めていたことがみられる。松下村における若衆も神領内の他の村々とほぼ同等の役割をもっていたのであろう。

次に中老であるが、中老に関する記事は、「加木牛頭天王造替帳」や「殿付帳」の中にはみられず、わずかに天明二年(一七八二)の「九月当屋帳」の中に、「中老ハ其通、若衆ハ段々順次第年寄役目相勤可レ申候」とあり、これから、中老は若衆より上位に位置づけられていたものと解される。

肥後和男氏の『宮座の研究』によると、

中老としていはんとするものは壮年者の全体を指すのではなく、通常の場合この中の特殊なるものをいふのである。それには二つの種類がある。その一は若衆を終つたばかりのものの何人かをいふのであり、軈て若衆の後見者たる位置を占めてゐる。第二のものは年寄の次に直接するものの数人であつて、或は年寄の見習でもあるし、またはその代行者でもあるといふ関係に立つものである。(20)

と、中老を位置づけており、松下村の場合も若衆の後見者に当てはまるであろう。

小　括

以上第二節では、松下村内の組織について見てきたが、村内の支配には大きく分けて二つの系統があるといえよう。一つは、神事を中心として当屋から結衆へとつながる系統と、もう一つは、神事をも含む村内の一般政務を中心とする、隠居から年寄・中老そして若衆へとつながる系統である。月行事は、年寄の支配と考えられるので後者の系統に入れることにする。

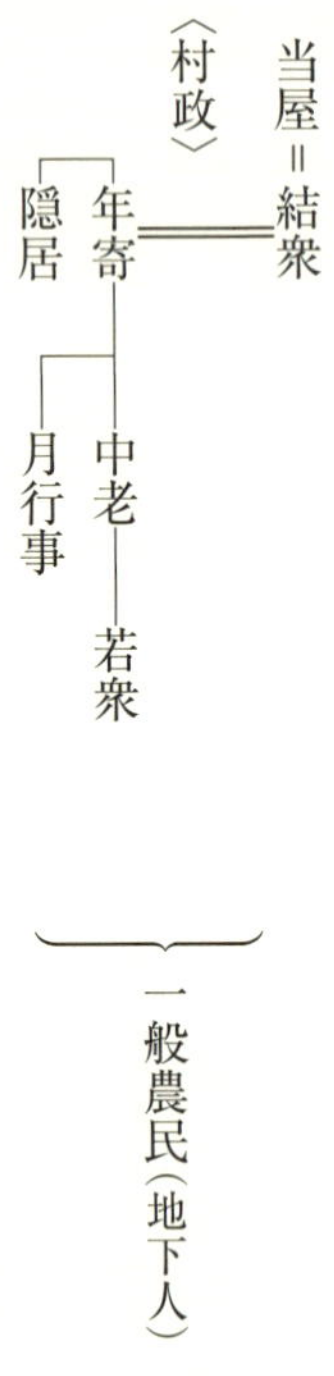

〈神事〉
当屋＝結衆
〈村政〉 年寄――中老――若衆
隠居　月行事

一般農民（地下人）

しかしながら、結衆の中から年寄が選ばれ、それにより中老・若衆は、いずれは結衆に入るものと考えられるため、この二つの系統は重複する部分が多く、神事といえども、年寄が中心となって執り行なっていることから、明確な分け方はできない。したがって松下村内の有力層である結衆は、祭祀をつかさどる面と村政を執り行なうという面の、二面をもっていたといえよう。中田四朗氏は、

それは村の中で氏神祭祀は重要なものであり、その氏神の宮座構成員は、同時に村行政者でもある。私はそこに古い伝統を残す祭政一致の形態の近世的なものを見るのでありしかも宮座と寺とが関係あるものがあるのも、神仏習合の名残りとして興味がある。祭政一致がこのような形でなされるところは注目すべきことである。

と述べている[21]。松下村の場合も、結衆イコール年寄という形で祭政一致の形態が残されていることは明らかである。

また松下村には、本役・半役・無役という分け方がされている。「村内仕法立替下々之者共江申付之覚」の中に、

一、半役ヲ本役等直させ、無役ヲ半役等可レ成丈ケ致させ可レ申候、
一、半役之儀者木綿袴羽織差赦、尚又帯衿袖口等之絹ハ令二用捨一候事、
　付、腰物青海嶋絹一切無用之事、
一、無役之儀腰物袴羽織ハ不レ及レ申、差かさ雪踏裏付草履等ニ至迄、一切無用之事、

付、男ハ不レ及レ申女子供ニ至迄絹類堅ク無用、尤ひたき下駄ハ令二用捨一候事、

とそれぞれの服装が規定され、神事の際に差し出す米の量もそれぞれ違っている。

本役は村民としての負担を指し、半役はその半分を負担するものであるが、これが本家や分家等の区別をするものであるのかどうかということは、史料が乏しいためはっきりしない。

三　松下村と神宮及び近隣の村々

1　松下村と神宮

遷宮を行なう神社として代表的なものに、伊勢の神宮があげられる。伊勢神宮の神領である松下村の氏神社の遷宮と、何らかの関係があるのであろうか。

神宮と松下村との関係について「内宮氏経日次記[22]」文安六年（一四四九）六月十五日贄海神事の条に、「甚雨之間於レ饗於二松下社拝殿一調二備之一」とあり、中世期にはすでに松下社があり、贄海神事にどのような奉仕を行なったのか明確ではないが、神宮と何らかの関係があったものと考えられる。また贄海神事の奉仕とともに神宮との関係を裏づけるものとして、

造　内宮料　松下村分蔺萱ノ事

早ク任セ二先例員数一致二催済沙汰ヲ一可下令レ勤二仕神役一給上之由依二司宣ニ一執達スルコト如レ件、

応永三十四年九月十七日　　　　　　権禰宜　光繁　奉

村人中

という史料[23]がある。松下村より納める萱をいつもの量だけ納めよという内容の命令書であり、松下村が神宮御用として萱を納めていたことがわかる。さらに明治三年(一八七〇)七月に内宮一禰宜から神祇官出張所へ差し出した皇太神宮現存神田・御厨・御薗員数の書上によると、

一、度会郡松下村　　大長瀬神田

　　定米弐斗四升　　贄海神事料

とあり[24]、明治初期まで神田として贄海神事料を納めていた。また松下村は、二十年に一度行なわれる神宮の式年遷宮において、神領として奉仕の一端を担っていた。松下村は、朝熊郷のうちの一村として神領の内に位置づけられており、内宮方の御木曳を奉仕している。正保二年(一六四五)「内宮御遷宮御材木引御帳[25]」に朝熊引として五度の御木曳奉仕がみられ[26]、松下村が朝熊村所属の村であったことからこの御木曳に奉仕していたことは間違いないであろう。そして天保十三年(一八四二)『鹿海日記[27]』にも、大湊より指し送りの内宮分御材木受取りのため鹿海村へ詰めていた者の中に「松下　森本八兵衛」(四六九頁)、「松下　坂野太郎左衛門」(四七六頁)の名がみられる。また各郷へ御材木を渡した中にも、「朝熊一宇田松下江　弐拾壱本相渡ス」(四七七頁)とあり、松下村が御木曳を奉仕していたことは明らかである[28]。御木曳の他にも「享保御造宮格式[29]」に「内宮ハ御玉垣建申候節、宇治領より人足出し申候」(二八八頁)とあり、また「内宮ハ内宮領より宮中江白石を奉レ敷候」(二八九頁)とある。松下村は、宇治領つまり内宮領であるので、御木曳以外にも神宮の式年遷宮に奉仕していたと考えられる。これら贄海神事及び式年遷宮により、近世における松下村の神領としての奉仕の一端をうかがい知ることができる。さらに松下村の氏神社である加木牛頭天王宮の遷宮の際に、慶光院・山本大夫へ遷宮を行なう旨の書状を送っている。そして遷宮に必要な道具を借り、その御礼として、松下村から慶光院・山本大夫双方へ餅を配っており、慶光院・山本大夫双方からも、遷宮殿付の祝儀として鳥目

百疋を松下村へ渡されていることが、元禄期から嘉永期までの「造替帳」や「殿付帳」にみられる。しかしながら、なぜ松下村の氏神社の遷宮に慶光院や山本大夫が関係しているのであろうか。

慶光院は遷宮上人とも呼ばれていた。戦国時代、神宮の式年遷宮は中絶していたが、慶光院清順尼が諸国に浄財を募って、かろうじて永禄六年（一五六三）に外宮正遷宮を行なった。この清順の故事により、つねに慶光院が式年遷宮に関与する例となった。江戸幕府もまたこの先例にならって、もっぱら慶光院を遷宮の事にあたらせた。

また山本大夫については、「閑際随筆」の「山本氏御師職之事」(30)の中に、

> 権現様より御代々内宮御祈禱之儀、慶光院許に於て執行候様ニ被レ為仰付一候処、家綱公御代、唯一之神地寺院の許におゐて御祈禱之事為レ致二沙汰一候儀不相応之由を以て、寛文六年三月十六日山本釆女末慶御公儀御師職に被レ為仰出一候、則御老中・寺社御奉行・伊勢御奉行御列座ニ而、当五月より御祈禱執行ひ、献上之御祓ニも山本大夫と可二書記一旨被レ為仰出一候、同年六月廿八日山本釆女末慶御目見、七月二日御暇拝領、御紋之御単物御帷子頂戴仕候、寛文九年三月五日御朱印頂戴、御老中・寺社御奉行・伊勢御奉行御列座ニ而、国家安泰之可レ抽二懇祈一旨御上意之由被二仰渡一候、但御朱印御文言ハ寛文九年二月朔日也、（後略）

とあり、同様の記事が『徳川実紀』寛文六年（一六六六）六月二十八日条(31)にみられるように、山本大夫はそれまで慶光院が行なっていた将軍家の御祈禱をかわって行なった。

この慶光院と山本大夫の関係をみてみよう。慶光院八世周貞の父親が山本釆女末慶であり、七世周宝は末慶の叔母にあたることから、慶光院と山本大夫との関係は歴然としており、慶光院の後見を山本家が行なっていた。

神宮の式年遷宮について慶光院は、清順及び周養の功績により江戸時代に入っても幕府から遷宮執行の朱印状を下附されていたが、寛文六年七月に幕府は慶光院への朱印状を停止し、同九年の遷宮以後、慶光院は全く遷宮に関係し

なくなった。しかしその後も故事により、遷宮の際には特に御内において拝することを許されていたといわれるが、それも寛延二年(一七四九)の式年遷宮の際に停止された。しかし慶光院は神宮との関係が切れたものの、その後も遷宮の際には御内奉拝を行なっていたとされている。

この慶光院及び出自を同じくする山本大夫が、松下村の氏神社遷宮に関係しているということは、表面上はそれまで神宮の式年遷宮に関係していた慶光院・山本大夫家には遷宮に必要な諸道具がすべて揃っていると考えられ、その道具を借りるために松下村からそれぞれへ願い出ていることが考えられる。しかしながらそれだけの理由で慶光院・山本大夫と松下村がつながっていたのであろうか。

寛延二年に事実上慶光院と神宮との関係が断ち切られたといっても、慶光院が遷宮上人などと呼ばれ崇敬の対象とされていたことは明らかである。松下村が慶光院とつながりをもつということは、松下村氏神社である加木牛頭天王宮の遷宮が臨時の遷宮ではなく、正式な式年遷宮であることを意義づけていると考えられる。また慶光院の代わりに幕府の御師職を務めた山本大夫であるが、もとをただせば慶光院とつながり、そして幕府の後だてのようなものができるため意義づけはさらに一層強固なものになるであろう。したがって松下村が慶光院と山本大夫とつながりをもつことは、必要不可欠なものであったといえるのではないだろうか。

また御巫清直は「二宮管社沿革考」(神宮文庫所蔵)の神前神社の項で、「松下村ノ産神ニテ天王或ハ蘇民祠ナト俗称スル社旧風アリ、本記幸行ノ順次ニヨク協ヘレハ是本社ノ旧地ナラム」とし、松下社を延喜式神名帳にある神前神社であるとしている。ともかく加木牛頭天王宮が神宮と何らかの関係があったとみることができ、神宮とのかかわりを示す意味においても、松下村氏神社の遷宮は必要なことであったのではなかろうか。

2　松下村と近隣の村々

松下村が朝熊郷所属の神領であったことは前項で述べたが、さらに詳しく松下村と近隣の村々との関係をみてみることにする。松下村の所属する朝熊郷は、宇治六郷の一つで宇治会合の支配下にある内宮領であった。内宮領には他に二見二郷があり、山田十二郷や浜五郷・二見北三郷と呼ばれる地域は山田三方支配の外宮領であった。これらの神領の村々は年寄衆が村内を支配し、村政等を行なった。

松下村と近隣の村々との関係を示す史料として、明暦元年（一六五五）より嘉永六年（一八五三）まで十回の松下村氏神社加木牛頭天王宮遷宮の際に、各村々から献上された樽の覚が残っている。それを表示すると次頁のようになる。表から、宇治六郷・二見二郷は同じ内宮領であるためか献上樽が届けられている。また山田十二郷・浜五郷・二見北三郷・大湊といった外宮領からも樽が届けられている。そして問題となるのは、鳥羽・小濱村・安楽嶋村・菅島・堅神村・あのり（安乗）・石鏡村・桃取・酒（坂）手・国府・加茂といった鳥羽藩領の村々からも樽が献上されていることである。同じ神領内の村々だけから樽が献上されているならば、それは神領内の大きな神事であるからと説明がつくであろう。なぜなら嘉永六年の「加木牛頭天王造替幷殿附帳」の十一月二十一日条に「鹿海村氏神替ニ付、作事見舞出役ニ参り候」とあり、松下村の年寄も鹿海村氏神社の遷宮の際に出向いたことがこの史料よりわかるからである。これは同じ神領内であるからと容易に説明がつく。しかし神領とは全く別の鳥羽藩領の村々から樽が献上されているのはなぜなのであろうか。

松下村と鳥羽藩領の村々との間に何らかの共通点はないのであろうか。加木牛頭天王宮の祭神は牛頭天王である。そして樽を献上した鳥羽藩領の村々には、小濱村を除いたすべてに八皇子（八王子）が祀られている。伊勢志摩地方においてはこの八皇子を、牛頭天王が龍宮に行った時にそこで生まれた八人の皇子とし、牛頭天王とともに除災招福の神として祀っていた。したがって蘇民の伝説の残っている加木牛頭天王宮がこれら鳥羽藩領の村々と地理的に比較的近いこともあり、信仰の対象になりえたとは考えられないであろうか。また興味深いことには、松下村以外にも遷宮を行なっていたところがある。

一、九月十八日
御役所江氏神造替願前方鹿海村・江村・当村、右三ケ村一同願書絵図等差上有レ之候、
（文化十年「加木牛頭天王宮造替帳」）

ここからわかるように、同じく神領内の鹿海村・江村の氏神社も遷宮を行なっている。しかし江村については文化十年（一八一三）の「造替帳」のみにしか記載されておらず、この時臨時に遷宮が行なわれたのかもしれない。江村においては八王子を祀っている。またその他、志摩地方にいくつか遷宮を行なう神社がある。例えば鳥羽の賀多神社、

支配	区別	名称	嘉永6 1853	天保4 1833	文化10 1813
内宮	神領	宇治六郷		○	○
			○	○	○
			○	○	○
			○	○	○
			○	○	○
			○		
			○	○	○
内宮	神領	二見二郷	○	○	○
			○	○	○
			○	○	○
			○	○	○
外宮	神領	二見北三郷	○	○	○
			○	○	○
			○	○	○
外宮	神領	浜五郷	○	○	○
			○	○	○
外宮	神領	山田十二郷	○		
			○		
			○		
					○
			○	○	○
			○	○	
外宮	神領		○	○	○
鳥羽藩	鳥羽領		○	○	○
			○	○	○
			○	○	○
			○		○
			○	○	○
				○	
				○	
				○	
			○		

	明暦元 1655	元禄6 1693	正徳3 1713	享保18 1733	宝暦3 1753	安永2 1773	寛政5 1793
楠部村		○	○	○	○	○	○
鹿海村	○	○	○	○	○	○	○
朝熊村	○	○	○	○	○	○	○
一宇田村	○	○	○	○	○	○	○
中村		○	○	○	○	○	○
浦田							
宇治	○	○	○	○	○	○	○
溝口村	○	○		○	○	○	○
山田原村	○	○	○	○	○	○	○
三津村	○	○	○	○	○	○	○
江村	○	○	○	○	○	○	○
庄村	○		○	○	○	○	○
西村	○		○	○	○	○	○
今一色村	○	○	○	○	○	○	○
一色村	○	○	○	○	○	○	○
通村	○	○	○	○	○	○	○
神社・竹鼻・馬瀬村	○						
黒瀬村					○	○	
辻久留・二俣・浦口町							
一志久保町							
田中中世古町				○		○	
下馬所前野町				○			
岡本・岩渕・吹上町	○		○	○			
河崎・船江・妙見	○		○		○	○	○
山田	○	○			○		○
大湊	○	○					○
鳥羽	○	○	○	○	○	○	○
小濱村	○		○	○	○	○	
安楽嶋村	○						○
菅島					○	○	
堅神村	○	○	○	○	○	○	○
あのり	○						
石鏡村							
桃取							
酒手							
国府							○
加茂	○						

○印　樽を献上

鳥羽市石鏡の氏神、以下現志摩市内の阿児町鵜方の熊野神社、同志島の八皇子社、磯部町山田・恵利原両村で共祭した神津方八王子社、山田村古穂根社、浜島町南張の八皇子社、磯部郷中でも迫間の産宮、同郷沓掛の神社の合計九社がある(32)。これら神社のほとんどが八王子を祀っている。

この中のいくつかの神社を持つ村は、松下村の氏神社の遷宮の際に樽を献上している。史料が乏しいので推論の域を脱しえないが、もし松下村の氏神社加木牛頭天王宮が、鳥羽藩領を含むいくつかの村々の八王子信仰の対象となっていたとするならば、松下村の遷宮にならってそれぞれで遷宮を行なったかもしれない。またもっと単純には、距離的に近い村での大きな神事であるから、それに対し樽などの祝の品を贈ったと考えることもできる。神領と鳥羽藩領との違いはあるが、村人との間の交流は頻繁に行なわれていたと考えられるからである。いずれにせよ村々の関係が緊密であったことはうかがえる。

小　括

松下村と神宮及び近隣の村々との関係を述べたが、史料が乏しいために推論の域を超えることが難しい。しかし、神宮の贄海神事や式年遷宮に松下村が奉仕していたことは明らかである。そして松下村氏神社である加木牛頭天王宮の遷宮の起源が、神宮の式年遷宮にあることはほぼ間違いないことであろう。またその遷宮が臨時の遷宮ではなく正式な式年遷宮であることを意義づけるためにも、慶光院や山本大夫の手を借りることが必要だったのであろう。そして、宇治会合所や山田奉行へも遷宮を行なう旨の願書を差し出すことによって、公的にも式年遷宮であるということを知らしめた。したがって内宮領宇治六郷・二見二郷はもちろんのこと、外宮領山田十二郷・浜五郷・二見北三郷・大湊からも加木牛頭天王宮へ樽が献上されることとなったのである。樽が献上されたということは、加木牛頭天王宮の遷宮が正式に認められていたことを意味するものである。

また鳥羽藩領の村々であるが、加木牛頭天王宮へ樽を献上している村々は、神領の村々とともに松下村を囲むように存在している。第二項においては鳥羽藩領の村側からの関係を述べたが、松下村側の立場としては、この遷宮を行なうことによって神領としての格づけを行なったのではないか。なぜなら松下村は神領の端に位置しており、鳥羽藩領との境界となっている。したがって松下村としては鳥羽藩領と明確に区別する必要があったのである。

明暦元年（一六五五）以前にも加木牛頭天王宮の遷宮が行なわれていたとするならば、二見郷が神領に復帰する寛永十年（一六三三）までの期間、松下村のまわりには朝熊村しか神領はなく、ほとんど孤立状態にあったといえる。そのためにも遷宮を行ない神領としての格づけをし、神領以外の村々との区別する必要があった。そういった意味においても、氏神社の遷宮は必要であったのであろう。

おわりに

これまで述べてきたように松下村は、伊勢神宮の神領の一端を占めていた。朝熊郷所属の村とされながらも、度会郡の神領の特殊性ともいえる自治政治を行なっていた。その組織は、朝熊郷を含む宇治六郷を支配していた宇治会合のものをまねており、定員十名の年寄衆と呼ばれる者たちにより村政が執行され、その補佐役として月行事、また年寄へ至る前段階として中老・若衆がおり、彼らにより村民が支配されていた。そして村内における神事は、当屋役を中心とした当屋と呼ばれる者たちによって執行されていた。この当屋は結衆とも呼ばれ、村内の有力者集団から順番に勤めた。村政にあたった年寄衆も、この結衆の中から年功序列で選出される。従って年寄衆は当屋役とともに神事の中心をなした。ここに近世期における祭政一致の形態がみられるのである。

さらに松下村の特徴として氏神社加木牛頭天王宮の遷宮があげられる。第一節において述べたように、江戸時代においては十回の遷宮が二十一年ごとに行なわれていた。この遷宮は、伊勢神宮の式年遷宮に起源を発するものであることはほぼ間違いなく、おそらく中世期においてもこの加木牛頭天王宮の遷宮は行なわれていたと考えられる。氏神社の遷宮については、松下村以外にも鳥羽・志摩地方の各地や、同じ神領内の江村・鹿海村においても行なわれ、このどれもが神宮の式年遷宮を模倣したものであることは容易に想像がつく。

その中で松下村に限って氏神社の遷宮の意義について考えると、一般的にいわれている遷宮の意義、つまりすべてを新しく清浄にたちかえることにより、神の御稜威が甦り、祭り仕えまつる者たちすべてのいのちも甦らせる。そして遷宮は、原初の姿をそのまま後世に伝えることにより常に初心にかえり生命の再生を行なう。さらに遷宮を行なう年数が、建築上また技術上の世代交替からも適切であっただけでなく、松下村では神領としての格づけを行ない、神領以外の村々との区別する、という意味をもたせるために式年遷宮を利用したものと考えられる。

なぜなら、位置的に考えてみても神領の端に位置しており、二見郷が神領に復帰する寛永十年(一六三三)以前には朝熊村に接するのみで、まわりはすべて神領以外の領地であり、寛永十年以降にあっても神領の端であることにはかわりなく、神領以外の村との境をはっきりさせるためにも遷宮は必要だったのであろう。また、格づけを行なうという意味においては、朝熊村からの独立という意味もあったであろう。松下村は朝熊村所属の村として位置づけられてきたが、決してその状態を認めていたわけでなく、何度となく朝熊村から独立した一箇村にしようとした動きのあったことが、松下所蔵の文書の中にみられる。したがって神領内外ともに松下村が神領内の独立した一箇村であるということを遷宮によって知らしめようとしたのであろう。そのためにも宇治会合衆や山田奉行へ願書を出し正式に許可がおり、遷宮が認められることが必要で、さらに慶光院・山本大夫が直接的に関係することで、遷宮の意義づけがより強固なものになるようにしたのである。

それを示すものが献上の樽である。神領内のほとんどの村及び松下村近隣の鳥羽藩領の村から樽が献上されたということは、松下村氏神社の遷宮を認めたことにほかならない。このように松下村氏神社加木牛頭天王宮遷宮の意義は、一つに、一般論として原初の形態をそのままに繰り返すことによる生命の再生、さらにもう一つ神領の中の独立した一箇村であるということを神領内外に知らしめることにあったのであろう。したがって村人全員の手によって行なわれたという意味も含めて、この遷宮は松下村にとって一大神事であったといえるのである。

註

（1）深澤鑈吉「伊勢神宮神領の研究」（『歴史地理』第二〇巻第四号・第五号、大正元年）。
（2）大西源一「伊勢神郡の北堺下樋小川及び礒部川」（『神道史研究』第七巻第二号、昭和三十四年）。
（3）玉村禎祥「伊勢神宮神領の研究略史」（『神道史研究』第一八巻第二号、昭和四十五年）。
（4）中田四朗「近世における神宮領内の村落構造―伊勢国二見郷江村―」（『史学研究』第七七～七九合併号、広島史学研究会、昭和三十五年）。
（5）『二見町史』（二見町史編纂委員会編、二見町役場、昭和六十三年）五五三頁所収。
（6）「作事見舞受之事」（嘉永六年「加木牛頭天王造替幷殿附帳」十一月四日条）。
一、御酒　壱樽　西鹿海
旦弐升入　年寄弐人

海老　壱連　　　　供壱人
一、銀札　五枚　東鹿海村禰宜 磯嶋平内
一、玄米　壱俵　朝熊村
　　但五斗入　　　年寄壱人
　　　　　　　　　供弐人
　　　　　　　　　　米釣人足也
一、銀札　五枚　三津村禰宜 松大夫
右先年者酒弐升鮭干魚持参有レ之候
一、御樽　壱荷　山田 堤長門様御使者
　　但弐升入　　　村松為吉
大鱒　壱尾　　　　供壱人
一、銀札　拾枚　江村 年寄弐人
　　　　　　　　供壱人

とあり、作事見舞を行なったのは鹿海村・朝熊村・江村の各村々と三津村禰宜松大夫、山田の堤長門であった。享保期から嘉永期までの遷宮のすべてにこれらの村や人は作事見舞を行なっている。

（7）『二見町史』一五八頁。

（8）嘉永六年の遷宮の際に御見分及び出来御見分に来た人々は次の通りである。

〈御見分〉

御役所御出役
御組頭 柘植治郎右衛門様　当番 池村甚兵衛
御目付役 金田伴造様　中西九右衛門
仲間一人　馳走人 右両人兼帯致候
給仕人 幸助
秀助

御会合所
御当番 和田邦助殿　当番 中世古太平
御役人 山村山平殿　馳走人 松葉五兵衛
小使壱人　給仕人 伝蔵
供　三人

（嘉永六年「加木牛頭天王造替幷殿附帳」十月五日条）

〈出来御見分〉

（同史料十一月十五日条）

御役所御出役
御組頭 先野住太様　当番 池村甚兵衛
御目付 宮崎和大夫様　馳走人 中西九右衛門
中間壱人　給仕

御会合所

御当番
車館図書殿　　　当番
　　　　　　　　松葉五兵衛
御役人　　　　　給仕人
小川地平八郎殿
　　小使壱人
　　供　三人

とあり、これらの人々が松下村へやって来た。そして松下村の年寄・月行事らが接待にあたった。

(9)『宇治山田市史』(宇治山田市役所、昭和四年)一八八頁によると、寛政二年より寛政の改革のために会合所の権限が大幅に縮小されたとあり、その影響かと思われる。
(10) 嘉永六年「加木牛頭天王造替幷殿附帳」所収の「加木牛頭天王宮奉遷次第行事」。
(11)『二見町史』一三二頁による。
(12) 肥後和男『宮座の研究』(弘文堂、昭和四十五年復刊)。
(13) 寛政五年「牛頭天王宮奉遷殿付帳」。
　　加木牛頭天王宮奉遷宮次第行事
　　(中略)
　御鏡　一面　弘由(ヒロヨシ)　当屋役 中西九郎兵衛
(14) 天明・寛政ともに同文。
一、当屋振舞之儀者他家を借り不レ申候而、当主之内壱軒ニ而相勤可レ申候、
(15) 年寄名を表にした。

寛政三年	寛政五年	文化十年	天保四年	嘉永六年
中世古太郎兵衛	三橋六左衛門	東端徳兵衛	岡嶋長兵衛	東端徳右衛門
畑野若左衛門	中尾三右衛門	岡嶋八左衛門	西条平兵衛	池村甚兵衛
松谷庄大夫	三橋三郎兵衛	松本徳大夫	中世古太郎兵衛	山崎孫兵衛
坂野太郎左衛門	中世古太郎兵衛	中川藤兵衛	松本徳大夫	中西九右衛門
坂井久大夫	畑野若左衛門	三橋伝兵衛	山口孫兵衛	中世古太平
西田治左衛門	坂野太郎左衛門	加冨又右衛門	中川喜兵衛	松葉五兵衛
坂口源大夫	坂井久大夫	池野理兵衛	東端徳兵衛	
中西九郎兵衛	西口治左衛門	大西与右衛門	中西九郎兵衛	
池村甚兵衛	坂口源大夫	西条平兵衛	畑野若右衛門	
西条平左衛門		坂井久大夫		

(16) 加木牛頭天王奉遷次第行事

（中略）

御鉾二竿　左常充（ツネミツ）　松葉五兵衛
　　　　　右良智（ヨシトモ）　中世古太平

（中略）

絹垣四人　右福致（ヨシムネ）　東端徳右衛門
　　　　　左弘保（ヒロヤス）　中西九右衛門

（中略）

御行障　副躬（スケチカ）　池村甚兵衛

（後略）　（嘉永六年「加木牛頭天王造替幷殿附帳」）

(17) 中田四朗「近世神宮領内の宮座・若衆組について」（『ふびと』第一二号、三重大学、昭和三十四年）三四頁。

(18) 中田四朗「旧神宮領内の額取について」（『ふびと』第一〇号、昭和三十四年）三〇頁。

(19) 前掲註(17)中田、六頁。

(20) 前掲註(12)肥後、二一〇頁。

(21) 前掲註(17)中田、二九頁。

(22) 『続々群書類従』第一、五四七頁。

(23) 『二見町史』一三二頁。

(24) 大西源一『大神宮史要』（平凡社、昭和三十四年）六一九頁。

(25) 『神宮御杣山記録』第一巻（神宮司庁、昭和四十九年）七三頁以降。

(26) 正保弐年「内宮御遷宮御材木引御帳」における朝熊引は次の通りである。正保二年八月二十二日、八月二十六日、八月二十七日、九月六日、正保三年三月十五日の計五回奉仕している。

(27) 『神宮御杣山記録』第四巻（神宮司庁、昭和五十四年）四六一頁以降。

(28) 伊勢神宮の式年遷宮における御木曳については『無形の民俗文化財記録　第二二集　伊勢のお木曳行事・白石持ち行事』（文化庁文化財保護部、昭和五十年）の中に、村方の文書を使いお木曳の模様が述べられている。

(29) 『神宮御杣山記録』第一巻、二八二頁以降。

（30）『神宮随筆大成』前篇（神宮司庁、昭和十五年）六四八頁。

（31）『徳川実紀』寛文六年六月二十八日条。
伊勢祠職山本采女　これまで慶光院がつかふまつりし事ども、かはりてつとむべしと命ぜられ、新に采邑二百石給はり、初見してのし杖を献ず。

（32）櫻井勝之進「志摩地方と伊勢神宮」（和歌森太郎編『志摩の民俗　第五篇　信仰と意識』（吉川弘文館、昭和四十年）二章三〇六頁。

［付記］　本稿掲載に当たって、史料使用を御許可下さった松下区の方がた、また写真照合でお世話になった三重県史編さん担当の方がたに、厚く御礼申し上げる次第である。

近世宇治・山田の住民組織と「自治」
―宮川渡船の運営を通して―

太田未帆

はじめに

近世神宮領において、御師は神職としての立場をもつだけではなく、町のなかでは様々な役目を担う多面性をもった存在であった。有力御師が「会合年寄」として名を連ねていた宇治会合・三方会合という住民組織がその象徴的なものといえよう。会合配下にあった宇治・山田の各町の月行事・町年寄も御師が勤める場合がほとんどであった。つまり、有力な御師は住民組織の枢要を占め、支配と地域を結ぶ重要な結節点として機能していたのである。また、両会合は御師という神職集団を統括する存在でもあった。すなわち、宇治会合・三方会合という住民組織の機能や、町のなかでの位置づけを明らかにすることは、宇治・山田の社会構造のみならず、近世御師の姿を知るためにも必要不可欠な作業であるといえる。

御師に関する個別研究は近年盛んになりつつあるものの、神宮領の行政機構にも配慮し、社会構造を明らかにしようとする研究は、触穢観念・被差別民という観点から地域の特質を炙り出した塚本明氏の一連の成果[1]を除けば、あまり蓄積がない。また、従来の自治体史の類では、豊臣秀吉が文禄三年（一五九四）に発給した朱印状で、宇治・山田・

大湊に対して「惣中」という中世以来の自治組織としての特権を認め、これを徳川幕府も承認し続けたこと、加えて近世を通して両会合が町政に関与し続けたことに基づき、宇治会合・三方会合を「自治組織」とする評価が浸透している。[2]しかしながら、近世全般を通して「自治組織」という評価ができるほど、宇治・山田の「自治」のありかたが現在充分に検討されているとはいえず、「自治」という言葉が先行するあまり、住民組織による町政の具体像というものが看過されているといっても過言ではない。「自治」という言葉に逃げ込み、神宮領、特に宇治・山田の特殊性を闇雲に語るのではなく、幕府の枠組みに取り込まれながら、いかにして新しい「自治」の形を生み出していったのか、という観点で検討していくことが求められている。

一方、他地域の例をみると、特に京都では都市と住民組織に関する研究が長年にわたり蓄積されている。近年では、近世後期の地域住民組織の機能を都市行政のなかで位置づけようとする牧知宏氏の一連の研究がある。[3]牧氏は、近世後期の町共同体が、町奉行所に行政機能の多くを委ねると同時に、住民側には公共負担に関する新たな意識が生まれていたという塚本明氏の指摘[4]を発展させ、近世後期の地域住民組織の主体的な行政関与を評価した。なかでも、朝尾直弘氏によって提唱された「都市行政の構造的把握」[5]を継承し、地域住民組織から町奉行所に至る都市全体の行政回路を視野に据えて検討していることが注目される。

宇治・山田においても、会合という住民組織の機能を評価していくためには、山田奉行所や、会合配下の町・村の機能を含めた都市全体での議論が必要であろう。また、宇治・山田は御師という宗教者が町政の中心にいた、という特異性はあるものの、近世後期の地域住民組織の町政のモデルとして宇治・山田の事例を蓄積していくことにも一定の意味はあると思われる。

宇治会合・三方会合を、一方に偏ることなく対等な組織として検討するには、両者が共同して行った施策をみることが有用であろう。本稿では、延宝四年（一六七六）より両会合が費用を負担し、以降近世を通して無賃乗船が可能であった宮川渡船の運営を題材としたい。宮川渡船といえば、「馳走船」とも称され、誰もが無料で乗船できたことでよく知られている。決して乗客が少なかったわけではない。年間で数万から数十万人が利用し、特に参宮客が殺到したおかげ参りでは、たとえば文政期をみると多いときで一ヶ月に二〇〇万を越える人々を受け入れたという。(6)むろん海路で大湊・神社等へ入ることも可能だったが、大多数の陸路を辿ってやってくる参宮客は宮川を渡らねばならなかった。大勢の参宮客でごった返す賑やかな渡し口の様子は、浮世絵や小説などにも多く描かれている。いうまでもなく宮川は「伊勢参宮の玄関口」であり、交通の要衝であった。

伊勢参宮の実態をみる上でも重要な地点でありながら、宮川、特に渡船について具体的に論述したものは極めて少ない。『宇治山田市史』(7)『小俣町史 通史編』(8)等の自治体史に紹介されている以外では、渡場の概要を史料に基づき紹介した大西源一氏、(9)特に参詣人数に着目して渡船の利用状況についても言及した和田勉氏、(10)宮川の水運について詳細に調べ上げた辻村修一氏(11)の研究がある。しかし、渡船については概説や史料紹介に留まり、両会合の役割をはじめとした渡船運営自体には言及されていない。また、宮川で古来より用いられていたという「舟橋」については、近世の実態がほとんど解明されておらず、宮川をめぐる交通手段としての評価がなされていない現状にある。

ところで、渡船の無料利用は近世において一般的なものだったのか。例えば五街道の主要な渡船では、武士の利用が無料であった場所が多い。この問題に関しては、渡賃の整理と分析を通して、幕藩制下における河川支配の位置づけを明らかにしようとした深井甚三氏の研究(12)がある。深井氏は、主要な渡船で武士の利用が無料であったのは、幕藩領主によってその運営費が支給されていた場合であったとした。いずれにしても、他所の場合は身分や渡河理由など、一定の条件のもとで無料であったという例がほとんどであるようだ。一方、本稿で扱う宮川渡船は、前述のように交通量が多い地点であるにも関わらず、①無料利用に何の条件も課さなかったこと、②運営および運営費用は地域住民の負担に拠っていたこと、という二点において、極めて公共性の高い事業であるといえよう。

　本稿では、無賃化以降の運営実態の検討を通し、宇治・山田という町のなかでの住民組織（宇治会合・三方会合）の役割と、その機能の変化を明らかにすることを課題としたい。あわせて、渡場や渡船以外の交通手段等、基礎的事項の整理も試みる。

一　会合運営費としての「貫」および「自治」認識の現状と課題

　宇治・山田では、宮川渡船の運営費をはじめとした町政運営費を「貫（つなぎ）」（貫金・貫銀・貫銭とも称される）という名で地域住民から徴収していた。検地が免除され、領主に年貢を納める必要のなかった宇治・山田においては、貫がそれらに代わった住民負担であった。ここでは宮川渡船を理解する前提として、貫の概要について整理し、あわせて宇治・山田の「自治」認識に関する現状についてまとめておきたい[13]。

　貫には大別して、①宇治会合・三方会合それぞれの運営費、②会合配下の個別町・村における諸費用の二種あった。戦前の自治体史でありながら、現在でも利用されることの多い『宇治山田市史』編纂にも尽力した郷土史の大家、宇野季治郎は、大正十四年（一九二五）の著作で、①を「市費」、②を「町費」に喩えている[14]。①で徴収される費用の主要な用途としては、宮川渡船費のほか、宇治・山田にそれぞれ設置されていた火の見櫓維持費のほか、両会合の儀礼や役人給金、日常的な会合所の消耗品費（墨・紙・蠟燭・薪代等）がある。これらは決まった時期[15]に配下の町・村単位に割りつけ、各町・村の惣代年寄が会合へ金銭で納入した。②は村社祭礼費等、あくまでもその個別町・村単位で必要な経費として徴収されるものであり、これは金銭に限らず米麦等で納入されることもあったようだ。①・②はどちらも「貫」と称されるために混同されやすく、注意が必要である。宇治・山田の特に村方に豊富に残る史料群のなかには、貫に関係する帳簿や書付類も多数残っているが、①・②いずれの貫であるのか、費目等によって判断しなければならない。本稿では以下、①の会合運営費という意味で貫という用語を使用していく。

宇治会合・三方会合による貫の徴収額や、会合の支出入については、史料に乏しいために現在では断片的にしか知ることができない。そのような状況下で、具体的な内訳を知ることができるのは、幕府が両会合の運営に半ば強権的に梃子入れをした寛政改革期前後の史料が大半を占めている。筆者はかつて、宇治・山田における寛政改革期の影響を、貫（町入用）の節減政策という観点から検討したことがあるが[16]、貫に関係する大きな改正点としては、次の二点があげられる。

・両会合の貫徴収額を大幅に減額し、会合の独断で臨時の徴収や増額ができないようにした。
・徴収した貫は会合から山田奉行所へ納入し、必要に応じて山田奉行所から会合が受け取る形とした。

右の二点の改正点からは、宇治会合・三方会合の経済基盤であり、ある意味「自治の象徴」の一つともいえる貫が、寛政改革期以降は完全に山田奉行所の管理下におかれたことが示される。

寛政改革では他に、宇治・山田を中心に利用された小額兌換紙幣である山田羽書の発行権を三方会合から取り上げたことがよく知られる[17]。また、両会合が当時まで有していた裁許権にも幕府の介入があり、改革以後は専ら御師間の訴訟や訴願といった、ごく軽い事案にのみ限られることとなった[18]。両会合の経済基盤や裁許権といった「自治」の前提ともいえる権限が、寛政改革を契機として幕府（山田奉行所）の管轄下に置かれるようになったのである。とはいうものの、貫そのものが廃止されたわけでもなければ、会合が解体されたわけでもなく、経済基盤・統治機構ともに表面的には大きな変化がない。ゆえに、従来の宇治・山田に関する研究では、「自治」の捉え方に疑問が呈されることがなかった。

中世以来の特権を、近世においても認められ続けた「自治組織」宇治会合・三方会合という従来の説明では、あたかも支配権力から独立した存在として、近世を通して独自の町政を行い続けたような誤解を生むおそれがある。当然ながら、近世の流れのなかで幕府やその出先機関である山田奉行所と両会合の関係性が構築され、行政的な秩序が形成されていくのであり、中近世移行期から近世初期の様相を、そのまま近世全体の姿に読み換えることには限界があろう。このような現状でありながら、「自治組織」の存在を根拠として宇治・山田の特質を評価することには疑問をもたざるを得ない。

本稿の目的は、両会合による「自治」の否定ではない。「自治」を評価する前提作業として、幕府・山田奉行所と住民組織間の関係性の変化をはじめとした、近世宇治・山田の社会構造の把握を試みることを目指している。

右にみた寛政改革による改正点は、宮川渡船の運営にも影響を及ぼしていることは間違いない。しかしながら、延宝四年(一六七六)の無賃化以降、近世を通して両会合による無賃運営が徹底されており、事業自体にどのような影響があったのかを知るためには、渡船運営費をはじめとした内部事情を検討していく必要がある。両会合による「自治」の賜物として近世を通して運営された宮川渡船にも、幕府の介入による何らかの変化が認められるのであれば、宇治・山田における「自治」の変容を見出す一助にもなろう。運営費＝貫という観点から、宇治会合・三方会合の共同事業である宮川渡船を検討していくことで、幕府の管理下における住民組織の町政の具体像を知ることができると思われる。

二　渡場の概要

1　位置と名称

かつて渡場が存在した宮川近辺は、右岸の宮川堤を中心に史蹟・公園として整備され、石碑や説明板等で往時の姿を偲ぶことができる。しかし現在の景観と、近世の姿は当然ながら大きく異なったものである。ここでは渡場の位置を確認し、あわせて渡場の名称について整理したい。

三重と奈良の県境に位置する大台ヶ原山に源を発して東流し、伊勢市大湊町で伊勢湾へと流れ込む宮川は、流域面積九二〇平方キロメートル、幹川流路延長九一キロメートル、三重県最大の流域面積をもつ大河である。下流の東岸に宇治（内宮周辺地域）・山田（外宮周辺地域）があり、対岸には紀州藩領・鳥羽藩領などの村々が並ぶ。文禄三年（一五九四）豊臣秀吉は、宮川より内（以東）を神宮の敷地であるとし、宇治・山田・大湊といった住民組織の中世以来の特権を認め、徳川幕府もこれを継承して検地を実施しなかった。

渡場は複数あったが、主要なものは川端村（現伊勢市川端町）と中島町（現伊勢市中島町）を結んで初瀬（伊勢本）街道へ通じる上の渡し（柳の渡し）と、小俣村（現伊勢市小俣町）と中河原（現伊勢市宮川町）を結んで参宮北街道へ通じる下の渡し（桜の渡し）で、参宮街道と宇治・山田を結ぶ、この二つの渡場が無賃運営の対象になる。このほかに磯の渡し・上条の渡し等があるが、近隣地域の住民が主に利用したもので、無賃化の対象外であることから、本稿では取り上げない。

現在宮川の渡場を説明するときには、「柳の渡し」「桜の渡し」が正式名称のように多用されているものの(19)、近世史料のなかでは基本的に「上の渡し」「下の渡し」と示される。柳の渡しについては、近世中期の国学者である喜早清在の随筆「囲爐閑談」に、川端村に古来より柳の木が多かったことからその名がついたという由来が記されているほか、[20]「西国三十三所名所図会」にも「柳の渡」の名称で渡場の様子が描かれていることから、[21]近世においても「柳の渡し」という名が用いられることもあったようだ。しかし「桜の渡し」は、管見の限りその名が近世史料で用いられているものはなく、「伊勢参宮名所図会」にも渡場は「宮川西岸」「宮川東岸」と描かれているのみである。[22]ただし、明治期に描かれた「伊勢参宮春の賑」[23]や「神宮私祈禱旧様画巻」[24]には、宮川渡場に桜のような樹木が数本描かれている。しかしいずれも、現在のような堤一帯を埋め尽くす桜並木をなすものではない。大西源一氏は宮川堤の桜について次のように述べている。[25]

此の桜の創植年代は明かでないが、古来宮川の下の渡を桜の渡と呼んでゐるところを見ると、此の附近には古くから桜樹が多かつたものであらう。但し現今の如き盛観を呈するに至つたのは、明治六年三月、時の度会県参事安岡良亮が、古木の保存と若木の補植とを市民に慫慂したことが動機をなしている。

明治六年(一八七三)、度会県参事安岡良亮の呼びかけで始まった桜の古木保全・若木増植奨励にあわせて、宮川堤一帯を「遊楽所」として整備しようとする動きも起こっている。[26]大西源一氏も述べる通り、宮川堤が名勝地として整備されていくのは明治六年以降ということになろう。昭和五年(一九三〇)発行『伊勢参宮案内』(日本旅行協会刊)では、宮川堤を八重桜の多い桜の名所として紹介する。さらに昭和十二年には県指定の名勝地に選定され、現在では県内屈指の桜の名所として地域に定着している。

以上のことから、「桜の渡し」という名称は、近代以降に名勝として整備されていく過程で一般に浸透していき、それと同時に「上の渡し」「下の渡し」という名称はなじみの薄いものになっていったと考えられる。

2　渡河手段と舟橋

宮川は水源地が日本有数の多雨であり、古来より水量も多く、特に下流域にあたる山田周辺は甚大な水害に見舞われてきた。近世以降は堤の整備も進められたものの、堤が決壊し、山田の町中が浸水するほどの洪水は複数回発生している。[27] このような河川に対し、とられた渡河手段にはいかなるものがあったのか。

安永二年（一七七三）に著された秦忠吉の随筆「宮川夜話草」[28] には、「涸渇（ミツカレ）の時は徒行して渉る、浅瀬もあれと漫水の時は水かさ常水より三丈余にも及へり」とあり、満水となれば常時よりもおよそ九メートル以上も水量が増したという。水涸れ時には歩行によって渡ることができる地点もあったと記されるものの、歩行による渡河を記した史料は、管見の限りこれを除くとほぼないので、日常的な渡河手段であったとは考え難い。基本的には渡船が第一の渡河手段であったとみてよいだろう。

明治以降になると積極的に架橋が試みられるが、増水・洪水によって流失や欠損が生じることが多く、下の渡しは明治四十四年の度会橋竣工まで、上の渡しでは大正八年（一九一九）の宮川橋竣工まで渡船が用いられていた。[29] また昭和三十一年、多気郡大杉村（現大台町）に宮川ダムが完成し、宮川の水位が安定したことも重要な意味をもつだろう。すなわち、安全で恒常的な架橋のためには、近代的技術の登場をまたねばならず、近世を通して渡船という渡河方法がとられ続けたことは、安定的な交通手段として当然のことであった。

なお、一時的な架橋手段として、舟橋（浮橋）が設置された。これは水上に舟を並べ、その上に板を掛けるなどしたもので、古代より斎王や勅使参向時など、主に貴人の渡河手段として用いられた。[30] 山田大路元長が文明十三年（一四八一）に著した「参詣物語」では、「かしこに舟橋（フナハシ）於渡（ワタシ）。竹（タケ）ヨリ綱（ツナ）ヲハエタリ」とあり、[31] 竹材に綱を渡すような簡素な橋であったことを記している。また、「伊勢参詣曼荼羅」において、宮川にはっきりと舟橋が描かれていることも記しておかねばなるまい。曼荼羅上の宮川舟橋について、西山克氏は、豊臣政権期の遷宮復興時に舟橋が繋がれた可能性を示唆しながらも、近世における舟橋は現実に存在しないもので、伝承に基づいて絵師が描いた想像上の姿だとする(32)。

たしかに近世の宮川における舟橋の存在については、戦前に松木時彦が肯定的に紹介して以来(33)、ほとんど言及されてこなかった。しかし、舟橋が渡河手段の一つとして存在したことを示す史料はいくつか残っている。まず、天和三年（一六八三）三月、内宮臨時遷宮にあたり、山田奉行桑山貞政の指示で架橋したという三方会合側の記録がある(34)。このときは舟を二八艘並べ、横幅は二間（約三・六メートル）のものであった。さらに、享保五年（一七二〇）二月には尾張藩主徳川継友が参宮の際には、「宮川船橋入用」として金四〇両二歩を下付している(35)。

本居大平が明和八年（一七七一）のおかげ参りの様子を記した「おかけまうての日記(36)」には次のようにある。

> 五月のころ、おのれも詣しに、まづいとめづらしかりしは、宮川の橋なりけり。常はたゞ舟にてなんわたすなるを、此たびはあまり人しげくて、あやふしとにや、岸よりきしまで舟をよこさまにつなぎあはせて、そのうへに板をならべ砂をしきて、水のうへ一町はかりがほどをしも、たゞ陸地となんなしたれば、いさゝかのわづらひなくて、馬も人もたやすく行かよふを、神代もきかずめづらしき事とて、宇治山田の人々まで、これを見物に引つれくるも又めづらかなり。まして遠き国々の旅人は目をおどろかして、これも大御神の御徳（ミトク）と、泪（ナミダ）をおとさぬなくなん。

大平は舟橋の形状を具体的に記録している。舟を横ならべにして繋いで板を載せ、さらにその上に砂を敷いたものであったという。同年の宮川を渡った人数は、度会重全「明和続後神異記」によると、四月八日から八月九日までにおよそ二〇七万七四五〇人とあり[37]、参宮客があまりに多いため、通常の渡船のみでは危険であるとして舟橋が設置されることになったようだ。宮川にかかる舟橋をみて、遠方からの参宮客が感激したばかりか、宇治・山田の住民でさえも珍しがって見物に訪れるほどだったというから、当時あまり一般的なものではなかったことが窺える。

しかしながら、二〇年に一度の式年遷宮時には、舟橋の設置が定例化していったようだ。紀州藩田丸領の大庄屋中村大蔵の記録「萬歳留」には、寛延二年（一七四九）に宮川舟橋設置に際して授受された内宮年寄と小俣村庄屋間の書翰写が収録される[38]。内宮年寄からは「宮川舟渡如先例船橋掛ヶ可申候間、前々之通御領内船幷材木等差下し不申様被仰付可被下候」として、両宮式年遷宮にともない、小俣領内からの船・材木等の宮川内運搬を制限する旨の通達を願い、庄屋からは承諾の旨の返書が出されているもので、少なくとも寛延二年の式年遷宮までには、宮川の舟橋設置が定例となっていた。

寛延二年以降も式年遷宮時の舟橋設置が恒例となっていたことは、文政十二年（一八二九）の式年遷宮を目前に完成した宮川舟橋を、山田奉行所の役人らが見分したという記録[39]があるほか、明治二年に上の渡しの請負人等から度会府に宛てた舟橋設置の願書にも[40]「宮川上之渡往古より御遷宮之節者繋船ニ而橋相掛、参詣人通行仕有之候」とあることから、ほぼ間違いないといえよう。以上のことから、少なくとも寛延二年（一七四九）・明和六年（一七六九）・寛政元年（一七八九）・文化六年（一八〇九）・文政十二年（一八二九）・嘉永二年（一八四九）の式年遷宮時には、宮川に舟橋を設置していた可能性が指摘できる。

このように、近世にもたびたび舟橋という手段がとられたことは確かだが、橋としての耐久力を考えると、長期的な利用に耐えうるものではなかったことは想像に難くない。増水・洪水の頻発した宮川においては、無理に永久橋を架けようとするよりも、状況に応じて撤去もしやすい舟橋のほうが合理的だったのだろう。とはいうものの少なくとも近世史料をみる限り、宮川に常時舟橋を架けていたとはいえず、基本的には遷宮時に設置されるものであった。それに加えて明和・安永・文政のおかげ参りなどで参宮客が多いとき、臨時的に設置されていたと考えられる。

三　無賃化への経緯

三方会合・宇治会合という住民組織は、そもそも古来は渡船の運営に積極的に関わってはいない。渡船の無賃化を直接の契機として、両会合が主体となって運営していくことになる。ここでは、無賃化に至る経緯を整理し、両会合がどのようにして渡船の運営に介入していったかをみていきたい。

上の渡し・下の渡しが無賃化されたことについて書かれている史料は豊富にあるものの、随筆や聞き書き・地誌・年表・先例書など、後年に著述・編纂されたものが比較的多く、同時代史料は実際のところあまりない。そこで本稿では、三方会合が渡船無賃化にあたってまとめたと思われる「宮川両船渡覚書」(41)を主に用いて経緯を整理したい。これは宮川渡船および宮川堤・大湊波除堤の修復に関係する文書とともに一括され、現在三重県行政文書として三重県総合博物館に所蔵されているもので、一括袋には「拾六連区宇治組山田岩淵町　三日市大夫次郎」と記される。三日市大夫次郎家は三方会合年寄格であり、なんらかの理由で三日市家にあった三方会合の文書が、明治期に度会府へ提出されたものであろう。史料の性格上、会合側に偏った主張になっているとはいえ、経緯が詳細に記されており、利用価値は高い。

「宮川両船渡覚書」によれば、古来の渡船は神領である中島の者が支配し、船賃を取って運営していたが、いつしか武家領である小俣村(渡し口は鳥羽藩領)・川端村(紀州藩田丸領)に運営を奪われた、とする。年代は明記されていないが「乱世之時、中嶋没落之時節歟」とあり、中世末期ごろかと思われる。しかしながら、天正三年（一五七五）十一月二日付の北畠信意（織田信雄）から山田三方（三方会合）に宛てた「宮川橋賃」永代寄進の状が示すように[42]、舟橋設置あるいは一時的な渡船の権限は有していたと考えられる。

ところが、小俣村・川端村が渡船に関与しだしてから、「船賃を恣ニ貪り取」るなどの行跡が続いたという。慶長十三年（一六〇八）十月、当時、徳川家康政権下で「伊勢国奉行」として支配を担うようになった長野友秀・日向正成より、小俣村・川端村に対して、渡賃を一人一銭、馬一駄につき二銭、荷物一駄につき二銭と定める旨の命が下された。しかし長期的な効果がなかったのか、元和六年（一六二〇）正月に水谷光勝・山岡景以も同様の命を両村へ下し、あわせて高札を立てるなどした。いずれも小俣村・川端村に対して命が下されていることから、少なくとも慶長・元和年間から、無賃化される延宝年間までは両村が渡船の運営権を掌握していたと考えられよう。

三方会合側の言い分を紹介すると、小俣村・川端村の渡船の運用は、多くの人馬を一度に乗船させたことによって、沈没・転覆という事故をたびたび起こしていると主張し、非難している。この批判が決定的になったのは次のような事故だった。

去年延宝三年乙卯八月四日、あまり之高水にても無之候得とも、小俣前之渡しニをいて大勢之人数を舟ニ取込候故、乗しつめ、参宮之輩、又ハ近郷之者共水におほれ不慮之死人数十人有之候、当座ニ取揚候といへとも、後二、三日程死骸共小林御領分之河筋、又ハ大湊川辺江流れ寄候事、不便之仕合ト云越、無勿体儀、絶言語候、

延宝三年（一六七五）八月四日、多数の乗客を渡船に乗せたことにより、小俣前の渡し（下の渡し付近か）において船が転覆し、参宮人・近郷の者数十名が溺死するという事故が発生した[43]。溺死者全員をすぐに引き上げられず、渡場よりもさらに下流の小林村（現伊勢市御薗町小林）や大湊あたりまで遺体が流れついたという痛ましい状況が記されてい

る。この事故を受けて、三方会合・宇治会合は当時の山田奉行桑山貞政に対し、「参宮衆馳走」のために渡賃はとらないことを条件として、神領側での渡船運営を願い出た。桑山は参府の上、老中らと掛け合いの上でこの願いを許可する決定をするものの、無賃での運営について、会合に対し次のような提案をしている。(44)

渡し料と名付、或者田畑にても、又ハ屋敷ニ而も買求め可然旨、丹後守殿被仰聞候故、いかにも畏入候と御請申、何れ茂申談候処、先以両船渡し之年々之入用大概を積り申ニ、一年ニ凡金子百両程者入申事ニ而候、それ程之料を当分買もとめ申には弐千両計之金子を惣中江割掛、貫き申すは不罷成候、近年困窮之当地ニ而候へ者、何共難儀之至ニ候、此旨丹後守殿江御断申上、連々を以彼料は買求め可申候、たとへ料無之候とて船渡し之滞ハ少茂有之ましき旨申上候得者、是又とくと御聞届候而、左候ハ、何れ茂連々心かけ寄附有之様ニ可然との御事にて、両宮年寄其段御請申置候、

桑山からの、運営費の担保として土地屋敷を確保しておくべきではないかという提案に対し、会合側は、一年あたりの運営費がおよそ一〇〇両程の見込みであり、それに対する担保の土地を買収するには、二〇〇〇両を宇治・山田の住民へ貫として割り掛けることになるが、それほどの額を徴収するのは難しいと述べている。しかし追々買い求めるよう努力し、また費用が不足しようとも渡船の運営に影響がないようにするとの誓約を述べ、渡船の無賃運営が認められることとなった。桑山が担保確保を提言していることからも、両会合自体に渡船を無賃で長期運営できるだけの財力が備わっていたわけではなかったことは明らかである。会合は配下の御師をはじめとした住民からの負担（貫）を、発案当初から渡船の財源として考えていたということだろう。

「無賃」による渡船運営は、宇治・山田の人々にとってどのような意義をもつものであったのだろうか。「外宮子良館日記」(45)には次のような記事がある。

延宝四年丙辰五月十一日、宮川船渡之事、今迄ハ中嶋口・小俣口両方共ニ船賃壱人ニ壱銭を取渡し、紀州と鳥羽との所努ニ候処、去年桑山丹後守殿江戸参勤の砌、山田・宇治方ゟ訴訟にハ、宮川船渡之事、他領之渡し故、船疎略仕候歟、折々人損し有之候、向後宮川ゟ内之神領中として参宮人馳走のため船ちんなく渡し申度由之訴訟也、則丹後守殿江戸ニ而其沙汰に及ふ処相調、今月十二日ゟ宮川ゟ内ノ神領として往還を渡し候也、

つまり、両会合は渡船が「他領之渡し」であることが事故等の問題に繋がっていると主張し、この訴えに対して幕府は両会合に渡場の支配権を認め、他領である小俣村・川端村は渡船の現場から公的に排除される結果となった。「参宮人馳走のため」という言葉が示すように、両会合は渡船を利益収入目的ではなく、「円滑に参宮客を受け入れる」ための手段として運営するため「無賃」という条件を打ち出したと考えるのが妥当であろう。

参宮客によってもたらされる金銭が、御師の主要な収入であった。宮川を渡ることが参宮客にとって関門であったとすれば、この障壁を取り除くことで安定的な御師経営を可能にし得たといえる。無賃という手段は、生業として御師を営む集団を代表する存在の宇治会合・三方会合であるからこそ生まれた発想であることはいうまでもない。会合による宮川渡船の運営は、御師を統括する人々が、同時に会合年寄・町年寄として町政の中枢を担うという二面性を有した宇治・山田の町のすがたを象徴した事業であるといえるだろう。

延宝四年の無賃化以降は、近世を通して両会合が宮川渡船の運営を独占し、幕府もそれを承認し続けた。しかしながら、その運営に参入しようとする者がいなかったわけではない。元禄十一年（一六九八）には江戸赤坂二丁目越後屋市郎兵衛・新橋日比谷二丁目神屋彦右衛門が宮川両渡船の請負を山田奉行所へ願い出たものの、両会合が拒絶したため取り下げられた[46]。「囲爐閑談」には、同年八月二十四日に発給された、宇治・山田のいかなる事業においても他領の者の請負を認めず、またそのような者に荷担することを禁ずる旨の触が収録される[47]。喜早清在によれば、この触は

前述の江戸の者が宮川渡船の請負を山田奉行所へ願い出たことを受けて出されたものであるという。他領の者を宇治・山田の事業から排除していくという、両会合による町政の基本姿勢ともいうべき方針は、宮川渡船の運営を契機として定まっていったのである。

四　会合による渡船運営

1　運営費負担

ここでは、宇治会合・三方会合によって行われた宮川渡船の運営実態について、費用負担の面から検討していきたい。

費用は会合が出資したわけではなく、実際には宇治・山田の住民負担によって賄われた。『宇治山田市史』によれば「之に要する費用は、始め師職たる者より支出せしめたが、やがて之をば惣町中の負担とし取立つる規定とした」と説明し[48]、以降、地名辞典等もこの記述に基づいて同様の説明をしている。しかしながら、実際は延宝四年（一六七六）当初から御師に限らず宇治・山田惣中が費用を負担していたことを示す史料が残っている。

「宮川両船渡覚書」[49]に記される延宝四年の入用割を見ると、初年度の必要経費は内宮領（宇治）二四八一軒、外宮領（山田）一万一三五三軒の合計一万三八三四軒へ割りかけたと記される。山田の家数を記録した「伊勢山田戸口増減」[50]によれば、寛文十年（一六七〇）十一月二十四日改の山田町惣家数として九七六八軒、元禄三年（一六九〇）には一万二三六軒と記録される。年代による家数の差はあるものの、右の延宝四年の数字は御師に限らず、宇治・山田のおおむね全戸を表しているとみてよいだろう。

ただし、負担額は皆同じではなかった。「宮川両船渡覚書」には、宇治会合・三方会合の当初の申し合わせ条項として、次のような記述がみられる[51]（傍線部は筆者による）。

> 一、内宮年寄中と申談候者、両船渡之儀、第一諸参宮衆馳走之為にて候得者、彼渡しニ付諸事入用、宇治・山田師職之者共と平之者共者掛り銀差別あるへき道理ニ候条、畢竟何程年々入用有之共、惣高を二ニ割、一者師職、一者平惣中より出させ可申候、但両宮之間者家別ニ割掛可然ニ相決、

すなわち、宮川渡船は、第一に参宮人衆への「馳走」の為に運営されるものであるから、運営費は「宇治・山田師職之者」と「平之者共」の負担額に差を付けるのが「道理」であると明記されている。負担は軒割とし、総額を二分割して宇治・山田へ配分、宇治・山田ではその金額をさらに二分割し、半分を師職家、半分をそれ以外の者へと割りかけた。単純な方法だが、たとえば延宝四年の負担額をみると、当時の山田惣家数一万一三五三軒のうち、「師職」は三九七軒、「平之者」一万九五六軒で、一軒あたりの負担額は「師職」が一五匁九分五厘、「平之者」五分八厘となり、人数の差から、単純に半分を割りかけるだけで負担額の軽重がつく仕組みとなっている。

「師職之者」と「平之者」という区分をどう解釈すべきであろうか。外宮権禰宜橋村正兌は山田の家格を、第一等 宮司・第二等 神宮・第三等 三方・第四等 年寄・第五等 平師職・第六等 殿原・第七等 中間、という七等に整理している[52]。このうち御師（師職）を専業として営める程度の者は、第三等の三方（会合年寄、宇治も同じ）、第四等の年寄（町年寄、宇治では月行事と称する）に限られた。第五等の平師職は小規模経営の御師で、中には第三等・第四等の御師家の手代を勤めたり、あるいは兼業をする者が多かった。職人・商人等で苗字をもつ者が第六等の殿原、苗字を持たない者が第七等の中間に属する。殿原身分であっても御師を勤めたり、あるいは御師の手代として働く者もあり、宇治・山田において単純に「御師」といっても、その内実は家格によって様々であった。

前述の延宝四年の負担割では、山田の「師職之者」を三九七軒とする。「三方会合記録」[53]によれば、延宝四年に改めた山田の師職数は三九六人とあり、「師職之者」とは、おおむね三方会合年寄家および町年寄家ということができそうだ。また同負担割に「平之者」一万九五六軒とあるのは、平師職に限るとすると多すぎるため、殿原・中間も合わせた数と考えるのが妥当であろう。つまり、「師職之者」とは、御師を専業とすることができる家（会合年寄・町年寄）を指し、「平之者共」とは、それ以外の小規模経営の御師（平師職以下）と御師以外の者を指したものと考えられる。よって延宝四年の運営開始時から、宇治・山田の御師に限らず、惣中へ割りかけていたことが指摘できるのである。

ただし、宇治では地域特性からか、当初の割掛け方法は山田と異なっていた。宇治では総額を三ツ割（三分割）にし、三分の二を町方である上二郷、残りを村方である下四郷と二見二郷が負担することになっている[54]。町方の負担が重く、村方の負担が軽くなっているのは、宇治の場合町方に有力御師が集中して居住しているためで、山田同様に御師と御師以外の者の差別化を図ったものと考えられる。「参宮人馳走のため」という言葉は、決して表向きの名目ではなく、費用は有力御師が多く負担し、小規模経営の御師や、御師以外の者は負担が軽く済むというシステムが運営開始時から構築されていたことは注目できよう。

宇治・山田居住者のうち、神宮家（神宮の正禰宜に補任される家）の者は、貫をはじめとした一部の町役や負担を免除される立場にある。とはいうものの、神宮家の者も、それぞれが檀家をもち、御師としての収入を得る者がほとんどであった。宮川渡船が「参宮人馳走のため」という名目を掲げるからには、神宮家の者も他の御師家同様に負担することを両会合は求めている。しかし、神宮側は「惣中なミニ貫き掛り銀と有之候て者、以来迄難儀之由」と、貫という名目で負担することを拒絶したため、宇治・山田への「合力」として神宮家から支出することに決した。延宝四年当時の外宮神宮家は、「師職」一九家、「平」六家あり、山田惣中と同様に割掛けるならば三〇六匁九分三厘であったが、「合力」として金五両を三方会合へ差し出している。なお宇治では、朝熊岳（金剛證寺）から銀二枚、慶光院から銀一枚、慶光院家来中より金一両が「合力」として宇治会合へ納入された[55]。

運営費の賦課については、三方会合が主導権を握っていたようだ。寛政二年（一七九〇）に編纂された三方会合の年中行事書[56]をみると、三方会合が一年間の運営費の総額および宇治・山田それぞれの家数・一家あたりの負担額を算出し、毎年三月晦日に宇治会合に対して徴収すべき金額を通知することになっている。宇治会合の年中行事書[57]では、例年五月に御師の家、平の者の家の坪数等を調査した上で、さらに具体的な負担額を算出して徴収する定例となっており、宇治会合は三方会合からの通知を得てから、領内の実務にあたったとみられる。

2　渡船請負人の入札

渡船の実際の運営や渡場の管理は、会合が雇用した者が行った。これら請負人の決定に関しては入札という方法が用いられている。入札の手配と管理、落札後の手続き等、いずれも三方会合が主体となって動いており、宇治会合は積極的に関与しない。

三方会合配下であった田中中世古町（現伊勢市本町）の町会所の書留[58]には、慶応三年（一八六七）・四年の宮川渡船請負の入札に関する記事が確認できる。これによれば、渡船の請負は四月朔日から翌年三月晦日を区切りとし、三月中に三方会合役人から入札を知らせる触が出される慣例になっている。慶応三年の入札を知らせる触を例にみよう。

猶々入札望之者、其組合相出之もの名前、前広船目附へ相届候様御申触可有之候、以上

宮川両船渡請負、当卯四月朔日ゟ来辰年晦日迄入札申付候間、望ミのものハ中河原三右衛門方へ罷越、船目附ゟ

承り、来ル廿日会合所へ入札致持参候様、其所々御申触可有之候、以上

三月十三日

堤　左膳

河村織衛

御町々

本文中にみられる中河原の三右衛門という人物は、おそらくその年の請負人とみられ、慶応三年・四年のいずれも渡船請負を落札している人物である。入札希望者は、その当時の請負人のもとへ赴き、船目付より勤務の様子を聞いたのち、会合所へ入札を持参するように命じる触となっている。(59)入札は希望の請負金額を記し、希望者のなかで最も価格の安い者が落札するという、ごく一般的な方法であったが、かならずしも入札時の希望金額がそのまま用いられるものではなかったようだ。慶応三年の事例では、金三〇九両二歩で中川原の新吾ほか三名、金三〇五両で同所の三右衛門ほか三名が入札し、三右衛門が落札しているものの、実際の請負金額は金二八〇両三歩であった。

慶応四年の例では、金額引き下げの理由が具体的に記されている。この年は金三一六両一歩で中川原の三右衛門ほか三名、金三一六両三歩で同所の六兵衛ほか三名が入札し、わずか二歩の差で三右衛門が落札した。しかしながら、三方会合は「右者米・諸色下落ニ相成候ニ而者、不当之高金ニ付、精々引下ケ候様御理解申入」と、当時の物価に比べて入札額があまりに高いという理由から請負金額の引き下げを要求し、最終的には金二五七両三歩で三右衛門に請け負わせている。(60)

右の慶応三・四年の例をみる限り、宇治会合が一連の手続きに関与している形跡はみられない。また、三方会合の年中行事書には入札に関する定例が記されるものの、宇治会合の年中行事書にはそのような定例は確認できず、以上

のことから、渡船請負人の決定に関する作業は、基本的に三方会合が取り仕切っていたことが推測できる。

3　運営費管理と幕府の介入

両会合が、宇治・山田の住民から「貫」として徴収していた宮川渡船運営費は、寛政改革期に幕府役人（勘定下役青山喜内・男谷平蔵、普請役原田市郎次・関根市三郎）によって勘定帳の提出が求められ、調査が行われている。幕府役人らは、両会合の運営費は大幅な減額を強いているにも関わらず、宮川渡船の運営費にはあまり手を加えた形跡がない。寛政二年の改革前に三方会合所から幕府役人へ提出した勘定帳の写によれば、渡船運営費の総額は金二一二両余だが、改革後の寛政三年・六年の勘定帳では、渡船運営費はいずれも総額金二三九両余となっている。宇治会合徴収分は、寛政二年・三年ともに金三三両二分一三匁一分三厘二毛と記され、両会合ともに改革前後で運営費の徴収金額はほとんど変化がみられない[61]。しかしながら、両会合の運営費である貫は、寛政改革を期に山田奉行所への納入が命じられ、会合は貫の管理権を幕府に取り上げられることとなった。宮川渡船運営費もその例外ではなく、金額自体には大きな変化がなかったものの、徴収後は山田奉行所へ納入することになっている。ここでは、運営費の管理権の変遷をたどり、幕府の介入による影響をみていきたい。

そもそも宮川渡船運営費がどのように管理されていたのかを確認しよう。三方会合の年中行事書には、十二月二十五、六日頃の定例として「会合年中諸入用金銀、辻市郎右衛門帳面と勘定指引之事」と記される。「会合年中諸入用金銀」とは、会合運営費、すなわち貫を指す。辻市郎右衛門は上中之郷町（宮町）在住の両替商で、享保四年（一七一九）に三方会合の土蔵に保管されていた貫を含む金四四八両余が盗まれるという事件を期に、三方会合の運営費や闕所金・公儀金等の管理を任されていた人物である[62]。

辻市郎右衛門と三方会合間で行われた貫の「勘定指引」の目録は、わずかであるが現存している。そのうちの一点は三章で扱った「宮川両船渡覚書」とともに一括されている元文三年(一七三八)十二月二十五日付の「請取渡し相済申勘定目録」である[63]。これは一年間の金銭の出入りを辻・三方会合間で確認し、精算した際に作成されたとみられるもので、元文三年七月六日付で「宇治ゟ参候船渡し金」として金六四両一歩と羽書一一匁一分三厘と記載されており、宇治会合より渡船運営費の受け渡しがあったことが確認できる。つまり、宇治会合が徴収した宮川渡船運営費は三方会合の運営費とともに管理されていたのである。

しかし、寛政改革によって貫は山田奉行所へ上納することが命じられ、辻市郎右衛門もこれらの金銭の管理から排除された。元治二年(一八六五)二月に、両会合が山田奉行所へ貫の上納免除を歎願した文書のなかで[64]、「宮川渡場入用割、宇治会合より受取上納仕候処、近年宇治会合ゟ直々相納候」と記されていることから、寛政改革後も宇治分の渡船運営費を三方会合が預かり、山田奉行所へ上納していたものの、それも年を経るにつれて宇治会合が直接山田奉行所へ上納するように変わっていったことが確認できる。

寛政改革後は、両会合所は決まった時期、あるいは必要に応じて山田奉行所から各種の運営費を受け取るようになった。幕末の事例になるが、田中中世古町会所の「書留」には、宮川渡船運営費の支給に関する記事が散見する。いずれも山田におかれていた年行事両町代(三方会合配下の山田十二郷のうち、二～三町の年寄が交替で勤めた)から、各町の町代へ宛てられた通知を収録したもので、具体例として慶応三年一月二十六日条をみよう[65](傍線部は筆者)。

口上

宮川両渡入用当月分拝借、今廿六日堤正親殿、宇治会合梅谷左近殿、年行事当番幸田采女殿御玄関へ被罷出候処、御給人服部九右衛門殿・志賀鱗三殿御出合、則金拾五両御貸下ニ相成候、尤証文之儀者是迄通ニ御座候、

右為御達如斯御座候、以上、

正月廿六日　　　　　　　　　年行事

　　　　　　　　　　　　　　　　両町代

町々町代宛

同様の記事は、慶応三年では三月・四月・五月・六月・十月の二十五～八日の間に確認でき、いずれも支給額は一五両である。「宮川両渡入用当月分拝借」とあることから、「書留」に記録がない月は支給が無かったのではなく、単に記載漏れとみたほうがよいかもしれない。立ち会う人物は、三方会合当番・宇治会合当番、山田の年行事で、奉行所の給人（加えて組頭が列席しているときもある）から直接金を受け取ったようだ。三方会合だけではなく、宇治会合や、さらに配下の町々の代表である年行事が同席していることが注目できよう。「拝借」「貸下」という文言からは、かつて有していたであろう両会合の町政における主体性は感じられず、あくまでも奉行所の下部組織として機能している様子が認められる。

寛政改革によって貫の管理権を失った両会合は、幕末にかけて経済的に逼迫していく。宮川渡船の場合も運営費不足が生じていたことが次の史料からわかる[66]。

奉願上口上

十二郷町々惣代大世古町年寄高向土佐・一之木町年寄杉木左京・一志久保町年寄杉木宗大夫奉申上候、三方より申談候者、宮川両渡船定之数是迄不足致し有之、是非艜壱艘・鵜飼弐艘拵不申候半而者差支ヱも可相成、右者是迄両会合賄金之内を以拵来候処、段々及大借、賄金迚茂両会合借財之為ニ不足仕、殊ニ当時仕法立中之儀、何共難行届、以来之例ニ者致し不申候間、此度之上者十二郷ニ而引請可然相談致し呉候様、両会合ゟ申聞候ニ付、私共段々相談仕候処、小田橋其外追々引請候上、勘弁ニ難能候得共、右両渡差支ニ相成候而者不容易儀、以来之例ニ不相成旨、両会合ゟ書面取置、十二郷へ引請、艜壱艘・鵜飼弐艘新ニ造り申候、右入用金十二郷ニ而小前迄も貫集可申処、当時節柄一般必至難渋差迫り候折柄急速難行届心配仕候、依之　御用金弐百九拾四両弐歩拝借奉願上候、返上納之儀者別紙済方之通、出格之
御憐愍を以　御聞済　御貸下被為　成下候ハヽ、一同難有仕合而奉存候、仍此段奉願上候、以上、

慶応三丁卯年三月

十二郷惣代
大世古町　年　寄　印
当番　――　印
一之木町　――　印
――　――　印
一志久保町　――　印
――　――　印

御宛

右は慶応三年に山田十二郷惣代の大世古町・一之木町・一志久保町の年寄から山田奉行所へ提出された願書の控で、この三町は当時の年行事町であったようだ。内容は、宮川渡船の艜船一艘・鵜飼船二艘を新造するための資金二九四両二歩を奉行所の御用金から拝借することを望むものである。従来であれば、両会合の賄金(運営費＝貫)で費用を捻出すべきところ、両会合の運営費不足から山田十二郷が渡船の新造を引き受けたという経緯があり、十二郷惣代から願書が出されたようだ。当時、小田橋の造立といった、従来三方会合が担っていた他の事業も山田十二郷が引き

受けていたことが記されており、一旦は渡船新造を請け負った山田十二郷も、新造費用の捻出が困難となったために御用金拝借を願い出た。このことからは、渡船運営だけではなく、両会合が本来担っていた町政の運営費全般が幕末頃には相当不足していたことが確認できよう。

当時の山田奉行本多忠貫はこの願書をうけ、御用金からの貸し下げではなく、金二〇〇両を本多個人からの寄付として譲渡した。この受け取りにあたっては、両会合年寄、宇治の月行事、山田十二郷の年行事が列席している。すぐさま渡船の新造が行われるが、新造作業の管理は三方会合ではなく、年行事町である大世古町・一之木町・一志久保町の町年寄が担っている。

運営費の面から宮川渡船を検討すると、総費用の精算や管理、渡船請負人の入札といった主要な業務は三方会合が主導し、宇治会合は三方会合の指示のもとで機能していた。しかし、寛政改革以降は運営費が山田奉行所管理となったことによって、従来の会合の機能は崩れていく。両会合は運営費不足のために宮川渡船をはじめとした事業を管理することができなくなり、配下の町が管理を請け負うという事例が示すように、両会合の弱体化と相反して個別町・村の機能には変化が生じている。以上の事例からは、少なくとも寛政改革以後の両会合による宮川渡船運営は、極めて表面的なものになりつつあったと言わざるを得ない。

おわりに

以上、本稿では、「桜の渡し」「柳の渡し」という渡場の名称が定着していく過程や、渡船以外の渡河手段として用いられた宮川舟橋の近世期における実態といった基礎的事項をはじめ、宇治会合・三方会合による「自治」機能の展開をみる目的から、宮川渡船の運営について検討した。

伊勢参宮のルートでもある二見街道の汐合川にも渡船がおかれていたが、こちらは有料で、宝暦七年（一七五七）の渡賃をみると道者(参宮客)六文、近隣住民は二文と、参宮客は通常より三倍もの渡賃を払わねばならなかった。[67]参宮客であれば何であっても優遇されたというわけではなく、宮川渡船が無賃であるということは、当時の宇治・山田やその近隣地域からみても特異なことであったといえよう。それはすなわち、伊勢参宮における宮川の重要性を示すものでもある。延宝四年の宮川渡船無賃化は、御師を生業とする人々を統括する存在である両会合によって、地域への安定的な参宮客の受け入れ体制を確保する目的で打ち出されたものであった。

無賃化以降の宮川渡船は宇治・山田の住民全体が運営費を負担したが、「参宮人馳走のため」という目的のもとで、御師と、それ以外の者とに負担額の差をもたせた、極めて洗練された公共事業であるといえるだろう。しかしながら、近世を通して両会合の「自治」による安定した運営があったのではなく、寛政改革による幕府の介入によって両会合の渡船運営は極めて表面的なものに変容していく。たとえば、本稿で示したように運営費が規則的に山田奉行所から支給されるようになり、両会合が担い切れなくなった町政の機能の一部を会合配下の町々が負担する動きがみられることからも、幕府の介入を契機として、宇治・山田の支配の秩序に大きな影響があったことが確認できるのである。このような変容が確認できる以上、近世の宇治会合・三方会合の「自治」機能を評価していくには、特に近世後期の事例を更に蓄積していく必要があろう。

また、宮川堤や、下流の大湊の波除堤の整備では幕府も費用を支出したり、巡見使や、参宮に訪れた幕閣が堤の見分をすることが恒例化している。このような治水事業への幕府および地域住民の関与のありかたを検討することも、宇治・山田の町政の特質を見出すために必要であろうと思われるが、これらは今後の課題としたい。

註

（1）　塚本明『近世伊勢神宮領の触穢観念と被差別民』（清文堂、二〇一四年）。

（2）『伊勢市史　近世編』（伊勢市、二〇一三年）、四一～四二頁等。なお大湊は寛永期以降に三方会合の配下に入っている。

（3）　牧知宏「近世京都における都市秩序の変容―徳川将軍家に対する年頭御礼参加者選定にみる―」（『日本史研究』五五四号、二〇〇八年十月）、同「近世都市京都における《惣町》の位置―「御朱印」に注目して―」（『新しい歴史学のために』二七五号、二〇〇九年十二月）、同「近世前・後期京都における都市行政の展開―年寄と町代の関係をめぐって―」（『史林』九三巻二号、二〇一〇年十月）、同「近世後期京都における地域住民組織と都市行政」（『日本史研究』六〇六号、二〇一三年二月）。

（4）　塚本明「近世中期京都の都市構造の転換」（『史林』七〇巻五号、一九八七年九月）、同「近世後期の都市の住民構造と都市政策」（『日本史研究』三三一号、一九九〇年三月）。

（5）　朝尾直弘「元禄期京都の町代触と町代」（『朝尾直弘著作集　第六巻　近世都市論』岩波書店、二〇〇四年、初出一九八五年）。

（6）「文政十三年御蔭参雑記」（『大神宮叢書　神宮参拝記大成』神宮司庁、一九三七年）。伊勢朝熊山万金丹本舗野間家の記録。文政十三年（一八三〇）閏三月一日から二十九日までの「宮川上下船渡人数凡量り高」として、二二八万一〇〇〇人位との記録がある。なお、この数字は「宮川舟番所にて人数凡改帳の写也」とあるので、ある程度信頼のおけるものであろうと思われる。

(7)『宇治山田市史』(宇治山田市、一九二九年)。
(8)『小俣町史 通史編』(小俣町、一九八九年)。
(9)大西源一『参宮の今昔』(神宮教養叢書第三集、神宮文庫、一九五六年)。
(10)和田勉「伊勢詣と宮川の渡」(『瑞垣』一一四号、一九七八年三月)。
(11)辻村修一「宮川水運略史」(『伊勢郷土史草』四八号、二〇一四年十月)。
(12)深井甚三『幕藩制下陸上交通の研究』(吉川弘文館、一九九四年)第一部第一編第二章「渡船の設定・維持と利用」、六七〜九八頁。
(13)貫や宇治会合・三方会合の経済基盤や組織運営に関するまとまった研究は現在のところないが、拙稿「第二章第二節一 貫」(『伊勢市史 近世編』伊勢市、二〇一三年、四三九〜四五〇頁)において、貫の起源から終焉までを概観した。以下この成果もふまえて述べる。
(14)「宇治年寄ト山田三方」(神宮文庫所蔵、一門一五八一一号)。
(15)幕府要職の交代による臨時的な出府等、何かしら大きな出費が生じたときには、臨時的に徴収することもあった。
(16)旧姓での拙稿(中橋未帆)「寛政改革と宇治・山田―町入用節減政策を中心に―」(『三重県史研究』二五号、二〇一〇年三月)。また「第一章第二節三　寛政の改革」(前掲註(2)『伊勢市史　近世編』、一〇六〜一一一頁)にも要点を述べた。なお宇治・山田における寛政改革は、山田奉行個人の発案によるものではなく、明らかに当時の幕府の政権(老中松平定信)の意図によって行われたものである。
(17)堀江保蔵「山田羽書の寛政改革に就いて」(『経済史研究』三号、一九三〇年一月)、日本銀行調査局編『図録日本の貨幣　六』(東洋経済新報社、一九七五年)、等。

(18)「三方会合仕来定法並脇付」（神宮文庫所蔵、一門八五〇五号）。
(19) たとえば大西源一氏は、前掲註（9）『参宮の今昔』において、上の渡し・下の渡しという名称を「俗称」とし、本文中では柳の渡し・桜の渡しという名称を主に用いている。
(20)「囲爐閑談」享保十九年（一七三四）成。『大神宮叢書　神宮随筆大成　前篇』（神宮司庁、一九四〇年）所収。「今川俣村ハ古ハ柳多く有ル所ニテ（中略）、六七十年前マテ大ナル柳樹ノ陰ニ出茶屋ニ老女アリ、柳茶屋ノ於六ト云テ、遠方ノ人聞習テ此ヲ称ス、故ニ此渡場ヲ柳渡ト云リ」とある。
(21) 松川半山・浦川公左画、暁鐘成編「西国三十三所名所図会」。嘉永六年（一八五三）刊。「柳の渡」は巻一に収録。
(22) 蔀関月編・画、秋里湘夕撰「伊勢参宮名所図会」。寛政九年（一七九七）刊。「宮川西岸」は巻三、「宮川東岸」は巻四収録。
(23)「伊勢参宮春の賑」（神宮文庫所蔵、八門二八四号）。横地長重著。明治元年（一八六八）の序文がある。
(24)「神宮私祈禱旧様画巻」（神宮文庫所蔵、一門一九九九七号、コピー複製本）。『伊勢参宮資料展覧会出品目録』（神宮皇學館、一九二八年）にも本書から宮川渡場の図が掲載されている。同目録での史料名は「神宮私賽旧様絵巻」で、小西左文画、福井（御巫）清生考証、神宮神部署所蔵と記載される。
(25)『三重県知事指定　史蹟名勝天然記念物』（三重県、一九四〇年）。
(26) 宇野季治郎著「神都年代記」巻一（神宮文庫所蔵、五門四二八三号）には「明治六年二月　宮川堤小川町ヨリ下ノ渡場番所迄ノ間ニ梅・桃・桜ヲ植栽シテ遊楽所トナスコトヲ勧誘セラル」とあり、当初は桜以外も植樹されたようだ。
(27) 前掲註（2）『伊勢市史　近世編』、六〇二～六〇三頁。
(28)「宮川夜話草」『大神宮叢書　神宮随筆大成　後篇』（神宮司庁、一九四二年）所収、四八四頁。

(29) 上の渡しでは、昭和二十八年(一九五三)に現在の鉄筋コンクリート製の橋が架設されるまでは、洪水で破損が生じるたびに渡船が利用されたという(『角川日本地名大辞典　二四　三重県』角川書店、一九八三年、一〇三四頁)。また当然ながら、明治二十六年に参宮鉄道の津・宮川間が開通したことも、渡船の終焉に多大な影響を及ぼしている。
(30) 前掲註(28)「宮川夜話草」および『増補太神宮叢書　神宮典略　後篇』(神宮司庁、一九三四年)「宮川」の項、等。
(31) 「参詣物語」『大神宮叢書　度会神道大成　前篇』(神宮司庁、一九五七年)、八二〇頁。
(32) 西山克「参詣曼荼羅の実相」(上山春平編『シンポジウム伊勢神宮』人文書院、一九九三年)および、同『聖地の想像力—参詣曼荼羅を読む—』(法蔵館、一九九八年)。
(33) 『訂正増補　正続神都百物語』(古川書店、一九三二年)、二一四〜二一六頁。
(34) 「三方会合記録」巻六、天和二年三月五日条(神宮文庫所蔵、一門三五五八号)。本史料では「今日初めて舟橋相掛ル事」と記される。
(35) 「山田志」(神宮文庫所蔵、八門五一五号)。
(36) 本居大平「おかけまうでの日記」、前掲註(6)『大神宮叢書　神宮参拝記大成』所収、四三七頁。原本は安永五年(一七七六)改作し、文政十三年に刊行されている。
(37) 度会重全「明和続後神異記」、前掲註(6)『大神宮叢書　神宮参拝記大成』所収、四二七頁。
(38) 「萬歳留」『玉城町史　近世史料集』第二巻　萬歳留第一集(玉城町、二〇〇六年)、八〇五頁。⑤—七三号文書。
(39) 「(文政十二年八月二十七日)一、宮川舟橋出来、御見分当番中努七左衛門・御用人有賀修蔵殿・御組頭中川芳左衛門殿・御目附藤村彦八殿御越、立会見分無滞相済候事」(「文政度八月十二日ヨリ九月七日マデ御遷宮用略書抜」神宮文庫所蔵、一門一二九五〇号)。表紙に「小川地平左衛門」と署名がある。宇治会合側の記録であると思われる。

（40）三重県行政文書7-5-9（明治二年九月二十四日付）および7-6-1（明治二年八月二十四日付）、三重県総合博物館所蔵。作成者のなかに「上組年寄　大主織部」の名がある。大主織部家は、近世では八日市場在住の御師で町年寄格。

（41）「宮川両船渡覚書」三重県総合博物館所蔵、七-一-二-二。裏表紙に「延宝四丙辰年五月吉日　三方」とある。延宝四年（一六七六）当時に山田奉行所等へ提出した書類の控ではないかと思われる。

（42）『伊勢市史　中世編』（伊勢市、二〇一一年）、五七〇頁。

（43）引用は前掲註（41）「宮川両船渡覚書」。この事故については、史料によって死者の数が違ったり、また発生原因を増水とするなど、諸説ある。たとえば「万聞書」（神宮文庫所蔵、五門二一七七号）では「延宝三乙卯年八月四日の晩夕飯過に雨しけくなり宮川大水、舟に人々多く乗船そんじ、人々四、五十人死すると申候」と記す。いずれにせよ宇治・山田では、渡船に多くの人や馬等を乗せるような無謀な運行が事故原因の一つであると認識されていたとみえる。

（44）前掲註（41）「宮川両船渡覚書」。

（45）「外宮子良館日記」（神宮文庫所蔵、一門四〇三六号）。

（46）「諸覚書留」（神宮文庫所蔵、一門五〇五九号）。山田奉行所の下級役人が作成した記録であると思われる。神宮文庫所蔵のものは、明治四十二年（一九〇九）十月に神宮故事編纂所が、奉行所の旧同心より借り受けて書写したもの。

（47）前掲註（20）「囲爐閑談」、四六三頁。触の発給主体は明記されていないが、おそらく三方会合から出されたものであると思われる。

（48）前掲註（7）、上巻、六五七頁。根拠は明記されないが、おそらく喜早清在「囲爐閑談」（前掲註（20）、四五八頁）に「同年（延宝五／一六七七）三月四日、宮川舟渡シ家並ニ出之、只今マテ師職計也」とあることによると思われる。喜早清在は天和二年（一六八二）生まれであり、右の記述は清在が直接見聞きしたものではなく、伝聞等によって書き留めたものようで、信憑性にはやや疑問がある。史料中には「宮川渡船」としか記されていないが、これは明らかに運営費を指しているものであろう。なお大西源一氏も前掲註(9)『参宮の今昔』においてこの史料を紹介し「此の渡船は、もと師職家から出していたが、延宝二年三月四日、山田市中、家並から出すことになった」と解釈している。延宝二年は五年の誤りであろうし、「山田市中」というのは大西氏の誤解である。

(49) 前掲註(41)。

(50) 「伊勢山田戸口増減」(神宮文庫蔵、一門一五六三四号)。ちなみに他の年の数字を記しておくと、明和八年(一七七一)七二四九軒、天明八年(一七八八)六二九四軒、文政元年(一八一八)五五一八軒。いずれも「山田町惣家数」とあるので、町方のみの数字であると思われる。

(51) 前掲註(41)「宮川両船渡覚書」。

(52) 『対問私言』(前掲『大神宮叢書　神宮随筆大成　後篇』所収)七二二～七三二頁。

(53) 前掲註(34)「三方会合記録」巻五。また、「山田師職銘帳」(神宮文庫所蔵、一門三五四二号)巻一に収録される「延宝五年七月改　会合所山田師職人数之覚」によれば、延宝五年の師職数は「惣合　四百人」とあり、このうち一軒は妙見町の町年寄であるものの、師職ではない旨の注記があるため、三九九家とみられる。

(54) 「諸事控(原時芳雑記)」(神宮文庫所蔵、一門四五二三号)。上二郷は中館町・下館町・新屋敷町・今在家町・中之切町・浦田町・下中之地蔵町・上中之地蔵町。下四郷は中村・鹿海村・楠部村・古市町・朝熊村・一宇田村・松下村。二見二郷は江村・三津村・山田原村・溝口村。いずれも延宝四年当初の負担割。

(55) 前掲註(54)「諸事控」、および安永八年(一七七九)に編纂された宇治会合の年中行事書「会合所年中勤方記」(神宮文庫所蔵〈浦田家旧蔵資料〉、一門一七三一〇号・枝番号一四四)による。ただし「会合所年中勤方記」では、慶光院の負担額は銀子一枚、慶光院家来中は金三分八匁となっており、時代によって金額の変遷があるようだ。
(56)「三方会合引留」巻三（神宮文庫所蔵、一門三五六〇号）。会合の一年間の定例行事や提出する文書の雛形などをまとめたもの。
(57)前掲註(55)「会合所年中勤方記」。
(58)伊勢市所蔵、伊勢市立郷土資料館旧蔵文書一―六～一―一三。慶応三年正月から明治元年十二月まで計八冊が現存している。以下、「書留」と表記する。
(59)「書留」一―六、慶応三年三月十三日条。この触は、三方会合の年中行事書「会合年中行事」（神宮文庫所蔵、一門一〇五一九号）および前掲註(56)「三方会合引留」巻三にも、おおむね同文の雛形が収録されている。なお、「船目附〻承り」という文言は、年中行事書では「勤方之様子船目附共ニ承」とある。また、年中行事書では一年の区切りを二月十一日から翌年二月十日とし、触の発給も二月の定例としており、近世中・後期から幕末までの間に入札時期の変化があるようだ。
(60)「書留」一―九、慶応四年三月二十六日条。
(61)前掲註(56)「三方会合引留」巻九。
(62)辻市郎右衛門、および闕所金・公儀金の管理については拙稿「第六章第二節二　闕所金・公儀金の管理運用」（前掲註(2)『伊勢市史　近世編』、四五〇～四五八頁）参照。
(63)三重県総合博物館所蔵、三重県行政文書七―一―三。なお伊勢市所蔵、三方会合関係文書一七八号文書も、享保十八年（一七三三）十二月二十五日付の「指引勘定目録」だが、虫損が甚だしく、費目が判読できない所が多い。
(64)伊勢市所蔵、三方会合関係文書一〇号。

(65)「書留」一―六。

(66)「書留」一―六。

(67)「神領歴代記」下巻（神宮文庫所蔵、一門五〇六四号）。なお、嘉永四年（一八五一）に羽書取締役の川上源十郎という人物の願いによって汐合川の渡船を無賃化しようとする動きがある。山田奉行により翌五年から十年間の無賃運営が許可されるが、渡し守が早々に船仕舞いをするなどの運営上の問題が生じたため、安政二年（一八五五）に無賃運営は中止されている（「汐合川無賃渡船始末」神宮文庫所蔵、一門一五八〇二号）。

［付記］　史料閲覧・利用に際しては、神宮文庫、三重県総合博物館、伊勢市のお世話になりました。末筆ながら深謝申し上げます。

橘守部と伊勢
――荒木田久守との関係を中心に――

浅川充弘

はじめに

橘守部（天明元年～嘉永二年〔一七八一～一八四九〕）は、伊勢国朝明郡小向村（現三重県三重郡朝日町大字小向）の飯田長十郎元親の長男として生まれた。守部の生家は当時、「大庄屋格」を与えられていたが、その後、没落し、十七歳の時に江戸へ移り住むことになった。二十歳を過ぎた頃から学問を志し、ほとんど独学で国学を修め、二十九歳の時に武蔵国葛飾郡内国府間村（現埼玉県幸手市）へ転居し、四十九歳で再び江戸へ戻り、国学者として『稜威道別』『稜威言別』『万葉緊要』『山彦冊子』『助辞本義一覧』など多くの著作を生み出すとともに、弟子の育成にも力を注いだ。守部の国学者としての特徴の一つは、当時の国学界が本居宣長の学説が主流であったのに対し、それを批判し、独自の学説を展開したことにある。その業績は、のちに平田篤胤・伴信友・香川景樹とともに「天保の国学四大家」に数えられるに至った。

このように守部は、江戸時代後期から末期の代表的な国学者の一人とされている。その著作は、大正期に『橘守部全集』の刊行により大部分のものが収録され、その業績においても多くの研究が発表されている。しかしながら、守部の出身地である伊勢国や神典研究における重要な地域の一つである伊勢神宮地域社会との関わりについて、言及されているものは皆無といってよい。

そのため、本稿では守部のふるさとである伊勢国との関係を整理しつつ、同時代の国学者で、伊勢神宮の神官であった荒木田久守との交流を概観し、伊勢神宮地域社会との関わりについて論じることを目的とする。

一　守部研究の現状と課題

守部の国学者としての業績は、記紀・神典研究、語釈・注釈研究、万葉・和歌研究、歴史研究など多岐に及んでおり、その著作に関しては、前述したとおり大正九～十一年に、曾孫橘純一氏によって『橘守部全集』全十三巻が[1]、昭和四十二年には補巻を加え『新訂増補　橘守部全集』[2]（以下、「全集」とする）が整備・刊行されている。他にも「全集」未収の著作は、太田善麿校訂『国学大系十四　橘守部集』[3]、慶応義塾大学附属研究所斯道文庫編『未刊影印　橘守部著作集』[4]などに収録されており、守部の主要著作が、これらによってほぼ網羅されている。守部関係資料の所蔵状況として、橘家に伝来した守部著作の諸稿本類は昭和十四年に同家を離れることになり、その時の目録『橘守部大人自筆遺稿展観入札目録』に掲載されている諸稿本類は、現在の慶応義塾大学附属研究所斯道文庫と天理大学附属天理図書館の両機関にほぼ折半されている。また、守部の桐生における門人であり、支援者の中心人物であった機業家吉田秋主家に伝来する資料群には、守部の書簡・自筆稿本類が多く含まれ、群馬県立文書館に保管されている。前記以外にも二松學舍大学、阪本龍門文庫、松浦史料博物館、朝日町歴史博物館等に収蔵されている[5]。

近年、『幸手市史　近世　資料編Ⅰ』[6]、『愛知県史　近世六　資料編二〇　学芸』[7]などの自治体史編纂による調査によって守部の書簡類が掲載され、平成十七年には橘純一氏の遺族から橘家家伝資料が、二松學舍大学へ寄贈された。それらの資料の整理・調査の成果が、「橘守部・純一関係寄贈資料の整理と研究」の第一報から第五報に報告されている。[8]このように、守部関係の新たな資料の報告がされ、守部研究の一層の進展が期待されるところである。

守部の著述に関しては、すでに「全集」首巻の橘純一氏による解題によって、概要を知ることができるが、同解題は当該底本にとどまっている。その点を踏まえ、平澤五郎氏が「橘守部撰述現存諸稿本とその成立に就いて（一）～（三）」[9]において、守部だけでなく国学者が著作を著述する上で数次に及ぶ改稿を経て成稿本に至る痕跡を、書誌学的な視点から、守部著作の伝本を自筆稿本や転写諸稿本、初版初印本に近い版本までを精査し、各著作の成立過程だけでなく、著作年代等について詳細に論じている。

次に伝記研究としては、「全集」首巻に収録されている橘純一氏の「橘守部翁小伝」「橘守部翁略年譜」、『国学大系十四　橘守部集』解説には、太田善麿氏が伝記とともに学統・学問・思想の項目に分けて論じられている。これらの伝記研究、著述等の研究を総合的にまとめたものとして、鈴木暎一氏の『人物叢書　橘守部』[10]（以下、『橘守部』とする）がある。同書には、守部の出生地における飯田家の系譜から幼少期、江戸出府、国学研究の初期段階から晩年に至る間の、幸手在住時代における清水浜臣との関係、守部がその名を学界に知られる著作となった天保二年（一八三一）の『山彦冊子』刊行、守部の学問を支え当時「関東の西陣」と称された桐生・足利地域の門人たちとの交流、それ以外の地域における門人の状況をはじめ、守部の著作活動や学問とその成果や意義が詳述されている。

ここに述べた「全集」の刊行や守部関係資料の調査成果の報告、伝記研究以外にも、歴史・文学・国語学・神道といった分野から、守部に関する多くの論考が蓄積されている。

本稿に関連する学問や門人との交流という視点で論じたものとしては、徳田進『橘守部の国学の新研究―産業意識と国民文化の形成―』[11]、同『橘守部と日本文学―新資料とその美論―』[12]、高井浩『天保期、少年少女の教養形成過程の研究』[13]がある。

徳田氏の『橘守部の国学の新研究―産業意識と国民文化の形成―』は、吉田家文書の詳細な調査研究により、守部と江戸時代末期の過渡的マニュファクチュア期の機業商人である桐生の門人たちとの関係を、国学と実学が一体となった点に着目している。そして、守部の著作は、この地域の門人指導の過程において著述されたものとして、その経緯、及び守部著作の新資料の紹介等について論じている。後者の著作では、先の研究成果を活かし、吉田家に伝来した資料群の中から著作に関する新資料を取り上げ、守部の日本文学研究の一側面について考察を加えている。

高井氏の研究は、昭和三十九年から昭和四十八年にわたり『群馬大学研究紀要 人文科学篇』[14]に発表された「天保期のある少年と少女の教養形成過程の研究(一)～(九)」の論考を一書にまとめたものである。これは徳田氏同様、吉田家文書により、守部の門人であり支援者であった吉田秋主の娘いと、息子元次郎の二人の教育について、桐生の地域史研究も踏まえ、その成長過程について論じている。高井氏は、この二人の子どもの教養形成過程に守部やその息子冬照、娘浜子が深く関わり、守部と吉田家との関係を、橘家との書簡や守部の著作などの資料を含め、桐生の門人との関係を詳細に考察している。

徳田・高井両氏の論考は、守部の学問を考察する上で、重要な位置づけを有する桐生・足利の門人たちとの関係が中心となっており、守部と地域を検討するにあたり貴重な研究成果であると考えられる。

当然のことながら、守部には桐生・足利地域以外にも、全国に門人や国学者との交流があったものと推察されるが、この点についての研究は、中澤伸弘「村上忠順と橘守部・冬照父子」[15]がある。これは、刈谷藩の藩医で国学者であった村上忠順と橘守部・息子冬照との交流を、村上家に伝わる橘家からの書簡によって研究したものである。鈴屋派として知られる忠順が、守部の著作を精読していたことや守部没後の橘家との交流の状況などから、忠順を守部の門人として位置づけている。中澤氏の論考は、守部と三河地方の国学者との交流に視点を向け考察したものである。

このように、守部と同時代の国学者及び門人を含めた地域との繋がりについて先行研究の概要を述べた。しかし、冒頭で記した守部の著作に関する各学問領域における研究と比較しても、先行研究の蓄積が少ない状況であることは否めない。守部とふるさと伊勢国との関係については、伝記研究において近親者が家集などに掲載されていることによって、その存在にふれる程度にとどまっている。そのため、本稿の目的である伊勢神宮地域社会に関して具体的に言及した研究は、管見によれば確認することができない状況である。

二　守部とふるさと伊勢

前述したとおり、これまでの研究で守部とその出生地である伊勢国との関わりについて具体的に考察した論考はみられない。伊勢国は、国学を大成した本居宣長を輩出した地であるとともに、その後、宣長の学問を受け継ぐ門人たちにより、一層国学の発達に寄与した地であった。また、神宮が所在するといった重要な地域でもある。そのため、守部にとっては、ふるさととしての感情以外に、意識を向けていたと考えるべきであろう。そこで、本節では、守部とふるさと伊勢国との関わりについて述べることにする。

すでに鈴木氏が、『橘守部』で「守部門人の分布概況」(16)として一八一名の門人数をまとめている。守部には、門人帳が残っていないため、全ての門人を網羅していない、と但し書きをされているが、守部の門人の概要を把握する上では有益なものである。門人の分布概況は、『山彦冊子』(17)『鐘のひゞき』(18)『下蔭集』(19)『穿履集』(20)の著作などをもとに作成されたものである。

『山彦冊子』は、守部の語釈研究の成果として出版され、記述内容が門人などの質問に、守部が答える形式で記載されている。『鐘のひゞき』は、その続編として刊行された。『下蔭集』は、守部の近親者と門人の詠草を集めた歌集で、巻頭の「集のゆゑよし」に「他門の人ははゞかりてひとりもくはへず、此集にのれる限りの人は、高きもいやしきも、こと〲くわが翁のおしへ子なり」と冬照が記しており、天保九年（一八三八）刊行のものには、巻末に「下蔭集初編作者姓名」を付載し、一四三名の名前が載せられている。

『穿履集』は、守部晩年の自撰家集で四季部・恋部・雑部で構成されているが、その中には守部の対人関係や伝記的な内容を示す記載も含まれている。これらの記述内容から、鈴木氏は門人数を在国と階層に分けて推測されているが、この中には、伊勢国の門人はあげられていない。しかし、これにより守部が伊勢国との交流がなかったとはとらえることはできない。

鈴木氏の成果はあくまで門人に限定されたもので、『下蔭集』の「下蔭集初編作者姓名」には以下の記載がみられる。

まち子　伊勢神戸玉垣一身田院家　池庵翁姉　正信寺母

まち子は、父親と離縁した母に付き添い、守部幼少期に別れた姉である。後に現在の鈴鹿市西玉垣町の正信寺に嫁した。これによって、伊勢国における近親者との交流は、守部が江戸に居を移し、国学者として周知されるようになった後にも確認することができる。『下蔭集』以外にも、伊勢との交流についての記録は、守部の娘浜子によって記された『橘の昔語』(21)序文にみることができる。

かゝる事をかきしるさんはをこがましく、且は物ぐるほしかれど、本より人に見すべきにあらず。伊勢の家のむかしの事を、此あづまのゆかりのものにたれよく聞しれるもなし。かくて翁のなからん後はいかにしてかはもとめん。父の子として父の事をしらで止べきならじとて、年ごろいせにも問あはせ、又翁にもをりをり承りて、すこしは記しおきつるに今年は伊勢よりもとむる人のこれかれありければ、更にこゝかしこにとひさだめて、一わたりしるして、わかつになん。されどかたはらより記すさまにては、かきとめがたき事のおほかれば、いせの事はいせよりのふみのまゝにしるし、翁の言は翁の口づからのたまふまゝにかきつけつ。皆かたへよりいふことゝきくべきなり。それが中には、いとおふけなくつゝましく、又はづかしき事などもあれど、只いせの伯母、をひ、いとこたち、われらはらからのためにものするわざなれば、よしやそれも誰にかははゞからん。よきもあしきももはらありしことのまゝにいさゝかもたがへじとて、さとび言してさへしるしぬ。猶もれたる事もおほかるべけれども、そは又後におもひ出給はんをりに承りおきてかきつくべし。かゝれば人にこそ見すべきならね。もし父うせまして後、碑の銘などものし給はん人あらんにも、此中よりさるべき事はつみ出てまゐらすべし。そはとまれ長く家に伝へて、うみの子の末々までも、翁の広きあつきみたまのふゆをわすれたてまつらぬいましめとはなしつべくこそ。

天保十四年五月

浜子しるす

同書は、浜子により、父守部の事跡について、その死後に不詳とならないよう書き留めたものである。この序文によって、その内容が、守部よりの聞き取り事や伊勢の親戚などに問い合わせたものであるとわかる。鈴木氏も『橘守部』で指摘しているが、同書は浜子の顕彰的な執筆動機と還暦を過ぎ、すでに国学者として大成した守部による青少年時代の回顧という点において、厳密な伝記資料とはいえない点も考慮する必要がある。しかしながら、守部の伝記資料として、幼少期を知り得る資料が他に確認できないことから貴重なものととらえることができるであろう。また、この著作を記すにあたり、橘家が天保期においても、守部のふるさと伊勢の近親者との遣り取りが続いていたことを示す根拠にもなり得るものである。そして、守部と伊勢との関わりについて、次の記載もみられる。

文政二年いせにのぼりし時、此縄生村にてふと額字の事おもひ出けるまゝに、立よりて見しに、今は社子の額一つもなし。されど尋ねしついでに不動堂を拝みけるに、其堂の欄間の下に古けたる小額たゞひとつ見ゆ。よく見れば鶴寿の二字にて、墨もておしたる手の形あり。是わが八つの時の手なりしかと、むかしゆかしくて、とばかり見居たるに、其書今かくに多くはおとらず。幸手よりつれたる又吉と云ものにしめしたるに、めづらしがりておろして写さんなどいひけれど、行先いそげば立つ。かくて小向村に行てむかしの社子の家を尋ねさせて、此師の坊のかきしものを見つるに、御家流なれど、直に尊円親王を習ひたる手なりければ、高き品ありていと見事なりき。

この記述の前段には、守部が幼少の頃に出身地である小向村の隣村縄生村の金光寺に手習いに行っていたことを語っている。そして、守部幸手在住時代の文政二年(一八一九)に、伊勢国に赴いたことを回顧した本記述となる。守部が関東へ移住後に、伊勢国を訪れたことを示す記録であり、『穿履集』においても、それを裏付ける詞書がみられる[22]。

(「雑上」)

文政の二とせ、ふる郷のいせの国にまかりける時、粕壁の小淵の村にて、ひと〳〵馬のはなむけすとて、うたともおほくよみて出しけるに、立なからこたへける長うたみしかうた

このことからも、守部が文政二年に伊勢国へ赴いた事実は、別の史料からも確認することができる。しかしながら、この文政二年に守部が伊勢国へ赴いた理由、訪れた場所については、言及されることがなかった。これは、伊勢

へ赴いた記述が『橘の昔語』『穿履集』のこれらの記事に依ったためである。ただし、『穿履集』には、これまで紹介されることのなかった次の詞書と和歌がある。

（「雑下」）

五十鈴の宮の御前にぬかつきて心のうちにおもひつゝけゝるうた又みしかうた

さくゝしろいすゝのみやの、宮柱ふと高しらす、大前のひたつちのうへに、しゝしものいはひをろかみ、うつらなすいはひをろかみ、をろかみてぬかつきをれは、撞賢木いつのみ霊の、たふとみとすゝみもしらに、かしこみとしそきもしらに、そゝろにも涙こほれて、うつゝとも夢ともわかす、しゝしものいはひもとほり、うつらなすいはひもとほり、たふときろかも

こゝろさへすみとこそすめつき賢木いつのみ玉のしつもらすなへ

この詞書から守部が、神宮を訪れていることを確認することができる。その際には、深々と礼拝しつつ、神宮に祀られている御霊に対して湧きあがる想いを詠んでいる。

それでは、実際に守部が神宮を訪れた時期は、この文政二年か検討していくことにする。文政二年以外で、その可能性を見出せる史料として、竹川竹斎の日記がある。竹斎は、飯南郡射和村（現松阪市射和町）の幕末の経世家として知られている。詳細は次節で述べるが、守部と親交のあった荒木田久守の血縁であるとともに、国学を久守から学んでいる。その竹斎の日記に守部に関する記事がみられ、弘化二年霜月八日の条に以下の記載がある。(23)

一彦太郎様　廿一日御安着

廿六日出　こと暇乞質素之事忝拝承

守部ゟ山田行十日限差出被下候由□□難有十日限ニ而至極宜事と存候

この記述は、守部よりの「山田行」について記している箇所である。記載内容が詳細でなく、一部に難読箇所があるため、守部の「山田行」を指すものか、もしくは竹斎を含めたそれ以外の者の「山田行」について、守部から問い合わせがあったものか、この部分だけでは判断することはできない。

ただ、守部が弘化二年（一八四五）に神宮へ赴く理由としては、後に詳述するが、同年九月に『稜威道別』を神宮の神官であった久守を介して、朝廷へ献上することとなった。そのため、守部にとっては、国学者として、これまで以上の評価を得るとともに、自負心を満たされる出来事であったと推察される。久守との関係、『稜威道別』が『日本書紀』神代巻の注釈であることを考慮すると、神宮を訪れる契機として考えられるであろう。しかし、竹斎の日記には、「山田」という表現がされており、内宮の所在する「宇治」ではない。その点について、守部がわざわざ「山田行」として伝えることに矛盾を感じる。また、同年は守部の娘浜子が、十二月に没してしまうことになり、すでに十月には重態に陥っていた[24]。そのため、この時期の守部には、江戸より伊勢へ赴く余裕はなかったものと思われる。

そして、守部が伊勢国を訪れた記録が他に確認できないため、『穿履集』にある五十鈴宮（内宮）の前で詠んだ、つまり神宮へ赴いた時期は文政二年とするのが妥当と考えられる。『橘の昔語』には、伊勢行きの理由や伊勢神宮地域へ赴いたことは記されていないが、「行先いそげば立つ」とある。これは縄生村に立ち寄った際の記述で、守部の出生地小向村の一つ前の隣村での状況である。当然、小向村を訪れることも目的の一つであったと思われるが、それ以外の理由、もしくは他の場所へも向かう予定であったことを推察させる記述である。

併せて、この文政二年は守部三十九歳の歳で、鈴木氏が『橘守部』中に津田正生宛書簡を引用して、この歳に「真ノ道」を発見し、自己の学問に新たな視野の開けたことを紹介されている。同年守部は、『古事記索隠頭書』を著している。同書は、神典の中に「実事」の存在を確認し、神典の再評価を試み、まとめた著作である。加えて、記紀歌謡の注釈書である『稜威言別』序文の年記が、上梓される際の稿本に[25]「弘化三年」とあり、「全集」底本となった刊本[26]では「文政申す三とせ」に改訂をしたと指摘されている。[27]この年記の改訂は、文政二年に「真ノ道」を得た後の著作として関連付けるため、翌年の文政三年としていると、これまでの研究において述べられている。

その意味で文政二年は、守部にとって長い国学研究上、重要な年であった。その点を考慮すると、国学者として、新たな境地を開いた守部の意識と『穿履集』にある五十鈴宮で詠んだ歌意は、合致するものととらえてよいであろう。同時に、伊勢神宮地域へ赴いたことを想起させる他の詠草がみられないのは、まだ国学者として名が、広く知られていない頃であったためと思われる。もし、弘化二年の守部であれば、訪れた際に久守などの人物との交流を窺わせるものが、『穿履集』の性格から存在したと仮定できるであろう。

以上の考察により、文政二年における守部の伊勢への旅は、ふるさと伊勢国小向村だけでなく、神宮の所在する伊勢の地へ赴いていたと考えることができる。

そして、『橘の昔語』には、守部の幼少の頃の手習いの師が書いたものを探すにあたり、「かくて小向村に行てむかしの社子の家を尋ねさせて」とあることから、出身地の小向村には守部に縁のある近親者などの存在を推察することができる。同村に所在する浄泉坊には、父飯田長十郎元親の墓石がある。正面に「前郷長飯田長十郎元親之墓」、側面には「寛政八年丙辰十月八日没　江戸　橘守部建之」と彫られ、守部の筆跡によるものである。

「守部」という署名が、文政九年刊行の『讃江戸歌』に初めてみられることと、高井浩氏の吉田家文書の研究[28]により、それまで「庭麿」と名乗っていたものを「守部」と改名するのは、文政九年以降と考えられることから、この墓石を建立したのは幸手転居前の江戸在住時ではなく、二度目に江戸へ移った文政十二年以降と推察される。そして、地元寺院である浄泉坊内への建立ということを踏まえても、小向村、もしくは周辺の近親者の協力によった経緯を推測することができる。そのため、守部と地元伊勢国における近親者との交流は、継続していたものと考えられる。

具体的に守部、もしくは橘家が、近親者を含めた伊勢国のどのような人々と繋がりがあったかについて、手がかりとなる史料に「毎春年頭書翰名前大略」がある。これは朝日町歴史博物館所蔵で、前述した旧橘家資料の一つである。[29]すでに『朝日町の文化財』[30]では、

横本　縦一五・八糎×横四〇・六糎　共表紙　丁数六丁　外題中央「天保十二年改／毎春年頭書翰名前大略／其時々依親疎可有増減」　内題なし（挿込み一葉「卯月の分」）

年賀状の文案四通りと、各地の門人などの名前を記したもの。天保一二年は守部六一歳に当たるが、守部の門人名簿が伝えられていないので、その意味でも貴重な資料である。

と紹介されている。表紙には「其時々依親疎可有増減」とあり、記載内容にも加筆修正の跡がみられるが、各地の門人を東国と上方に分けて列挙している。伊勢国を含む上方については、以下のとおり記している。

上方

津島根高　津田三輪助

同　正生老人

桑名片町　桶原平兵衛

勢州朝明郡縄生村
天神之主
縄生村　後藤水主 安芸

明治五年　年頭状上るを申来候　嘉躬

小向村　飯田庄次郎

川原田村　岡田平九郎
　岡田久右衛門
玉垣　正信寺
　同常照院
　宇治求馬
小古曽村　願誓寺
神戸
長崎へ者　岡田平右衛門
□□□　弘化三午十月江戸江帰
大垣　山本安右衛門
　村上承卿
越前福井　安木七左衛門

この記述中には、桑名片町・縄生村・小向村・川原田村・玉垣・小古曽村といった伊勢国内の地名が記されているため、交流のあった人物を具体的に知ることができる。そして、記載されている人物の中には、津田正生・三輪助、村上承卿(忠順)といった門人名も記載されている。ただ、他の「川原田村　岡田平九郎」は守部の生母の再婚先、「玉垣　正信寺」は姉まち子の嫁ぎ先といった近親者も含まれることから、厳密な意味で全てが門人としてとらえられることはできないであろう。しかしながら、守部、もしくは橘家が出身地伊勢国において、どのような人物と交流を有していたかを示すものであり、これまで述べたとおり、伊勢国との交流の事実を確認することができる。

次にこれらの史料の裏付けとなり、また、守部が伊勢に対してどのような想いを抱いていたかについて、手がかりとなる『穿履集』の記述を取り上げる。『穿履集』は、守部がその都度出来事を詠んだ和歌などが、その事項(詞書など)とともに収録されており、守部の年譜を探る上で、参考になるものである。本文中、伊勢に関する事項を含むと考えられる詞書などを以下のとおり、掲載順で抽出した(ただし、各引用した詞書などの最初の番号は筆者が記したものである)。

1(「雑上」)
本居宣長か古事記伝の竟宴の追加に、伊勢国より頒ちおこせける題のうち、猨田毘古ノ神を得てよみて遣はしける長歌みしか歌

2(「雑上」)
伊勢のゆかりあるひとの、あつまに久しくありて、かへる日立よりけるに

3(「雑上」)
文政の二とせ、ふる郷のいせの国にまかりける時、粕壁の小淵の村にて、ひと〳〵馬のはなむけすとて、うたともおほくよみて出しけるに、立なからこたへける長うたみしかうた

4(「雑上」)
故郷の伊勢国にまかりける時、箱根山をこゆとてよめる長うたみしかうた

5(「雑上」)
伊勢国のうからかもとに

6(「雑上」)

弘化二年九月十七日、伊勢皇大神宮の神嘗祭の勅使藤波三位卿、祭はて丶申し給はく、此たひ禁裏におきて、日本書紀の御会読はしめさせ給へり、それにつきて、荒木田神主久老か日本紀槻の落葉奉るへし、又、江戸人橘守部か稜威道別もかねて聞及はせり、神官の中にしる人あらは、其書奉すへしと仰ことありけるよし、久守のかたよりいそき申おこせけるにつきて、写させて奉るとき、そへて奉りけるうた

7（「雑上」）

伊勢の松坂には、本居氏の後にもいそしむ人々いと多かりけれは、それかもとにせうそこすとて、ふみのはしに

8（「雑下」）

いせの国より本居宣長のかたかけるゑに、うたこひにおこせけるに、よみてかきつく

9（「雑下」）

母のうせ給ひける時涙にひちてよめる

10（「雑下」）

父の廿三年の忌によめる長うたみしかうた

11（「雑下」）

父の三十三年の忌によめる

12（「雑下」）

父の五十年の忌を三年とりこして

13（「雑下」）

父の命の十七年の忌に御霊をいはひてよもすからおもひつ丶け丶る長うたみしかうた

14（「雑下」）
本居宣長の十七年の忌に、いせの国よりいひおくりけるにつけて、披書思故人といふことを、人々とゝもによめる長うたみしかうた

15（「雑下」）
父の命の十三年の忌にのりのわさせるついでによめる、時は神な月のはしめつかたなり

16（「雑下」）
神な月七日父のみ霊をまつるついてによめるうた

17（「雑下」）
五十鈴の宮の御前にぬかつきて心のうちにおもひつゝけゝるうた又みしかうた

18（「雑下」）
本居宣長の古事記伝の竟宴に、いせの国よりおこせける題のうち、猿田彦大神を得てよみておくりける長うたみしか歌

19（「雑下」）
伊勢社人某の五十賀に

20（「雑下」）
文政の七とせ九月はかり、ふる郷の伊勢国にますはゝとしの八十をほきてよみて奉れる長うたみしかうた

これらの記述には、すでに述べた文政二年に伊勢に赴いた以外にも、父親や母親など近親者を意識した箇所が多くあり、このことからも関東へ移り住んだ守部が、ふるさと伊勢に対する想いとともに、近親者との交流が続いていた

ことを裏付けるものである。また、同じ国学者である本居宣長に関連するものもある。該当箇所が、伊勢国を意識したものに含まれるかは、断定できないが、同国人であるとともに、国学者として偉大な先達としての意識を有していたことは確かであろう。

また、19の「伊勢社人某の五十賀に」は、伊勢国に所在する門人の存在を推察することができ、前述した「毎春年頭書翰名前大略」が近親者以外の門人も明記していたことにも関連づけることができるものである。また、17の「五十鈴の宮の御前にぬかつきて」はすでに述べたとおりで、6の「弘化二年九月十七日」については、伊勢神宮地域社会との関連を指摘でき、詳細については次節で述べる。

次に、国学者として大成した守部が、伊勢国側からはどのようにとらえられていたかについて『豊秋雑筆』(32)から概観する。本書は、桑名城下の福江町に住んだ町人、角屋吉兵衛が天保五年から明治十一年まで四十五年間の長期にわたり風聞記録を書き綴ったものである。桑名町人風聞記録刊行会により天保五年から文久二年（一八六二）までの分が翻刻・刊行された。

その史料的価値については、塚本明氏の「はじめに」において「本書は、地方城下町の町人の手によるという性格の違いから、近世後期から維新期にかけて、日本社会の情報の拡がりを考える上で大きな意義がある。（中略）桑名や三重県北部の歴史を描く上での必須史料になることはもちろん、幕末日本社会の世相や情報伝達、当時の庶民生活、感覚などについての分析を、大きく前進させる材料になると考えられる」と述べている。

この史料中「豊秋雑筆　三」の「弘化弐乙巳歳目録」に「一、守部先生之事」、「豊秋雑筆　四」の「嘉永二己酉歳目録」に「一、橘守部没日之事」と記され、二箇所に守部に関する記述がみられる。

（弘化弐乙巳歳）

守部之事

橘守部元輔といふハ出生ハ当所小向村之村長ニて居住せしが、村方と少しのさわり有て村方立のきける、その頃は丶おや計にてわづかに十五歳なりける其時

○は丶そ葉のは丶の元にもとゞまらで子ハちり〴〵に成ぞかなしき

夫ゟ江戸へ下り奉公口入所に百余日も居けれども、思ハしき所なしと居けるうち、橘元輔といふ家に奉公せしが、此家ハ国学和歌の達人と聞て昼夜まなびをなし、中年に其家を出て幸手の宿に住けるが、元輔壱人の娘有我も病中ゆへ幸手より呼かへし娘と見合けり、程なく元輔身まかりける、夫ゟ和歌に心を深めて今ハ天下一式の人となり、二代の元輔といふ、当年旧里小向の社頭へ自筆の幟を寄進なす、七十有余也、先代の門弟千余人も有中に壱人の娘を見合せし是にてしるべし、詠歌あまたなれ共こ丶に一首出す

○人しらぬまなびの窓の灯火ハきへての後や世に光るらん

（嘉永二己酉歳）

守部没年の事

六月廿七日東都橘元輔守部八十歳余ニて没ス

○人しらぬまなびのまどの灯火ハきへての後や世に光るらん

守部の出身地小向村が、桑名藩領であることを考えると、伊勢国における守部の評判がどのように伝えられていたかを窺い知る上で参考になるものである。

『豊秋雑筆』の記述は、守部が「夫ゟ和歌に心を深めて今ハ天下一式の人となり」とあることから、守部の評判が和歌の詠み人としてか、国学における和歌研究かは不明だが、出身地の城下である桑名にも伝わっていたことを示し

ている。その内容に「出生ハ当所小向村之村長ニて居住せしが」「幸手の宿に住けるが」「旧里小向の社頭へ自筆の幟を寄進なす」といったことは、守部の出生地や『橘の昔語』の記述との整合性、また、地元小向神社に「弘化二季龍次乙巳之夏六月十八日」「東都橘守部沐浴再拝書」とある、守部が奉納した幟二旒が伝来していることと一致する。

しかし、守部が江戸へ下った歳について実際には十七歳を十五歳としていること、当初橘元輔という人物の家へ奉公に出て、のちに二代として元輔を名乗ったとする記述や、嘉永二年に没した享年が六十九であったことを八十歳余としている箇所など、事実と異なる記載がみられる。特に守部が、橘元輔という人物に奉公へ出た事実はなく、二代の元輔であるという記載は、守部が元服後に元輔と称したことと、息子冬照も元輔を名乗っていたことを混同したものと推察することができる。

このことは、守部に関して地元でありながら、詳細に把握されていなかったという状況を窺い知ることができる。同様のことは居住地の関東においても、浅野梅堂の筆録『寒檠璅綴』に、守部が下総の農民出身であるという記載が紹介されており[33]、守部の出身など詳しい来歴があまり知られていなかったことがわかる。

いずれにせよ、天保二年の『山彦冊子』刊行以降、守部の国学者としての名は、学界に広まり、出身地である伊勢国まで聞こえ及んでいたことは、『豊秋雑筆』の記述によって確認することができる。

以上、本節では、守部と伊勢国の人々との関係を考察した。このことから、文久二年の守部の伊勢国訪問は、神宮の所在する伊勢まで訪れていたという新たな知見をもたらした。また、守部が国学者として大成した後に、その名が地元にまで知られており、伊勢国の近親者を含めた人々との繋がりを有し、交流していたと考えられる。

三　伊勢神宮地域社会における荒木田久守との関係

神宮の所在する伊勢は、神宮の存在により歴史・文化の面で伊勢国内でも他地域と異なり、伊勢神宮地域社会として特異な発展をとげてきた。守部にとって出身地伊勢国であることはもちろん、これは守部だけではなく、国学者にとって重要な地であるといえよう。先に述べたとおり、守部とこの地について具体的な状況を伝えた先行研究はみることができない。しかしながら、この地域と守部を結びつける人物として神宮の神官であった荒木田久守（安永八年～嘉永六年〔一七七九～一八五三〕）をあげることができる。

荒木田久守については、守部の主要著書の一つで、神典研究の成果の一つである『稜威道別』の序文を認めていることで知られる。『稜威道別』は、『日本書紀』神代巻の注釈書で、本居宣長と異なり『日本書紀』重視の立場をとり、「神秘五箇条」という独自の神典解釈法により著述されている。巻一から巻五までは守部の死後二年後の嘉永四年に刊行され、巻六から巻十二上下は「全集」に収録されることになる。久守による序文は、次のとおりである。[34]

よろづの事時いたらねばならず。時のいたるは神の御心なり。まろが父荒木田神主久老は、水くきの岡部の賀茂の大人をいたく貴めりしは、誰もしるごとくにぞある。然はあれど、ちはやぶる神代のことはいまだ時到らず。けだし此古語学びの末にいたりて、殊に神のみたまよせ給ふ人出べしといはれき。今この稜威道別を見おどろきて、あまりあやしく貴きまゝに思ひいづれば、其させりし人はすなはち香細き橘の大人になもありける。梓弓いまより此釈言によりて、梔弓（ハジユミ）のはじめて、神代の事を見驚き、きゝ驚くものは麻呂のみかは此伊勢の両宮につかへ奉れるきねをはじめて、こゝらの国つ社につかへらむ神部たち、いかにちからをえて、天の下におしひろめましと思へば、あさる雀の飛立てうれしくよろこぼしきに、且は吾父神主ののたまひおかれし言の、たがはざりしもあやしきあまりに、思はず一言をしるすになも
今よりは尊き神の神語もまよはで見べきこれのとき言
天保十四年美南月
皇大神宮権禰宜
従四位下荒木田神主久守

久守は、『万葉集槻の落葉』などの著作で知られ、内宮権禰宜で賀茂真淵の門人であった荒木田久老（延享三年～文化元年〔一七四六～一八〇四〕）の次男で、姓は橋村・宇治、名は正任・正睦・令睦で、はじめ久老の父橋村正令の家を継いだが、兄久敬の死により実家宇治家に帰り復姓した。久老の死後は、『本居春庭門人録』(35)の文化七年庚午年の条に「伊勢国山田　権禰宜　橋村肥後　正任」の名で掲載されており、本居春庭に師事し、門人であった。守部にとって、批判的態度をとっていた本居学派に属していた久守が、『稜威道別』序文で「今この稜威道別を見おどろきて、あまりあやしく貴きまゝに思ひいづれば」、「こゝらの国つ社につかへらむ神部たち、いかにちからをえて、天の下におしひろめましと思へば」といった表現で守部の著作を高く評価している。後にその評価は、久守から禁裏へ『稜威道別』を献上する機会を得ることとなり、このことは、先にあげた『穿履集』の伊勢に関連した詞書の「6」にあり、その全記述は次のとおりである。

弘化二年九月十七日、伊勢皇大神宮の神嘗祭の勅使藤波三位卿、祭はてゝ申し給はく、此たひ禁裏におきて、日本書紀の御会読はしめさせ給へり、それにつきて、荒木田神主久老か日本紀槻の落葉奉るへし、又、江戸人橘守部か稜威道別もかねて聞及はせり、神官の中にしる人あらは、其書奉すへしと仰ことありけるよし、久守

のかたよりいそき申おこせけるにつきて、写させて奉るとき、そへて奉りけるうた

神の代に近かりぬへき雲の上にまたすもうれし家のひめこと

御民われいけるかひあり雲の上に古言とはす時にあへるは

雲井までまつらさりせは皇神の道のすたれとひとりなけかん

日のみこの照しまさすは皇神の道のおくかの又もくもらん

この箇所は、弘化二年（一八四五）に神嘗祭の勅使藤原三位卿から、禁裏において日本書紀の会読を行うにあたり、神官に『稜威道別』のことを聞き及んでいたため献上するよう久守から報せがあった、という経緯とともに、守部のその際に詠んだ歌四首が記されている。

このように『稜威道別』の序文を認め、後に朝廷への献上につながった久守との関係は、どのようなものであったのか、限られた史料ではあるが、考察していくことにする。

守部側の史料で久守の名が登場するものとして、先に紹介した天保十二年（一八四一）の「毎春年頭書翰名前大略」に「宇治求馬」の名前で記されている。そのため、すでにこの頃には交流があったものと思われる。また、久老の娘菅が、飯南郡射和村の素封家竹川彦太郎正信に嫁しており、その間に生まれた人物が、幕末の経世家として知られる竹川竹斎であった。それとともに、竹斎は久老の外孫というだけでなく、国学を久守から学んでいる。このような関係から竹斎の日記には、守部に関する記事がみられる。(36)

「弘化二乙巳年正月元旦／四拾四番日記」

（二月十日）

久守公へ　　九日相可ゟ届候事

板下之事承知仕候　いつれ上坂仕候故取調可申候
稜威道別序熟覧之上可伺候
（三月十八日）
山田ゟ来候　稜威道わけ序　二枚　社中へ廻状ニ而山本へ向遣ス
立川将平殿状
（九月朔日）
久守公へ　こと十一月結納引越之事　守部ゟ□□之由
（霜月八日）
一彦太郎様　廿一日御安着
廿六日出　こと暇乞質素之事忝拝承
守部ゟ山田行十日限差出被下候由□□難有十日限ニ而至極宜事と存候
「従弘化四年丁未年正月元日一年／四拾五番日記」
（六月五日）
素行公　山本追悼会写廻状ニ而遣
彦四郎状　守部　かによしあしの歌御頼申上ル
江とへ遣　日本紀註　旧事記註幷地名記写かけ合
（十二月十九日）
一素行公ゟ凌雲院大僧正額字守部長うた二枚もらふ　兼々申上置候品也

これらの記事から、詳細を読み取ることは困難であるが、弘化二年の二月には、久守から版行前の『稜威道別』序文について遣り取りがあったこと、三月に山田から来た者より序文を社中へ廻状にて遣わしていることといった、久守を介しての守部に関する記述がみられる。そして、弘化二年霜月八日の条については、前節で述べたとおりである。

他にも、守部と久守との関係を示す史料に、守部から村上忠順に宛てた書簡がある。その三月十日付の「村上忠順宛橘守部書翰(37)」は、守部から忠順に対して、年賀と金百疋、南鐐一片を受領した返礼が認められ、後半部分には次のように記されている。

追酬、嚶々筆語御覧之上、ミあれの説、鐘の響後篇之次弁へ可申候、としミの事、これハ源氏若菜ニ云る所も、廿三日か精進の落し忌とかねゟ噂するよしニ可有之候、年賀ニ杖を用候事、古今集以前ゟ以前ニ御座候、其事、事纂と云書ニ例を出し申候、次手之節書抜可入御覧候、さて去冬中御紙面ニ神武御製鯨さやるの御歌のことききかせ可申と御座候ニ付、稜威言別中ゟ書抜置候間、序ニ入御覧候、尤抜ニ写し候之よしは、追而其書可入御覧ニ付而の事ニ候、此外色々入御覧度書とも御座候得共、未書写ニ無暇乍思及延引候、右之外、紀記中難歌、万葉難歌等も少しつゝ、書抜せ置候処、先日伊勢御師共四、五日逗留中見出し持参申候、彼地も弘訓・久守・安守等、いつれも紀記万葉者一向解かね候よし、毎々尋来候所、未不弁之様子ニ相見え申候、仍而近年は宇治山田共、皆帰化いたし候、さて此度之新宅、家も手広く土地も閑静ニ而至極よろしく候、貴君様ニも御都合被成、御出府御止宿奉待入候、早々

この書簡には、久守だけでなく、足代弘訓などの名前もみられる。守部が、彼らの「記紀」「万葉」の理解に不安を感じていることや、久守などからその件について、尋ねられていることを述べている。また、伊勢御師との交流に

もふれている。この三月十日が何年にあたるかは、掲載している『愛知県史』では推定されていないが、前掲の中澤氏の論考[38]では弘化三年としている。書簡には、「此度之新宅、家も手広く土地も閑静ニ而至極よろしく候」とあり、守部は弘化二年末に浅草蔵前桐畠へ転居している。その前に居を移したのは、天保二年の浅草寺境内弁天山であるので、忠順の年齢や中澤氏の論考に述べられている守部との交流の時期を踏まえると、弘化三年の書簡としてよいと考えられる。

これまでの史料から、守部と久守は深く「記紀」「万葉」研究などを通じ、交流があったとみられる。実際に、いつ頃から交流が始まったかは特定できないが、「毎春年頭書翰名前大略」や『稜威道別』序文から天保期の後半には、既に交流があったと推測できるであろう。また、守部と久守の関係については、伊藤正雄氏が「荒木田久老の生涯」[39]の中で若干ふれている。伊藤氏によると、久守は、亡父久老の『槻落葉歌集』九巻の序文を弘化三年に守部へ依頼していた。しかし、版行に至らず、稿本のみ竹川竹斎の創設した射和文庫に伝来している。伊藤氏は、守部が久老に私淑していたと思われるふしがあり、これは守部・久老とも古代歌謡に重きを置いていたことなどが関連していると、『槻落葉歌集』序文の内容から述べている。

また、射和文庫には守部から久守へ贈られた龍霊石[40]が伝来している。龍霊石は、箱書きから弘化四年には久守の手許に渡っていたことがわかる。付属する添状によると、豊後国中澤の郷の門人千葉常文が、龍に似た石を入手し大切にしていたものを守部に贈ったが、守部も晩年を迎え、このたび久守へ譲ったという経緯が和歌を添え記されている。

守部は石を好んでいた形跡があり、このことは、出身地の小向神社に伝来する守部愛用の硯「豆斑硯」の自筆箱書きから、よみとることができる。

研譜云此歙之豆斑石也黒色
微黄緑満面豆弁大小不等
有数暈者緑色黄沈香色
者光膩細滑形色可愛
天保辛丑夏四月下澣　癖石山人守部
鑑識

箱書きの内容は、豆斑石の説明で寛政九年刊『和漢硯譜』の「豆斑石硯」の記述とほぼ同じであるが、天保辛丑（十二年）の署名に「癖石山人守部」とある。このことからも守部が、石に対して特別な意識を持っていたことがわかる。そのため、龍霊石を久守に贈った理由としては、交流の深さは当然ながら、弘化二年に久守によって、自らの神典研究の成果『稜威道別』の朝廷への献上の機会を得た謝意を表したものと、とらえることができる。前述した久老の『槻落葉歌集』序文も伊藤氏の述べた、守部の久老に対する想いだけでなく、久守への返礼の意味も含んでいると考えて問題ないものと思われる。

弘化二年の朝廷への『稜威道別』献上は、守部にとって自身の学問が、より一層世に認められる契機として期待したと考えられる。そのことは、橘家の旧蔵資料に含まれる、守部筆の同年の断簡[41]によっても確認することができる。

すめらみかとよりおのれか
日本紀のときことをめしけ
るに奉るとてかしこみ〳〵そへ

はへりけるうた

守部

むそちまて君のたにと
いたつきしこころや雲の
うへに告けむ
神の世に近かりぬへき
雲井まてまつるもうれし
家のひめこと
　おなし御時難古事記伝
歴朝神異例其外何
くれの書をめしけるに
奉るとてかしこみ〳〵そへ
けるうた

守部

大君のめさせさり世は
すめ神の道のすたれを
ひとりなけかむ

御民われいけるかひあり
天皇の古こととはす
時にあへるは

弘化二巳年九月廿九日
勅命をかゝふりて　十月廿五日
稜威道別（いつのちわき）　十四巻　日本書紀之訳
蘆荻抄　十五巻　紀記ノ歌之解
歴朝神異例　七（八）巻
難古事記伝　十巻
稜威雄誥（いつのをたけび）　五巻
先つ
　右五部の書等を奉りし也
　此外何くれの書等をも追々
　　可奉

この断簡によると、守部は『稜威道別』の献上に伴い、和歌四首を詠み、併せて『稜威道別』以外の著作五件も献上していたと推察できる。著作五件にあげられている『蘆荻抄』は、後に『稜威言別』と書名を改め完成する記紀歌謡の注釈で、[42]この時点で、著作としてまとまりつつあったものが含まれている。そのため『稜威言別』は、ほぼ完成に近かったものと思われる。これら五件の著作は、守部の国学研究における主要著書にあげることができるものである。これらを朝廷へ献上することは、世の中はもちろん、学界への影響を企図していたものと推察できるであろう。

以上、本節では守部と伊勢神宮地域社会との関連について述べた。特に、これまで具体的な状況について、紹介されることがなかった荒木田久守との関係を論じた。その関係は学問上の交流はもとより、守部の国学者としての人生にとって重要な契機を与えたものであった。そのことにより守部は、著作の朝廷献上を、世に広める契機、その先には、学界への影響を意図していたと考えることができる。当時の伊勢国における国学の状況は、中南勢地域は本居宣長の出身地である松坂を含んでいることもあり、本居学派の影響が大きかった。しかし、北勢地域は、本居学派の影響は中南勢地域ほどではなかった。[43]

そのような状況で、伊勢国北勢地域を出身とする守部が、本居春庭門である久守を通して伊勢神宮地域社会との関係を築き、自身の学問に対する今後の展望を意識していたと考えられる。

おわりに

本稿では、橘守部と伊勢神宮地域社会を含めた出身地伊勢国との関連について考察した。これまで詳細に語られることのなかった、守部と伊勢国における近親者との交流や門人の存在、地元桑名における知名の状況を史料から論じた。それとともに、従来知られていた文政二年（一八一九）における守部のふるさと伊勢国への旅は、神宮まで訪れていたことが確認でき、新たな知見をもたらしたものと考えられる。その際の目的や伊勢神宮地域社会との交流は、今後の課題である。しかし、神典研究にとって重要な地域を訪れ、その時期が、守部の国学研究を展開するにあたり、重要な節目であったことと合致するのは、注目すべきことである。

そして、本居宣長に批判的であった守部が、春庭門の久守と交流があったことは『稜威道別』序文により知られていた。しかし、これまで述べられることのなかった守部と久守との関係、また、著作の朝廷への献上、それを契機に守部自身が、自分の学問をより一層世へ知らしめる意図があった可能性を指摘した。

これまで、守部と伊勢神宮地域社会との繋がりについて、具体的に述べられることはなかった。それとともに、春庭門の久守だけでなく、前述した刈谷の国学者村上忠順(44)も本居学派であった。このように、本居学派として知られていた人々が、守部との関係を有し、学問上の遣り取りをしていた。そのことは、今後の守部とその学問、それを踏まえた交流を伊勢神宮地域社会だけでなく、全国の状況を考えていく課題となり、契機となればと考える。

本稿が、今後の守部研究の進展に寄与し、また、この拙い一文に各方面より御批判をいただければ幸いである。

最後に本稿執筆にあたり、資料の所蔵者及び各位より御教示を賜った。ここに改めて感謝申し上げる次第である。

註

（1）橘純一編『橘守部全集』（全十三巻、国書刊行会、大正九～十一年）。また、橘純一氏は昭和四年、『贈位記念　橘守部伝記資料』に「橘の昔語」、『穿履集』の伝記部分の抜粋として「穿履集選」「蓬壺草文辞部」を収録し、刊行している。

（2）『新訂増補　橘守部全集』（全十四巻、東京美術、昭和四十二年）。

（3）太田善麿校訂『国学大系十四　橘守部集』（地平社、昭和十九年）。

（4）慶応義塾大学附属研究所斯道文庫編『未刊影印　橘守部著作集』（全十巻、汲古書院、昭和五十四～五十六年）。

（5）朝日町歴史博物館は、守部の出生地である三重郡朝日町に所在する。郷土の偉人である守部の関連資料を昭和三十年に橘家より町が購入したもの（『朝日町　社会と文化』朝日町教育委員会、昭和三十年十月五日）が核となり、その後収集した資料を含め収蔵している。

（6）幸手市教育委員会生涯学習課幸手市史編さん室編『幸手市史　近世　資料編Ⅰ』（幸手市教育委員会、平成八年）。

（7）愛知県史編さん委員会編『愛知県史　近世六　資料編二〇　学芸』（愛知県、平成二十四年）。

（8）町泉寿郎・新井通郎・鈴木亮「橘守部・純一関係寄贈資料の整理と研究―第一報・和装本類」（『二松學舍大学人文論叢』七六、平成十八年）。

同「橘守部・純一関係寄贈資料の整理と研究―第二報・橘守部判『音声歌合』」（『二松學舍大学人文論叢』七七、平成十八年）。

同「橘守部・純一関係寄贈資料の整理と研究―第三報・橘道守と椎本吟社、附『三十番名所歌合』翻刻」（『二松學舍大学人文論叢』七八、平成十九年）。

町泉寿郎・鈴木亮「橘守部・純一関係寄贈資料の整理と研究―第四報・橘純一来翰に見る国文学者との交遊」（『二松學舍大学人文論叢』七九、平成十九年）。

同「橘守部・純一関係寄贈資料の整理と研究―第五報・橘純一と小林好日の交遊」（『二松學舍大学人文論叢』八〇、平成二十年）。

（9）平澤五郎「橘守部撰述現存諸稿本とその成立に就いて（一）～（三）」『斯道文庫論集』一七、昭和五十五年、一九、昭和五十七年、二〇、昭和五十八年）。

（10）鈴木暎一『人物叢書　橘守部』（吉川弘文館、昭和四十七年）。

(11) 徳田進『橘守部の国学の新研究—産業意識と国民文化の形成—』(高文堂出版、昭和四十九年)。
(12) 徳田進『橘守部と日本文学—新資料とその美論—』(芦書房、昭和五十年)。
(13) 高井浩『天保期、少年少女の教養形成過程の研究』(河出書房新社、平成三年)。
(14) 『群馬大学研究紀要　人文科学篇』は、昭和四十一年より『群馬大学教育学部紀要　人文・社会科学編』になっている。
(15) 中澤伸弘「村上忠順と橘守部・冬照父子」(『新國學』復刊第四号、平成二十四年)。
(16) 前掲註(10)、二九二頁。
(17) 『山彦冊子』天保二年刊行。
(18) 『鐘のひゞき』天保十年刊行。
(19) 『下蔭集』天保九年刊。但し、明治期の再版本には後述する「下蔭集初編作者姓名」は付載されていない。
(20) 『贈位記念　橘守部伝記資料』(橘純一編・刊行、昭和四年)の解説によると、守部の最晩年弘化三年頃にまとめられたと推測されている。
(21) 『橘の昔語』(「全集」第十二巻)。
(22) 前掲註(4)の第八巻・第九巻を参照。以後、本稿での『穿履集』からの引用は同様とする。
(23) 浅井政弘・上野利三編『松阪大学地域社会研究所報別冊5　竹斎日記稿V』(松阪大学地域社会研究所、平成七年)。本史料に関しては、朝日町歴史博物館竹内弘光氏に御教示をいただいた。
(24) 前掲註(10)。
(25) 『稜威言別紀記歌解草稿』自筆本、天理大学附属天理図書館所蔵。

(26)『稜威言別』嘉永三年刊行(巻一～三)。
(27) 高井浩「橘守部の稜威言別の執筆経過とその間における桐生門生との交渉」(『群馬大学研究紀要　人文科学篇』一二、昭和三十八年)。
(28) 高井浩「桐生吉田家所伝史料による橘守部伝の補正―幸手時代まで―」(『群馬文化』二五、昭和三十四年)。なお、同様の指摘は鈴木氏前掲書『橘守部』でも記述されている。
(29) 前掲註(5)。
(30) 朝日町文化財調査委員会編『朝日町の文化財』(朝日町教育委員会、平成元年)。
(31) 前掲註(10)。
(32) 桑名町人風聞記録刊行会編『桑名町人風聞記録Ⅰ〈豊秋雑筆〉』(清文堂出版、平成二十五年)。
(33) 前掲註(10)。
(34)「全集」第一巻。
(35) 本居清造編『本居全集』首巻(吉川弘文館、昭和三年)。
(36) 前掲註(23)。
(37) 前掲註(7)、資料番号269。
(38) 前掲註(15)。
(39)『荒木田久老歌文集並伝記』(神宮司庁、昭和二十八年)。
(40) 平成十二年度特別展図録『橘守部と伊勢の国学者たち』(朝日町歴史博物館、平成十三年)二項。
(41) 朝日町歴史博物館所蔵。

(42) 『蘆荻抄』は、のちに『八十ノ言別』と称し、天保十五年に『稜威言別』と改題したもので、跋文に記されている弘化四年に成立したものとされている。しかし、弘化二年の段階では成立前であったことから「蘆荻抄」の名称も使用していたものと思われる。

(43) 『三重県史　資料編近世五』(三重県、平成六年)「総合解説　第一章国学」による。

(44) 前掲註(15)。

編者紹介

上野 秀治（うえの　ひではる）

昭和24年生まれ

昭和52年　学習院大学大学院人文科学研究科史学専攻博士課程単位取得退学

現在、皇學館大学教授

主要著書

『三重県の歴史』（共著、山川出版社、平成12年）

『三重県史』資料編近世⑴～⑷（共編、三重県、平成５年～平成24年）

『四日市市史』第８～10・17巻（共編、四日市市、平成３年～平成11年）

『伊勢市史』第３巻近世編（共著、伊勢市、平成25年）

執筆者紹介（五十音順）

浅川　充弘（あさかわ　みつひろ）昭和45年生　朝日町歴史博物館次長（学芸員）

伊藤　信吉（いとう　のぶよし）　昭和54年生　熱田神宮宮掌

太田　未帆（おおた　みほ）　　　昭和59年生　皇學館大学大学院博士前期課程修了

久田松和則（くだまつ　かずのり）昭和24年生　富松神社宮司

谷戸　佑紀（たにど　ゆうき）　　昭和61年生　皇學館大学大学院博士後期課程

千枝　大志（ちえだ　だいし）　　昭和51年生　皇學館大学研究開発推進センター助教

日比　敏明（ひび　としあき）　　昭和43年生　神宮権禰宜

細谷　公大（ほそや　きみひろ）　昭和54年生　熱田神宮宮掌

松尾　晋一（まつお　しんいち）　昭和49年生　長崎県立大学准教授

三井　孝司（みつい　たかし）　　昭和51年生　三重県公立中学校教諭

山田　恭大（やまだ　やすひろ）　昭和63年生　皇學館大学大学院博士後期課程

近世の伊勢神宮と地域社会

2015年（平成27年）3月　第1刷　300部発行　定価［本体11800円＋税］

編　者　上野 秀治

発行所　有限会社岩田書院　代表：岩田　博　http://www.iwata-shoin.co.jp

〒157-0062 東京都世田谷区南烏山4-25-6-103　電話03-3326-3757　FAX03-3326-6788

組版・印刷・製本：ぷりんてぃあ第二

ISBN978-4-87294-903-2　C3021　¥11800E

岩田書院 刊行案内 (22)

No.	著者	書名	本体価	刊行年月
462	**伊藤 裕偉**	**中世伊勢湾岸の湊津と地域構造**［中世史10］	6900	2007.05
677	**千枝 大志**	**中近世伊勢神宮地域の貨幣と商業組織**	8400	2011.03
865	西海 賢二	博物館展示と地域社会	1850	2014.05
867	武田氏研究会	戦国大名武田氏と地域社会＜ブックレットH19＞	1500	2014.05
868	田村 貞雄	秋葉信仰の新研究	9900	2014.05
869	山下 孝司	戦国期の城と地域	8900	2014.06
870	田中 久夫	生死の民俗と怨霊＜田中論集４＞	11800	2014.06
871	高見 寛孝	巫女・シャーマンと神道文化	3000	2014.06
872	時代考証学会	大河ドラマと市民の歴史意識	3800	2014.06
873	時代考証学会	時代劇制作現場と時代考証	2400	2014.06
874	中田 興吉	倭政権の構造 支配構造篇 上	2400	2014.07
875	中田 興吉	倭政権の構造 支配構造篇 下	3000	2014.07
876	高達奈緒美	佛説大蔵正教血盆経和解＜影印叢刊11＞	8900	2014.07
877	河野昭昌他	南北朝期 法隆寺記録＜史料選書３＞	2800	2014.07
878	宗教史懇話会	日本宗教史研究の軌跡と展望	2400	2014.08
879	首藤 善樹	修験道聖護院史辞典	5900	2014.08
880	宮原 武夫	古代東国の調庸と農民＜古代史８＞	5900	2014.08
881	由谷・佐藤	サブカルチャー聖地巡礼	2800	2014.09
882	西海 賢二	城下町の民俗的世界	18000	2014.09
883	笹原亮二他	ハレのかたち＜ブックレットH20＞	1500	2014.09
884	井上 恵一	後北条氏の武蔵支配と地域領主＜戦国史11＞	9900	2014.09
885	田中 久夫	陰陽師と俗信＜田中論集５＞	13800	2014.09
886	飯澤 文夫	地方史文献年鑑2013	25800	2014.10
887	木下 昌規	戦国期足利将軍家の権力構造＜中世史27＞	8900	2014.10
888	渡邊 大門	戦国・織豊期赤松氏の権力構造＜地域の中世15＞	2900	2014.10
889	福田アジオ	民俗学のこれまでとこれから	1850	2014.10
890	黒田 基樹	武蔵上田氏＜国衆15＞	4600	2014.11
891	柴 裕之	戦国・織豊期大名徳川氏の領国支配＜戦後史12＞	9400	2014.11
892	保坂 達雄	神話の生成と折口学の射程	14800	2014.11
893	木下 聡	美濃斎藤氏＜国衆16＞	3000	2014.12
894	新城 敏男	首里王府と八重山	14800	2015.01
895	根本誠二他	奈良平安時代の〈知〉の相関	11800	2015.01
896	石山 秀和	近世手習塾の地域社会史＜近世史39＞	7900	2015.01
897	和田 実	享保十四年、象、江戸へゆく	1800	2015.02
898	倉石 忠彦	民俗地図方法論	11800	2015.02
899	関口 功一	日本古代地域編成史序説＜古代史９＞	9900	2015.02
900	根津 明義	古代越中の律令機構と荘園・交通＜古代史10＞	4800	2015.03
901	空間史学研究会	装飾の地層＜空間史学２＞	3800	2015.03